O GAROTO QUE SEGUIU O PAI PARA AUSCHWITZ

Jeremy Dronfield

O garoto que seguiu o pai para Auschwitz

Uma história real

TRADUÇÃO
Cássio de Arantes Leite

OBJETIVA

Grafia atualizada segundo o Acordo Ortográfico da Língua Portuguesa de 1990, que entrou em vigor no Brasil em 2009.

Título original
The Boy Who Followed His Father into Auschwitz

Capa
Guilherme Xavier

Foto de capa
Neil Ferrin/ AWL Images/ Getty Images

Preparação
Lígia Azevedo

Índice remissivo
Probo Poletti

Revisão
Carmen T. S. Costa
Huendel Viana

Dados Internacionais de Catalogação na Publicação (CIP)
(Câmara Brasileira do Livro, SP, Brasil)

Dronfield, Jeremy
O garoto que seguiu o pai para Auschwitz : Uma história real / Jeremy Dronfield ; tradução Cássio de Arantes Leite. — 1ª ed. — Rio de Janeiro : Objetiva, 2019.

Título original: The Boy Who Followed His Father into Auschwitz.
ISBN 978-85-470-0090-5

1. Buchenwald (Campo de concentração) 2. Holocausto, judeu (1939-1945) – Áustria – Viena – narrativas pessoais 3. Judeus – Áustria – Viena – História – 1933-1945 – Biografia 4. Kleinmann, Fritz, 1923-5. Kleinmann, Gustav, 1891-1976 I. Título.

19-27078 CDD-940.5318092

Índice para catálogo sistemático:
1. Sobreviventes : Holocausto judeu : Biografia 940.5318092

Iolanda Rodrigues Biode – Bibliotecária – CRB-8/10014

[2019]
Todos os direitos desta edição reservados à
EDITORA SCHWARCZ S.A.
Praça Floriano, 19, sala 3001 — Cinelândia
20031-050 — Rio de Janeiro — RJ
Telefone: (21) 3993-7510
www.companhiadasletras.com.br
www.blogdacompanhia.com.br
facebook.com/editoraobjetiva
instagram.com/editora_objetiva
twitter.com/edobjetiva

Para Kurt

e em memória de

Gustav
Tini
Edith
Herta
Fritz

A testemunha fez questão de depor. Em nome da juventude de hoje, das crianças que nascerão amanhã. Ela não quer que seu passado seja o futuro deles.

Elie Wiesel, *A noite*

Sumário

PARTE III: AUSCHWITZ

PARTE IV: SOBREVIVÊNCIA

Prefácio

Esta é uma história real. Todas as pessoas nela, todos os eventos, reviravoltas e coincidências incríveis vieram de fontes históricas. Quem dera não fosse real, quem dera nunca tivesse ocorrido, considerando quão terríveis e dolorosos são alguns de seus episódios. Mas tudo isso aconteceu e está na memória dos que ainda estão vivos.

Há muitos relatos sobre o Holocausto, mas não um como este. Ao mesmo tempo que a história de Gustav e Fritz Kleinmann, pai e filho, contém elementos de todas as demais, ela é bem diferente. Pouquíssimos judeus foram para campos de concentração nazistas nas primeiras detenções em massa, no fim da década de 1930, e conseguiram sobreviver até a Solução Final e a libertação. E, até onde sei, nenhuma dupla de pai e filho conheceu todo o inferno junto, do início ao fim – presenciando desde a ocupação nazista até Buchenwald, Auschwitz e a resistência dos prisioneiros contra a SS, as marchas da morte e depois Mauthausen, Mittelbau-Dora, Bergen-Belsen –, e voltou para contar a história. Certamente, ninguém que tenha deixado um registro escrito. A sorte e a coragem tiveram seu papel, mas o que no fim manteve Gustav e Fritz vivos foi seu amor e sua devoção mútuos. "O menino é minha maior alegria", escreveu Gustav em seu diário secreto, em Buchenwald. "Damos força um ao outro. Somos um, inseparáveis." Essa ligação passou pelo teste supremo um ano depois, quando Gustav estava a caminho de Auschwitz – praticamente uma sentença de morte – e Fritz decidiu abrir mão da própria segurança para acompanhá-lo.

É com todo o meu coração que trago à luz essa narrativa. Ela deve ser lida como um romance. Considero-me tanto um contador de histórias quanto historiador, e não precisei inventar nem embelezar nada; até os fragmentos de diálogo são citações ou reconstruções baseados em fontes primárias. A principal delas é o diário dos campos de concentração escrito por Gustav Kleinmann entre outubro de 1939 e julho de 1945, suplementado pelo livro de memórias de Fritz e pelas entrevistas que concedeu em 1997. Nenhuma dessas fontes é uma leitura fácil, seja no nível emocional, seja no literário — o diário, escrito sob circunstâncias extremas, é truncado, com frequência faz alusões crípticas a coisas além do conhecimento do leitor geral (até historiadores do Holocausto tiveram de consultar obras de referência para interpretar algumas passagens). A motivação de Gustav ao escrever não era fazer um registro, mas preservar a própria sanidade — suas referências eram compreensíveis para ele, na época. Uma vez desvendado, seu diário oferece uma visão rica e angustiante de como era viver sob o Holocausto semana após semana, mês após mês, ano após ano. De forma surpreendente, os escritos revelam a força insuperável e o espírito otimista de Gustav: "todo dia faço uma oração em pensamento", escreveu Gustav, no sexto ano de seu cativeiro: "*Gustl, não se desespere. Aguente firme — os assassinos da SS não podem destruir você*".

Entrevistas com membros vivos da família forneceram detalhes pessoais adicionais. Tudo — da vida em Viena na década de 1930 ao funcionamento dos campos e às pessoas envolvidas — foi respaldado em extensa pesquisa de documentos, incluindo depoimentos de sobreviventes, registros dos campos e outros documentos oficiais que comprovam do início ao fim a veracidade do relato, até mesmo os episódios mais extraordinários e inacreditáveis.

Jeremy Dronfield
Junho de 2018

Apresentação

Mais de setenta anos se passaram desde os terríveis dias descritos neste livro. O relato de sobrevivência, mortes e vidas salvas da minha família estende-se a todos que têm uma ligação com esse período e que conheceram o cativeiro, perderam entes queridos ou tiveram a boa fortuna de escapar do regime nazista. É representativo de todos que sofreram nesses tempos e não podem ser esquecidos.

As experiências do meu pai e do meu irmão durante seis anos em cinco diferentes campos de concentração são um testemunho vivo das realidades do Holocausto. O espírito de sobrevivência deles, a ligação entre pai e filho, sua coragem, sem falar na sorte, estão além da compreensão das pessoas de hoje — mas foi o que os manteve vivos durante todo o calvário deles.

Minha mãe percebeu o perigo que corríamos assim que Hitler anexou a Áustria. Ela ajudou e encorajou minha irmã mais velha a escapar para a Inglaterra em 1939. Vivi sob o regime nazista em Viena por três anos até ela me conseguir uma passagem para os Estados Unidos, em fevereiro de 1941. Além de ter salvado minha vida, isso me conduziu ao seio de outra família amorosa, que me tratou como se fosse um dos seus. Minha outra irmã não teve tanta sorte. Tanto ela como minha mãe acabaram presas e deportadas, junto com milhares de outros judeus, para um campo de extermínio próximo a Minsk. Faz décadas que soube de seu destino e cheguei a visitar o lugar remoto onde foram mortas, mas o que realmente me comoveu — o que me devastou — foi ler neste livro, pela primeira vez, exatamente como aconteceu.

A sobrevivência do meu pai e do meu irmão é descrita aqui em todos os milagrosos detalhes. Voltamos a nos reunir quando, após ser recrutado para o serviço militar em 1953, regressei a Viena quinze anos depois de partir. Nos anos subsequentes, minha esposa Diane visitou Viena muitas vezes comigo e nossos filhos, que puderam conhecer seu avô e seu tio. Uma forte relação familiar sobrevivera à separação e ao Holocausto e perdura desde então. Embora não tenha nenhum trauma ou nenhuma animosidade em relação a Viena ou à Áustria, isso não significa que seja capaz de perdoar ou esquecer totalmente o passado austríaco. Em 1966, meu pai e minha madrasta vieram visitar a mim e a minha irmã nos Estados Unidos. Eles puderam assim conhecer as maravilhas do nosso novo país e também tiveram oportunidade de conhecer minha família adotiva em Massachusetts. Esse encontro muito gratificante e feliz reuniu meus entes queridos, responsáveis por minha existência e sobrevivência.

Este livro é um relato sensível e vívido, comovente e autêntico, da minha família. Não tenho palavras para agradecer a Jeremy Dronfield por reunir o material para escrevê-lo — e por fazê-lo com tamanha maestria, entremeando minhas próprias lembranças e as de minha irmã à história de meu pai e meu irmão nos campos de concentração. Tenho uma dívida de gratidão para com ele por trazer a público o que aconteceu com minha família no Holocausto e por fazer com que nossa história jamais seja esquecida.

Kurt Kleinmann
Agosto de 2018

Prólogo

ÁUSTRIA, JANEIRO DE 1945

Fritz Kleinmann chacoalhava com o trem, tremendo convulsivamente ao vento em temperatura abaixo de zero, que rugia entre as paredes do vagão de carga sem cobertura. Seu pai cochilava, exausto, encolhido a seu lado. Em torno viam-se silhuetas indistintas, o luar destacando as listras claras do uniforme e a ossatura do rosto deles. Para Fritz, chegara o momento de tentar fugir; em breve, seria tarde demais.

Oito dias tinham se passado desde a partida de Auschwitz. Haviam caminhado os primeiros sessenta quilômetros, a SS conduzindo milhares de prisioneiros para o oeste pela neve, fugindo do avanço do Exército Vermelho. Tiros esporádicos eram ouvidos na rabeira da coluna, quando os que não conseguiam acompanhar a marcha eram executados. Ninguém olhava para trás.

Embarcaram nos trens com destino a outros campos no interior do Reich. Fritz e seu pai permaneciam juntos, como sempre haviam feito. Seu destino era Mauthausen, na Áustria, onde a SS se incumbia de extrair até a última gota de suor dos prisioneiros antes de exterminá-los. Cento e quarenta homens espremidos em cada vagão. No começo, precisaram ficar de pé, mas com o passar dos dias o frio matou alguns e pouco a pouco conseguiram sentar. Os cadáveres ficavam empilhados em um canto e suas roupas eram tiradas para aquecer os vivos.

Podiam muito bem estar às portas da morte, mas aqueles prisioneiros eram os sortudos, os trabalhadores úteis — a maioria de seus irmãos, cônjuges, pais e filhos haviam sido assassinados ou realizavam marchas forçadas, morrendo como moscas.

Quando o pesadelo começou, sete anos antes, Fritz era só um menino. Sua passagem à vida adulta se deu nos campos nazistas — aprendendo, amadurecendo, resistindo às pressões para renunciar à esperança. Antevendo a chegada daquele dia, havia se preparado. Sob o uniforme do campo, ele e seu pai vestiam roupas civis, que Fritz conseguira com amigos na resistência de Auschwitz.

O trem fizera uma parada em Viena, cidade que outrora fora seu lar, depois rumara para o oeste e agora se via a apenas quinze quilômetros de seu destino. Estavam de volta à terra natal, e quando conseguissem escapar poderiam se passar por trabalhadores locais.

Fritz viera postergando o momento, preocupado com o pai. Aos 53 anos, Gustav estava exausto — era um milagre ter sobrevivido até então. Na hora que mais necessitava, faltavam-lhe forças para tentar a fuga. Estava exaurido. Mas não podia negar ao filho a chance de sobreviver. Após tantos anos com um ajudando ao outro, a dor da separação seria lancinante, mas Gustav insistiu que o filho deveria escapar. Fritz implorou que fosse junto, mas de nada adiantou. "Deus proteja você", disse o pai. "Não posso ir, estou muito fraco."

Se Fritz não tentasse logo, seria tarde demais. Ele ficou de pé e tirou o odiado uniforme. Então abraçou o pai, deu-lhe um beijo e, com sua ajuda, escalou a parede escorregadia do vagão.

O vento cortante de trinta graus negativos o golpeou com força. Fritz perscrutou ansiosamente na direção dos vagões de frenagem adjacentes, com os guardas armados da SS em suas cabines. A lua minguante, que apenas dois dias antes estava cheia, brilhava com força no céu, lançando um clarão espectral por toda a paisagem nevada, contra a qual qualquer forma em movimento seria nitidamente visível.[1] O trem ia na velocidade máxima. Reunindo coragem e torcendo pelo melhor, Fritz mergulhou na noite, sob o rugido do ar gelado.

Parte I

Viena

Sete anos antes...

1. "Quando sangue judeu pinga da faca..."

אבא

Os dedos esguios de Gustav Kleinmann empurraram o tecido sob o calcador da máquina de costura e a agulha subiu e desceu como uma metralhadora, inserindo o fio no material em uma curva ampla e impecável. Junto à bancada de trabalho estava a poltrona onde seria usado: o esqueleto construído em madeira de faia, entremeado à malha tensa de tendões e vísceras de crina de cavalo. Quando terminou a costura, Gustav forrou os braços. Usando um pequeno martelo, pregou tachas simples por dentro e guarneceu o contorno por fora com tachas redondas de latão, encravadas com gentis batidinhas e rigorosamente espaçadas, como uma fileira de capacetes.

Era bom trabalhar. Nem sempre havia o que fazer para matar o tempo e a vida podia ser precária para um homem de meia-idade com esposa e quatro filhos. Gustav era um artesão talentoso, mas não muito hábil nos negócios, embora no fim das contas sempre desse um jeito. Nascido em uma aldeia minúscula à beira de um lago no reino histórico da Galícia,* província do Império Austro-Húngaro, fora com quinze anos a Viena para aprender tapeçaria e acabara se fixando por lá. Chamado para o serviço militar na primavera do ano em que completara 21 anos, lutara na Grande Guerra, onde fora ferido

* Parte do sul da Polônia e do oeste da Ucrânia atuais. [Todas as notas de rodapé são do autor.]

duas vezes e condecorado por bravura. Ao fim do conflito, voltara a Viena para retomar o humilde ofício, trabalhando com afinco até virar mestre artesão. Casara-se com a namorada, Tini, durante a guerra, e juntos criavam quatro filhos lindos e felizes. Da parte de Gustav, apesar da vida modesta e laboriosa que estava no caminho da felicidade, ao menos era inclinado a uma boa disposição de espírito.

O som de aviões interrompeu os pensamentos de Gustav; o zumbido aumentava e diminuía, como se eles estivessem circulando a cidade. Curioso, ele levantou e saiu.

A Im Werd era uma rua agitada e barulhenta, por causa dos cascos dos cavalos, das rodas das carruagens e de suas cabines rangentes. O ar vivia carregado com o cheiro de gente, fumo, esterco. Por um momento confuso, teve a impressão de que nevava — em março! Mas era uma nevasca de papel que caía, pousando nos paralelepípedos da rua e nas bancas do Karmelitermarkt. Gustav pegou um folheto.

> POVO DA ÁUSTRIA!
>
> Pela primeira vez na história de nossa Pátria, a liderança do Estado exige um compromisso franco com a nação...[1]

Propaganda para a votação de domingo. O país inteiro falava sobre o assunto, observado pelos olhos do mundo. Para cada homem, mulher e criança na Áustria, seria algo grande, e para Gustav, como judeu, era de importância vital — uma votação nacional para decidir se a Áustria continuaria independente da tirania alemã.

Por cinco anos, a Alemanha nazista olhara com avidez para o país vizinho. Adolf Hitler, austríaco de nascimento, era obcecado pela ideia de integrar sua terra natal ao Reich alemão. Embora a Áustria tivesse seus próprios nazistas, ansiosos pela unificação, a maioria do povo se opunha a ela. O chanceler Kurt Schuschnigg estava sob pressão para entregar cargos em seu governo a membros do Partido Nazista. Hitler ameaçava com graves consequências caso não aquiescesse: Schuschnigg seria expulso do gabinete e substituído por um títere nazista, de forma que a unificação ocorreria de um modo ou de outro e a Áustria passaria a ser parte da Alemanha. Os 183 mil judeus do país viam tal perspectiva com temor.[2]

O mundo aguardava ansioso pelo desenlace. Numa última cartada desesperada, Schuschnigg anunciara um plebiscito em que o povo austríaco decidiria por si mesmo se queria manter a independência. Era um gesto corajoso: o predecessor de Schuschnigg fora assassinado durante um golpe nazista malogrado e Hitler estava preparado para impedir a votação a qualquer custo. A data marcada caía num domingo, 13 de março de 1938.

Bordões nacionalistas ("Sim para a independência!") eram pregados e pintados em muros e calçadas por toda parte. Agora, faltando dois dias para a votação, aviões sobrevoavam Viena, despejando panfletos de Schuschnigg. Gustav olhou novamente para o papel.

> Por uma Áustria livre e germânica, independente e social, cristã e unida! Por paz, trabalho e direitos iguais a todos que professam lealdade ao povo e à pátria.
>
> [...] O mundo conhecerá nossa vontade de viver; assim, povo da Áustria, erga sua voz em uníssono e vote SIM![3]

As palavras inspiradoras tinham um significado ambíguo para os judeus. Eles tinham suas próprias ideias sobre o germanismo — Gustav, imensamente orgulhoso de ter servido seu país na Grande Guerra, considerava-se austríaco em primeiro lugar e judeu em segundo.[4] Contudo, estava excluído do ideal cristão germânico de Schuschnigg. Ele também tinha reservas quanto ao governo austro-fascista de Schuschnigg. Gustav ajudara a organizar o Partido Social-Democrata da Áustria. Com a ascensão dos fascistas austríacos em 1934, o partido fora violentamente esmagado e banido (junto com o Partido Nazista alemão).

Mas para os judeus da Áustria naquele momento qualquer coisa era preferível ao tipo de perseguição aberta que vinha acontecendo na Alemanha. O jornal judaico *Die Stimme* trazia a seguinte chamada nesse dia: "Apoiamos a Áustria! Todos às urnas!".[5] O jornal ortodoxo *Jüdische Presse* fazia o mesmo apelo: "Não precisamos fazer nenhum pedido especial para que os judeus austríacos saiam e votem em peso. Eles sabem o que isso representa. Todos devem cumprir seu dever!".[6] Por canais secretos, Hitler ameaçara Schuschnigg: se não cancelasse o plebiscito, a Alemanha faria algo para impedi-lo. No momento em que Gustav lia o folheto na rua, as tropas alemãs já se concentravam na fronteira.

אמא

Relanceando o espelho, Tini Kleinmann alisou o casaco, pegou a sacola de compras e a bolsa, saiu do apartamento e desceu a escada, o matraquear de seus pequenos sapatos nos degraus ecoando pelo poço. Encontrou Gustav na rua, diante da oficina, que ficava no térreo. Ele segurava um folheto na mão. A rua estava forrada deles, sobre as árvores, nos telhados e por toda parte. Tini viu e estremeceu. Ela pressentia algo funesto naquilo. Gustav, sempre otimista, discordava: para ele, no fim as coisas sempre se ajeitavam — e isso era tanto sua fraqueza como sua força.

Com passos rápidos, Tini atravessou a rua em direção ao mercado. Grande parte dos feirantes eram agricultores humildes que iam toda manhã vender seus produtos ao lado dos comerciantes da cidade. Muitos eram judeus. Na verdade, mais da metade do comércio local pertencia a judeus, especialmente naquela área. Os nazistas usaram essa característica para incitar o antissemitismo entre os trabalhadores austríacos, que sofriam com a depressão econômica — como se os judeus também não passassem pelo aperto.

Gustav e Tini não eram particularmente religiosos. Frequentavam a sinagoga apenas algumas vezes ao ano, em aniversários e serviços memoriais. Como a maioria dos judeus vienenses, seus filhos tinham nome alemão, não hebraico, embora seguissem os costumes iídiches, como todos os demais. Na barraca de carnes de Herr Zeisel, Tini comprou escalopes para empanar. Em casa havia sobras de frango para a sopa do Shabat, e nas barracas dos camponeses ela comprou batatas frescas e produtos para a salada, depois pão, farinha, ovos, manteiga... Tini caminhou pelo agitado Karmelitermarkt, com a sacola cada vez mais pesada. No cruzamento da Leopoldsgasse, a rua principal, notou as mulheres oferecendo-se para trabalhos de limpeza; ficavam em frente à pensão Klabouch e ao café. As felizardas seriam escolhidas por donas de casa afluentes dos arredores. Se levassem o próprio balde com água e sabão, receberiam o pagamento de um xelim. Tini e Gustav às vezes mal tinham dinheiro para viver, mas pelo menos não precisavam se rebaixar a *aquilo*.

Bordões pró-independência estavam por toda parte, pintados nas calçadas em grossas letras maiúsculas, como uma sinalização de trânsito: a palavra de ordem do plebiscito — "DIGA SIM!" — e a cruz potenteia, com quatro braços em T. Das janelas abertas vinha o som do rádio muito alto, tocando música patriótica. Tini escutou vivas animados e o ronco de motores, então um comboio de caminhões despontou na rua, carregando adolescentes uniformizados da Juventude Austríaca, que agitavam bandeiras nas cores nacionais, vermelho e branco, e atiravam mais folhetos.[7] A multidão os saudou, acenando com lenços, tirando o chapéu, bradando "Áustria! Áustria!".

A independência parecia uma partida ganha... contanto que ninguém olhasse para certas expressões taciturnas na multidão. Simpatizantes nazistas. Estavam excepcionalmente quietos naquele dia — e em poucos, algo estranho.

De repente, a música animada foi interrompida e os rádios crepitaram com um anúncio urgente — todos os reservistas solteiros deviam se apresentar imediatamente para o serviço militar. A finalidade, explicou o locutor, era assegurar a ordem no plebiscito de domingo. Mas o tom era preocupante. Para que precisariam de mais soldados?

Tini fez meia-volta e atravessou de novo o mercado apinhado, dessa vez na direção de casa. Independentemente do que acontecesse no mundo, por mais perto que estivesse o perigo, a vida seguia em frente: o que a pessoa poderia fazer a não ser vivê-la?

בן

Do outro lado da cidade, os folhetos cobriam as águas do canal do Danúbio, os parques, as ruas. No fim da tarde, quando Fritz Kleinmann deixou o Liceu de Artes e Ofícios, na Hütteldorfer Strasse, na margem ocidental de Viena, continuavam pelas ruas e sobre as árvores. Roncando rua abaixo vinham colunas e mais colunas de caminhões carregados de soldados, com destino à fronteira alemã, a duzentos quilômetros dali. Fritz e os outros meninos observavam excitados as fileiras de cabeças de capacete passarem velozmente, com as armas de prontidão.

Aos catorze anos, Fritz já se parecia com o pai — tinha as mesmas maçãs do rosto perfeitas, o mesmo nariz, os mesmos lábios carnudos e recurvados como asas de gaivota. Mas enquanto o semblante de Gustav era suave, os olhos grandes e escuros de Fritz eram penetrantes como os da mãe. Ele largara a escola e nos últimos meses vinha aprendendo tapeçaria para ajudar o pai.

Quando Fritz e seus amigos voltavam pelo centro da cidade, o clima nas ruas mudou. Às três da tarde, com o desenrolar da crise, a campanha do governo pelo plebiscito fora suspensa. Não havia notícias oficiais, apenas rumores: de escaramuças na fronteira da Áustria com a Alemanha; de revoltas nazistas nas cidades provinciais; e, o mais preocupante de tudo, de que a polícia vienense apoiaria os nazistas no caso de um confronto. Bandos entusiasmados percorriam as ruas — uns gritando "*Heil* Hitler!" e outros respondendo desafiadoramente "*Heil* Schuschnigg!". Os nazistas eram mais ruidosos, e cada vez mais ousados — rapazes, na maioria sem experiência de vida e energizados pela ideologia fascista.[8] Esse tipo de coisa vinha ocorrendo de forma esporádica por vários dias e chegaram a acontecer incidentes violentos ocasionais contra os judeus;[9] mas agora era diferente — quando Fritz chegou à Stephansplatz, no coração da cidade, a frente da catedral estava tomada por uma multidão ululante, gritando "*Heil* Hitler!".[10] Policiais patrulhavam nas imediações, observando sem intervir. Também assistindo de longe, incógnitos, estavam os membros secretos da Sturmabteilung austríaca — a SA, tropas de assalto do Partido Nazista. Eles eram disciplinados e cumpriam ordens; o momento de agir ainda não chegara.

Evitando as aglomerações de manifestantes, Fritz cruzou o canal do Danúbio, entrou em Leopoldstadt e logo chegou ao seu prédio, subindo estrepitosamente a escada até o apartamento 16 — ao encontro do lar, do amor e da família.

משפחה

O pequeno Kurt estava sentado em um banquinho na cozinha, vendo sua mãe preparar a massa do macarrão para o caldo de frango, refeição típica do início do Shabat, na noite de sexta-feira. Era uma das poucas práticas tradicionais mantidas pela família. Tini não acendia velas nem pedia graças. Mas Kurt era diferente — com apenas oito anos, cantava no coral da sinagoga, no centro, e sua devoção só aumentava. Também gostava de ajudar uma família ortodoxa que morava no mesmo andar, acendendo as luzes para eles nas noites do Shabat.

Era o filho mais novo adorado da família. Os Kleinmann podiam ser muito unidos, mas Kurt era o preferido de Tini. E ele adorava ajudá-la na cozinha.

Com a sopa fervendo, Kurt, de boca entreaberta, observava a mãe bater os ovos e preparar panquecas bem finas. Era uma das tarefas de cozinha que mais gostava de acompanhar. Mas seu prato favorito era o *Wiener schnitzel*, feito com escalopes de vitela amaciados até ficarem suaves e delicados como veludo. A mãe o ensinara a passar a carne na farinha, nos ovos batidos com leite e no farelo de pão. Depois punha os filés de dois em dois na frigideira e com manteiga borbulhando, o rico aroma enchendo o pequeno apartamento conforme estufavam, enrugavam e douravam. Naquela noite, porém, o cheiro era de macarrão frito e frango.

Da sala contígua — que também era usada como quarto — vinha o som do piano. A irmã mais velha de Kurt, Edith, uma mulher adulta aos dezoito anos, tocava bem e lhe ensinara uma música alegre chamada "Cuco", da qual ele ia se lembrar pelo resto da vida. Já a outra irmã, Herta, de quinze anos, mais próxima em idade dele, era adorada. Ela ficaria para sempre no coração de Kurt como a imagem da beleza e do amor.

Tini sorriu ao observar o ar de intensa concentração do filho enquanto a ajudava a enrolar uma omelete e cortá-la em finas fatias, que ia misturando à sopa.

A família sentou para fazer a refeição na atmosfera aconchegante do Shabat — Gustav e Tini, Edith e Herta, Fritz e o pequeno Kurt. O lugar era humilde: apenas aquele cômodo e o quarto onde todos dormiam (Gustav e Fritz juntos, Kurt com a mãe, Edith na própria cama e Herta no sofá). Mas era um lar, e ali eram felizes.

Sobre o mundo lá fora uma nuvem negra começava a se formar. Naquela tarde, a Alemanha dera um ultimato, por escrito, exigindo o cancelamento do plebiscito e a renúncia do chanceler Schuschnigg, que deveria entregar o cargo a Arthur Seyss-Inquart (um político de direita e membro secreto do Partido Nazista), que teria um gabinete simpatizante a ele. A justificativa de Hitler era de que o governo de Schuschnigg reprimia os alemães na Áustria ("alemão" e "nazista" sendo sinônimos, na cabeça de Hitler). Além disso, a Legião Austríaca, que fora exilada, uma força nazista de 30 mil homens, devia regressar a Viena para manter a ordem pública. O governo austríaco tinha até as 19h30 para acatar as determinações.[11]

Após o jantar, Kurt teve de se apressar para chegar a tempo da celebração do Shabat na sinagoga. Ele recebia o cachê de um xelim para cantar no coro, assim, era um dever tanto religioso como financeiro (e ocasionalmente um prazer, pois nas manhãs de domingo, em lugar do dinheiro ganhava uma barra de chocolate).

Como sempre, Fritz o acompanhou. Era o irmão mais velho ideal — amigo, parceiro de brincadeiras e protetor. As ruas estavam agitadas naquela noite, mas os sons de turbulência haviam cessado, deixando no ar uma sensação de maldade à espreita. Geralmente Fritz acompanhava Kurt até o salão de bilhar, na margem oposta do canal do Danúbio — "Você sabe ir sozinho daqui, não sabe?" —, onde parava para jogar com os amigos. Mas naquela noite achou melhor acompanhá-lo ao longo de todo o trajeto até a Stadttempel.

Enquanto isso, a família escutava o rádio no apartamento. O programa foi interrompido por um anúncio. O plebiscito estava adiado. Um péssimo sinal. Então, um pouco depois das 19h30, a música foi cortada e uma voz declarou: "Atenção! Daqui a alguns momentos será feito um pronunciamento de extrema importância". Houve uma pausa, nada de som, só estática. Três angustiantes minutos se passaram, então eles escutaram a voz trêmula de emoção do chanceler Schuschnigg: "Austríacos e austríacas, o dia de hoje nos deixou numa situação trágica e decisiva". Todo mundo na Áustria que estava perto de um rádio naquele momento, muitos com medo, outros empolgados, parou para escutar o que o chanceler dizia sobre o ultimato: a Áustria precisava cumprir as determinações da Alemanha ou seria destruída. "Temos de ceder ante a força", afirmou, "pois não estamos preparados, mesmo nessa terrível situação, para derramar sangue alemão. Decidimos ordenar às tropas que não ofereçam séria..." Ele hesitou. "Que não ofereçam resistência." Com a voz entrecortada, suspirou e disse suas palavras finais. "Assim me despeço do povo austríaco, com um adeus em alemão saído do fundo do meu coração: Deus proteja a Áustria."[12]

Gustav, Tini e as filhas escutaram atônitos o hino nacional começar a tocar. No estúdio, longe dos olhos e ouvidos públicos, Schuschnigg desabava e chorava.

בן

As reconfortantes palavras de exaltação do "Aleluia", entoadas pelo tenor e encorpadas pelas vozes do coro, enchiam o grande espaço oval da Stadttempel, envolvendo as colunas de mármore e a ornamentação dourada dos balcões com um som harmonioso. De seu lugar no coro, na fileira superior, atrás da arca, Kurt podia contemplar a *bimah* e a congregação.* A sinagoga estava muito mais

* A arca é o gabinete ornamentado onde ficam guardados os pergaminhos da Torá; *bimah* é a mesa de leitura usada pelo rabino, de frente para a arca.

cheia do que de costume, não cabia nem mais uma alma – a incerteza levara as pessoas a buscar conforto na religião. O dr. Emil Lehmann, um erudito religioso, sem saber das notícias recentes, falara de forma comovente sobre Schuschnigg, exaltando o plebiscito, e encerrara com a palavra de ordem do chanceler deposto: "Nós dizemos sim!".[13]

Após o serviço, Kurt desceu do balcão, apanhou seu xelim e foi ao encontro de Fritz. Acotovelando-se na apertada travessa, a congregação partiu. Do lado de fora, mal se notava a sinagoga. Parecia inserida em uma fileira de prédios residenciais – a maior parte dela ficava oculta atrás da fachada, espremida entre aquela rua e a seguinte. Enquanto o distrito de Leopoldstadt era no momento o bairro judeu de Viena, aquele pequeno enclave no centro velho, onde os judeus viviam desde a Idade Média, era o coração cultural da vida judaica vienense. Ele pulsava nos prédios e nomes de ruas – Judengasse, Judenplatz –, o sangue judeu escorrendo pelas fendas dos paralelepípedos e pelas fissuras da história, com as perseguições e o pogrom medieval que os levara a viver em Leopoldstadt.

De dia, a estreita Seitenstettengasse ficava isolada da maior parte do ruído da cidade, mas agora, na noite do Shabat, fervilhava. A curta distância dali, na Kärtnerstrasse, uma longa avenida diante do enclave nazista na Stephansplatz, uma turba se reunia. Os camisas-marrons da SA, agora livres para portar armas e vestir as braçadeiras com a suástica, entravam em marcha. A polícia ia junto. Eram acompanhados por caminhões carregados de tropas de assalto. As pessoas dançavam e urravam à luz de tochas.

Por toda a cidade ecoaram vozes a plenos pulmões: "*Heil* Hitler! *Sieg Heil*! Abaixo os judeus! Abaixo os católicos! Um povo, um Reich, um Führer, uma vitória! Abaixo os judeus!". Vozes roucas, fanáticas, ergueram-se numa canção, "*Deutschland, Deutschland über alles...*". Entoaram: "Hoje a Alemanha; amanhã, o mundo!".[14] O dramaturgo Carl Zuckmayer escreveu: "O inferno abriu as portas e cuspiu seus espíritos mais abjetos, desprezíveis, imundos. [...] Foi desencadeada aqui a revolta da inveja, da malevolência, da amargura, da vingança cega, torpe".[15] Um jornalista britânico que testemunhou a procissão chamou-a de "indescritível sabá de bruxas".[16]

As reverberações chegaram à Seitenstettengasse, onde os judeus se dispersavam diante da Stadttempel. Fritz e Kurt desceram a Judengasse e atravessaram a ponte. Em poucos minutos estavam de volta a Leopoldstadt.

Os nazistas e suas hordas de novos capachos afluíam às dezenas de milhares pelo centro em direção ao bairro judeu. A maré de gente atravessou as pontes para inundar Leopoldstadt, tomando a Taborstrasse, a Leopoldsgasse, o Karmelitermarkt e a Im Werd — 100 mil homens e mulheres cantando e gritando, num êxtase de triunfo e ódio: "*Sieg Heil!* Morte aos judeus!". Os Kleinmann ficaram dentro de casa, escutando o tumulto, esperando a porta ser arrombada a qualquer momento.

Mas nada aconteceu. Por horas a turba dominou as ruas, houve barulho e fúria por toda parte, embora poucos feridos: alguns judeus desafortunados que não acharam refúgio foram espancados, além de pobres coitados que "pareciam judeus" e conhecidos defensores de Schuschnigg. Muitas casas e estabelecimentos foram invadidos e saqueados, mas a tormenta da destruição não se abateu sobre Viena naquela noite. Atordoados, alguns se perguntaram se a boa natureza lendária dos vienenses não teria abrandado o temperamento até de seus nazistas.

Vã esperança. O motivo para a fúria refreada era simples: a SA estava no comando e suas tropas de assalto eram disciplinadas. Planejavam espoliar e matar suas presas metodicamente, não em meio àquela balbúrdia. Em operação conjunta com a polícia (agora usando braçadeiras com a suástica), a SA tomou os prédios públicos. Membros proeminentes do partido governista foram detidos ou fugiram. O próprio Schuschnigg foi preso. Mas era só o prelúdio.

Na manhã seguinte, as primeiras colunas de soldados alemães haviam cruzado a fronteira.

As potências europeias — Inglaterra, França, Tchecoslováquia — repudiaram a invasão alemã de um território soberano, mas Mussolini, suposto aliado da Áustria, repudiou qualquer ação militar, tampouco condenou a Alemanha. A resistência internacional se desfez antes até de se formar. O mundo deixou a Áustria entregue aos cães.

E a Áustria os recebeu de braços abertos.

אבא

Gustav acordou com o ruído de motores. Um zumbido surdo penetrou em seu crânio como um aroma furtivo e foi crescendo pouco a pouco. Aviões. Por um momento, foi como se estivesse parado diante de sua oficina: de volta ao dia anterior, sem que o pesadelo tivesse se consumado. Era quase hora do café. O resto da família continuava na cama, ainda despertando dos sonhos, exceto Tini, atarefada na cozinha.

Quando Gustav levantou e se vestiu, o zumbido ficou mais alto. Das janelas não se via nada – apenas a paisagem de telhados e uma faixa de céu –, então ele calçou os sapatos e desceu.

Na rua e no Karmelitermarkt havia pouco sinal dos horrores da noite – nada além de alguns folhetos do "VOTE SIM!" pisoteados, varridos junto às guias. Os vendedores montavam suas barracas para o dia. Mas todos os olhares se voltaram para o céu à medida que o ronco de motores aumentou, sacudindo as janelas e abafando o burburinho da rua. Ao contrário do dia anterior, essa tormenta estava prestes a desabar. Acima da linha dos telhados, avistavam-se os aviões. Bombardeiros, dezenas deles, em formação compacta, acompanhados por caças separados, mais acima. Voavam tão baixo que até do chão foi possível ver as insígnias alemãs e as portas dos compartimentos de bombas se abrindo.[17] Um murmúrio aterrorizado percorreu o mercado.

Mas o que saiu dos compartimentos não foram bombas, e sim outra nevasca de papéis, flutuando e descendo sobre os telhados e ruas. O clima político mudava literalmente. Gustav pegou um folheto. Era mais conciso e simples que o do dia anterior. No cabeçalho, havia a águia nazista e uma declaração:

> A Alemanha Nacional-socialista saúda sua Áustria Nacional-socialista e o novo governo nacional-socialista.
> Unidas em um laço de lealdade indissolúvel!
> *Heil* Hitler![18]

O som dos motores ficou ensurdecedor. Não só bombardeiros, mas também centenas de aviões de transporte sobrevoaram a cidade; enquanto os bombardeiros faziam a volta ou circulavam, os outros seguiram para o sudeste. Ninguém sabia ainda, mas eram aeronaves militares carregando tropas, com destino ao aeródromo de Aspen, nos subúrbios – a primeira investida alemã contra a capital austríaca. Gustav largou o papel como se estivesse pegando fogo e entrou.

Todos estavam melancólicos no café da manhã. A partir daí uma sombra desceria sobre cada gesto, palavra e pensamento dos judeus. Todo mundo sabia o que acontecera na Alemanha nos cinco anos anteriores. Mas o que ninguém sabia era que na Áustria o processo não seria gradual: eles viveriam cinco anos de terror numa torrente frenética.

A Wehrmacht estava a caminho, assim como a SS e a Gestapo, e havia rumores de que ninguém menos que o Führer em pessoa chegara a Linz e estaria em breve em Viena. Os nazistas da cidade celebravam, exultantes. A maioria da população, desejando apenas estabilidade e segurança, seguiu a onda. Lojas judaicas em Leopoldstadt foram sistematicamente saqueadas pelas tropas de assalto da SA, enquanto residências de judeus ricos começaram a ser invadidas e roubadas. A inveja e o ódio contra judeus nos negócios, em profissões especializadas e nas áreas legal e médica, chegaram ao clímax durante a depressão econômica, e a pústula estava prestes a ser violentamente lancetada.

Dizia-se na época que não era da índole do cidadão vienense se expressar politicamente por meio de tumultos e confrontos nas ruas. "O verdadeiro vienense", diziam com desprezo ao ver os bandos de nazistas espumantes, "discute suas diferenças à mesa de um café e vota como um ser civilizado."[19] Mas no devido tempo o "verdadeiro vienense" iria para o abismo. O país estava nas mãos de selvagens.

Contudo, Gustav Kleinmann, com seu modo positivo de ver as coisas, acreditava que sua família poderia estar a salvo — afinal, eram mais austríacos do que judeus. Os nazistas só perseguiriam os devotos, os hebraicos declarados, os ortodoxos... não?

בת

Edith Kleinmann era uma pessoa altiva. Como seu pai, considerava-se mais austríaca do que judia. Mas, aos dezoito anos, nem se preocupava muito com tal coisa. De dia trabalhava como aprendiz numa confecção de chapéus, sonhando em criar seus próprios modelos; nas horas livres, saía para se divertir com os rapazes, pois adorava música e dança. Edith era antes de tudo uma jovem, com os impulsos e desejos da juventude. Os rapazes com quem saía dificilmente eram judeus, o que incomodava Gustav. Ser austríaco era uma coisa boa, mas ele achava que a pessoa devia se ater aos seus. Se havia uma contradição ali, Gustav não percebia.

Alguns dias haviam se passado desde a chegada dos alemães no domingo, dia do malfadado plebiscito. A maioria dos judeus ficara longe das ruas, mas o irmão de Edith, o sempre intrépido Fritz, saíra para dar uma olhada. No começo, contara, alguns bravos vienenses atiraram pedras nos soldados, mas logo foram esmagados pela multidão, que vibrava e bradava: "*Heil* Hitler!". As colunas do exército alemão fazendo sua entrada triunfal na capital, puxadas por Adolf Hitler em pessoa, pareciam não ter fim: frotas de limusines reluzentes, motocicletas, carros blindados, uniformes *Feldgrau* (cinza de campanha) aos milhares, capacetes, coturnos ritmados. As bandeiras escarlate com a suástica estavam por toda parte — levadas por soldados, penduradas nos prédios, presas nos carros. Heinrich Himmler chegara secretamente ao país e iniciara o processo de controle da polícia.[20] A espoliação dos judeus ricos continuou e suicídios eram anunciados diariamente.

Edith apertou o passo enquanto andava pela calçada. Um tumulto de algum tipo ocorria na esquina da Schiffamtsgasse com a Leopoldsgasse, onde uma grande multidão se juntara, perto do distrito policial.[21] Ela escutou risadas e apupos. Começou a atravessar a rua, mas hesitou, notando um rosto familiar no amontoado de gente — Vickerl Ecker, um velho colega da escola. Os olhos brilhantes e sequiosos cravaram-se nela.

"Ali! Olha uma ali!"[22]

Todos os rostos se voltaram na direção de Edith. Ela escutou a palavra *judia* e sentiu que mãos agarravam seus braços, empurrando-a na direção da aglomeração. Viu a camisa marrom de Vickerl, a braçadeira com a suástica. Então foi levada ao meio da roda, entre expressões sarcásticas e maldosas. Meia dúzia de homens e mulheres — judeus em roupas elegantes — estavam de quatro esfregando a calçada com escovas e baldes ao lado. Uma pobre mulher desnorteada segurava o chapéu e as luvas em uma mão e a escova na outra, o casaco até então imaculado raspando nas pedras úmidas.

"De joelhos." Enfiaram uma escova na mão de Edith e a jogaram no chão. Vickerl apontou as cruzes austríacas e os bordões do DIGA SIM! "Apague sua propaganda imunda, judia." A roda se fechou um pouco mais quando começou a esfregar. Ela identificou alguns rostos — vizinhos, conhecidos, comerciantes bem-vestidos, esposas respeitáveis, trabalhadores, tanto homens como mulheres, todos eles parte integral do mundo de Edith, transformados numa turbamulta tripudiante. Por mais que esfregasse, a tinta não saía. "Trabalho ideal para um judeu, hein?", alguém exclamou, provocando risadas. Um soldado da SA pegou o balde de um homem e o esvaziou em cima dele, encharcando seu casaco de pelo de camelo. A multidão exultou.

Depois de aproximadamente uma hora, as vítimas ganharam um recibo pelo "trabalho" e tiveram permissão de ir embora. Edith voltou para casa, a meia-calça rasgada, as roupas sujas, tentando conter o choro, transtornada de vergonha e humilhação.

Nas semanas seguintes, o "trote" se tornou uma cena cotidiana nos bairros judeus. Os bordões patrióticos eram impossíveis de apagar e muitas vezes a SA punha ácido na água, que queimava e provocava bolhas nas mãos das vítimas.[23] Edith, por sorte, não voltou a passar pela humilhação, mas sua irmã Herta, de quinze anos, foi obrigada a ajudar um grupo a esfregar as cruzes da coluna do relógio, no mercado. Outros judeus foram forçados a pintar bordões antissemitas em oficinas e estabelecimentos judeus, em vermelho e amarelo pálidos.

A rapidez com que a afável Viena virara a casaca fora de cair o queixo — era como arrancar o tecido macio e confortável de um sofá em casa e revelar as molas e pregos sob o estofo. Gustav se enganara. Os Kleinmann não estavam a salvo. Ninguém estava.

משפחה

Todos vestiam suas melhores roupas: Gustav, o terno de domingo; Fritz, a calça até pouco abaixo do joelho; Edith, Herta e Tini, o vestido mais elegante que tinham; o pequeno Kurt, um traje de marinheiro. No estúdio fotográfico de Hans Gemperle, encararam a lente da câmera como se olhassem para o próprio futuro. Edith sorria com desconforto, a mão pousada no ombro da mãe; Kurt parecia contente — aos oito anos, não entendia muito bem as mudanças ocorrendo em seu mundo; Fritz tinha a despreocupação indiferente de um adolescente presunçoso; Herta — tendo recém-completado dezesseis anos, já uma mocinha — estava radiante. Quando Herr Gemperle (que não era judeu e prosperaria muito nos próximos anos) tirou a foto, captou a apreensão de Gustav e o estoicismo nos olhos escuros de Tini: eles percebiam agora o rumo que o mundo estava tomando; até mesmo Gustav, o otimista. Foram ao estúdio por insistência de Tini. Seu pressentimento era de que a família poderia não continuar junta por muito mais tempo. e ela queria um registro fotográfico dos filhos enquanto tinha essa possibilidade.

O veneno destilado nas ruas começava a fluir dos gabinetes de governo e da Justiça. Com as Leis de Nuremberg de 1935, os judeus austríacos perderam a cidadania. Em 4 de abril, Fritz e todos os seus colegas judeus foram expulsos do liceu; ele também perdeu o emprego. Edith e Herta foram despedidas e Gustav não pôde mais trabalhar – a oficina foi fechada. As pessoas foram intimadas a não comprar mais de judeus. Quem fosse pego fazendo aquilo era obrigado a andar com uma placa dizendo: "Sou ariano, mas um porco – comprei na loja de um judeu".[24]

Quatro semanas após a Anschluss, a anexação da Áustria à Alemanha nazista, Adolf Hitler estava de volta a Viena. Ele fez um discurso na estação ferroviária Noroeste – a poucas centenas de metros da Im Werd – para uma multidão de 20 mil membros da SA, SS e Juventude Hitlerista. "Provei pelo exemplo", bradou, "que posso fazer mais do que esses anões que levaram o país à ruína. Daqui a cem anos, meu nome será lembrado como o grande filho desta nação."[25] A multidão explodiu numa tempestade de "*Sieg Heil!*" repetido à exaustão, um barulho ensurdecedor que ecoou pelas ruas do bairro de Leopoldstadt.

Viena estava engrinaldada em suásticas e seus jornais publicavam fotos glorificando o Führer.

No dia seguinte, a Áustria realizou o tão aguardado plebiscito sobre a independência. Os judeus, claro, foram proibidos de ir às urnas. A votação foi controlada e monitorada de perto pela SS, e o resultado, para surpresa de ninguém, foi de 99,7% a favor da Anschluss. Hitler declarou: "Superou todas as minhas expectativas".[26] Os sinos das igrejas protestantes por toda a cidade soaram por quinze longos minutos, e o chefe da Igreja protestante ordenou serviços de ação de graças. Os católicos permaneceram em silêncio, sem ter certeza ainda se o Führer não lhes reservava o mesmo tratamento dado aos judeus.[27]

Jornais estrangeiros foram banidos. Insígnias da suástica começaram a aparecer em todas as lapelas e quem não as usasse (mulheres inclusive) era visto com suspeita.[28] Nas escolas, a saudação "*Heil* Hitler!" virou parte da rotina diária após as orações matinais. Houve queimas rituais de livros e a SS tomou o Israelitische Kultusgemeinde, o centro cultural e religioso judaico perto da Stadttempel, aviltando e insultando os rabinos e outras figuras importantes que dirigiam o lugar.[29] A partir de agora, o IKG seria o órgão do governo responsável por lidar com o "problema judeu" e teria de pagar uma "compensação" ao Estado por ocupar seu próprio imóvel.[30] O regime se apoderou de propriedades judaicas no valor total de 2,25 bilhões de Reichsmarks (sem incluir casas e apartamentos).[31]

Gustav e Tini se desdobravam para manter a família unida. Gustav tinha alguns bons amigos arianos no setor da tapeçaria que lhe arrumavam serviço em suas oficinas, mas sem regularidade. Durante o verão, Fritz e sua mãe conseguiram trabalho com o dono da Laticínios da Baixa Áustria, fazendo entregas no bairro vizinho antes de o dia nascer, quando os fregueses não saberiam que seu leite era trazido por judeus. Ganhavam dois *pfennigs* por litro entregue, tirando um marco por dia — um salário de miséria. A família subsistia do sopão judaico no fim da rua.

Não havia escapatória das garras dos nazistas. Bandos de camisas-marrons da SA e da Juventude Hitlerista marchavam pelas ruas, cantando:

Quando sangue judeu pinga da faca,
Nós cantamos e damos risada.

As canções glorificavam o enforcamento de judeus e o fuzilamento de padres. Velhos amigos de Fritz acompanhavam os velhos nazistas, tendo virado a casaca com rapidez alarmante. Alguns até haviam entrado para a unidade local da SS, o 89º Standarte. A SS era onipresente, e seus homens, arrogantes e satisfeitos em seus uniformes impecáveis e com seu poder irrefreável, exigiam a identidade dos cidadãos nas ruas. O ódio se alastrou como uma epidemia. A palavra *Saujud* — porco judeu — era ouvida por toda parte. Cartazes dizendo "SOMENTE ARIANOS" foram pregados nos bancos dos parques. Fritz e os amigos que lhe restavam ficaram proibidos de brincar nos parques esportivos ou nas piscinas (o que foi cruel para ele, que adorava nadar).

Com o passar do verão, a violência antissemita sossegou, mas as sanções oficiais continuaram a vir e a pressão sob a superfície aumentava. Um nome temível começou a ser ouvido: "Fique de cabeça baixa e bico fechado, ou vai parar em Dachau", os judeus aconselhavam uns aos outros. Pessoas começaram a desaparecer: primeiro, figuras proeminentes — políticos e homens de negócios —, depois, judeus fisicamente aptos, levados sob os pretextos mais inacreditáveis. Às vezes eram devolvidos a suas famílias na forma de cinzas. Então outro nome passou a ser sussurrado: Buchenwald. Os *Konzentrationslager* — campos de concentração — que integravam a Alemanha nazista desde o princípio começavam a se multiplicar.[32]

A perseguição aos judeus assumiu um aspecto completamente burocrático. A questão da identificação recebeu atenção especial. Em agosto, decretou-se que todo judeu sem primeiro nome hebraico reconhecido deveria adotar um novo nome do meio — "Israel" para os homens e "Sara" para as mulheres.[33] A carteira de identidade tinha de ser carimbada com a letra J — de *Juden-Kennkarte*, ou *J-Karte*, como o documento era chamado. Em Leopoldstadt, adotou-se um procedimento especial. Após o carimbo, a pessoa era instruída a entrar numa sala com um fotógrafo e vários assistentes, homens e mulheres. Quando as fotos, de frente e de lado, terminavam, mandavam que se despisse. "Apesar da máxima relutância", uma testemunha registrou, "as pessoas tiveram de tirar toda a roupa [...] para serem fotografadas outra vez de todos os ângulos." Eles colhiam impressões digitais e tomavam medidas. "Os homens obviamente mediam as mulheres, e mediam a força de seus cabelos, colhiam amostras de sangue, registravam e enumeravam tudo."[34] Todo judeu tinha de se sujeitar a essa degradação, sem exceção. Alguns caíam fora assim que recebiam o carimbo, então a SS começou a fazer as fotos primeiro.

Em setembro, a situação em Viena estava calma e retomava-se algo parecido com uma vida normal, mesmo para os judeus em suas comunidades.[35] Mas os nazistas ainda não estavam satisfeitos. Seria necessário um incentivo para instigar as pessoas a um novo patamar de ódio contra os judeus.

Em outubro, um incidente na Bélgica foi o prenúncio do que estava por vir. A cidade portuária de Antuérpia tinha um bairro judeu grande e próspero. Em 26 de outubro de 1938, dois jornalistas do *Der Angriff*, um veículo de propaganda nazista, desembarcaram de um vapor comercial com o intuito de fotografar o comércio de diamantes dos judeus. Seu comportamento foi intrusivo e insultuoso e vários judeus reagiram com fúria. Tentaram expulsar os jornalistas e após um empurra-empurra um dos alemães se feriu e as câmeras sumiram.[36] Na imprensa alemã, o incidente ganhou as proporções de um ataque ultrajante contra cidadãos alemães inocentes e desamparados. Segundo o principal jornal de Viena, um bando de cinquenta rufiões judeus atacara turistas alemães e os deixara no chão, inconscientes e sangrando, após roubar seus pertences. "Grande parte da imprensa belga se calou", revoltou-se o jornal. "Essa atitude indica a inépcia desses jornais, que não têm medo de fazer o maior alarde quando um judeu solitário é responsabilizado por seus crimes."[37] O jornal nazista *Völkischer Beobachter* publicou uma advertência preocupante de que quaisquer novos atos de violência contra alemães "poderiam facilmente acarretar consequências além de sua esfera de influência, o que pode ser extremamente indesejável e desagradável".[38]

A ameaça era clara e a tensão, cada vez mais elevada.

Quando novembro chegou, por todo o Reich dava-se vazão ao sentimento antissemita. O gatilho foi puxado longe dali, em Paris, quando um judeu polonês chamado Herschel Grynszpan, num acesso de fúria com a expulsão de seu povo da Alemanha — incluindo sua família —, comprou um revólver e foi à embaixada alemã, onde disparou cinco tiros contra Ernst vom Rath, um diplomata escolhido ao acaso.

Em Viena, os jornais chamaram o assassinato de "provocação ultrajante".[39] Era preciso ensinar uma lição aos judeus.

Vom Rath morreu em 9 de novembro, quarta-feira. Na mesma noite, os nazistas fizeram uma demonstração de força nas ruas de Berlim, Munique, Hamburgo, Viena e todas as cidades, grandes ou pequenas. Funcionários locais do partido e a Gestapo fizeram as vezes de mestres de cerimônias, com a SA e a SS sob sua batuta, seus membros munidos de marretas, machados e materiais combustíveis. Os alvos eram as residências e os estabelecimentos que continuavam nas mãos dos judeus. Quem protestasse era agredido e executado. As tropas de assalto destruíam e queimavam tudo o que podiam, mas foram os estilhaços que deixaram a impressão mais vívida na memória dos que testemunharam a Kristallnacht, a "Noite dos Cristais",[40] tamanha a quantidade de cacos de vidro cobrindo as calçadas. Entre os judeus, o episódio seria lembrado como o "Pogrom de Novembro".

A ordem geral era: nada de saques, apenas quebra-quebra.[41] Mas, no caos que sobreveio, ela foi desrespeitada à larga, com as residências e os estabelecimentos judaicos sendo espoliados sob o pretexto de buscas por armas e "literatura ilegal".[42] Após a denúncia de algum vizinho, o lugar era invadido por camisas-marrons, que entravam destruindo tudo, despedaçando mobília, rasgando roupas. Mães protegiam filhos aterrorizados; casais se abraçavam com força, paralisados pelo desespero, presenciando seu lar sendo violado.

Em Leopoldstadt, se um judeu fosse encontrado na rua, era levado ao Karmelitermarkt para receber uma sova. Após a meia-noite, as sinagogas foram incendiadas e os telhados visíveis do apartamento dos Kleinmann brilharam com um fulgor laranja, iluminados pelas chamas na Polnische Schul, a sinagoga na Leopoldsgasse. A brigada de incêndio apareceu, mas os soldados da SA a proibiram de combater o fogo enquanto o magnífico prédio não ficou reduzido a escombros. No centro da cidade, a Stadttempel, que não podia ser incendiada porque era adjacente a outros edifícios, foi saqueada, e foram destruídos os maravilhosos entalhes e adornos, a belíssima pintura em ouro e branco, a arca e a *bimah*.

Antes do alvorecer, as prisões começaram. Milhares de judeus – na maioria, homens aptos – foram capturados nas ruas ou arrastados de suas casas pelas tropas de assalto da SA.

Entre os primeiros a ser presos estavam Gustav e Fritz Kleinmann.

2. Traidores do povo

אבא

Eles foram levados para o distrito policial, um prédio imponente de tijolos vermelhos e silhar, próximo ao parque público do Prater.[1] A família Kleinmann passara muitas tardes de lazer no Prater, passeando pelos acres de área verde, relaxando no Biergarten, as crianças se divertindo nos brinquedos e barracas da feira. Agora, na sombria manhã de inverno, os portões estavam fechados e a malha metálica da roda-gigante assomava sinistramente acima dos telhados. Gustav e Fritz passaram pela entrada do parque sem conseguir vê-lo, em um caminhão carregado de judeus de Leopoldstadt.

Pai e filho haviam sido denunciados à SA por seus vizinhos: homens que tinham sido amigos próximos de Gustav — *Du-Freunden** —, com quem costumava conversar, que o cumprimentavam sorrindo, em quem ele confiava, que conheciam sua família e sua vida. E que sem a menor coerção ou provocação o haviam atirado aos lobos.

No distrito policial, os prisioneiros foram descarregados e conduzidos a um estábulo sem uso.[2] Centenas de homens e mulheres foram levados ali; a maior parte, tirada de casa, como Gustav e Fritz. Centenas foram presos na manhã

* Com familiaridade suficiente para se tratarem informalmente pela segunda pessoa do singular, *Du* (em lugar da terceira pessoa, *Sie*).

seguinte, quando faziam fila diante das embaixadas e dos consulados, tentando escapar;[3] outros foram capturados ao acaso nas ruas. À pergunta rosnada, "*Jude oder Nichtjude?*" — "Judeu ou não judeu" —, se a resposta fosse "judeu", ou mesmo se a aparência da pessoa sugerisse isso, lá ia ela para a traseira do caminhão. Alguns eram obrigados a realizar uma marcha forçada, sendo xingados e agredidos pela multidão. Os nazistas chamavam aquilo de *Volksstimme* — a voz do povo —, que era anunciada ao som de sirenes e prosseguia ao longo da madrugada. Um pesadelo do qual ninguém conseguia escapar.

Seis mil e quinhentos judeus — a maioria homens — haviam sido levados para delegacias por toda a cidade e nenhuma estava mais cheia do que a do Prater.[4] As celas ficaram superlotadas nas primeiras levas e agora as pessoas estavam tão espremidas no estábulo que tinham de ficar com os braços erguidos, enquanto algumas eram forçadas a se ajoelhar para que as recém-chegadas conseguissem passar por cima.

Gustav e Fritz ficaram juntos. Horas passavam conforme ajoelhavam e voltavam a levantar, famintos, sedentos, o corpo dolorido, em meio a gemidos e orações. Do lado de fora, escutavam chacotas e pessoas sendo espancadas. De tempos em tempos, dois ou três eram levados para interrogatório. Ninguém voltava.

Fritz e o pai haviam perdido a noção de quantas horas tinham se passado quando um dedo foi apontado na direção deles e os dois precisaram transpor a massa de corpos para chegar à porta. Foram levados a outro prédio e deixados diante das autoridades nazistas. Os insultos eram a cola que mantinha o interrogatório coeso — *porco judeu, traidor do povo, judeu criminoso*. O prisioneiro era obrigado a repetir a ofensa e a assumi-la como um título. As perguntas eram sempre as mesmas: *Quanto dinheiro tem guardado? É homossexual? Tem relacionamento com alguma mulher ariana? Já ajudou a fazer um aborto? De que sociedades e partidos é membro?*

Após o interrogatório e a revista, os prisioneiros eram divididos em categorias. Os rotulados como *Zurück* (voltar) eram devolvidos ao confinamento para aguardar novo processo. Os marcados como *Entlassung* (dispensar) eram liberados — na maioria, mulheres, idosos, adolescentes e estrangeiros detidos por engano. A categoria que os homens mais temiam era *Tauglich* (fisicamente apto), o que significava Dachau ou Buchenwald, ou o novo nome que começava a ser sussurrado: Mauthausen, campo que estavam construindo em território austríaco.[5]

Enquanto aguardavam a sentença, Gustav e Fritz foram colocados em um mezanino com vista para o pátio. Ali puderam observar a causa do barulho que escutavam. Homens eram forçados a cerrar fileiras compactas com os braços erguidos e se submeter aos porretes e açoites da SA. Soldados ordenavam que deitassem, levantassem, rolassem. Às gargalhadas, desferiam-lhes pontapés, pauladas e vergastadas, enlameando seus casacos e ternos elegantes, os chapéus pisoteados no chão. Alguns eram separados para um corretivo mais severo. Os que não participavam da "ginástica" eram obrigados a cantar: "Somos criminosos judeus! Somos porcos judeus!".

Durante todo esse tempo, a polícia regular, homens com longos anos de serviço, que conheciam os judeus de Leopoldstadt, ficaram de lado, observando. Embora nem todos participassem da violência, ninguém fazia nada para impedir. Pelo menos um oficial de polícia tomou parte das surras no pátio.[6]

Após longa espera, Fritz e Gustav receberam seu veredicto. Fritz, com apenas quinze anos, fora classificado como *Entlassung*. Estava livre. Gustav, como *Zurück*: de volta à cela. Fritz não pôde fazer nada a não ser observar, desolado, enquanto o pai era forçado a marchar de volta.

בן

Já anoitecera quando Fritz deixou o distrito policial. Ele voltou para casa sozinho, passando pela entrada familiar do Prater. Fizera o mesmo trajeto muitas vezes — após nadar com os amigos no Danúbio ou passar o dia no parque, refestelando-se com bolos e doces, o corpo cheio de adrenalina. Agora, não se via vivalma.

As ruas estavam sombrias e sujas de sangue, com ressaca da intemperança da noite anterior. O bairro de Leopoldstadt fora devastado, o chão das ruas de comércio e do Karmelitermarkt estava coberto de vidro estilhaçado e madeira quebrada.

Fritz chegou ao apartamento, onde encontrou a mãe e as irmãs. "Cadê o papai?", perguntaram. Ele lhes contou o que acontecera e que seu pai ficara detido. Mais uma vez, os terríveis nomes invadiram sua imaginação: Dachau, Buchenwald. A noite foi de espera, mas nenhuma notícia chegou; tentaram descobrir qualquer coisa, mas em vão.

No resto do mundo, o pogrom foi recebido com revolta. Os Estados Unidos chamaram o embaixador em Berlim[7] e o presidente declarou que a notícia "afetou profundamente o povo americano [...]. Tenho dificuldade em acreditar que tais coisas possam ocorrer no século XX".[8] Em Londres, *The Spectator* (na época uma revista de esquerda) afirmou que "a barbárie na Alemanha é de escala tão vasta, marcada por uma desumanidade tão diabólica e uma evidente inspiração oficial que suas consequências [...] ainda não podem ser previstas".[9]

Mas os nazistas alegaram que as acusações de atrocidades eram jornalismo espúrio, inventadas para tirar atenção da verdadeira indignidade — o ataque de um terrorista judeu contra um diplomata alemão. Eles se parabenizavam por ter aplicado a punição merecida aos judeus, uma "expressão de justo repúdio entre as camadas mais amplas do povo alemão".[10] As condenações do estrangeiro foram recebidas como "sujeiras fabricadas em conhecidos centros de imigração em Paris, Londres e Nova York, e orientadas pela imprensa mundial influenciada pelos judeus".[11] A destruição de sinagogas era para que os judeus "não possam mais armar complôs contra o Estado sob o disfarce de serviços religiosos".[12]

Fritz, Tini, Herta, Edith e Kurt aguardaram durante toda a sexta-feira, sem nenhuma notícia de Gustav. Quando chegou a noite do Shabat, escutaram batidas na porta. Tini se aproximou nervosa e abriu. Era seu marido, com vida.

Exausto, faminto, desidratado, mais magro do que nunca, Gustav entrou como que ressuscitado do túmulo, e todos explodiram de alegria e alívio. Ele contou o que acontecera. Os funcionários nazistas tinham descoberto que ele servira na Grande Guerra e velhos amigos na polícia haviam atestado seus inúmeros ferimentos em combate e condecorações. A ordem do alto comando da SS era de que veteranos fossem excluídos das batidas, assim como enfermos, idosos e crianças.[13] Nem os nazistas chegariam ao ponto de condenar um herói de guerra a um campo de concentração. Gustav Kleinmann foi liberado.

Nos dias subsequentes, o transporte começou. Frotas de *Grüne Heinrich* ("Henrique Verde", como eram apelidados os camburões) iam e vinham dos distritos policiais por toda a cidade, carregados de judeus — alguns deles veteranos de guerra, mas sem as condecorações ou os contatos de Gustav. Eram todos levados para a rampa de carga e descarga da estação ferroviária

Westbahnhof. Dali, eram embarcados em vagões de carga. Uns com destino a Dachau, outros a Buchenwald. Muitos nunca mais seriam vistos.

אבא

Gustav enrolava distraidamente uma tira de tecido, uma sobra qualquer de tapeçaria, em torno dos dedos. Ecoava pela rua o som das marteladas de um trabalhador que pregava tábuas para tapar as vitrines quebradas de uma loja — antes comércio judeu, mas agora não mais.

Olhando a Im Werd, na direção do mercado e da Leopoldsgasse, ele avistou outros estabelecimentos que antes pertenciam a amigos judeus e agora estavam desocupados ou nas mãos de não judeus. Como os vizinhos que tinham entregado seu filho e ele à SA, muitos novos proprietários haviam sido amigos das pessoas de quem tomaram os estabelecimentos. A perfumaria de Ochshorn, numa esquina da praça do mercado, agora pertencia a Willi Pöschl, morador do prédio de Gustav; as bancas de carnes, aves e frutas também tinham sido desapropriadas. Uma amiga de Gustav, Mitzi Steindl, que vivia na pobreza, participara com entusiasmo da usurpação. Por mera solidariedade, ele muitas vezes lhe passara trabalhos de costura.

Com toda uma classe rotulada como inimigos do povo e a oportunidade de lucro instantâneo, as pessoas entregavam os amigos sem hesitação ou receio. Muitos se regozijaram com os insultos, a intimidação, os saques, as sovas e as deportações. Afinal, os judeus não podiam ser seus amigos. Pois como um animal perigoso, um predador, pode ser amigo de um humano? Era inconcebível.

Um jornalista inglês observou: "De fato, os judeus na Alemanha não foram formalmente condenados à morte; simplesmente se tornou impossível para eles viver".[14] Em face disso, centenas tiraram a própria vida, aceitando o inevitável e dando adeus a uma existência sem esperança. Outros tantos decidiram partir para tentar a vida em outro lugar. Desde a Anschluss os judeus austríacos queriam emigrar e agora seu desespero só aumentava.

משפחה

Gustav e Tini falaram em ir embora dali. Ela tinha parentes e amigos que haviam emigrado para os Estados Unidos muitos anos antes. Mas lutar por uma vida melhor longe do Reich se tornara extremamente difícil para uma família judaica sem posses ou influência. Nos cinco anos e meio desde que os nazistas tinham assumido o poder na Alemanha, dezenas de milhares de judeus haviam partido, mas países do mundo inteiro resistiam cada vez mais às levas de imigrantes e refugiados.

Na Áustria, a emigração judaica — e a vida de modo geral — estava sob o controle de Adolf Eichmann. Ex-funcionário do braço de inteligência e segurança da SS, Eichmann era austríaco e ascendera à posição de maior autoridade da organização em cultura e assuntos judaicos.[15] Sua solução para o "problema judeu" era, antes de mais nada, encorajá-los a ir embora, por intermédio do Escritório Central de Emigração Judaica. Ele reativou o Israelitische Kultusgemeinde, forçando seus líderes a trabalhar para o regime. O IKG compilava informação sobre judeus e coordenava a burocracia exigida para sua partida.

Por mais que quisessem ver os judeus pelas costas, os nazistas não resistiam a tornar sua partida o mais cruel possível. Tomavam suas posses quando passavam pelo sistema, impondo uma variedade de tributos e multas, incluindo um "imposto por escapar do Reich" de 30% de seus bens e um imposto de "compensação" de 20% (punição pelos "crimes abomináveis" dos judeus), além das elevadas propinas e de uma taxa de câmbio pela moeda estrangeira que era puro roubo.[16] Além do mais, a autorização para viajar após pagar os impostos era válida por apenas alguns meses, e obter um visto muitas vezes demorava mais do que isso. Quem pleiteava emigrar frequentemente era mandado de volta para o começo da fila e tinha de desembolsar tudo outra vez. Como consequência, o governo nazista teve de *emprestar* dinheiro ao IKG para ajudar os judeus pobres a comprar passagens e moeda estrangeira.[17] Assim, o ódio alimentado pelos nazistas emperrava o funcionamento da própria máquina que haviam criado para perpetrá-lo.

Encontrar um destino de emigração era a parte mais difícil. No mundo todo as pessoas condenavam os nazistas e criticavam seus próprios governos por fazer muito pouco para acolher os refugiados. Mas essa solidariedade não fazia frente ao número dos que não queriam ver imigrantes em seu meio, roubando seus empregos ou miscigenados nas comunidades. A imprensa alemã ironizava a hipocrisia de um mundo que parecia tão indignado sobre o suposto flagelo dos judeus e tão pouco fazia para ajudar. O *Spectator* chamou de "afronta, especialmente para a consciência cristã, que o mundo moderno, com toda a sua imensa riqueza e com todos os seus recursos, não consiga achar um lar para esses exilados".[18]

Para a família de Kleinmann, sua cidade se tornara, nas palavras de um jornalista britânico:

> uma cidade de perseguição, uma cidade de sadismo [...] não há exemplos de crueldade e bestialidade que sejam capazes de transmitir ao leitor que não presenciou a atmosfera de Viena o ar que os judeus têm de respirar [...] o terror a cada vez que alguém toca a campainha, o cheiro da crueldade no ar [...]. Sinta essa atmosfera e compreenderá por que famílias e amigos se separam, emigrando para os quatro cantos do mundo.[19]

Mesmo após a Noite dos Cristais, os governos estrangeiros, a imprensa conservadora e a vontade democrática predominante continuaram a se opor firmemente à entrada de judeus, ainda que gradual. Quando os ocidentais olhavam para a Europa, viam não só as centenas de milhares de judeus na Alemanha e na Áustria, mas a sombra ameaçadora dos outros milhares nos países do Leste Europeu, e os 3 milhões na Polônia — sendo que todas essas nações haviam aprovado leis antissemitas recentemente.

"É um espetáculo constrangedor", disse Adolf Hitler, "ver o mundo democrático babando comiseração pelos pobres judeus atormentados, mas insensível e inflexível quando se trata de ajudá-los."[20] Hitler zombava da "dita consciência" de Roosevelt, enquanto em Westminster parlamentares de todos os partidos falavam abertamente sobre a necessidade de ajudar os judeus, mas o secretário do Interior, Sir Samuel Hoare, advertiu quanto a "uma correnteza subterrânea de desconfiança e ansiedade com um influxo de estrangeiros" e aconselhou oposição quanto à imigração em massa.[21] Entretanto, os parlamentares, sob a liderança dos trabalhistas George Woods e David Grenfell, insistiram numa ação coordenada para ajudar crianças judias — a fim de salvar "a geração jovem de um grande povo [que] nunca deixou de [...] fazer uma contribuição bela e generosa" ao modo de vida das nações que lhes deram asilo.[22]

Enquanto isso, os judeus no Reich podiam apenas seguir com sua vida, fazer fila nos consulados das nações ocidentais e esperar e torcer para que seu pedido fosse aprovado. Para os milhares nos campos de concentração, um visto de emigração era a única esperança. Centenas em Viena estavam desabrigados e muitos relutavam em tentar emigrar pelos canais oficiais, temendo a prisão.[23]

Gustav não tinha dinheiro nem bens, por isso lhe era impossível molhar a mão dos burocratas sanguessugas. Também tinha pouca confiança em sua capacidade de começar vida nova em um país estrangeiro. A palavra final estava com Tini, que simplesmente não conseguia aceitar a ideia de partir. Suas raízes estavam em Viena, onde nascera e fora criada. Na sua idade, aonde poderia ir sem se sentir arrancada de seu meio natural? Os filhos eram outros quinhentos. Sua maior preocupação era Fritz, com quinze anos: os nazistas o levaram uma vez e podiam voltar a fazê-lo. Não demoraria muito para ele perder a salvaguarda da idade.

Em dezembro de 1938, mais de mil crianças trocaram Viena pela Inglaterra — a primeira leva de 5 mil prometidas pelo governo britânico, que ao menos uma vez na vida não faltou com a palavra.[24] No fim, mais de 10 mil crianças ficariam a salvo lá, graças ao *Kindertansport*. Mas era apenas uma fração dos que necessitavam de refúgio. Os britânicos propuseram que a Palestina acolhesse outras 10 mil. Tini ouviu falar da ideia e alimentava esperanças de embarcar Fritz num desses comboios.[25] Ele tinha idade suficiente para entender por que precisava ir para trabalhar e se virar por conta própria, ao contrário de Kurt, com apenas oito anos. As conversas sobre a Palestina se arrastaram por meses. Os árabes temiam virar minoria em seu próprio país e perder os direitos conquistados, bem como ter de sacrificar suas esperanças de um futuro Estado palestino. Então as conversas acabaram morrendo.[26]

Enquanto o resto da família angustiada hesitava, Edith Kleinmann estava determinada a partir. Além da humilhação e agressão que sofrera, com sua personalidade jovial e extrovertida era impossível suportar o confinamento. Sua casa se transformara praticamente num cativeiro. Independentemente do que houvesse, não podia continuar ali.

Edith sonhava com a América e conseguira as duas declarações exigidas com parentes de sua mãe que viviam nos Estados Unidos e estavam dispostos a lhe oferecer abrigo e apoio. Então, no fim de agosto de 1938, ela entrou com um pedido no consulado norte-americano.[27] A quantidade de pedidos de visto era muito grande e o processo passava por um gargalo deliberado nas duas pontas: o Departamento de Estado norte-americano e o regime nazista. Com o fim do ano se aproximando, Edith enfrentou a perspectiva de ficar presa em Viena para sempre. Após a Noite dos Cristais, impaciente com a demora, ela decidiu que a Inglaterra seria um destino mais viável.

Desde o início do verão, grande número de judeus – sobretudo mulheres, que passavam mais facilmente pelo processo de triagem – decidira-se pela Inglaterra como a melhor alternativa. Anúncios esperançosos surgiram na seção de classificados do *Times* londrino.[28] Havia ofertas de criadas, cozinheiras, choferes, babás, ourives, juristas, professores de piano, mecânicos, tutores de línguas, jardineiros e guarda-livros. Muitos se ofereciam para fazer trabalhos que não estavam à altura de sua qualificação profissional. As mesmas apresentações elogiosas se repetiam: "boa professora", "ótimo cozinheiro", "faz-tudo", "com experiência", "excelente personalidade". À medida que o tempo passou, os anúncios adquiriam um desespero palpável: "faço qualquer trabalho", "preciso com urgência", "filho de dez anos (em residência com crianças, se necessário)", "para início imediato"... Era o clamor de pessoas que estavam com muros de prisão subindo em seu entorno, com portas batidas na cara.

Empregados domésticos certificados tinham as melhores chances de obter um visto.[29] Elka Jungmann, vizinha dos Kleinmann, publicou um anúncio muito semelhante a centenas de outros:

> COZINHEIRA (judia), com referências por longos serviços, também governanta, conhece todos os serviços domésticos, busca colocação. – Elka Jungmann, Viena 2, Im Werd 11/19.[30]

Como aprendiz na confecção de chapéus, Edith não tinha habilidades domésticas a oferecer, tampouco estava ansiosa por aprendê-las. Ela se vestia bem, vivia com prazer e se via como uma dama. Limpar a casa não era da sua natureza. Mas Tini a tomou pela mão, ensinando-lhe o que podia, e conseguiu trabalho para ela na residência de uma abastada família judia da região. Edith trabalhou nessa casa durante um mês e eles generosamente lhe deram uma carta de referência dizendo que trabalhara por seis. Com uma boa sorte espantosa, Edith conseguiu obter um contrato de trabalho na Inglaterra. Agora precisava apenas de um visto e da liberação das autoridades nazistas.

Aquela era a parte difícil. O governo britânico não concedia mais que um punhado de vistos por dia.[31] A fila no consulado era longa e dolorosamente lenta. Todos os membros da família se revezavam 24 horas por dia para ela não perder o lugar. O frio era cortante, mas eles continuaram firmes à medida que a fila avançava, palmo a palmo, todo dia. As calçadas em torno dos vários consulados ficavam apinhadas de pessoas, que eram periodicamente dispersadas pela polícia. Homens da SA apareciam de vez em quando e açoitavam os judeus com pedaços de corda.[32] Levou uma semana para Edith se aproximar da entrada majestosa do Palais Caprara-Geymüller, que abrigava o consulado britânico.[33] Ela apresentou os documentos e preencheu o formulário. Então foi embora e aguardou. Finalmente, no começo de janeiro de 1939, seu visto saiu.

A despedida de Edith foi dolorosa para todo mundo. Ninguém conseguia imaginar como ou quando voltariam a se encontrar. Ela subiu no trem e desapareceu da vida da família, para uma nova existência, deixando um vazio entre os Kleinmann.

Dias depois estava a bordo de uma balsa atravessando o canal da Mancha, deixando para trás todo aquele horror, a crueldade e o perigo, mas também tudo e todos que amava, e apreensiva quanto ao que poderia acontecer com eles. Com o passar dos anos, contando a seus filhos sobre aqueles tempos, ficaria em silêncio ao chegar neste ponto, como se ainda sentisse uma dor aguda, muito depois de tudo o mais ter esmaecido — a memória da partida sobrepondo-se a tudo o que acontecera antes.

משפחה

Em Viena, a comunidade judaica sitiada era uma sombra de seu antigo eu. Um visitante que passou por lá no começo do verão de 1939 achou a situação pior do que tudo o que vira na Alemanha. Ruas inteiras de lojas e casas em Leopoldstadt permaneciam abandonadas depois que os judeus foram expulsos. Ruas outrora agitadas estavam desertas, "e para nós pareceu uma cidade-fantasma".[34]

A organização sionista Youth Aliyah, cujo propósito oficial era preparar jovens judeus para a vida em um kibutz na Palestina, fez um trabalho heroico entre as crianças, proporcionando ensino, treinamento profissional e médico, e socorro. Mais de dois terços dos judeus remanescentes em Viena agora dependiam de caridade, a maioria em suas próprias comunidades. Quase não saíam mais de casa. Em grande parte dos bairros, era perigoso ficar na rua após escurecer, principalmente quando havia comícios do Partido Nazista —

sempre ocorriam cenas de brutalidade quando a SS e a SA se insuflavam com os discursos. Alguns bairros eram perigosos demais a qualquer hora do dia ou da noite.

Em seu apartamento, a família Kleinmann permanecia unida, preenchendo o espaço vago deixado por Edith. Kurt frequentava uma das escolas improvisadas, enquanto seus irmãos ajudavam os pais. Naquele verão, Fritz completou dezesseis anos e devia tirar uma nova carteira de identidade. De todas as fotos para a *J-Karte* da família, a de Fritz — em que o menino bonito, vestindo colete, fita a câmera com raiva — foi a única que sobreviveu.

Cartas ocasionais de Edith chegavam a Viena. Eram breves e simples. Edith trabalhava como empregada doméstica e estava se saindo bem. Morava no subúrbio de Leeds e trabalhava para uma senhora russa judia chamada Brostoff. Sobre como se sentia, não fazia comentários.

As cartas de Edith continuaram a chegar durante o verão, mas então cessaram abruptamente: em 1º de setembro, a Alemanha invadiu a Polônia, e a Inglaterra e a França declararam guerra ao país. Uma barreira impenetrável se ergueu entre Edith e sua família.

Nove dias depois, um golpe ainda mais duro desceu sobre eles. Em 10 de setembro, Fritz foi levado pela Gestapo.

אבא

Uma nova onda de detenções se alastrava pelo Reich. Com a Alemanha em guerra com a Polônia, todos os judeus de origem polonesa foram considerados estrangeiros inimigos.[35] Como cidadão austríaco, Gustav deveria estar a salvo. Entretanto, os mais íntimos sabiam que nascera na Galícia. Desde 1918, a região passara a ser parte da Polônia, e para a Alemanha os judeus galeses eram poloneses e portanto uma ameaça à segurança.

O golpe contundente veio num domingo, quando Tini estava em casa com Herta, Fritz e Kurt. As batidas na porta causaram um estremecimento de terror em todos.

Tini abriu uma fresta da porta e espiou. Viu quatro homens do lado de fora, seus vizinhos. Conhecia todos eles: as rugas sob seus olhos e seus rostos hirsutos lhe eram familiares. Eram trabalhadores, como Gustav, e amigos cujas esposas ela conhecia, cujos filhos haviam brincado com os seus. Lá estava Friedrich Novacek, que trabalhava em obras de engenharia, e o líder da turma, Ludwig Helmhacker, vendedor de carvão.[36] Eram os mesmos que haviam entregado Gustav para as autoridades na Noite dos Cristais. Ludwig e seu pequeno bando de colaboracionistas tinham aparecido inúmeras vezes desde a fatídica noite.

"O que você quer dessa vez, Wickerl?", disse Tini, exasperada, quando eles forçaram sua entrada no pequeno apartamento. (A despeito de tudo, continuavam se tratando pelo diminutivo afetuoso – "*l*" ou "*erl*" – usado no leste austríaco.) "Sabe que não temos nada, nem comida."[37]

"Viemos por causa do seu marido", disse Ludwig. "Temos ordens; se Gustl não estiver, vamos levar o rapaz." Ele apontou o queixo para Fritz.

Tini sentiu um soco no estômago. Não havia nada que pudesse fazer para mudar o que estava acontecendo. Agarrando seu precioso filho, eles se encaminharam para a porta. Ludwig virou antes de sair. "Olha, vamos levar Fritzl para a polícia. Quando Gustl se apresentar, o rapaz volta pra casa."

Quando Gustav chegou, mais tarde, encontrou a família num estado de pânico e tristeza. Após se inteirar do que acontecera, dirigiu-se à porta sem hesitar, determinado a ir direto até a polícia. Tini segurou seu braço. "Não faça isso", disse. "Você vai ser preso."

"Não posso deixar Fritzl nas mãos deles."

"Não!", implorou Tini. "Precisa fugir, ir para algum outro lugar, se esconder."

Mas a determinação dele era inabalável. Deixando Tini às lágrimas, caminhou apressadamente para o distrito policial na Leopoldsgasse. Respirando fundo, criou coragem para entrar e se aproximou do balcão. O policial de plantão ergueu o rosto. "Meu nome é Gustav Kleinmann", disse. "Vim aqui me entregar. Estão com meu filho. Vou ficar no lugar dele."

O policial olhou em volta. "Fora daqui", resmungou. "Suma."

Perplexo, Gustav deixou o prédio e voltou para casa. Tini ficou tão aliviada em vê-lo quanto transtornada por Fritz continuar detido. "Amanhã eu tento de novo", ele falou.

"Vão aparecer aqui antes disso", ela respondeu. E insistiu que o marido fugisse e se escondesse, de novo em vão. "Se não for embora agora mesmo", ela afirmou, "vou ligar o gás. Vou me matar." Kurt e Herta assistiam à cena, horrorizados. A resiliência dos pais era o esteio da família; vê-los reduzidos ao desespero era desolador.

Finalmente, Tini conseguiu convencer Gustav. Ele deixou o apartamento, prometendo encontrar um lugar onde se esconder. Tini passou o dia em suspense, angustiada, fitando a porta. Ninguém bateu. Mas, no começo da madrugada, Gustav reapareceu. Não tinha aonde ir e não podia suportar a ideia de deixar a esposa e os filhos sozinhos a noite toda. Como saber quem os nazistas levariam em seguida se não o encontrassem?

Às duas da manhã, porém, ouviram novas pancadas violentas na porta — os homens entraram no apartamento, deram suas ordens e agarraram Gustav. Marido e mulher trocaram as últimas palavras desesperadas. Deixaram que fizesse uma pequena trouxa de roupas — um suéter, um lenço, um par de meias.[38] E então pronto. A porta foi fechada e Gustav se foi.

Parte II

Buchenwald

3. Sangue e pedra: Konzentrationslager Buchenwald

אבא

Após se assegurar de que não havia ninguém por perto, Gustav pegou o diário e o lápis e escreveu em sua caligrafia legível e angulosa: "Chegada a Buchenwald em 2 de outubro de 1939, após uma viagem de trem de dois dias".

Mais de uma semana se passara desde sua prisão e muita coisa acontecera. Até a descrição mais concisa consumiria preciosas folhas. Ele sabia que estaria morto se o caderninho fosse encontrado. Mas não podia ter certeza de que um dia sairia dali: independentemente do que acontecesse, o diário seria sua testemunha.

Ele alisou a página e continuou a escrever: "Da estação de Weimar corremos para o campo...".

בן

A porta do vagão abriu fazendo barulho, inundando o interior de luz; um coro infernal de vociferações e latidos explodiu de imediato. Fritz pestanejou e olhou em torno, atordoado com o bombardeio em seus sentidos.[1]

Era como se um século houvesse se passado desde que Wickerl Helmhacker e seus lambe-botas tinham arrancado Fritz dos braços da mãe. Seu único consolo era que, como não fora liberado, o pai provavelmente escapara ileso.

Fritz fora levado inicialmente para o Hotel Metropole, quartel-general da Gestapo em Viena. Uma quantidade imensa de judeus do sexo masculino havia sido detida e a SS tentava achar lugar para todo mundo. Após passar alguns dias nas celas da Gestapo, Fritz fora transferido, com milhares de outros, para o estádio de futebol perto do Prater. Ali haviam sido mantidos sob vigilância em condições insalubres por quase três semanas. No fim, tinham sido levados para a Westbahnhof e embarcados em vagões de gado.

A viagem para a Alemanha levou dois arrastados dias. Fritz, com os movimentos restritos pela aglomeração de corpos, era sacudido pelo balanço do trem e ficou intimidado com a presença de estranhos. Era um menino de dezesseis anos em meio a uma multidão de homens aflitos, de corpo suado. Gente de todas as proveniências e naturezas: pais de família, comerciantes, intelectuais, trabalhadores, uns aterrorizados, outros calmos, um fervendo de indignação, outro que esvaziara o intestino. Parte permanecia em silêncio, uns murmuravam ou rezavam, outros falavam sem parar. Eram homens que tinham mãe, filhos, parentes, profissão, um lugar na sociedade vienense. Mas, para os guardas uniformizados, não passavam de gado.

"Porcos judeus, todo mundo pra fora já! Agora mesmo!"

Mil e trinta e cinco judeus saíram para a luz ofuscante – atônitos, furiosos, confusos, assustados, desnorteados –, deixando os vagões de carga para descer a rampa da estação de Weimar sob uma chuva de insultos, agressões e rosnados de cães.[2] Uma multidão de moradores locais se juntara para assistir à chegada deles. Atrás do cordão de guardas da SS, eles zombavam, riam, gritavam xingamentos.

Os prisioneiros – muitos carregando bolsas, fardos e até malas – receberam ordens de entrar em formação. Da rampa de carga e descarga foram conduzidos por um túnel, depois novamente se viram ao ar livre, o tempo todo em marcha acelerada. A multidão os seguiu por um tempo ao longo da rua, na direção norte.

"Corram, porcos judeus, corram!"

Fritz, com câimbras nas pernas, obedeceu. Se um homem tropeçasse, virasse para o lado ou mesmo retardasse o passo, ou se falasse com os outros, uma coronhada de fuzil era desferida nos ombros, nas costas, na cabeça.

Aqueles homens da SS eram piores do que qualquer um que Fritz conhecera em Viena. Pertenciam às Totenkopfverbände – as Unidades da Caveira. Em seus quepes e golas via-se a insígnia de um crânio com ossos cruzados, e sua brutalidade estava além da compreensão humana: eram bêbados e sádicos de mente atrofiada e pervertida, de alma deformada — investidos de um sentido de destino e de poder quase ilimitado, treinados para acreditar que eram soldados numa guerra contra o inimigo doméstico.

Fritz corria sob o inferno de violência quase incessante. As ruas deram lugar a quilômetros e quilômetros de estradas rurais. Os prisioneiros ouviam insultos e levavam cusparadas. Os que caíam, enfraquecidos pela idade, pela fadiga ou pelo peso da bagagem, eram sumariamente executados. Se o prisioneiro se abaixasse para amarrar o cadarço, tropeçasse ou suplicasse por água, era morto sem hesitação. A longa estrada íngreme que subiam agora dava numa floresta cerrada. Ali foram conduzidos por uma nova rua de concreto. Os veteranos a chamavam de rua de Sangue. Muitos prisioneiros tinham morrido para construí-la, e seu sangue ia se misturar ao dos demais que seriam levados por ela.

Quando marchava, com os pulmões queimando, Fritz acreditou reconhecer uma figura alta e magra adiante. Apertando ainda mais o passo, alcançou o homem. Sim, tinha razão — ali, desafiando a razão, estava seu pai! Avançando com dificuldade, encharcado de suor, carregando sob o braço o embrulho de roupas preparado por Tini.

Para Gustav, foi como se Fritz tivesse se materializado do nada. Mas ali não era lugar para mostrar surpresa ou se emocionar. Calados e próximos o tempo todo, moveram-se pouco a pouco mais para o meio da coluna, evitando as agressões aleatórias e ignorando os tiros esporádicos. Seguiram correndo com os demais, morro acima, penetrando na mata.

O esparramado monte Ettersberg era coberto por uma densa floresta de faias. Por séculos servira de campo de caça para os duques da Saxônia de Weimar e, mais recentemente, era um local popular para piqueniques. Fora também um retiro de artistas e intelectuais, ligado a escritores famosos como Schiller e Goethe.[3] A cidade de Weimar era o centro da herança cultural clássica alemã: fundando um campo de concentração no Ettersberg, o regime nazista imprimia sua marca naquela herança.

Finalmente, depois de oito quilômetros, que os prisioneiros levaram mais de uma hora para percorrer, a rua de Sangue fazia a curva para o norte e emergia numa ampla clareira aberta na floresta. Viam-se ali prédios de todos os tamanhos e formas, uns finalizados, outros em construção, muitos mal começados. Eram a caserna e as demais instalações da SS, a infraestrutura da máquina da qual os prisioneiros eram tanto combustível como vítima. Buchenwald, a "floresta de faia", era mais do que um campo de concentração: era um quartel-modelo da SS, cuja escala rivalizaria com a própria cidade. O que aconteceu nesse lugar um dia lançaria uma sombra negra sobre toda a herança germânica de Weimar. Muitos prisioneiros passariam a se referir ao lugar como Totenwald, a Floresta dos Mortos.[4]

Adiante a estrada estava bloqueada por um posto de controle grande e baixo, com uma cerca muito alta. Era a entrada do campo de prisioneiros. Na porta havia dois bordões. Acima, no lintel, estava escrito:

RECHT ODER UNRECHT — MEIN VATERLAND

"Certo ou errado — minha pátria": a essência do nacionalismo e do fascismo. E no portão, trabalhado no próprio ferro:

JEDEM DAS SEINE

Algo como "Cada um tem o que merece".

Exaustos, suados, sangrando, os recém-chegados foram conduzidos pelo portão. Havia agora 1010 deles; 25 dos que haviam partido de Viena viraram cadáveres na rua de Sangue.[5]

Um cordão de isolamento impenetrável os envolvia: o campo imenso era cercado por arame farpado, com 22 torres de vigilância a intervalos regulares, equipadas com holofotes e metralhadoras. A cerca tinha três metros de altura e era eletrificada, com uma carga letal de 380 volts. A área externa era patrulhada por sentinelas e dentro havia uma faixa de areia chamada "zona neutra": o prisioneiro que pisasse nela seria morto.[6]

Passando pelo portão havia um grande campo de manobras — a Appelplatz, ou "praça da chamada". Adiante e na lateral podiam ser vistos barracões distribuídos em fileiras ordenadas que desciam pela encosta suave, com blocos maiores de dois andares além deles. Gustav, Fritz e o resto dos recém-chegados formaram fileiras para a chamada sob a mira das armas, desajeitados e desgrenhados em suas roupas de trabalho, suéteres e camisas, casacos, chapéus e sapatos de escritório, boinas e botas, com a barba por fazer. Enquanto aguardavam, os corpos caídos ao longo da estrada eram trazidos e jogados a seus pés.

Um grupo de oficiais da SS elegantemente uniformizados chegou. Um sujeito de meia-idade com bolsas sob os olhos e postura curvada sobressaía. Mais tarde descobriram que se tratava do comandante de campo Karl Otto Koch. Ele disse: "Porcos judeus, aqui estão vocês. Quem entra neste campo não sai mais. Lembrem-se: nunca deixarão este lugar com vida".

Os prisioneiros foram registrados e receberam um número: Fritz Kleinmann — 7290; Gustav Kleinmann — 7291.[7] As ordens eram confusamente gritadas em rápida sucessão e muitos vienenses achavam difícil compreendê-las, desacostumados aos dialetos alemães. Receberam ordens de tirar a roupa e marchar para o bloco de banho, onde foram lavados sob duchas insuportavelmente quentes (alguns estavam fracos demais e desmaiaram). Depois veio a imersão causticante no tanque de desinfetante.[8] Ainda despidos, perfilaram-se ao ar livre para raspar a cabeça e, sob nova chuvarada de socos, pontapés, porretadas e coronhadas de fuzil, voltaram em marcha acelerada à praça da chamada.

Então receberam o uniforme do campo: ceroulas, meias, sapatos, camisa e o paletó e a calça característicos, com listras azuis, tudo de péssimo feitio. Se desejasse, por doze marcos um prisioneiro podia comprar um pulôver e luvas,[9] mas a maioria não tinha um único *pfennig*. Todos os demais pertences e roupas — incluindo o pequeno embrulho de Gustav — foram levados embora.

Com a cabeça raspada, uniformizados, os recém-chegados não eram mais indivíduos, mas uma massa homogênea identificada apenas por um número, e a única coisa a distingui-los era uma ocasional barriga protuberante ou a cabeça mais elevada que as demais. A violência da chegada fez com que se sentissem propriedade da SS, inclinados a fazer como ordenado. Os homens receberam uma tira de pano com seu número de prisioneiro, que deveriam costurar no peito do uniforme, junto com a estrela de davi. Fritz examinou os triângulos amarelo e vermelho sobrepostos. Todos tinham recebido uma. O triângulo vermelho indicava que, por terem sido presos sob a acusação de estrangeiros inimigos judeus poloneses, estavam sob a assim chamada "custódia protetora" (isto é, protetora do Estado).[10]

Os prisioneiros foram em seguida inspecionados por outro oficial da SS, cujo rosto parecia uma pá, de tão achatado. Era o vice-comandante Hans

Hüttig, um sádico devoto. Inspecionando-os com aversão, ele balançou a cabeça e disse: "É inacreditável que essa gente tenha ficado em liberdade por aí até hoje".[11]

Após nova marcha forçada chegaram ao "campinho", uma zona de quarentena no lado oeste da praça da chamada, cercada por um cordão duplo de arame farpado. Ali, em vez dos barracões de madeira, havia quatro enormes barracas de lona contendo beliches de quatro andares.[12] Nas últimas semanas, cerca de 8 mil novos prisioneiros haviam chegado a Buchenwald, mais de vinte vezes o influxo costumeiro,[13] e as barracas estavam superlotadas.

Gustav e Fritz ficaram juntos em um leito do beliche — de dois metros de largura — compartilhado com três outros homens. Deitavam sobre tábuas, porque não havia colchões. Cada um tinha um cobertor, então ao menos se aqueceram. Estavam espremidos como sardinhas e a barriga roncava, mas o cansaço era tão mortal que pegaram no sono imediatamente.

No dia seguinte, os novos prisioneiros foram registrados pela Gestapo do campo — os guardas tiraram fotos e as impressões digitais deles e submeteram-nos a um breve interrogatório, processo que levou a manhã toda. De tarde, os prisioneiros receberam a primeira refeição quente: meio litro de ensopado de batata e nabo sem descascar e alguma gordura de carne boiando. A refeição da noite consistia em um quarto de pão e um pedaço de linguiça para cada um. Por serem filões e não haver faca à disposição, a divisão em quatro partes era uma cena caótica que muitas vezes terminava em brigas e intrigas.

Eles ficaram de quarentena por oito dias, depois foram postos para trabalhar. A maioria foi mandada para a pedreira próxima, mas Gustav e Fritz foram empregados na manutenção do sistema de escoadouro da cantina. Os trabalhadores eram maltratados e tratados como escravos o dia inteiro. Gustav escreveu no diário: "Sei por que os prisioneiros apanham da SS, então tomo conta do menino. É o contato visual. Percebo a situação e sei como me conduzir. Fritzl também sabe".

Assim termina a primeira anotação. Ele examinou o que escrevera até lá, apenas duas páginas e meia os conduziam àquele ponto, em meio a tanto sofrimento e perigo. Oito dias tinham se passado. Quantos mais ainda viriam?[14]

אבא

Gustav compreendia que para ficar a salvo era vital permanecer invisíveis. Mas, dois meses após chegar a Buchenwald, tanto ele como Fritz chamaram atenção para si da maneira mais perigosa — Gustav, sem querer; Fritz, deliberadamente.[15]

Toda manhã, uma hora e meia antes de amanhecer, apitos estridentes os tiravam do oblívio do sono. Então chegavam os *kapos* e o *Blockälteste* (superior de bloco), ordenando que se apressassem. Esses homens deixaram os recém-chegados chocados: prisioneiros como eles — "homens verdes", na maioria, criminosos que usavam o triângulo verde em seus uniformes — eram designados pela SS para atuar como capatazes (ou *Vorarbeiter*, a designação informal para um sub-*kapo*) e supervisores dos barracões, permitindo aos guardas manter distância da massa de prisioneiros.

Sob os apitos agudos, Fritz e Gustav calçaram os sapatos e saíram, cambaleando, os tornozelos afundando na lama gelada. O campo refulgia com luzes elétricas ao longo do arame farpado, nas torres de vigilância, plataformas, calçadas e áreas abertas. Eles foram conduzidos à praça da chamada, onde receberam uma xícara de "café" de bolotas de carvalho. O sabor até que era bom, mas a bebida não era estimulante como café de verdade e estava sempre fria quando chegavam. A distribuição era um processo demorado e tinham de aguardar por duas horas em silêncio, imóveis, tremendo de frio em suas roupas escassas. Quando chegava a hora de trabalhar, o sol começava a tingir a paisagem.

Gustav e Fritz desfrutaram apenas de um breve interlúdio na manutenção dos ralos e então foram mandados para a pedreira. Formando colunas, passaram pelos portões principais, dobraram à direita e marcharam pela rua que descia entre o campo principal e o quartel da SS — um conjunto de prédios de tijolos de dois andares, alguns ainda sob construção, arranjados em leque, como as lâminas de um ventilador. Os nazistas adoravam seus projetos grandiosos, até mesmo nos campos de concentração — uma aparência enganadora de elegância, ordem e significado para dissimular o pesadelo.

Descendo a colina, os prisioneiros passaram pela linha de segurança interna. Não havia cercas fora do campo principal e as áreas de trabalho eram rodeadas por cordões de sentinelas da SS. Os guardas ficavam postados a intervalos de vinte metros, munidos alternadamente de fuzil ou submetralhadora e porrete.

Uma vez dentro da linha das sentinelas, qualquer prisioneiro que a cruzasse era morto sem hesitação ou aviso. Para os desesperados, correr em direção à linha era uma forma comum de suicídio. Para certos guardas, forçar os prisioneiros a passar correndo por ela era a forma predileta de distração. Os nazistas mantinham um "rol de fugas", registrando o nome dos atiradores da SS e o crédito por quantidade de prisioneiros abatidos, que resultavam em prêmios de férias.

A pedreira era grande — uma cicatriz calcária e pálida exposta na encosta verdejante. Dela, se a pessoa erguesse a cabeça e a névoa e a chuva permitissem, a paisagem ampla de vastos campos ondulados se descortinava até o horizonte, a oeste. Mas ninguém erguia a cabeça — não por mais que um momento. O trabalho era pesado, incessante e arriscado. Os homens de listras escavavam pedras, quebravam pedras, carregavam pedras — e eram espancados pelos *kapos* se relaxassem. Os *kapos* tinham de mostrar mão firme, porque se a SS não ficasse satisfeita eles seriam destituídos e devolvidos à população de prisioneiros, que ia se vingar.[16]

Por uma estreita via férrea de duas mãos, imensos vagonetes basculantes, do tamanho de uma carroça, levavam a produção da pedreira para os canteiros de obras espalhados por Buchenwald. Gustav e Fritz eram da equipe de vagonete: o dia todo, com catorze outros homens, tinham de puxar e empurrar colina acima o vagão pesando cerca de 4,5 toneladas pela distância de meio quilômetro, sob os açoites e gritos dos *kapos*.[17] Os trilhos eram assentados sobre um leito de pedregulhos, que deslizavam e entravam em seus sapatos puídos e tamancos de madeira. Rapidez era essencial, e assim que o carro era esvaziado tinha de voltar imediatamente para a pedreira, descendo pelo outro trilho, impelido pelo próprio peso, com os dezesseis homens o controlando para impedir uma descida desenfreada. Quedas eram frequentes e eles sofriam fraturas terríveis. O vagão muitas vezes descarrilava e ia parar no trilho ao lado, às vezes em rota de colisão com outro, deixando um rastro de homens esmagados e desmembrados.

Os feridos eram levados para a enfermaria; ou, se fossem judeus, para o Bloco da Morte — um barracão para os doentes terminais.[18] Homens feridos que estavam inválidos recebiam uma injeção letal de um médico da SS.[19] Mesmo um machucado leve podia ser perigoso nas condições insalubres em que os prisioneiros viviam e trabalhavam. Para um homem com problemas de visão, perder os óculos poderia corresponder a uma sentença de morte.

Gustav e Fritz labutavam dia após dia, conseguindo evitar tanto as punições como os acidentes. "Mostramos do que somos capazes", escreveu Gustav em seu diário.

Assim foi por duas semanas. Então, no dia 25 de outubro, disenteria e febre se espalharam pelo campo de quarentena. Não havia abastecimento de água e os trabalhadores na pedreira bebiam de poças (alguns acreditavam que aquela era a causa da doença). Com mais de 3500 homens debilitados espremidos nas barracas e as medidas sanitárias não indo além de uma latrina escavada no chão, o local era solo fértil para a doença. A população diminuía diariamente, às dezenas.

Não obstante, a vida opressiva do campo prosseguia: dia após dia, as rações pobres, as longas horas passadas na praça da chamada, sob a chuva e o frio, os socos e insultos, o corpo todo machucado. A SS tinha implicância especial com um rabino proeminente chamado Merkl, que espancavam até ver sangue e acabaram por obrigar a correr pela linha das sentinelas. Enquanto isso, a disenteria seguia grassando sem controle e a quantidade de mortos crescia.

Um grupo de poloneses famintos escapou do campinho e invadiu as cozinhas do campo principal, voltando com doze litros de xarope, uma delícia que aliviou brevemente a dieta precária dos prisioneiros. Mas o prazer teve vida curta. O furto foi descoberto e o campinho inteiro, punido com dois dias de jejum. Alguns dias depois, uma caixa de carne gelatinosa sumiu do estoque. Os prisioneiros ficaram sem ração outra vez pelo mesmo período e foram forçados a permanecer em formação na praça da chamada da manhã até a noite. Enquanto o desfile de crueldades prosseguia, alguém invadiu o chiqueiro da fazenda que servia o campo, no lado norte, e roubou um leitão. O comandante Koch (que morava em uma residência agradável no complexo de Buchenwald e costumava passear no zoológico aos domingos com a esposa e os filhos pequenos) ordenou pessoalmente a suspensão das rações até os ladrões serem pegos. A roupa dos prisioneiros foi inspecionada, em busca de manchas de sangue ou resíduos de serragem do chiqueiro. As punições e os interrogatórios duraram três dias, até que finalmente se descobriu que os ladrões eram da própria SS.[20]

Debilitados pela falta de comida, sujeitos a trabalhos forçados, os vivos andavam em silêncio e curvados, como espectros dos que haviam morrido.

Então, de repente, as coisas pioraram ainda mais.

בן

Na quarta-feira, 8 de novembro de 1939, Adolf Hitler estava em Munique para conduzir a comemoração anual, promovida pelo Partido Nazista, do malogrado Putsch da Cervejaria de 1923, quando ele e seus seguidores fizeram a primeira tentativa de tomar o poder na Bavária. Hitler inaugurou a ocasião no majestoso salão da cervejaria Bürgerbräukeller. Com a guerra mal começando e seus planos de invadir a França enfrentando adiamentos devido ao mau tempo, o Führer planejava voltar rapidamente a Berlim e fez seu discurso uma hora antes do programado. Dezoito minutos depois que partiu — quando deveria estar no meio do discurso —, uma bomba oculta em uma coluna explodiu com força colossal, matando os mais próximos e ferindo dezenas de outros.[21]

A Alemanha ficou estupefata. Embora o perpetrador do atentado, Georg Elser, fosse um comunista alemão sem ligações com judeus, aos olhos nazistas os judeus eram responsáveis por todos os delitos. Nos campos de concentração no dia seguinte — um ano exato depois da Noite dos Cristais — a represália foi brutal. Em Sachsenhausen, a SS submeteu os prisioneiros a intimidações e torturas, enquanto em Ravensbrück as mulheres ficaram trancadas em seus barracões por quase um mês.[22] Mas essas crueldades não foram nada comparadas ao que aconteceu em Buchenwald.

No início da manhã de 9 de novembro, todos os prisioneiros judeus, incluindo Gustav e Fritz, foram tirados de suas unidades de trabalho e levados de volta ao campo principal. Eles receberam ordens de voltar aos blocos de barracões e após a confirmação da presença de todos o sargento da SS Johann Blank iniciou o ritual de punição.

Blank era um sádico nato. Ex-estudante de engenharia florestal e caçador ilegal na Bavária, participava com entusiasmo do jogo de forçar prisioneiros a correr pela linha das sentinelas, executando vários assassinatos pessoalmente.[23] Acompanhado de outros homens da SS, ainda com ressaca das comemorações de aniversário do Putsch, Blank foi de bloco em bloco e escolheu 21 judeus, incluindo um desafortunado rapaz de dezessete anos que foi pego fora do próprio bloco realizando suas tarefas. Os prisioneiros foram levados ao portão principal e aguardaram ali em formação enquanto os homens da SS realizavam um pequeno desfile, a exemplo da marcha comemorativa que ocorria em

Munique naquela mesma hora. Quando terminaram, os portões foram abertos e os 21 judeus desceram a colina na direção da pedreira.

Dentro de sua barraca, Gustav e Fritz não faziam ideia do que estava acontecendo, só ouviam os sons que lhes chegavam. Por longo tempo houve apenas silêncio. Então, de súbito, o crepitar de tiros; depois novos tiros em sequência, seguidos de tiros esporádicos. E de novo silêncio.[24]

Relatos do que acontecera circularam rapidamente pelo campo. Os 21 foram levados até a entrada da pedreira e fuzilados ali mesmo. Alguns saíram correndo e foram perseguidos e mortos na floresta.

O dia ainda não chegara ao fim. O sargento Blank, acompanhado do sargento Eduard Hinkelmann, agora concentrava sua atenção no campinho. Realizaram uma inspeção nas barracas, apontando erros em tudo, num crescendo de fúria, e convocaram os prisioneiros à praça da chamada. Quando eles terminaram de entrar em formação, os *kapos* passaram entre as fileiras, separando um em cada vinte e mandando-o para a frente do grupo. Então chegaram à fileira de Gustav e Fritz: *um, dois, três*... o dedo ia de um em um, ditando o ritmo... *dezessete, dezoito, dezenove*: o dedo passou por Gustav... *vinte*: apontou para Fritz.

Ele foi separado e empurrado na direção dos demais escolhidos.[25]

Uma pesada estrutura de madeira com correias de couro foi arrastada para o centro do pátio. Os prisioneiros ali havia algumas semanas já estavam familiarizados com o *Bock* — o banco de açoitamento. O dispositivo fora introduzido pelo vice-comandante Hüttig como um modo de punir os prisioneiros e entreter os homens.[26] Os que haviam presenciado seu uso tinham ficado aterrorizados. Os sargentos Blank e Hinkelmann adoravam empregá-lo.

Seguraram Fritz pelos braços e o levaram até o *Bock*, enquanto ele sentia as entranhas se dissolverem. Tiraram seu paletó e abaixaram sua calça. Forçaram-no a se debruçar sobre o tampo inclinado, enfiaram seus tornozelos nos buracos e passaram a correia por suas costas.

Gustav, desolado e impotente, observou Blank e Hinkelmann se prepararem, sem pressa, acariciando os chicotes — tiras de couro trançadas em torno de um arame. O regulamento do campo determinava no mínimo cinco e no máximo 25 chicotadas. Naquele dia, a ira da SS não ia se saciar com menos do que o máximo.

O primeiro golpe do açoite cortou as nádegas de Fritz como uma navalha.

"Conte!", berraram para ele. Fritz já presenciara o ritual antes; sabia o que se esperava dele. "Um", disse. O chicote estalou em sua carne outra vez. "Dois", continuou, ofegante.

Os homens da SS eram metódicos; impondo um ritmo regular, a punição se estendia por mais tempo e a dor e o terror de cada chicotada eram acentuados. Fritz lutava para se concentrar, sabendo que se perdesse a conta começariam tudo de novo. Três... quatro... uma eternidade, um inferno de dor... dez... onze... lutando para se concentrar, para não errar a contagem, para não ceder ao desespero ou à inconsciência.

Finalmente a contagem chegou a 25; a correia foi solta e forçaram-no a ficar de pé. Diante dos olhos do pai ele foi levado, sangrando, queimando de dor, com a mente atordoada, enquanto o desafortunado seguinte era arrastado para o *Bock*.

O ritual obsceno se arrastou por horas: dezenas de homens, centenas de chicotadas em ritmo vagaroso. Alguns sucumbiam ao desespero da situação, erravam a contagem e tinham de recomeçar. Todos saíam carregados.

אבא

Não havia tratamento médico para os judeus nem descanso dos trabalhos forçados, tampouco tempo para recuperação. As vítimas, debilitadas e com dores terríveis, eram devolvidas de imediato à rotina diária do campo. Tinham de resistir da melhor forma que podiam, porque sucumbir à dor ou à doença correspondia a se entregar à morte. Em Buchenwald, por piores que as coisas estivessem, sempre podiam piorar, e frequentemente pioravam.

Dois dias depois, Fritz ainda tinha dificuldade considerável para ficar em formação durante a chamada matinal. Mas, apesar dos ferimentos, preocupava-se mais com o pai do que consigo mesmo: ele não andava nada bem. Novo jejum fora imposto, a disenteria e a febre ainda assolavam o campo, e agora Gustav adoecera. Ele estava pálido, febril e com diarreia. Fritz o observava com o canto do olho conforme os minutos transcorriam lentamente. Nesse estado, não poderia trabalhar de modo algum; mal conseguia ficar de pé durante a chamada.

Gustav cambaleava, tremia, começava a perder os sentidos. Os sons ficaram fracos e abafados, uma névoa escura cresceu em sua visão periférica, suas extremidades ficaram dormentes de repente e ele sentiu que caía devagar em um buraco escuro. Estava inconsciente antes de chegar ao chão.

Acordou em algum outro lugar, deitado de costas. Não era sua barraca. Acima pairava o rosto de Fritz. E de um homem. Seria a enfermaria? Impossível; era proibida para os judeus. Em seu estado confuso e febril, Gustav percebeu que devia ser o bloco dos casos perdidos, de onde raramente alguém saía com vida — o Bloco da Morte.

Fritz e o outro sujeito o tinham carregado até lá — seu filho a despeito das próprias dores. O ar estava pesado, sufocante, carregado de desesperança e morte em abandono, e ouviam-se gemidos por toda parte.

Havia dois médicos. Um alemão insensível chamado Haas, que roubava os doentes e os deixava morrer de fome. O outro era um prisioneiro, o dr. Paul Heller, um jovem judeu de Praga. Heller fazia o melhor que podia por seus pacientes com os parcos recursos fornecidos pela SS.[27] Gustav ficou prostrado por dias, com uma temperatura de 38,8 °C, às vezes lúcido, às vezes com sonhos febris.

Fritz, enquanto isso, preocupava-se cada vez mais com as condições no campinho. Eles passavam por nova suspensão das rações. O anúncio nos alto-falantes fora repetido tantas vezes que virara um mantra — "A privação de comida será imposta como medida disciplinar". Só naquele mês, somavam-se onze dias de jejum. Alguns jovens prisioneiros sugeriram implorar por comida à SS. Fritz, que mal começara a se recuperar das chicotadas, estava entre eles. Os prisioneiros mais velhos e mais ajuizados, muitos deles veteranos da Primeira Guerra Mundial, avisaram para não fazerem isso. Agir significava se expor e se expor significava punição ou morte.

Fritz conversou com um amigo vienense, Jakob Ihr — apelidado de "Itschkerl" —, um rapaz do Prater. "Não me importo se morrermos", disse Itschkerl. "Vou falar com o dr. Blies quando ele vier."

Ludwig Blies era o médico do campo. Embora dificilmente alguém pudesse considerá-lo bondoso, era mais humano — ou, de todo modo, menos indiferente — que os demais médicos da SS. Em raras ocasiões, interviera para impedir punições excessivas.[28] Blies também parecia uma figura acessível: um homem de meia-idade de aspecto cômico.[29]

"Tudo bem", disse Fritz. "Mas vou com você. Eu falo; você me apoia."

Quando o dr. Blies fez sua inspeção seguinte, Fritz e Itschkerl apresentaram-se cautelosamente. Fritz, tomando o cuidado de não parecer exigente, falou, com a voz embargada pelo desespero. "Não temos forças para trabalhar", suplicou. "Por favor, precisamos de alguma coisa para comer."[30]

Fritz pesara as palavras com todo o cuidado; não esperava compaixão, mas apelava ao pragmatismo da SS em usar os prisioneiros como mão de obra. Também era extremamente perigoso revelar incapacidade para o trabalho; um homem inútil era um homem morto.

Blies ficou perplexo. Fritz era pequeno para a idade e parecia pouco mais que uma criança. Com os efeitos dos maus-tratos e da fome, era uma visão digna de pena. Blies hesitou, sua humanidade em conflito com seus princípios nazistas. De repente, disse: "Sigam-me".

Fritz e Itschkerl foram com o médico às cozinhas do campo. Ordenando que esperassem, Blies entrou na despensa e saiu minutos depois carregando um grande pão de centeio e dois litros de sopa numa tigela. "Agora voltem para seu campo. Já!", disse, entregando-lhes a dádiva surpreendente.

Eles compartilharam a comida — o equivalente a uma ração alimentar para meia dúzia de pessoas — com outros de beliches próximos. No dia seguinte, o campo inteiro recebia suas rações completas, aparentemente por ordens de Blies. Os dois rapazes viraram o assunto do campo e depois daquele dia Itschkerl se tornou um dos melhores amigos de Fritz.

O garoto visitava o pai sempre que podia, no Bloco da Morte. A disenteria não o matara e o pior já tinha ficado para trás. Entretanto, era óbvio para Gustav que nunca se recuperaria naquele ambiente insalubre, pestilencial. Após duas semanas, pediu para ser liberado, mas o dr. Heller recusou: estava fraco demais para sobreviver. Determinado, desobedeceu às ordens médicas e, apoiado por Fritz, deixou o lugar. Assim que se viu ao ar livre, Gustav começou a sentir-se melhor. Com o braço em torno dos ombros do filho, voltaram ao campinho, Fritz guiando os passos hesitantes do pai.

Mesmo em meio a todo aquele barro, a atmosfera superlotada do barracão parecia mais fresca do que a ala médica onde ficara. No dia seguinte, Gustav recebeu tarefas leves, como limpar latrinas e alimentar as caldeiras.[31] Começou a comer melhor e suas forças voltavam aos poucos.

Fritz ainda se recuperava das chicotadas, mas havia um limite para a saúde em Buchenwald. Ambos estavam cadavéricos. Gustav, que sempre fora magro, pesava 45 quilos após adoecer. Sua recém-conquistada reputação de sagacidade tornara Fritz popular não só entre os prisioneiros comuns, como também junto a alguns superiores do campo, os funcionários-prisioneiros de maior status. Mas a realidade continuava a mesma: motivos para ânimo eram mínimos, um dos poucos consolos sendo a postergação da morte. "Trabalho para esquecer onde estou", escreveu Gustav.

Com o primeiro inverno no campo, ele e Fritz deram graças à chegada de um pacote de casa com roupas de baixo limpas. Podiam receber aquele tipo de coisa, mas não mandar notícias. Uma carta acompanhava o embrulho. Tini tentava conseguir que as crianças – inclusive Fritz – emigrassem para os Estados Unidos, mas obtinha pouco progresso contra o oceano da burocracia. Ninguém tinha notícias de Edith. Ignoravam onde estava e o que fazia.

4. O triturador de pedra

בת

O firmamento sobre o norte da Inglaterra era um breu profundo pontilhado de estrelas, dividido pela faixa nebulosa da Via Láctea, com a lua pairando em quarto crescente. A nação estava em guerra e mergulhada num blecaute, de modo que o céu noturno brilhava livre de poluição luminosa.

Edith Kleinmann ergueu o rosto para as mesmas estrelas que cintilavam no céu de Viena, onde esperava que sua família estivesse a salvo. Não tinha notícias deles, só pressentimentos. Ansiava por saber como a mãe e o pai, os irmãos, amigos e parentes se encontravam. Edith não via a hora de contar as próprias novidades. Conhecera alguém. Não outro rapaz qualquer, mas a pessoa certa. Seu nome era Richard Paltenhoffer, e ele era um exilado como ela.

Os primeiros meses na Inglaterra tinham transcorrido normalmente. O Comitê de Refugiados Judeus, ou CRJ, arrumara-lhe um trabalho de criada na tranquila residência suburbana de Rebecca Brostoff, uma sexagenária com uma verruga proeminente no nariz. Seu marido, Morris, era comerciante de cerdas, e os dois viviam de forma modesta. Tinham nascido na Rússia e sido refugiados na juventude.[1]

Leeds não parecia em nada com Viena. Era uma cidade industrial em expansão: os tijolos das construções enegrecidos de fuligem, a arquitetura vitoriana, as ruazinhas estreitas onde viviam os trabalhadores fabris, os prédios públicos altos e o céu cinzento poluído. Mas nada de nazistas e, embora também houvesse antissemitismo, ali não eram molestados, marginalizados, forçados a ficar de quatro e esfregar calçadas. Ali não havia Dachau nem Buchenwald.

Muitos ingleses acolheram os judeus alemães com a maior boa vontade, mas nem todos, e o governo se sentiu pressionado. Na imprensa, liam-se artigos a favor e contra abrigar os refugiados: de um lado, havia sua contribuição para a economia e o sofrimento que enfrentavam em seu país; de outro, o temor de que roubariam o emprego dos trabalhadores britânicos, alimentado pelos jornais de direita. As tendências criminosas e a preguiça dos judeus eram temas recorrentes, assim como a ameaça ao modo de vida britânico. Mas, mesmo assim, não havia nazistas de verdade, ou membros da SA ou da SS. Com o início da guerra, o governo iniciara um levantamento dos estrangeiros no país, detendo cidadãos de nações inimigas; Edith, como refugiada do nazismo, ficou naturalmente isenta.[2] E aquilo parecia ser tudo.

A sra. Brostoff tratava Edith com bondade — mesmo que estivesse longe de ser a pessoa mais indicada para os serviços domésticos —, e Edith estava satisfeita com seu salário semanal de três libras.

Com o país paralisado na Guerra de Mentira, o primeiro inverno de Edith na Inglaterra foi marcado não por conflitos, mas pelo amor. Ela conhecia Richard Paltenhoffer de vista, de Viena; eram da mesma idade e haviam circulado pelos mesmos lugares e grupos. Quando se reencontraram na Inglaterra, os dois se apaixonaram.

Richard passara pelo inferno desde a última vez que Edith o vira. Em junho de 1938, fora preso pela SS em Viena, na chamada Aktion Arbeitsscheu Reich, cuja finalidade era varrer os elementos "antissociais" das ruas alemãs e enviá-los para os campos de concentração — "bocas inúteis", desempregados, mendigos, bêbados, viciados, cafetões, pequenos golpistas. Quase 10 mil tinham sido capturados daquela forma — muitos, como Richard Paltenhoffer, simplesmente por ser judeu e estar no lugar errado na hora errada.[3] Richard fora enviado a Dachau, depois transferido para Buchenwald,[4] num momento ainda pior do que o testemunhado por Gustav e Fritz: um ano depois, com o lugar mais lotado e em condições mais precárias.[5] Em um dos desfiles punitivos regulares que costumavam ocorrer depois da chamada noturna, um homem na frente de Richard fora morto com uma baioneta por um guarda da SS. Ele caiu em cima de Richard e a lâmina que atravessava seu corpo perfurou a perna do outro. O ferimento deixou sequelas por meses, mas por sorte Richard não sucumbiu à infecção. No fim, foi salvo por um extraordinário golpe de sorte. Em abril de 1939, para celebrar o aniversário de cinquenta anos de Hitler, Himmler concordou com uma anistia em massa de quase 9 mil prisioneiros dos campos de concentração.[6] Entre eles, Richard Paltenhoffer.

Em vez de voltar para Viena, Richard atravessou a fronteira suíça: a organização de escotismo da Áustria o ajudou a obter a permissão necessária para viajar à Inglaterra. No fim de maio, estava a caminho de Leeds, onde conseguiu emprego numa fábrica de biscoitos kasher.[7]

Edith e Richard foram acolhidos pela grande e próspera comunidade judaica da cidade, que contava com seu braço ativo do Comitê de Refugiados Judeus. Com orçamento minúsculo de 250 libras por ano, voluntários locais ajudavam centenas a encontrar lar e trabalho em Leeds.[8]

Os dois se encontraram em um clube social para jovens judeus. Para Edith, Richard Paltenhoffer lembrava o lar, a vida social animada e a carreira na moda que ela deixara em seu país, e não os tapetes que agora precisava limpar. Richard era um sujeito afável e bem-apessoado. Tinha sorriso luminoso, risada fácil e se vestia com elegância — ternos risca de giz de bom feitio, chapéu de feltro, lenço no bolso do paletó. Entre os trabalhadores de sarja, cachecóis e boinas de lã, ele sobressaía como uma flor exótica numa plantação de batatas.

Uma guerra — mesmo de araque — representava oportunidade para os jovens e, longe de casa, foi quase inevitável os dois se entregarem à paixão. O Natal veio e passou e janeiro mal chegava ao fim quando Edith descobriu que estava grávida. O casamento foi marcado.

Como refugiados, qualquer mudança de status tinha de ser informada ao governo. Às 9h30, numa segunda-feira de fevereiro, o casal se apresentou ao rabino Arthur Super, na Nova Sinagoga de Leeds, na Chapeltown Road, e dali seguiu para o distrito policial a fim de preencher os papéis exigidos. Então, com ajuda da Congregação Hebraica Unida, do Comitê de Refugiados Judeus e do ex-rabino da Stadttempel em Viena, o casamento foi providenciado.[9]

Após cumprir toda a burocracia, em 17 de março de 1940, um domingo, Edith Kleinmann casou-se com Richard Paltenhoffer na Nova Sinagoga, um notável edifício moderno de domos de cobre esverdeado e arcos de tijolos, no coração de Leeds, em um lugar parecido com Leopoldstadt.

Dois meses depois, Hitler iniciou a invasão de Bélgica, Holanda e França. Um mês depois, o resto da Força Expedicionária Britânica teve de ser evacuado da costa em Dunquerque. A Guerra de Mentira chegava ao fim. Os alemães estavam a caminho e pareciam irrefreáveis.

אבא

"Esquerda, dois, três! Esquerda, dois, três!"

Na pedreira, o *kapo* bradava o ritmo para a turma do vagonete. "Esquerda, dois, três! Esquerda, dois, três!" Os sapatos de Fritz escorregavam no gelo e no pedrisco, seus músculos extenuados cedendo, a corda com que puxavam o vagão deixando mãos e ombros em carne viva. A seu redor outros grunhiam com o esforço. Às suas costas, com seu pai no meio do grupo, os homens empurravam usando apenas as mãos, os dedos desprotegidos contra o metal gelado.

O inverno chegara com toda a fúria ao Ettersberg, mas os *kapos* não ficavam atrás. "Empurrem, cães! Esquerda, dois, três! Vamos, porcos! Não é divertido?" Quem esmorecesse levava socos e pontapés. As rodas guinchavam e raspavam, os pés tentavam se firmar nas pedras, o hálito quente enevoava o ar gelado. "Rápido com isso! Andem, senão estarão na merda!"[10] Uma dúzia de vagões cheios para ser levada às diversas obras todo dia numa viagem de ida e volta de uma hora cada um. "Em frente, seus porcos! Esquerda, dois, três!"

"Homens, bestas de carga em arreios", escreveu Gustav, transformando seu inferno cotidiano numa série de imagens poéticas austeras. "Ofegando, gemendo, suando [...]. Escravos condenados ao labor, como no tempo dos faraós."

Houve um breve respiro no Ano-Novo. No meio de janeiro, o dr. Blies, alarmado com o ritmo da mortalidade por doença no campinho,[11] e com a SS preocupada que seus homens também adoecessem, ordenara que os sobreviventes fossem removidos a locais com condições menos insalubres, no campo principal. Os prisioneiros foram mandados para as duchas e depois para a desinfecção de piolhos, em seguida ficaram de quarentena em um barracão próximo à praça da chamada. Após as barracas de lona, parecia quase um luxo, com assoalho encerado, paredes sólidas, mesas onde comer, vasos sanitários e um banheiro com água corrente. Tudo era mantido imaculadamente limpo; os prisioneiros tinham de tirar o sapato numa antessala antes de entrar. Sujeira e bagunça eram punidos de forma severa. Durante aquela abençoada primeira semana de quarentena, comeram regularmente e não precisaram trabalhar. Gustav recobrou as forças.

Claro que não durou. Em 24 de janeiro de 1940, a quarentena chegou ao fim. Pela primeira vez, pai e filho foram separados. Fritz foi colocado com cerca de quarenta outros rapazes no bloco 3 (conhecido como "Bloco Juvenil", a despeito de ser ocupado principalmente por adultos).[12]

Eles foram se familiarizando com o campo principal e seus locais importantes — o mais proeminente deles sendo o Carvalho de Goethe. A árvore veneranda ficava perto das cozinhas e do bloco de banho. Dizia-se que Goethe costumava descansar sob ela em suas caminhadas pelo Ettersberg. As associações culturais eram tão poderosas que a SS preservara a árvore e construíra o campo em torno, usando-a para punições.[13] O método, empregado em todo o campo de concentração, era amarrar as mãos do prisioneiro às costas e pendurá-lo pelos pulsos em uma viga ou galho. O Carvalho de Goethe era um ponto espetacular para o ritual abominável. Os homens ficavam pendurados por horas — o suficiente para incapacitá-los por dias ou semanas — e muitas vezes também eram espancados até sangrar. Dois colegas da turma de trabalho de Gustav estiveram entre os punidos no Carvalho de Goethe, acusados de fazer corpo mole.

Fritz e o pai ficaram surpresos ao sair da quarentena e descobrir que os judeus compunham menos de um quinto da população carcerária de Buchenwald.[14] Havia criminosos, ciganos, poloneses, padres, pastores luteranos e homossexuais, mas de longe o maior número era de prisioneiros políticos — em grande parte, comunistas e socialistas. Muitos haviam sido prisioneiros por anos — em alguns casos, desde o início do regime nazista, em 1933. Entretanto, era aos judeus e ciganos que a SS reservava os trabalhos mais duros e os tratamentos mais cruéis.

"Esquerda, dois, três! Esquerda, dois, três!" Uma dúzia de viagens carregadas todo dia colina acima, uma dúzia de perigosas viagens aceleradas encosta abaixo, de volta à pedreira. Os dedos queimando no metal frio, os ombros e mãos esfolados pelas cordas, a mente entorpecida, os pés escorregando no gelo, os gritos e as agressões dos *kapos*.

Foi assim dia após dia, até o inverno dar lugar à primavera. No fim, Gustav e Fritz foram tirados da equipe de vagonete e transferidos para a pedreira, no transporte de pedras. Um trabalho ainda pior, por mais incrível que pudesse parecer.

Eles tinham de recolher as pedras extraídas do paredão rochoso com as mãos e transportá-las — sempre rapidamente — até os vagões. A palma e os dedos logo ficavam cobertos de bolhas e começavam a sangrar. O turno durava dez horas, com um breve intervalo ao meio-dia. Como agravante, havia os maus-tratos pelos quais o lugar era tristemente famoso, muito além de qualquer coisa que haviam enfrentado no trabalho com os vagonetes.

"Todo dia alguém morre", escreveu Gustav. "É difícil acreditar no que um homem pode aguentar." Ele não conseguia encontrar palavras adequadas para descrever o inferno diário da pedreira. Nas últimas folhas de seu caderno, começou a compor um poema (intitulado "O caleidoscópio da pedreira"), traduzindo o pesadelo caótico em estrofes precisas, medidas, ordenadas.

Retine o ferro na pedra, marretada,
Retine o ferro, pontadas de martírio.
A alma escravizada, debilitada,
Acelerado, quebrando o penedio.[15]

Nos versos seguintes, os prisioneiros são vistos pelo prisma dos *kapos* e guardas da SS:

Retine o ferro na pedra, marretada,
Retine o ferro, pontadas de martírio.
Ouçam as lamúrias dessa canalhada,
Como gemem ao quebrar o penedio.[16]

Os açoites constantes, diários, e os maus-tratos assassinos eram transformados em imagens poéticas. "Peguem as pás! Encham o vagão! Querem descansar? Acham que são figurões?" As pedras maiores escorregavam nas mãos suadas ao ser laboriosamente levadas até os vagões, o calcário era manchado de sangue cor de ferrugem. "Rápido, patifes, vagão número dois! Encham logo senão levam porrada!" As pedras caíam com estardalhaço na barriga de ferro oca. "Terminaram? Acham que estão livres agora? Por acaso estou rindo? Vagão três, acelerado! Mais rápido senão apanham. Vamos, porcos!" Açulados aos pontapés e imprecações, com o vagão carregado moviam-se vagarosamente pelo trilho íngreme. "Esquerda, dois, três! Esquerda, dois, três!"

Os *kapos* e guardas gostavam de se entreter com os prisioneiros. Um homem da equipe de Gustav foi forçado a carregar uma rocha enorme e a correr com ela em círculos, subindo e descendo o morro. "É pra ser engraçado, entendeu?", ordenou o *kapo*. "Senão vai ficar torto de tanta porrada." A vítima procurou correr de um jeito ridículo, e o *kapo* riu e aplaudiu. Com o peito arfando, puxando ar com esforço, o corpo esfolado e ensanguentado, o homem deu várias voltas. No fim, de pura exaustão, a performance burlesca cessou; mas o homem continuou andando, tentando completar mais algumas voltas. Para o *kapo*, porém, perdera a graça. Derrubando a vítima no chão, desferiu-lhe um pontapé selvagem, fatal, na cabeça.

Uma das diversões prediletas dos nazistas era arrancar o gorro do prisioneiro e jogá-lo em cima de uma árvore ou numa poça — sempre do lado de lá da linha das sentinelas. "Ei, seu gorro! Vai buscar. Ali, perto da sentinela quatro. Vai lá, meu chapa, pega!" Normalmente era um prisioneiro novo, que ainda não conhecia as regras. "E o tonto vai", escreveu Gustav. Ao ultrapassar a linha — *bang!* Mais uma anotação no registro de fugas, mais um crédito para o bônus de férias dos nazistas: três dias por prisioneiro abatido ao tentar fugir. Uma sentinela da SS de nome Zepp atuava em parceria com diversos *kapos*, incluindo Johann Herzog, prisioneiro de triângulo verde e ex-soldado da Legião Estrangeira que Gustav descreveu como "assassino da pior espécie".[17] Zepp recompensava Herzog e seus colegas com tabaco toda vez que mandavam um homem correr sob a mira de seu fuzil.

Embora ocorressem suicídios regularmente, a maioria não entregava os pontos nem caía em truques. Alguns pareciam impossíveis de dobrar, por mais que fossem espancados. Uma coronhada de fuzil e:

Pau! — lá vai ele, de quatro, no chão,
Mas o cão se recusa a morrer![18]

Um dia, Gustav testemunhou uma cena que ficaria gravada para sempre em sua memória como imagem de resistência. No meio da pedreira, dominando o cenário, havia uma máquina. Seu motor enorme e barulhento comandava uma série de volantes e correias ligados a uma gigantesca tremonha, onde as pedras eram despejadas. Dentro, placas metálicas moviam-se de cima para baixo e lateralmente, uma mandíbula de ferro mastigando a rocha e defecando brita. Da plataforma de controle, um *kapo* a operava. Quando os trabalhadores não estavam enchendo vagões, estavam alimentando o monstro. Para Gustav, o triturador era emblemático não só da pedreira, como também do campo e do sistema todo, e Buchenwald era apenas um componente desse sistema — a grande máquina que ele, Fritz e os demais alimentavam com sua faina e com a própria vida.

Entra dia, sai dia, o triturador chacoalha,
Chacoalha, chacoalha e quebra a rocha,
E masca o calhau, hora após hora,
De pazada em pazada em sua bocarra.
E os que o alimentam com seu labor,
Sabem que come, mas nunca fica saciado.
Primeiro devora a pedra, depois são eles os devorados.[19]

Um prisioneiro na turma do triturador, amigo do sujeito que fora obrigado a correr em círculos, mantinha a cabeça baixa e a pá ocupada, procurando não chamar a atenção dos *kapos*. Era um colosso e trabalhava bem. O *kapo* na plataforma de controle viu uma oportunidade para se divertir. Acelerou o motor até a máquina funcionar no dobro da velocidade, sacolejando e trepidando diabolicamente. O prisioneiro não ficou para trás. Humano e máquina se mantiveram num só compasso — o homem ofegante, seus músculos tensionados, e o triturador moendo e chacoalhando, como que prestes a explodir. Gustav, nas imediações, parou para ver; os demais fizeram o mesmo. Os *kapos*, hipnotizados, permitiram.

A disputa continuou, a pá incansável, as placas barulhentas, a máquina rugindo, o trabalhador pingando suor, o triturador trovejando, despejando a cascata de cascalho. O homem parecia ter dentro de si uma fonte inesgotável de força de vontade, porém não poderia fazer frente a uma máquina e pouco a pouco começou a mostrar os primeiros sinais de cansaço. Em mais um esforço titânico, forçava os músculos a erguer a pá como se sua vida dependesse daquilo — a máquina venceria, como sempre, mas ele lutaria até o fim.

De repente, foi ouvido um estouro e um prolongado rangido nas entranhas do monstro. Ele estremeceu, tossiu e parou. O *kapo* na plataforma, intrigado, inspecionou a máquina e descobriu que uma pedra se prendera entre as engrenagens.

Seguiu-se um silêncio prenhe de medo. O prisioneiro ficou apoiado em sua pá, ofegante. Derrotara o triturador de pedras e podia morrer por aquilo. O chefe dos *kapos*, perplexo por um momento, explodiu numa gargalhada. "Vem cá, grandalhão!", exclamou. "O que você faz, trabalha numa fazenda? Numa mineradora, aposto."

"Não", disse o prisioneiro. "Sou jornalista."

O *kapo* riu. "Jornalista? Que pena. Disso eu não preciso." Deu meia-volta, então parou. "Espere aí um pouco, acho que vou precisar de alguém que saiba escrever. Vá até aquela cabana e espere. Tenho outro trabalho pra você."

Quando o herói largou a pá, Gustav percebeu o peso da pedra em suas próprias mãos e o olhar do *kapo* em sua direção e voltou logo ao trabalho, refletindo sobre o episódio. Homem contra máquina: daquela vez, o homem conquistara uma pequena vitória. A máquina, pelo jeito, podia ser derrotada por um indivíduo com a força de vontade necessária. Se aquilo valia também para a grande máquina, ainda restava descobrir.

O mecânico limpou as engrenagens e religou o motor. Chacoalhando ruidosamente, o triturador voltou a trabalhar, consumindo as rochas despejadas pelos prisioneiros por sua ávida goela, alimentando-se da força deles, de seu suor e sangue, esmagando o espírito deles como esmagava as pedras.

5. Poema pedagógico

אמא

Tini examinou os dois envelopes com apreensão. Eram ambos idênticos, de Buchenwald. Ela conhecia muitas esposas e mães de homens que tinham ido para os campos. Às vezes, a história terminava com eles conseguindo seus papéis de emigração e sendo liberados. Ou então voltando a Viena num pote, como cinzas. Nunca chegavam cartas.

Abriu o primeiro envelope. Dentro havia algo que parecia mais um comunicado oficial do que uma carta. Passou os olhos pelo papel rapidamente e percebeu com alívio que era de Gustav, reconheceu sua caligrafia onde ele preenchera seu nome e número. A maior parte do espaço era tomada por uma lista impressa de restrições (se dinheiro e pacotes podiam ser recebidos pelo prisioneiro, se podia escrever ou receber cartas, um aviso a respeito das perguntas endereçadas ao oficial no comando e que seriam inúteis etc.). Havia um espaço minúsculo em que Gustav escrevera uma breve mensagem, submetida à censura da SS. Tini depreendeu pouca coisa dela além do fato de que estava vivo, bem e trabalhava no campo. Ao abrir a outra carta, encontrou mensagem quase idêntica de Fritz. Comparando ambas, notou que o número dos blocos era diferente. Então estavam separados. Aquilo era preocupante. Como um menino poderia cuidar de si mesmo?

As aflições de Tini só faziam crescer. Desde a invasão da França, em maio, o toque de recolher fora imposto aos judeus em Viena.[1] Seria de imaginar que era impossível os nazistas os atormentarem ainda mais, mas sempre havia uma nova forma de perseguição.

Em outubro do ano anterior, não muito depois de Gustav e Fritz serem levados, dois *Transports* – comboios de vagões de carga – de judeus haviam deixado Viena com destino a Nisko, na Polônia ocupada; eles deveriam ser assentados em algum tipo de comunidade agrícola.[2] O programa capengava, mas era um fator a mais na sensação de insegurança entre os judeus que continuavam em Viena. Quando os sobreviventes voltaram para casa, em abril, trouxeram consigo relatos pavorosos de agressões e assassinatos.[3]

Para Tini, a missão de achar um lugar seguro para os filhos passou a ser mais urgente do que nunca. Com a Inglaterra fora de cogitação, a América era a única esperança. Sua principal preocupação era conseguir que Fritz fosse solto enquanto ainda era menor, de modo que pudesse ser incluído na emigração de prioridade mais elevada. Ela entrara com pedidos de visto para ele, Herta e Kurt. Cada um dos filhos precisava de duas declarações de amigos ou parentes morando nos Estados Unidos que assegurassem abrigo e ajuda. Os documentos foram fáceis de obter, já que Tini tinha primos em Nova York e Nova Jersey[4] e uma velha amiga chamada Alma Maurer que emigrara muitos anos antes e vivia em Massachusetts.[5] Apoio não faltava – era a burocracia do regime nazista e a dos Estados Unidos que representavam um problema.

O presidente Roosevelt – que queria aumentar a quantidade de refugiados acolhidos no país – não podia fazer nada contra o Congresso e a imprensa. Os Estados Unidos tinham teoricamente uma cota de 60 mil refugiados por ano, mas optaram por não a usar. Em vez disso, Washington empregou todos os truques burocráticos imagináveis para obstruir e postergar os pedidos. Em junho de 1940, um memorando interno do Departamento de Estado avisou seus cônsules na Europa: "Podemos adiar e efetivamente deter [...] a imigração nos Estados Unidos [...] simplesmente aconselhando nossos cônsules a pôr todos os empecilhos possíveis no caminho [...] o que adiaria a concessão de vistos".[6]

Tini Kleinmann foi de sala em sala, esperou em filas, escreveu cartas, preencheu formulários, aturou abusos dos oficiais da Gestapo, investigou procedimentos e aguardou... enquanto temia que cada nova mensagem fosse uma convocação para a deportação. Seus movimentos eram estorvados por obstáculos especificamente planejados para servir a congressistas e editores de jornais, homens de negócios, trabalhadores, esposas e lojistas em Wisconsin e Pensilvânia, Chicago e Nova York, que se objetavam veementemente a uma nova leva de imigrantes.

Fritz já era quase adulto. Herta fizera dezoito anos e estava miseravelmente confinada, sem trabalho nem oportunidade. Kurt, com dez anos, era uma preocupação constante. Tini precisava ralhar com ele o tempo todo – embora fosse bom menino, tinha energia de sobra. A preocupação da mãe era que pudesse fazer algo – uma arte ou travessura qualquer – capaz de pôr todos em risco.

Sem externar suas preocupações, Tini respondeu às breves cartas de Fritz e Gustav com notícias de casa. Juntou algum dinheiro para lhes mandar, obtido por caridade ou com o ocasional trabalho ilegal. Escreveu que sentia falta deles e deu a entender que as coisas estavam bem.[7]

בן

Kurt desceu furtivamente a escada para o corredor no térreo. A porta da rua estava aberta, e ele deu uma espiada. Alguns meninos brincavam perto do mercado – antigos amigos, dos tempos pré-nazistas. Ele os observou com uma ponta de inveja, sabendo que era impossível juntar-se a eles.

As crianças que circulavam pelas ruas em torno do Karmelitermarkt haviam formado uma turma feliz. Nas manhãs de sábado, a mãe de Kurt fazia sanduíches e os punha numa pequena mochila. Ele saía com os amigos, andando pela cidade como se fossem um bando de pioneiros, rumo a um parque distante ou ao Danúbio, para nadar. Era uma perfeita sociedade de amigos, alheia ao estigma que pairava sobre um deles.

A consciência de que algumas crianças eram diferentes de outras veio a Kurt num gesto de violência. Um dia, durante o primeiro inverno após a ascensão dos nazistas, um menino da Juventude Hitlerista o chamou de judeu, jogou-o no chão e empurrou sua cara na neve.

Foi só quando o ódio partiu de um colega seu que Kurt se deu conta em seu íntimo da injustiça daquilo tudo. Ele fazia parte de um pequeno grupo de amigos – os mesmos meninos que Kurt via agora brincando – que sempre perambulava nas imediações do mercado. O líder do bando resolveu implicar com alguém e escolheu Kurt, chamando-o pelos nomes feios que escutara os adultos usarem. Então começou a arrancar os botões do casaco dele. Kurt não era de engolir desaforo e deu um soco no outro. Surpreso, o menino foi buscar uma barra de ferro em sua pequena lambreta e Kurt apanhou tanto que sua mãe teve de levá-lo ao hospital. Enquanto observava os cortes e escoriações na cabeça sendo tratados, ela imaginou o que viria em seguida. Uma queixa seria feita pelos pais do menino: Kurt, um judeu, atrevera-se a atacar um ariano. Era a lei. Provavelmente devido à idade, Kurt safou-se com uma advertência. Após esse episódio compreendeu a maldade e a injustiça desse novo mundo.

Aquele lugar era desconcertante, e as lembranças que deixaria viraram impressões esporádicas, mas vívidas.

Tini lutava o tempo todo para manter Herta e Kurt aquecidos e alimentados com o pouco dinheiro que conseguia arranjar. Contava com o sopão, e no verão iam a uma fazenda do IKG para colher ervilhas. Ainda existiam famílias judias abastadas em Viena, vivendo de algum dinheiro restante, que ajudavam os menos afortunados. Kurt jantara com uma família daquelas certa vez. A mãe o aconselhou com cuidado: "Sente-se direito, comporte-se, obedeça". Kurt tirou a barriga da miséria. Só não apreciou a couve-de-bruxelas. Nunca comera aquilo e odiou, mas não teve coragem de recusar. Em seguida, vomitou.

Seu universo social além da família imediata se resumia a tios e primos. A favorita era Jenni, a irmã mais velha de sua mãe.[8] Ela não se casara, era costureira e morava sozinha com seu gato. Dizia para as crianças que o gato conversava com ela: Jenni fazia uma pergunta e o animal respondia: *miau*. Kurt não sabia dizer se estava brincando. Jenni tinha um senso de humor pueril e adorava animais. Ela lhe dava dinheiro para comprar espoletas para seu revólver. O menino gostava de ficar à espreita do pegador de pombos: quando o homem preparava a rede para lançar, Kurt apertava o gatilho e o bando todo saía voando numa grande nuvem cinza, de modo que o homem ia embora de mãos abanando.

Alguns parentes de Kurt casaram-se com não judeus e agora viviam em um estado de incerteza, seus filhos considerados *Mischlinge* (mestiços) segundo a lei nazista (portanto, nem uma coisa nem outra). Um desses primos era seu melhor amigo, Richard Wilczek, cujo pai gentio o mandara com a mãe para os Países Baixos por medida de segurança, após a Anschluss. Os nazistas àquela altura haviam chegado lá também, e Kurt nunca soube o que aconteceu com o primo. A rua que via agora não pertencia mais àquele mundo.

"Você está aí!", disse a mãe, e Kurt se virou, culpado, para encará-la. "Quantas vezes preciso dizer que não é para sair sozinho?" O rosto dela estava cansado e ansioso, e Kurt preferiu se abster de observar que não pusera o pé para fora de casa. "Precisamos ir. Vista seu casaco."

Chegara uma das ordens periódicas da Gestapo para todos os judeus no bairro se apresentarem para inspeção, registro ou triagem. Kurt percebera o medo na mãe e na irmã. Como agora era o homem da casa, tinha um plano para protegê-las. Uma faca. Ele a obtivera com outro primo *Mischling*, Viktor Kapelari, que morava no subúrbio de Viena-Döbling. Sua mãe era uma irmã de Tini que se convertera ao catolicismo ao casar. Viktor e a tia gostavam de Kurt e costumavam levá-lo para pescar. Misturada às lembranças agradáveis desses passeios, ficaria retida na memória do garoto a imagem perturbadora do pai de Viktor na última vez em que o vira, vestido com o sinistro uniforme cinza de oficial nazista. Após uma daquelas pescarias, Kurt levara escondido para casa uma faca de caçador com cabo de osso, obtida com Viktor.

O menino vestiu o casaco enquanto a mãe e Herta aguardavam e enfiou a faca no bolso. Os guardas tinham levado o pai e Fritz embora, haviam atormentado suas irmãs. Um menino enfiara seu rosto na neve, batera nele com um ferro e o acusara — *ele!* — de agressão. Aquelas pessoas podiam fazer o que lhes desse na veneta. Estava determinado a defender a mãe e Herta contra os nazistas.

Kurt segurou a mão de Tini e os três foram para o distrito policial. Enquanto caminhava, acariciava a lâmina da faca em seu bolso. Ele podia perceber a ansiedade da mãe, sabendo que as ordens para se apresentar muitas vezes significavam deportação. Supôs que aquele fosse o motivo do medo e sentiu sua aflição crescendo à medida que se aproximavam da delegacia. Para aplacar seus temores, mostrou-lhe a faca.

"Olha, mãe, vou proteger a gente."

Tini ficou apavorada. "Suma com isso!", sussurrou, com veemência.

Kurt ficou perplexo, desolado. "Mas..."

"Kurt, jogue isso fora antes que alguém veja!"

Não houve como convencê-la. Relutante, ele se livrou da faca. Continuaram caminhando, Kurt quase às lágrimas.

Mas a Gestapo não tinha nenhuma crueldade reservada para eles naquele dia. Nem sempre seria assim, no entanto. Como Kurt defenderia as pessoas que mais amava? O que seria delas?

בן

Outra alvorada, outra chamada, outro dia. Os prisioneiros em suas roupas listradas formavam fileiras sob o ar fresco do verão, imóveis a não ser para pegar o alimento sendo distribuído, e em silêncio a não ser quando respondiam à chamada. Qualquer perturbação da disciplina significaria punição, assim como qualquer violação da arrumação e da limpeza imaculadas de seus barracões: um verniz de ordem precisava ser aplicado ao caos da barbárie bestial.

Finalmente, o lento ritual chegou ao fim. Os homens deixaram a formação e se reuniram em equipes de trabalho. Fritz perscrutou a multidão em movimento e viu o pai juntando-se ao grupo principal da pedreira.

Gustav tivera um respiro durante a segunda metade do inverno, quando seu xará Gustav Herzog, um dos mais jovens *Blockältesten* judeus, empregou-o como ajudante de quarto no barracão dos beliches. Por ser tapeceiro, Gustav sabia costurar os colchões, mas também gostava de manter a ordem. Era contra o regulamento e teria resultado em punições para ambos, mas ajudou seu bloco a passar pelas inspeções e o manteve a salvo por dois meses. A incumbência, porém, chegou ao fim, e Gustav foi mandado de volta para a tarefa mortífera de carregar pedras.

Fritz não estava mais nas turmas da pedreira. Fora transferido para as hortas anexas ao complexo de fazendas — ainda uma lida, mas infinitamente melhor e mais seguro do que a fatídica pedreira.[9]

Agora que dormiam separados e não trabalhavam juntos, Fritz pouco via o pai, embora se encontrassem sempre que podiam. O dinheiro enviado lhes permitia comprar alimentos extras na cantina dos prisioneiros, o que ajudava a alegrar seus dias.

Quando Fritz atravessava a multidão para se reunir com a turma da horta, o *Lagerälteste*, superior de campo, berrou: “Prisioneiro 7290, portão principal, acelerado!”.

O coração de Fritz gelou como se tivesse sido pego fazendo algo errado. Havia apenas dois motivos para a convocação de um prisioneiro na hora da chamada: uma punição ou a execução na pedreira.

"Prisioneiro 7290! Apresente-se imediatamente ao portão principal!"

Fritz abriu caminho entre a massa de gente e correu para o local. Gustav observou-o com o coração na boca. O filho se apresentou ao ajudante de ordens, o tenente Hermann Hackmann da SS, um jovem esbelto e inteligente com um sorriso juvenil que ocultava sua natureza cínica e brutal.[10] Ele mediu Fritz de alto a baixo, balançando o robusto porrete que sempre portava. "Espere aí", disse. "De frente para a parede."

Hackmann se afastou. Fritz ficou juntou ao portão, como ordenado, olhando para os tijolos caiados na frente de seu nariz, enquanto as equipes de trabalho se afastavam. Finalmente, depois que todos foram embora, o sargento Schramm da SS, *Blockführer* (ou chefe de bloco) de Fritz, foi buscá-lo. "Venha comigo."

Schramm o levou ao complexo administrativo, localizado no fim da rua de Sangue. Fritz foi escoltado para o edifício da Gestapo e ficou à espera em um corredor por um longo tempo antes de ser chamado para uma sala.

"Tire o gorro", disse um funcionário da Gestapo. "Tire o paletó." Fritz fez como instruído. "Ponha isso."

O homem lhe deu camisa, paletó e gravata civis. A roupa era grande demais, ainda mais em suas condições de quase inanição, mas ele a vestiu e deu um nó na gravata em torno do colarinho amassado. Puseram-no diante de uma câmera e tiraram sua foto de todos os lados. Incapaz de imaginar a razão do estranho procedimento, Fritz olhou para a lente com uma expressão hostil e desconfiada, seus olhos grandes brilhando intensamente.

Quando tudo terminou, ordenaram que vestisse o uniforme e voltasse imediatamente para o campo. Ele obedeceu, aliviado por estar vivo, mas ainda sem fazer ideia do que acabara de acontecer. Sua surpresa aumentou quando foi informado de que não precisaria trabalhar pelo resto do dia.

Ficou sozinho no barracão, perdido em ruminações. Presumiu que a ideia da roupa era passar a impressão de que estava vivendo como um civil, não como prisioneiro, mas não conseguiu imaginar nada além daquilo.

De noite, quando as turmas de trabalho voltaram a seus blocos, com os homens extenuados, emaciados, Gustav, que passara o dia num estado de ansiedade, escapou para o bloco de Fritz. Quando entrou e o viu ali, vivo e bem, seu alívio foi imenso. O filho contou o que acontecera, mas ninguém sabia o que significava. Ser separado dos outros pela Gestapo não podia significar boa coisa.

Dias depois, voltou a acontecer. Fritz foi tirado da chamada e levado para a sala da guarda da Gestapo. Puseram uma cópia da foto diante dele. Era uma imagem bizarra: o rosto com a cabeça raspada e o terno e a gravata incongruentes. Se aquilo se destinava a passar a impressão de que levava uma vida normal, era ridículo. Mandaram que assinasse: *Fritz Israel Kleinmann.*

Finalmente, foi informado do propósito daquilo tudo. Sua mãe obtivera a declaração que precisava nos Estados Unidos e entrara com um requerimento para sua soltura, de modo que pudesse emigrar. A foto seria anexada ao processo.

Ele voltou para o campo nas nuvens, sentindo esperança pela primeira vez em oito meses.

בן

"Fomos transferidos para a nova colônia em um dia agradável, ameno. As folhas das árvores ainda não haviam começado a mudar de cor, a relva continuava verde, como que no auge de sua segunda juventude, renovada pelos primeiros dias do outono."

A voz de Stefan enchia o ambiente, e o único outro som audível era o farfalhar da folha sendo virada conforme lia.

Fritz e os demais meninos escutavam, enlevados, a história de um lugar que parecia tanto com aquele onde estavam, e ao mesmo tempo era tão diferente. As leituras de Stefan eram uma das poucas distrações que havia. A esperança continuava acesa no fundo da mente do rapaz, embora ele estivesse preocupado porque o requerimento não incluía o pai. A vida deles tomava rumos diferentes. Fritz começava a descobrir um mundo mais amplo com os prisioneiros mais velhos, uma fonte de ajuda e amizade.

O líder era Leopold Moses, que ajudara Fritz a sobreviver nos meses iniciais e depois continuara seu amigo. Fritz o conhecera na pedreira, durante a epidemia de disenteria. Leo lhe oferecera uns comprimidos pretos: "Engula isso", disse, "previne diarreia." Fritz mostrou os comprimidos para o pai, que os reconheceu do tempo em que estivera nas trincheiras; eram carvão ativado, de uso veterinário, e de fato ajudavam. Leo Moses acolhera Fritz sob sua asa quando o jovem fora transferido para o Bloco Juvenil e Fritz ficara sabendo de seu passado. Moses estivera em campos de concentração desde o início. Operário de Dresden, era membro do Partido Comunista alemão e fora preso assim que os nazistas tinham subido ao poder — muito antes de virar crime ser judeu. Por um breve período, fora *kapo* da turma de transporte — um dos primeiros *kapos* judeus em Buchenwald —, mas carecia da desumanidade necessária para ser um feitor de escravos. A SS o rebaixara e o castigara com 25 chicotadas no *Bock*.

Graças a Leo, Fritz fizera amizade com outros prisioneiros veteranos. Ali estava o segredo da sobrevivência: "Não a pura sorte; tampouco a bênção divina", recordou mais tarde, mas a bondade dos outros. "Tudo o que viram foi a estrela de davi no meu uniforme e que eu era uma criança."[11] Ele e os outros meninos muitas vezes recebiam reforços para a ração ou então medicamentos quando precisavam. Entre os patriarcas estava Gustav Herzog, que empregara o pai de Fritz como ajudante de quarto. Aos 32 anos, Gustl era novo para um superior de bloco.[12] Vindo de uma família vienense abastada, proprietária de uma agência de notícias internacional, fora enviado a Buchenwald após a Noite dos Cristais. Mas Fritz respeitava mais do que ninguém o segundo em comando, Stefan Heymann.[13] Stefan era o intelectual típico, de óculos, queixo fino e boca delicada. Fora oficial do Exército alemão na última guerra, mas na condição de comunista ativo e judeu estivera entre a primeira leva de prisões, em 1933, e passou anos em Dachau.

Nas noites em que não havia tarefas, Stefan contava histórias para afastar as jovens cabeças do pesadelo. A leitura em algumas noites era de um livro adorado e proibido: *Poema pedagógico*, do autor russo Anton Makarenko. O livro contava a experiência de Makarenko com colônias de reabilitação soviéticas para delinquentes juvenis. Conforme Stefan lia, sua voz sussurrada na penumbra do barracão, a narrativa ganhava vida com o mágico idílio, um universo distante da realidade diária de Buchenwald.

> O dossel murmurante das copas das árvores em nosso parque esparramava-se generosamente sobre o Kolomak. Havia por lá inúmeros recantos sombreados e misteriosos onde podíamos nadar, cultivar a amizade de fadas e duendes, pescar ou, se não houvesse nada melhor para fazer, trocar confidências em um espírito de

camaradagem. Nossos prédios principais enfileiravam-se no topo de um barranco íngreme e os meninos mais novos, arteiros e desinibidos, pulavam das janelas para mergulhar no rio, deixando as parcas vestes sobre os peitoris.[14]

Quase todos que acompanhavam a leitura estavam ali sozinhos, porque seus pais tinham sido assassinados, e muitos ficavam cada vez mais apáticos e indiferentes; mas escutar a história de um mundo melhor os trazia de volta à vida: eles se entusiasmavam e aplaudiam.

Havia outros deleites culturais proibidos em Buchenwald. Certa noite, Stefan e Gustl apareceram no barracão do Bloco Juvenil com ar conspiratório e misterioso. Dizendo a Fritz e aos demais meninos para ficar em silêncio, conduziram-nos através do campo a um edifício oblongo adjacente ao bloco de banho, onde ficava o depósito de roupas.

O prédio estava silencioso e calmo, as prateleiras e cabides cheios de uniformes e roupas confiscadas abafando o eco de seus passos. Alguns prisioneiros mais velhos os aguardavam com um naco de pão e uma xícara de café de bolota, depois quatro outros prisioneiros apareceram com violinos e instrumentos de sopro. No ambiente cheirando a mofo, entre peças e mais peças penduradas, executaram uma música de câmara. Pela primeira vez, Fritz escutou a melodia animada e impudente de "Eine kleine Nachtmusik"; o alegre deslizar dos arcos nas cordas trouxe vida ao ambiente e sorrisos aos lábios dos prisioneiros reunidos ali. Para Fritz, tornou-se uma lembrança preciosa: "Por um breve tempo pudemos rir outra vez".[15]

Com exceção daquelas poucas horas roubadas, nunca se ouviam risadas.

O trabalho na horta, cuja produção era vendida no mercado de Weimar ou para os prisioneiros na cantina, era bem melhor do que a pedreira, porém mais difícil do que os meninos imaginavam. Eles achavam que seria possível furtar cenouras, tomates e pimentões, mas eram proibidos de se aproximar das plantações na época da colheita.

As hortas ficavam sob a supervisão de um oficial austríaco, o tenente Dumböck da SS. Tendo passado um tempo no exílio com a Legião Austríaca quando o Partido Nazista foi banido no país, ele agora se dedicava a perseguir judeus austríacos, como vingança. "Vocês, porcos, deviam ser aniquilados", repetia sempre, e fazia o possível para tornar aquilo em realidade. Dizia-se que matara quarenta prisioneiros com as próprias mãos.[16]

Fritz foi designado para a tarefa de *Scheissetragen* – carregar merda.[17] Eles tinham de coletar as fezes líquidas dos prisioneiros nas latrinas, bem como esvaziar as fossas sépticas do sistema de esgoto, levando tudo em baldes para usar na horta. As viagens de ida e volta tinham de ser feitas em máxima velocidade, correndo como podiam com os fétidos baldes transbordantes. O único trabalho pior era do chamado destacamento "4711" (referência irônica à famosa água-de-colônia original), que tinha como função limpar as latrinas – muitas vezes com as mãos – para encher os baldes que outros carregariam. A SS costumava deixar a tarefa a intelectuais e artistas judeus.[18]

Ao menos os garotos eram bem tratados por seu *kapo*, Willi Kurz. Um ex-campeão peso-pesado amador, ele era uma alma desiludida. Por ter participado outrora de um clube esportivo exclusivo de arianos em Viena, ficara profundamente magoado quando as autoridades investigaram seus ancestrais e o consideraram judeu.

Era bondoso com os meninos sob sua supervisão. Deixava que andassem no próprio ritmo e descansassem quando a SS não estava por perto. Mas sempre que um guarda aparecia Willi bradava ordens para irem mais rápido, berrando impropérios e brandindo o porrete, que nunca usou em nenhum deles. Sua atuação era tão convincente que os guardas nem se davam ao trabalho de praticar agressões aleatórias quando Willi era o encarregado.

Naquele ínterim, Fritz pensava na foto e alimentava esperanças.

אבא

"Esquerda, dois, três! Esquerda, dois, três!"

Gustav, com o ombro contra a corda, ofegou. Não havia pausa, nenhum descanso – apenas ofegar, dar um passo, ofegar, dar um passo –, até a eternidade. Do lado de lá, as demais bestas de carga também ofegavam e davam um passo, suando à luz do sol mosqueada pelas árvores. Eram 26 estrelas de davi, 26 corpos esfaimados movendo a carroça de toras através da floresta, encosta acima pela estradinha de terra, as rodas gemendo sob o peso.

Era árduo, mas a transferência para a turma de transporte salvara a vida de Gustav, e ele devia aquilo a Leo Moses. As condições na pedreira estavam piores do que nunca. Prisioneiros eram executados diariamente na linha das sentinelas e o sargento Hinkelmann inventara uma nova tortura: se um homem desmaiasse de exaustão, ordenava que jogassem água em sua boca até sufocar. Entrementes, o sargento Blank matava o tempo atirando pedras nos prisioneiros quando encerravam o trabalho; muitos ficavam incapacitados e alguns morriam. Os homens da SS ainda tinham uma esquema para extorquir os trabalhadores que recebiam dinheiro de casa; de tantos em tantos dias, deviam pagar mais de cinco marcos e seis cigarros ou levavam uma surra. Com duzentos prisioneiros, os guardas tinham uma pequena "renda" assegurada, embora o valor diminuísse com o passar das semanas, à medida que eram assassinados.

Por intervenção de Leo, em julho Gustav fora transferido da mortífera pedreira para a turma de transporte. Eles carregavam materiais de construção pelo campo o dia inteiro — troncos da floresta, cascalho da pedreira, cimento dos depósitos. Eram obrigados pelos *kapos* a cantar a "Einheitsfrontlied" enquanto trabalhavam, e os demais prisioneiros os apelidaram de *singende Pferde* — os cavalos cantores.[19]

"Esquerda, dois, três! Esquerda, dois, três! Esquerda, dois, três! Cantem, porcos!"

Quando passavam por um guarda da SS, ele gritava: "Por que não correm, cães? Mais rápido!".

Mesmo assim era melhor do que a pedreira. "É um trabalho duro", escreveu Gustav, "mas temos mais paz e não somos caçados [...]. O homem é uma criatura que se habitua à rotina e consegue se acostumar a tudo. Assim vamos, dia após dia."

As rodas giravam, os homens-bestas cantando e ofegando, conforme os *kapos* berravam para ir mais rápido, e os dias passavam.

בן

O sargento Schmidt berrou para o bando que dava voltas correndo pela praça da chamada. "Mais rápido, judeus de merda!" Fritz e os demais rapazes que estavam na frente aceleraram para evitar os socos que Schmidt desferia em quem ficava para trás, alguns sentindo dores terríveis na barriga ou nos testículos, após levarem um pontapé de Schmidt porque tinham demorado para responder à chamada. "Corram, seus porcos, corram! Mais rápido, imprestáveis!"

Quando os outros prisioneiros voltavam para seus barracões, os do bloco 3 receberam ordens de esperar. Schmidt, seu *Blockführer*, encontrara problemas durante a inspeção mais uma vez — uma cama mal-arrumada, sujeira no chão, pertences escondidos —, e era hora da punição: o *Strafsport*, esporte para criminosos. Um gorducho atarracado e flácido, Schmidt era um renomado pilantra, além de sádico; seu posto na cantina dos prisioneiros lhe permitia passar a mão em grandes quantidades de tabaco e cigarros. Os meninos do bloco 3 o chamavam de "Schmidt de Merda", em homenagem à sua palavra favorita.[20] "Corram! Marchem! Deitados... de pé... Você aí, seu merda, deitado outra vez. Agora, corra!" Quando alguém não conseguia acompanhar, levava uma chicotada no lombo. "Correndo!"

Duas horas se passaram, o sol se pôs e o frio chegou à praça, e os homens e meninos suavam, respirando com esforço. Finalmente, Schmidt os dispensou e eles puderam voltar a seu bloco, manquitolando.

Mortos de fome, sentaram para a única refeição quente do dia: sopa de nabo. Se dessem sorte, talvez encontrassem um pedacinho de carne.

Fritz terminara e estava prestes a levantar quando foi interrompido pela voz de Gustl Herzog. "Preciso conversar com vocês", Herzog disse. "Não devem correr tão rápido durante o *Strafsport*. Quando correm demais, seus pais não conseguem acompanhar e Schmidt castiga os coitados por ficarem pra trás." Os meninos ficaram constrangidos, mas o que podiam fazer? *Alguém* precisava apanhar por ficar na rabeira. Gustl e Stefan lhes mostraram uma saída. "Corram assim, elevem mais os joelhos, deem passadas mais curtas. Desse jeito, parece que estão correndo normalmente, só que mais devagar."

Funcionou bem o suficiente para tapear Schmidt de Merda. Com o passar do tempo, Fritz aprenderia todos os truques dos veteranos — coisas absurdas, às vezes, mas que podiam significar a diferença entre escapar ileso ou apanhar, ou entre a vida e a morte.

Naquele ínterim, com Fritz trabalhando na horta e Gustav na turma de transporte, a guerra no mundo além dali seguia seu curso, os meses se arrastavam, e toda esperança de serem libertados pouco a pouco morreu. O pensamento auspicioso no pedido de emigração feito pela mãe que mantivera o moral de Fritz elevado por algum tempo foi pouco a pouco tragado por um poço negro de desespero.

6. Uma decisão favorável

בת

Tudo estava mudando para Edith e Richard. Em seu refúgio, eles começavam a presenciar o surgimento do que acreditavam ter deixado em Viena.

Em junho de 1940, o tranquilo front doméstico virou palco de bombas, sangue e morte, com a Guerra de Mentira dando lugar à Batalha da Grã-Bretanha. Diariamente os bombardeiros da Luftwaffe atacavam fábricas e pistas de pouso e os Spitfires e Hurricanes riscavam os céus para combatê-los. A Força Aérea Real tornara-se uma força de coalizão, os pilotos britânicos e da Commonwealth unidos a exilados de Polônia, França, Bélgica e Tchecoslováquia. A Inglaterra ainda gostava de se ver como uma nação abandonada, mas isso estava longe de ser verdade.

A imprensa se concentrava em duas coisas: o progresso da batalha e o crescente temor de espiões e sabotadores alemães infiltrados no país, pavimentando o caminho para a invasão. Os rumores haviam começado em abril. Os jornais — encabeçados pelo *Daily Mail* — ajudaram a incitar a paranoia com a quinta-coluna.[1] A paranoia se transformou em histeria e olhos hostis voltaram-se para os 55 mil refugiados judeus austríacos e alemães. Esses homens, mulheres e crianças eram candidatos improváveis a espiões de Hitler e, internamente, haviam sido poupados,[2] mas, com o país sob ameaça de invasão, o *Mail* e alguns políticos exigiram que o governo isolasse em campos de internação todos os cidadãos alemães vivendo em seu solo, independentemente de seu status, por questão de segurança nacional.

Quando Churchill se tornou primeiro-ministro, em maio, estendeu as categorias sujeitas a prisão para incluir os membros da União Britânica de Fascistas, o Partido Comunista e os nacionalistas irlandeses e galeses. Em junho, perdeu a paciência e deu a ordem: "Prendam todo mundo!".[3] Para evitar sobrecarregar a infraestrutura, as detenções seriam feitas por fases. Primeira fase: alemães e austríacos — judeus, não judeus e antinazistas — que não tivessem status de refugiados ou que estivessem desempregados. A segunda fase abarcaria todos os alemães e austríacos remanescentes vivendo fora de Londres. A terceira ia se concentrar em Londres.

Churchill falou perante o Parlamento: "Sei que muitos afetados por essas determinações [...] são inimigos jurados da Alemanha nazista. Lamento muitíssimo por eles, mas não temos como [...] traçar todas as distinções que gostaríamos".[4] A primeira fase de detenções começou em 24 de junho.[5]

Entre a população circulavam os tipos de boatos antissemitas que costumavam surgir em tempos de tensão: os judeus operavam o mercado negro, evadiam-se do serviço militar, gozavam de privilégios especiais, tinham mais dinheiro, comida melhor, roupas melhores.[6] Tentando desesperadamente debelar o antissemitismo crescente, a comunidade anglo-judaica alinhou-se ao sentimento nacionalista. O *Jewish Chronicle*, por incrível que pareça, recomendou "as medidas mais rigorosas" contra refugiados, incluindo judeus, e apoiou a ampliação das detenções; as sinagogas inglesas não permitiram mais o sermão em alemão e o Conselho de Representantes dos Judeus Britânicos começou a cercear o direito de reunião dos judeus alemães refugiados.[7]

Em Leeds, os temores de Edith aumentavam com o passar dos meses. Ela e Richard viviam em uma quitinete numa casa vitoriana dilapidada, perto da sinagoga.[8] Edith deixara o trabalho de empregada na residência da sra. Brostoff e passara a trabalhar como faxineira para uma mulher da vizinhança. Não era tão simples assim, uma vez que refugiados tinham de comunicar mudanças de emprego e esperar a aprovação do Ministério do Interior.[9] Richard continuava na fabricação de biscoitos kasher. Com um bebê a caminho, deveria ser um período feliz, mas Edith estava profundamente aflita. A vida se tornara difícil para pessoas com sotaque alemão na Inglaterra. E com a invasão alemã praticamente certa, o medo os consumia. Os dois tinham visto como a Áustria caíra rapidamente nas garras dos nazistas e podiam facilmente imaginar as tropas de assalto da SS marchando pela Chapeltown Road e Eichmann ou algum outro monstro vociferando ordens na câmara municipal de Leeds.

Sentindo que era hora de deixar a Europa de uma vez por todas, Edith pegou as declarações de residentes nos Estados Unidos que obtivera e consultou o Comitê de Refugiados para saber se continuavam válidas após o casamento. A resposta demorou quase duas semanas para chegar a Londres, e foi negativa. Ela precisava escrever outra vez para seus parentes e pedir novas declarações. Além disso, seus protetores teriam de incluir o marido dela,[10] e o casal teria de pedir visto de imigração na embaixada norte-americana em Londres. Com a escalada da guerra e a crescente ameaça de prisão, Edith e Richard entrariam em um processo dolorosamente longo.

Eles nunca descobririam exatamente quanto tempo levaria; no começo de julho, a segunda fase do programa do governo foi plenamente implantada e a polícia de Leeds prendeu Richard.

Foi apenas o acaso que poupou Edith de ser detida também. Mulheres com filhos não estavam isentas, mas grávidas, sim.[11]

Richard tinha apenas 21 anos e as cicatrizes de Dachau e Buchenwald pelo corpo; fugira para a Inglaterra buscando refúgio. E agora fora separado da esposa e do filho por nascer, preso pelas mesmas pessoas que deveriam protegê-lo dos nazistas.

Edith entrou imediatamente com um pedido de soltura junto ao Ministério do Interior. Não era um processo simples, já que os presos tinham de provar que não representavam ameaça à segurança e que podiam fazer uma contribuição positiva para o esforço de guerra.[12] As filiais de Leeds e Londres do Comitê de Refugiados Judeus intercederam junto ao Ministério do Interior em nome dos milhares que estavam sendo detidos. Muitos dos lugares para onde os enviavam não eram sequer campos de internos propriamente ditos, com as devidas instalações — a quantidade de gente era grande demais e foram criados campos improvisados em tecelagens de algodão, fábricas abandonadas, jóquei-clubes e outros lugares. Muitos foram para o centro de internação principal, na Ilha de Man.[13] Alguns tinham idade suficiente para lembrar que os campos de concentração nazistas haviam começado exatamente daquela maneira — Dachau, por exemplo, fora criado numa fábrica abandonada.

Julho e agosto passaram, a barriga de Edith crescia e nenhuma notícia chegava. Ela escreveu para o JRC no fim de agosto, mas foi orientada a deixar a iniciativa de lado: "Acreditamos que fez tudo ao seu alcance no presente momento e achamos que a intervenção do comitê seria uma temeridade. Fomos advertidos pelo Ministério do Interior de que apelações e cartas com indagações [...] podem resultar no adiamento de qualquer decisão".[14]

Dias depois, chegaram a uma decisão: Richard continuaria preso.

Para um veterano dos campos de concentração, a vida em um campo de internação era relativamente amena. Não havia trabalhos forçados, punições de verdade nem guardas sádicos. Os presos praticavam esportes, podiam produzir jornais, realizar concertos e criar turmas de estudos. Mas continuavam sendo prisioneiros. E, ainda que não houvesse guardas da SS, os judeus muitas vezes viam-se confinados com simpatizantes nazistas vingativos e cruéis. Para Richard, havia a preocupação adicional de saber que Edith estava grávida e sozinha, sem poder contar com o rendimento dele.

No início de setembro, aos nove meses de gravidez, Edith entrou com novo pedido de liberação para Richard. O JRC lhe assegurou: "Achamos sinceramente que o pedido será recebido com uma decisão favorável".[15] A espera recomeçou. Após duas semanas, chegou uma breve nota do Departamento de Estrangeiros do Ministério do Interior, comunicando que o caso de Richard seria analisado pelo comitê "assim que possível".[16]

Dois dias depois, ela entrou em trabalho de parto. Edith foi levada para a maternidade em Hyde Terrace, no centro de Leeds, onde deu à luz um menino saudável na quarta-feira de 18 de setembro. Ela o chamou de Peter John. Um nome inglês para um bebê inglês nascido em Yorkshire.

À medida que o terrível verão chegava ao fim e o espírito público tornava-se cada vez mais fleumático, os ventos viraram contra a internação de refugiados inofensivos. Em julho, um navio transportando milhares de pessoas para o Canadá — incluindo alguns judeus — fora afundado por um submarino alemão. A perda de vidas fizera a Inglaterra pôr a mão na consciência e refletir sobre como estava tratando gente inocente apenas por ser estrangeira. A situação pouco a pouco se reverteu. No Parlamento, os políticos expressaram arrependimento pelo que haviam feito em um momento de pânico. Um conservador afirmou: "Sem perceber, contribuímos para todo o sofrimento causado por esta guerra e, dessa forma, não fizemos nada para que nosso esforço de guerra fosse efetivo".[17] Um membro do Partido Trabalhista acrescentou: "Não nos esquecemos do horror despertado neste país quando Hitler pôs judeus, socialistas e comunistas em campos de concentração. Ficamos horrorizados, mas, por algum motivo, achamos normal quando fizemos o mesmo com essas mesmas pessoas".[18]

Peter estava com cinco dias quando Edith recebeu a notícia de que Richard fora libertado.[19]

אבא

Gustav abriu seu caderninho e folheou as páginas. Eram poucas — o ano de 1940 inteiro tinha sido resumido em apenas três folhas cobertas por sua letra firme. "Assim o tempo passa", escreveu, "acordar cedo pela manhã, chegar tarde à noite, comer e ir direto para a cama. Assim passamos o ano, entre trabalhos e punições."

Nem sempre eles iam direto para a cama. Um novo tormento para os judeus fora criado pelo vice-comandante do campo principal, o major da SS Arthur Rödl. Toda noite, quando regressavam da pedreira, das hortas ou dos canteiros de obras, exaustos e famintos, enquanto os demais prisioneiros se dirigiam a seus barracões, os judeus eram obrigados a ficar em formação na praça da chamada, cantando sob a luz ofuscante dos holofotes.

Rödl, um patife arrogante cuja inteligência tacanha não fora obstáculo para a ascensão a oficial patenteado, adorava escutar a apresentação do "coral" judaico. A orquestra do campo tocava ao lado, e o "maestro" subia em uma pilha de brita para conduzir os músicos.

"Toquem outra!", dizia a voz de Rödl saindo dos alto-falantes, e os esfalfados prisioneiros respiravam fundo e entoavam outra música. Se não estivesse bom, ele ordenava: "Abram a boca! Não estão com vontade de cantar, seus porcos? Todos deitados, ralé, e cantem uma música para nós!". Então eles se deitavam no chão, qualquer que fosse o clima, sobre o pó, a terra batida, as poças lamacentas ou a neve, e cantavam. Os *Blockführers* caminhavam entre as fileiras, desferindo um chute em quem não soltava a voz.

A tortura prosseguia por horas. Às vezes, Rödl se entediava e anunciava que ia jantar, mas que eles precisavam continuar praticando. "Não está bom", dizia, "podem ficar aí mesmo, cantando a noite inteira." Os guardas da SS, que se ressentiam de ter de ficar a postos e vigiar, descarregavam sua ira nos prisioneiros distribuindo pontapés e socos.

Eles cantavam com mais frequência a "Canção de Buchenwald", composta pelo vienense Hermann Leopoldi, com letra do celebrado Fritz Löhner-Beda, ambos prisioneiros. Era uma marcha animada, cujos versos exaltavam a coragem em meio ao sofrimento. Fora uma encomenda especial de Rödl: "Todos os outros campos têm uma música. Precisamos de uma para Buchenwald".[20] Oferecera um prêmio de dez marcos (que nunca foram pagos) a quem a compusesse e se regozijara com o resultado. Os prisioneiros a cantavam quando marchavam para o trabalho de manhã.

Ó, Buchenwald, não posso te esquecer,
Porque és meu destino.
Só quem te deixou pode avaliar
Como a liberdade é maravilhosa!
Ó, Buchenwald, sem lamúrias nem queixumes,
Seja qual for nosso destino,
Sempre diremos sim à vida,
Pois o dia de nossa liberdade está para chegar!

Rödl não se deu conta do espírito desafiador da canção. "Em sua fragilidade intelectual", lembrava Leopoldi, "ele não conseguiu enxergar como a música era revolucionária."[21] Rödl também encomendou uma "música judaica", com uma letra difamatória sobre os crimes e a pestilência dos judeus, mas a coisa era "idiota demais" até para seus ouvidos, e ele a proibiu. Alguns outros oficiais mais tarde a ressuscitaram e forçavam os prisioneiros a cantá-la até altas horas.[22]

A "Canção de Buchenwald" continuou sendo a mais executada. Os judeus a cantavam incontáveis vezes na praça da chamada, à luz dos holofotes. "Rödl adorava dançar com a melodia", contou Leopoldi, "conforme a orquestra do campo tocava de um lado e as pessoas eram açoitadas do outro."[23] Marchando para o trabalho sob o alvorecer tingido de vermelho, os prisioneiros investiam na música todo o seu ódio e toda a sua repulsa à SS. Muitos morreram cantando.

"Não vão nos esmagar desse jeito", escreveu Gustav em seu diário. "A guerra continua."

בן

Buchenwald crescia mês a mês. A mata era devorada e transformada em madeira; no terreno desflorestado, os edifícios brotavam como uma praga de cogumelos pálidos no dorso do Ettersberg.

As casernas da SS gradualmente formaram um semicírculo de blocos de dois andares, com um cassino para os oficiais no centro. Eles construíram lindas vilas com jardins, um pequeno zoológico, instalações para equitação e estábulos, complexos de garagens e um posto de gasolina para os veículos da SS. Havia até um local para a prática da falcoaria. Entre as árvores, a encosta próxima à pedreira compreendia um aviário, um gazebo e um salão de caça teutônico forrado de carvalho, com imensas lareiras, coberto de troféus e mobília pesada. Era para uso pessoal de Hermann Goering, mas ele nem sequer visitou o lugar. A SS se orgulhava tanto de suas instalações que, pela taxa de um marco, alemães locais podiam entrar para conhecê-las.[24]

Todas essas construções eram extraídas da rocha e das árvores da colina e misturadas ao sangue dos prisioneiros que tinham transportado e assentado pedras, tijolos, vigas.

Ao longo das ruas, entre um canteiro e outro, Gustav Kleinmann e seus colegas transportavam materiais nas carroças enquanto Fritz trabalhava numa obra. O incansável benfeitor do garoto, Leo Moses, mais uma vez usara sua influência para transferi-lo para a equipe responsável pela construção das garagens da SS.[25]

O *kapo* do Destacamento de Construção I, que realizava o projeto, era Robert Siewert, amigo de Leo Moses. Alemão de origem polonesa, Siewert usava o triângulo vermelho dos prisioneiros políticos. Quando jovem, aprendera a assentar tijolos e servira o Exército alemão na Primeira Guerra. Comunista dedicado, fora membro do Parlamento da Saxônia na década de 1920. Com cinquenta e poucos anos, passava a imagem de força e vigor: era um homem robusto, de rosto amplo e olhos estreitos sob as sobrancelhas escuras e espessas.

No começo, o trabalho envolvia apenas carregar coisas — *correndo*! Fritz pesava menos que um saco de cimento. Os outros ajudavam a alçar o saco até seus ombros e ele o levava, cambaleante, tentando correr, até onde fosse necessário. Mas não havia insultos nem porradas. A SS sabia dar o devido valor à equipe de construção e Siewert conseguia proteger seus trabalhadores.

A despeito de seu aspecto austero, Robert Siewert tinha bom coração. Ele transferiu Fritz para a tarefa mais leve de misturar argamassa e o ensinou a cair nas graças da SS. "Você precisa ficar de olho aberto", ele falou. "Se um SS se aproximar, você acelera. Mas se não tiver nenhum SS à vista, vá sem pressa, no seu ritmo." Fritz ficou tão hábil em avistar os guardas e encenar trabalho produtivo que ganhou a reputação de astucioso. Siewert o apontou para o mestre de obras, e o sargento Becker comentou: "Olha como aquele judeuzinho trabalha com vontade".

Um dia, Becker chegou à obra com seu superior, o tenente Max Schobert, vice-comandante encarregado dos prisioneiros sob custódia protetora. Siewert mandou chamar Fritz e o apresentou ao oficial, exaltando seu desempenho. "Podemos treinar prisioneiros judeus para serem ajudantes de pedreiro", sugeriu. Schobert, indivíduo de aspecto brutal, com um sorriso de escárnio permanente no rosto, olhou para Fritz. Não gostava nem um pouco da sugestão. Todo aquele gasto para treinar judeus! A permissão fora negada, mas a semente estava plantada.

Quando novas tropas da SS chegaram a Buchenwald para completar a guarnição, a semente pareceu germinar. O trabalho teve de ser acelerado para terminar as casernas da SS — tarefa muito além da capacidade da mão de obra existente. Siewert fez nova investida, levando a questão ao comandante Koch. Ele se queixou de que não tinha pedreiros suficientes. A única solução seria treinar jovens judeus para a função. A reação de Koch foi igual à de Schobert. Siewert insistiu que não poderia cumprir o prazo de outra maneira, mas a resposta continuou sendo: *judeus, não*.

Siewert concluiu que só lhe restava provar o que afirmara. Fritz virou seu aprendiz. Começou a ensiná-lo a assentar tijolos para construir um simples muro sob a supervisão de trabalhadores arianos. Usando um fio como guia, o rapaz aplicava a argamassa e assentava os tijolos um a um, perfeitamente alinhados. Fritz herdara a facilidade do pai para trabalhos manuais e aprendia rápido. Após dominar o básico, aprendeu a fazer quinas, colunas e botaréus, depois lintéis, lareiras e chaminés. Quando o tempo estava úmido, aprendia a rebocar. Todos os dias, Siewert conversava com ele, verificando seu progresso. Em dois tempos, Fritz se tornou um ótimo pedreiro — o primeiro judeu em Buchenwald.

Seu progresso foi tão impressionante e a necessidade era tão urgente que o comandante Koch cedeu, permitindo a Siewert iniciar um programa de treinamento para rapazes judeus, poloneses e ciganos. Eles passavam metade do dia trabalhando no local e a outra metade em seu bloco no campo onde aprendiam o novo ofício. Usavam uma faixa verde no braço com a inscrição ESCOLA DE PEDREIROS e gozavam de certos privilégios. Um prazer especial dos aprendizes era a alimentação: duas vezes por semana, recebiam uma ração extra de pão e meio quilo de morcela ou patê de carne, levados até o local da construção. Aquilo complementava sua ração diária normal de pão, margarina, uma colher de banha ou geleia de beterraba, café de bolota e sopa de repolho ou nabo.

Para Fritz, Robert Siewert era um herói, por representar o espírito de resistência e a essência da bondade humana. Os jovens eram sua maior preocupação e ele fazia todo o possível para capacitá-los com habilidades e conhecimentos que lhes pudessem salvar a vida. "Ele falava conosco de pai para filho", lembrou Fritz, "com paciência e bondade."[26] Fritz se perguntava de onde tirava forças, naquela idade e após tantos anos preso.

Quando o inverno chegou, Siewert obteve permissão para usar tambores de gasolina como braseiros, alegando que o reboco e a argamassa podiam rachar com o ar gelado. Seu verdadeiro propósito era o bem-estar dos rapazes, que contavam apenas com o fino uniforme da prisão para se proteger do frio. Muito humano e corajoso, Robert Siewert nunca falhou em seu dever, pondo a própria vida deliberadamente em risco ao interceder junto à SS em prol de judeus, ciganos e poloneses.

Mas a influência dele não se estendia muito além dos limites do canteiro de obras e da escola de pedreiros. Assim que terminavam o trabalho e retornavam para o campo principal, os prisioneiros estavam de volta ao regime de desfiles cantantes, surras aleatórias, escassez de rações e homicídios por capricho. Fritz olhava para os outros prisioneiros e dava graças em silêncio por ao menos comer melhor e não correr risco de ser obrigado a ultrapassar o perímetro das sentinelas ou de ser morto a pontapés. Sentia muito por seu pai, esfalfando-se na turma de transporte diariamente. Fritz guardava o que conseguia de suas rações extras para lhe dar quando se encontravam à noite.

Gustav encontrara algum alívio com o novo status do filho e a segurança conquistada. "O menino é popular com todos os capatazes e com o *kapo* Robert Siewert", escreveu. "Com Leo Moses conseguimos nosso maior apoio, o que nos dá mais confiança." Aos olhos inevitavelmente otimistas de Gustav, começava a parecer que poderiam sobreviver à provação.

Nesse mesmo ano, Fritz fora transferido do Bloco Juvenil para o bloco 17, mais perto do pai. A separação dos amigos fora dolorosa, mas a mudança se revelara formativa, mais um importante estágio em sua passagem para a idade adulta. No bloco 17 ficavam indivíduos importantes e celebridades austríacas — os *Prominenten*.

Havia muitos políticos, mas com status mais elevado do que a maioria dos homens de triângulo vermelho no campo.[27] Alguns nomes eram familiares a Fritz, pois seu pai os conhecera quando era ativo no Partido Social-Democrata. Entre os presos estava Robert Danneberg, socialista judeu que fora presidente do conselho provincial de Viena e um dos líderes da Viena Vermelha — os dias de glória dos socialistas, que duraram do fim da Primeira Guerra Mundial ao golpe da direita, em 1934. Contrastando com a presença sóbria de Danneberg, estava Fritz Grünbaum, mestre de cerimônias de cabarés em Berlim e Viena, roteirista, ator de cinema e libretista para Franz Léhar (um dos compositores favoritos de Hitler). Judeu ilustre e satirista político, Grünbaum fora preso pelos nazistas logo após a Anschluss. Um homem envelhecido, de constituição frágil e rosto redondo, com a cabeça raspada e óculos, ele lembrava um pouco Mahatma Gandhi. Após ter sido submetido tanto à limpeza das latrinas como ao trabalho na pedreira, sua saúde e seu espírito tinham sido destruídos e ele tentara se suicidar. Mesmo assim, conseguia manter algum resquício da antiga persona e ocasionalmente improvisava um espetáculo de cabaré aos demais prisioneiros. A respeito de seu sofrimento como judeu, ele deixou um comentário simples e objetivo: "De que serve meu intelecto se meu nome me prejudica? Um poeta chamado Grünbaum não tem a menor chance". Ele tinha razão, e morreu meses depois.[28]

Fritz conheceu também Fritz Löhner-Beda, autor da letra pungente e desafiadora da "Canção de Buchenwald". De óculos e ar melancólico, assim como Grünbaum ele escrevera libretos para as óperas de Léhar. Sempre alimentara a esperança de que Léhar, que gozava de influência sobre Hitler e Goebbels, conseguiria negociar sua liberdade, mas foi em vão. Como que tripudiando de seu tormento, músicas das operetas *Giuditta* e *A terra dos sorrisos* costumavam ser tocadas nos alto-falantes do campo. Aparentemente, a SS não fazia ideia da participação de Léhar nelas. Doía ainda mais quando tocavam "Perdi meu coração em Heidelberg", cuja letra também era sua.

Um dos mais brilhantes homens do bloco 17 era Ernst Federn, jovem psicanalista vienense trotskista que usava a estrela vermelha e amarela dos prisioneiros políticos judeus. Apesar da aparência sinistra, das feições grosseiras e da cabeça raspada que o faziam parecer um criminoso, Ernst não passava de uma alma bondosa. Todos o procuravam para falar sobre seus problemas. Seu otimismo irrepreensível fazia parecer que era um pouco louco, mas representava um encorajamento maravilhoso para os outros prisioneiros.[29]

Havia muitos sociais-democratas, socialistas cristãos, trotskistas e comunistas no bloco 17. À noite, nas horas livres, o jovem Fritz ficava sentado escutando as conversas sobre política, filosofia, a guerra... Eram discussões intelectualizadas, sofisticadas, e Fritz tinha dificuldade de compreender o que diziam. Uma coisa que ficou clara para ele foi a força da crença na ideia de Áustria. Apesar de sua situação desesperadora e da perda da condição de Estado independente, eles partilhavam uma visão de uma futura Áustria, livre do domínio nazista, renovada e bela. Os homens do bloco 17 estavam convencidos de que a Alemanha acabaria perdendo a guerra, mesmo com as esparsas notícias que chegavam ao campo indicando que no momento venciam em todas as frentes.

A fé e a coragem de Fritz cresceram à luz da visão de um futuro melhor, mesmo imaginando que poucos viveriam para vê-lo. "A camaradagem que descobri no bloco 17 mudou profundamente minha vida", Fritz lembrou. "Entrei em contato com uma forma de solidariedade que é inimaginável na vida fora dos campos de concentração."[30]

Um momento especial do período que Fritz passou no bloco foi o aniversário de Grünbaum, que caía no mesmo dia do aniversário de Herta (ela faria dezoito anos). Os homens do bloco 17 guardaram um pouco de suas próprias rações para o amigo fazer um jantar decente e furtaram alguns extras da cozinha. Depois de comerem, Löhner-Beda disse algumas palavras e Grünbaum até cantou um pouco. Fritz, o preso mais jovem entre eles, teve oportunidade de se aproximar e de dar os parabéns àquele homem eminente e modesto.

O que um jovem aprendiz de tapeçaria e ajudante de pedreiro vindo de Leopoldstadt, apenas mais um menino que costumava brincar no Karmelitermarkt, poderia ter em comum com políticos, intelectuais e artistas? Eram todos austríacos de nascimento ou por opção, e judeus. Aquilo era o suficiente. Em Buchenwald, eles eram uma minúscula nação de sobreviventes cercada por um oceano de veneno.

E as mortes continuavam.

Os assassinatos na pedreira ficavam cada vez mais frequentes. Muitos eram amigos de Fritz ou do pai, alguns dos velhos tempos em Viena. Naquele ano, em todos os campos de concentração, o número de prisioneiros mortos saltou de 1300 para 14 mil.[31] A atmosfera da guerra foi a causa; enquanto a Waffen-SS e a Wehrmacht lutavam e conquistavam os inimigos da Alemanha, da Polônia ao canal da Mancha, a SS da Totenkopf nos campos sentiam o sangue ferver e os ânimos exaltados, e promoviam uma escalada na guerra contra o inimigo doméstico. Notícias de vitórias militares provocavam um frenesi de agressões triunfantes, enquanto os reveses — como o fracasso em sujeitar a Inglaterra, o único inimigo ainda no combate — inspiravam represálias.

Livrar-se do número cada vez maior de cadáveres virou um problema e, em 1940, a SS começou a equipar seus campos com crematórios.[32] O de Buchenwald era um prédio quadrado pequeno com o pátio cercado por um muro alto. Da praça da chamada podia-se ver a ponta da chaminé sendo construída, subindo tijolo por tijolo. Quando terminada, cuspiu sua primeira coluna de fumaça pungente. Depois daquele dia, dificilmente parava. Às vezes, a fumaça subia acima das copas das árvores; em outros momentos, era soprada pelo campo de concentração. Mas, de um jeito ou de outro, o odor era onipresente — o cheiro amargo da morte.

אמא

No ano seguinte, após meses de frustração, Tini enfim recebeu uma resposta do consulado dos Estados Unidos em Viena.

Desde março de 1940 houvera notificações para uma entrevista para a emigração, mas Tini fora avisada que precisava aguardar Gustav e Fritz serem libertados se queria que a família fosse junta.[33] Mas como a SS não liberava prisioneiros enquanto não tivessem todos os documentos necessários para emigrar, ela se vira em um beco sem saída.

Tinha todas as declarações em mãos. O problema era obter os vistos norte--americanos e as passagens válidas para viajar (que custavam dinheiro), *além* de precisar coordenar tudo. Enquanto a França permaneceu livre, oferecera uma rota de fuga da Europa para os Estados Unidos, mas a invasão alemã fechou os portos franceses. No outono, Lisboa ficara acessível para os emigrantes, mas o consulado norte-americano em Viena parou de emitir vistos naquela mesma época. A postura de Roosevelt em oferecer asilo a refugiados arrefecera diante do crescente antissemitismo em seu país. Capitulando à opinião pública, o presidente instruíra o Departamento de Estado a diminuir o número de vistos para quase zero: "Chega de estrangeiros". O consulado continuava chamando para a entrevista, que era trabalhosa por si só, porque exigia gastos com tabelião, atestados de antecedentes, compra de passagens de vapor e pagamento de impostos antijudeus locais. Na entrevista final, quando a pessoa angustiada milagrosamente estava com toda a documentação em ordem, era informada de que não conseguira provar que seria capaz de contribuir para os Estados Unidos, de modo que poderia virar um "peso para o governo".[34] *Visto recusado.*

Em outubro de 1940, virtualmente todo mundo — pessoas que viviam sob constante terror e gastaram seus parcos recursos satisfazendo as exigências burocráticas — saiu de mãos abanando, desolado.[35] Tini estava próxima do desespero. "Temos tudo", escreveu para o Comitê de Auxílio para Judeus Alemães em Nova York, "mas nenhum de nós emigrou [...]. Nosso consulado local não dá respostas adequadas."[36] Ela não podia compreender a frustração sem fim; o marido trabalhava duro e tinha ótimas qualificações; eles tinham declarações e atestados de sobra.

Sua única esperança eram as crianças. No começo de 1941, Tini obteve um progresso. A velha amiga Alma Maurer, que estivera presente em seu casamento e agora vivia em Massachusetts, obtivera uma declaração para Kurt com um judeu proeminente na cidade onde morava — nada menos que um juiz. E então veio o milagre. Os Estados Unidos estavam dispostos a aceitar uma pequena quantidade de crianças judias. Em parceria com a organização Auxílio a Crianças Judias Alemãs, um número limitado de menores desacompanhados seria recebido e inserido em famílias judias apropriadas nos Estados Unidos. Kurt fora aceito.

Tini e Herta ficariam arrasadas com a partida dele, mas era o único jeito de deixá-lo em segurança. E havia outra boa notícia: embora Herta não tivesse idade para ser incluída no programa, o bondoso cavalheiro de Massachusetts estava disposto a bancar seus gastos se ela conseguisse obter o visto necessário.

7. O novo mundo

אבא

Sob o céu carregado, uma espessa camada de neve cobria o Ettersberg, suavizando, mas não ocultando, as silhuetas dos blocos de barracões e as cercas pontuadas por torres de vigilância.

Gustav se apoiou na pá. O *kapo* estava de costas para ele, então aproveitou a oportunidade para recuperar o fôlego. Suas mãos nuas estavam roxas de frio, e Gustav bafejava dentro delas para aquecê-las – mas em vão. Sabia que ao voltar para o barracão à noite a dormência do frio que gelava até seus ossos abandonaria seu corpo e ele sentiria dores e espasmos abomináveis.

Era um novo ano, mas nada mudava naquele mundo, a não ser pelas estações e pelas vidas tiradas diariamente. A fumaça dos crematórios pairava no ar gelado, levando às narinas dos prisioneiros o aroma de seu futuro.

Gustav percebeu o *kapo* virando em sua direção e voltou a escavar antes que os olhos pousassem sobre ele. O trabalho da equipe de transporte fora interrompido pelo tempo: todo dia, a turma limpava a neve das ruas; toda noite, a natureza as deixava outra vez sob palmos de neve.

A luz do dia começava a morrer. Sem ninguém a vigiá-lo, Gustav tornou a descansar. Ergueu o rosto para o céu marmóreo a sudeste, salpicado de flocos e manchado de fumaça. Em algum lugar naquela direção, muito além do arame farpado e da floresta, estavam seu lar, Herta, o pequeno Kurt. O que estariam fazendo naquele instante? Estariam a salvo? Aquecidos ou passando frio? Assustados ou esperançosos? Desesperados? Ele e Fritz recebiam cartas de Tini, mas a saudade ainda batia fundo.

Relanceando o céu pela última vez, Gustav se curvou e enterrou a pá na neve.

בן

Fazia um dia ameno de céu azul e as copas sarapintadas de sol dos castanheiros-da-índia estavam cravejadas de flores e neve. Kurt caminhava distraidamente, apreciando a paisagem, sentindo vertigem de tanto prazer.

Olhando adiante, percebeu que ficara para trás: a mãe e o pai de braços dados, o travesso Fritz com as mãos nos bolsos e Herta e Edith com a postura ereta e elegante tinham sumido de vista.

Eles haviam passado a manhã no Prater, e Kurt estava em êxtase. Perdera a conta de quantas vezes descera no grande tobogã — se você ajudasse a carregar os fardos de esteiras de volta ao topo, o encarregado deixava que escorregasse de graça, e Kurt, Fritz e as demais crianças sem nenhum tostão tinham se aproveitado daquilo. Agora, passeando pela Hauptallee, a ampla alameda que cruzava o verdejante parque, Kurt se distraíra pisando com um pé no asfalto e o outro no gramado à beira do passeio. Absorto, não percebera que sua família se distanciava mais e mais. Ele cantarolara despreocupado, desfrutando a prazerosa caminhada e perdendo a noção do tempo. Quando se dera conta, estava sozinho.

Kurt sentiu o medo oprimir seu peito. À sua frente, as fileiras de árvores desapareciam na distância. De ambos os lados, havia famílias, casais, bicicletas; carruagens e carros passavam pela rua. Através das árvores, ele avistou as cores da feira e mais gente — mas em nenhum lugar viu sinal dos pais, das irmãs ou de Fritz. Tinham simplesmente evaporado.

Mas o instante de pânico momentâneo passou. Kurt conhecia o Prater como a palma da mão. O parque ficava a pouco mais de um quilômetro de sua casa. Ele sabia voltar. Ao final da Hauptallee se descortinava a Praterstern, uma rotatória de onde as demais alamedas e bulevares irradiavam, como uma estrela. Após a tranquila caminhada pelo bosque, era um turbilhão de barulho e movimento: caminhões, automóveis e bondes iam e vinham na rua, e as calçadas fervilhavam de gente.

Kurt percebeu que não sabia o que fazer. Estivera naquele lugar tantas vezes, mas sempre acompanhado de um adulto ou irmão. Nunca prestara atenção em como atravessar aquele fluxo torrencial.

Após um segundo, percebeu uma voz feminina. Erguendo o rosto, viu uma senhora olhando para ele com ar preocupado. "Está perdido?", ela perguntou. Bem, perdido não. Sabia o caminho, mas não conseguia pensar num jeito de ir. Tampouco sabia muito bem como explicar a situação. A mulher franzia o rosto, ansiosa para ajudar.

Um policial apareceu e cuidou do assunto. Pegou a mão de Kurt e voltou com ele em direção ao Prater, pegando a esquerda na Ausstellungsstrasse. Quando enfim chegaram ao prédio de tijolos vermelhos e silhar do distrito policial, Kurt mergulhou em um mundo de uniformes escuros, agitado mas calmamente eficiente, repleto de sons e cheiros estranhos. Foi levado a uma sala e lhe indicaram uma cadeira. Um policial sorriu, papeou um pouco, brincou com ele. Kurt tinha um rolo de espoletas e para distraí-lo o policial, usando a fivela do cinto, estourou uma por uma, fazendo o lugar ecoar com os pipocos parecidos com tiros de fuzil. Com o homem a lhe fazer companhia, Kurt mal notou o tempo passar.

"Kurtl!" Ele virou ao escutar a voz familiar. "Você está aqui!" Era a mãe à porta, com o pai mais atrás. O coração dele deu um pulo. Kurt desceu voando da cadeira e correu para os braços abertos da mãe.

בן

Kurt acordou, trêmulo, com os olhos arregalados, o coração palpitando. Por um momento, não fazia ideia de onde estava. Um ruído surdo e repetitivo chegava a seus ouvidos; estava sentado em um banco duro de madeira; à sua volta havia estranhos; ele balançava ritmadamente. Observando a fina carteira de couro sobre o peito, lembrou.[1]

Estava no trem para sua nova vida.

O banco de ripas deixara suas costas formigando, mas ele estava tão cansado que o sono o dominara e acabara recostando no passageiro a seu lado. Kurt sentou e levou a mão à carteira. Lembrou-se da mãe pendurando-a em seu pescoço.

Veio-lhe uma imagem vívida: estavam na cozinha do apartamento. Ela o pôs sentado sobre a mesa — a mesma superfície gasta onde o menino costumava ajudá-la a preparar o macarrão para a sopa de frango. Ele podia vê-la, o rosto encovado de fome, marcado por preocupações, dizendo-lhe que era vital que cuidasse daquela carteira. Continha seus documentos. No mundo em que viviam, era sua própria alma, sua permissão para existir. Ela sorriu e o beijou. "Comporte-se, Kurtl", disse. "Seja um bom menino quando chegar lá. Não faça arte e seja obediente para que o deixem ficar." Ela lhe deu um presente, uma gaita nova, brilhante, e Kurt a segurou...

Então a mãe sumiu. Desapareceu de sua memória como se apagassem a luz.

Kurt observou os passageiros e a paisagem rural desconhecida passando velozmente sob o gelo de fevereiro. Sabia que o trem partira de Berlim, onde pegara seus últimos documentos, com o Auxílio a Crianças Judias Alemãs, e o dinheiro exigido para viajar — cinquenta dólares americanos, em notas guardadas em sua bagagem. Também sabia que fora de Viena a Berlim em outro trem... mas as lembranças começavam a desaparecer. Com o tempo, para seu eterno pesar, seria incapaz de se lembrar de ter se despedido de sua mãe e de Herta.

A antiga vida, a vida familiar, os entes queridos haviam ficado todos para trás, desaparecendo inexoravelmente em outra dimensão. Ou talvez fosse o contrário — Viena era real, era o presente, mas ele fora empurrado para aquela existência irreal.

A maioria dos outros passageiros era de refugiados e para Kurt pareciam todos mais velhos: alemães, austríacos, judeus húngaros, alguns poloneses. Mas havia algumas famílias com filhos pequenos. As mães murmuravam para as crianças, enquanto os maridos liam, conversavam ou cochilavam, homens idosos dormiam curvados com chapéus caídos sobre o rosto, roncando, suspirando sob a barba, e crianças de olhos arregalados ou adormecidas se recostavam em seus pais.

De tantas em tantas paradas todos tinham de fazer baldeação, conduzidos por policiais ou soldados para qualquer trem que estivesse disponível. Às vezes, Kurt ia parar em luxuosas cabines de primeira ou de segunda classe, mas com maior frequência acabava no duro banco de madeira da terceira classe. Ele preferia os bancos, porque pelo menos podia sentar direito; os assentos da primeira classe tinham braços e as crianças precisavam se aboletar em cima deles, espremidas entre os adultos. Em alguns momentos, Kurt ficou tão desesperado por conforto que subiu no compartimento de bagagem e deitou em cima das malas.

Havia apenas mais duas crianças desacompanhadas no trem, um menino e uma menina. Kurt aos poucos pegou intimidade com elas. O menino também era vienense, chamava-se Karl Kohn, tinha catorze anos e era da mesma parte de Leopoldstadt que ele. Usava óculos e parecia ter saúde frágil, além de ser pequeno para a idade. A menina não poderia ser mais diferente deles: Irmgard Salomon era de uma família de classe média em Stuttgart; a despeito de ter apenas onze anos, era bem mais alta do que ambos. O isolamento levou a uma atração mútua, e a amizade do trio se fortaleceu conforme o trem os levava para cada vez mais longe de casa.

אמא

O apartamento agora era uma casca oca. No lugar da família, havia apenas duas mulheres, uma envelhecendo, a outra florescendo. Aos 47 anos, Tini deveria estar sonhando com um futuro cheio de netos. E Herta, faltando dois meses para completar dezenove, deveria estar acomodada em um emprego, avaliando com qual de seus admiradores se casar. Não era para estarem ali, sentadas solitariamente no apartamento deserto, com seus poucos pertences roubados e os entes queridos — marido e filhos, pai e irmãos — presos ou fugidos.

Viena era uma cidade de zonas proibidas, e o apartamento, que apenas por sorte tinham conseguido manter, virara uma prisão.

A dor de se despedir de Kurt fora além das palavras. Ele era pequeno, delicado e frágil demais para ficar por conta própria no mundo. Tini não pudera acompanhá-lo até a plataforma — só pessoas com autorização para viajar podiam entrar lá —, e ela e Herta tiveram de se despedir do lado de fora, observando de longe enquanto o menino sumia na multidão de refugiados.[2]

Era como se tivesse sido mutilada, como se tivesse perdido um membro. Kurt era carne da sua carne, sangue do seu sangue, sua esperança. Ele conheceria um novo início em um novo mundo. Talvez voltasse um dia e, em seu lugar, Tini encontraria uma nova pessoa, transformada por uma vida que era completamente estranha a ela.

בן

Kurt estava deitado, contemplando as estrelas. Nunca vira um céu como aquele — mais profundo, mais escuro, mais brilhante do que qualquer outro: um firmamento livre de luz artificial. O navio balançava suavemente sob seu corpo, envolto pelas trevas, solitário no vasto disco negro do oceano iluminado pelas estrelas.

Sentiu-se como o último sobrevivente de um grande êxodo. Depois que o trem chegou a Lisboa, ele, Karl e Irmgard tiveram de esperar durante semanas. Supostamente, haveria dezenas de outras crianças juntando-se a eles para a viagem aos Estados Unidos, mas, quando chegou a hora de zarpar, ficou claro que os outros não tinham conseguido. É bem provável que haviam se enredado na malha burocrática da emigração. Kurt, Karl e Irmgard tinham sido levados para as docas, onde o navio aguardava, alto como um prédio, atracado ao cais com os cabos e as pranchas de embarque. O SS *Siboney* podia não ser o maior navio de passageiros em uso, mas tinha certa elegância: duas chaminés esguias e conveses superiores com passeios cobertos por arcadas. No casco havia marcas de identificação para se proteger dos submarinos alemães: AMERICAN — EXPORT — LINES em letras brancas gigantes, ao lado da bandeira americana.

A maioria a bordo parecia ser de refugiados — muitos, rostos familiares da viagem de trem —, misturados a alguns turistas a caminho de casa e outros que viajavam a negócios. Kurt e Karl foram procurar sua cabine e a encontraram finalmente nas entranhas da embarcação, onde era muito abafado e barulhento por causa dos motores. Voltando ao ar livre, observaram o *Siboney* se afastar do cais e apontar a proa para o oeste, com as hélices espumando na água salgada.

Kurt ficou na amurada por três horas, contemplando a imensidão do oceano. Lisboa virou um pequeno borrão, depois Portugal tornou-se um fiapo na distância e então toda a Europa encolheu e afundou sob o horizonte. Além de onde podiam enxergar, muito ao norte, comboios e mais comboios de navios mercantes singravam o mar vagarosamente rumo à Grã-Bretanha, com uma escolta da Marinha Real circundando a apreensiva frota; a leste, submarinos alemães deixavam seu abrigo e atravessavam o oceano, os tubos carregados de torpedos. Tudo o que o *Siboney* tinha para sua proteção eram as identificações pintadas no casco.

Apesar do cansaço, a primeira noite de Kurt na cabine barulhenta e muito quente foi muito maldormida e no dia seguinte ele ficou prostrado de náusea. A única coisa que conseguiu comer foram frutas. Relutantes em passar outra noite em seus beliches, Kurt e Karl pegaram os cobertores e escaparam para o convés. Não havia ninguém para impedi-los: a enfermeira Sneble, uma nova-iorquina compacta de meia-idade, deveria cuidar das crianças, mas estava ocupada com os passageiros mais velhos.

O ar noturno estava gelado, mas embrulhados nas mantas e recostados nas espreguiçadeiras, os dois se aqueceram e desfrutaram do ar calmo e fresco. Kurt observava as estrelas, ruminando sobre sua nova situação e o lugar para onde ia. O inglês aprendido na escola era muito superficial; sabia dizer "*hello*", "*yes*" e "*no*", e "*ok*", mas só. Sua classe aprendera os versinhos de "Pat-a-cake, pat-a-cake, baker's man", mas para Kurt a letra da música não fazia muito sentido. O inglês que os norte-americanos falavam a bordo parecia-lhe uma algaravia incompreensível.

Em algum lugar, além do ponto onde o vasto tapete estrelado a leste se encontrava com a linha negra do oceano, estavam seu lar e sua família. A gaita nova em folha, a última ligação física entre ele e a mãe, fora levada. Quando Kurt e as outras crianças esperavam para mudar de trem, em algum lugar da França, soldados alemães tinham se aproximado, brincando e conversando. Kurt lhes mostrara a gaita e eles a pegaram e não devolveram mais. Talvez achassem que um judeu não deveria ter coisas boas.

בן

Uma nuvem pairava sobre a Europa, avolumando-se, ameaçadora. Em algum ponto do Atlântico, o *Siboney* se afastou de seu alcance e adentrou a luminosa aurora americana.

Kurt e Karl, adormecidos em suas cadeiras no convés, foram despertados por borrifos de água fria — não vindos do mar, mas do esfregão de um marujo que limpava o convés. Pegando os cobertores, voltaram a descer.

De algum modo a enfermeira Sneble descobriu sobre a noite ao ar livre. Os dois levaram uma descompostura e receberam ordens de dormir na cabine dali em diante. Mas continuavam a ter o navio inteiro à disposição durante o dia, para explorar, brincar, fazer amizade com os marinheiros, encontrar alguma distração e esquecer por um momento o que haviam deixado para trás e o que em breve encontrariam no lugar para onde iam.

Após uma parada nas Bermudas, o navio retomou o curso noroeste, deixando os quentes trópicos em sua esteira. Kurt percebeu uma mudança na atmosfera: as pessoas se preparavam para o desembarque mais importante de sua vida. Por volta do meio-dia de 27 de março de 1941, uma quinta-feira, com todos os passageiros a bordo acotovelando-se na amurada, o *Siboney* passou entre Staten Island e Long Island.

Kurt abriu caminho entre os demais para observar as águas acinzentadas e o litoral distante passando ao largo. A bombordo, a silhueta cintilante da Estátua da Liberdade cresceu pouco a pouco, de uma pequena forma saliente até assomar majestosamente, verde-clara, acima da embarcação. O navio entrou no Hudson e passou pelo skyline de Manhattan. Crianças e adultos falavam e apontavam, sorrindo. Muitos agitavam pequenas bandeiras americanas, que tremulavam ao vento, como frágeis oferendas de esperança.

בן

Kurt ficou subjugado pelas sensações promovidas pela imensidão de Nova York. Táxis amarelo-canário com ostensivos para-lamas pretos encostavam no meio-fio e voltavam raivosamente ao trânsito barulhento e incessante, disputando espaço no cruzamento da rua 42 com os bondes que passavam tocando o sino. A Broadway e a Times Square eram como o motor de um carro acelerado ao máximo. Kurt apertou a mão da mulher da Sociedade de Auxílio a Imigrantes Hebreus como se fosse sua tábua de salvação para cruzar a calçada apinhada de gente: saias, sobretudos, guarda-chuvas e bengalas iam e vinham, jornais voavam pelo chão, cinzas de cigarros eram sopradas pelo vento.

Não se parecia em nada com Viena. Nova York era a modernidade, das fundações ao céu, uma cidade com automóveis, vidro, concreto, gente e mais gente, parecendo pertencer ao mundo moderno mais do que qualquer coisa que ele vira na Europa. Kurt e seus amigos eram como pessoas de outro mundo ali.

Depois que o *Siboney* atracou no píer e a inspeção médica terminou,[3] as crianças desembarcaram e foram recebidas por uma mulher da Sociedade de Auxílio a Imigrantes Hebreus, que trabalhava em coordenação com o Auxílio a Crianças Judias Alemãs no amparo dos refugiados. Só Kurt tinha um arranjo definido à sua espera. Karl e Irmgard não tinham amigos nem parentes ali; as instituições haviam arranjado lugares para Irmgard em Nova York e para Karl na distante Chicago. Após uma noite em um hotel, chegara a hora de se despedirem. Kurt nunca mais viu os amigos.[4]

דוד

Os nomes que passavam pelos olhos do menino austríaco não faziam sentido. Cada um era o testemunho de uma onda precedente de imigrantes com saudades do lar: Greenwich, Stamford, Stratford, Old Lyme, New London, Warwick. A ferrovia seguia a linha costeira de Connecticut a Providence, Rhode Island. A linha principal terminava ali.

Quando Kurt desembarcou, acompanhado da mala que tinha consigo desde a Im Werd, foi recebido por uma mulher elegantemente vestida, com mais ou menos a mesma idade de sua mãe. Para sua surpresa, ela o cumprimentou em alemão, apresentando-se como sra. Maurer, velha amiga de sua mãe. A seu lado na plataforma estava um homem de meia-idade acompanhado de outra mulher, ambos observando-o com expressão benevolente. Em um tom respeitoso, a sra. Maurer apresentou-o como o juiz Samuel Barnet, protetor de Kurt.

O juiz Barnet tinha cerca de cinquenta anos. Era um homem baixo e atarracado, com cabelos grisalhos escasseando, nariz protuberante e carnudo, sobrancelhas grossas e olhos que pareciam enganadoramente sonolentos.[5] Seu comportamento era solene, até mesmo um pouco frio. A mulher a seu lado, não muito mais alta do que Kurt, era a irmã do juiz, Kate, asseada e atarracada como o irmão. A sra. Maurer explicou que Kurt não ficaria hospedado com ela e que ficaria acomodado com o juiz Barnet.

De Providence, eles entraram em Massachusetts atravessando uma sucessão aparentemente infindável de rios, baías e angras. Finalmente, chegaram a seu destino: New Bedford, uma cidade importante em um estuário. A parte sudoeste do estado recebera forte imigração inglesa, cujos vestígios eram visíveis em quase todas as placas na estrada em um raio de quilômetros e quilômetros, dali a Boston, passando por Rochester, Taunton, Norfolk e Braintree. Kurt sabia apenas que New Bedford era ainda menos parecido com Viena do que Nova York. Tratava-se de uma cidade de balsas fluviais e prédios públicos pequenos e distintos, tecelagens de algodão e longas avenidas de casas suburbanas de telhas cinza e tábuas brancas, onde automóveis passavam calmamente, crianças brincavam e cidadãos tranquilos cuidavam de seus afazeres.

Por ser um dos pilares locais — sobretudo entre a comunidade judaica —, seria de esperar que Samuel Barnet fosse uma presença intimidadora, com uma mansão imponente no subúrbio. Mas o carro parou na entrada de uma casa de classe média comum, ladeada por outras praticamente idênticas.

A recepção de Kurt foi calorosa, mas reservada. A comunicação ficou quase impossível depois que a sra. Maurer foi embora. A música infantil que ele aprendera não seria útil naquela situação. Felizmente, o juiz não foi o único a dar as boas-vindas ao recém-chegado. Samuel Barnet era viúvo havia mais de vinte anos; suas irmãs, três mulheres solteiras de meia-idade, moravam com ele. Kate, Esther e Sarah se prontificaram a ser "tias" de Kurt, acolhendo o menino confuso e mostrando-lhe seu quarto. Ele nunca tivera um quarto só seu.

Na manhã seguinte, Kurt acordou com uma presença estranha a seu lado na cama. Um menino muito pequeno, de cerca de três anos, com um casaco de pelo de camelo, encarava-o, admirado. Ele abriu a boca — e disse coisas incompreensíveis, em inglês. Parecia querer alguma coisa, mas Kurt não fazia ideia do quê. No rosto do menino surgiu uma expressão de decepção, e ele fez um beicinho. Virando para um adulto que Kurt não percebera, choramingou, "*Kurt won't talk to me!*".

O menino, Kurt descobriu, era David, filho do irmão mais novo do juiz Barnet, que morava ao lado. As duas casas compunham um lar estendido. Nas semanas que se seguiram, Kurt foi rapidamente aceito. Tio Sam — como Kurt passou a chamar o juiz Barnet —, a despeito do ar circunspecto, revelou-se um anfitrião muito acolhedor. Kurt nunca se sentia deslocado. Anos mais tarde, descobriria que nem todas as crianças refugiadas tiveram tanta sorte. Muitas tinham ido parar em famílias nada amistosas ou sofrido uma recepção hostil por parte da cidade onde foram morar, vítimas tanto do antissemitismo como do antigermanismo, às vezes, das duas coisas. Conforme Kurt conhecia New Bedford, descobria que os Barnet eram as pessoas mais ilustres da grande comunidade judaica na qual tinha sido tão bem recebido.

Os Barnet, uma família de judeus conservadores,* eram líderes importantes da grande comunidade judaica que acolhera Kurt. Ele conhecia apenas a

* Conhecido também como judaísmo masorti.

observância religiosa superficial de sua própria família, em que a sinagoga e a Torá desempenhavam papel secundário, e o judaísmo ortodoxo, comuns em Leopoldstadt. Os judeus conservadores – não necessariamente no sentido político também – ficavam entre uma coisa e outra; eles acreditavam na preservação das antigas leis, tradições e rituais do judaísmo, mas se diferenciavam dos ortodoxos na medida em que admitiam que a Torá fora escrita por mãos humanas e que a lei judaica evoluíra de acordo com as necessidades humanas.

A primavera chegava a New Bedford e as árvores da rua estavam verdes. Estreitando os olhos, era quase possível imaginar estar no Hauptallee, no Prater, e que nada daquilo acontecera – os nazistas, a família separada. Kurt sentia – apesar da ausência dos pais, bem como de Fritz, Herta e Edith, e da vasta distância que o separava deles – que o destino que encontrara tinha cara de lar.

8. Indigno de viver

אח

Ninguém jamais soube a causa do assassinato de Philipp Hamber, mas todo mundo sabia das circunstâncias. A SS não precisava de pretexto para suas brutalidades: bastava o guarda estar de mau humor ou de ressaca, ou um prisioneiro o olhar atravessado — ou o puro sadismo. Quando o sargento Abraham derrubou Philipp Hamber e o matou, o que marcou as testemunhas foi a atrocidade do ato em si e as terríveis repercussões para eles.[1]

"Mais uma vez, há inquietação no campo", escreveu Gustav. Ultimamente, ele mal tirava o diário do esconderijo. A anotação anterior fora em janeiro de 1941, quando limpavam a neve. Agora a primavera chegara. Nos meses decorridos entre uma coisa e outra, os prisioneiros tinham ficado cada vez menos submissos à violência da SS.

No fim de fevereiro, chegara um trem com centenas de judeus holandeses. Confrontos violentos haviam ocorrido nos Países Baixos entre os nazistas locais e a população judaica. Em Amsterdã, os nazistas tinham levado uma tremenda surra de jovens judeus. A SS prendera quatrocentas pessoas. Aquilo provocara uma onda de greves, paralisando as docas e iniciando uma guerra aberta entre grevistas e a SS. No fim do mês, 389 detidos foram transportados para Buchenwald.[2] Alguns ficaram alojados no bloco 17, e Fritz passou um bocado de tempo em sua companhia. Ele e seus amigos tentaram ensinar as regras do campo para os holandeses, mas de pouco adiantou. Eram homens fortes e indômitos que não se deixavam intimidar facilmente, e a SS os tratava com uma brutalidade sem precedentes. Todo mundo foi colocado para trabalhar carregando pedras, e nos dois primeiros meses cinquenta homens foram mortos. Percebendo que os holandeses não se dobravam à sua vontade, a SS mandou os sobreviventes para o campo notoriamente cruel de Mauthausen. Nenhum voltou.

Os holandeses semearam um espírito de desafio, inspirado em sua resiliência. Quando Philipp Hamber foi assassinado, os ânimos dos prisioneiros começaram a ficar perigosamente exaltados.

Como Gustav, Philipp era vienense e trabalhava na equipe de transporte, com uma turma diferente, sob a supervisão do *kapo* Schwarz. Eduard, irmão de Philipp, estava na mesma turma. Os dois haviam sido produtores de cinema antes da Anschluss. Apesar de desacostumados ao trabalho físico, sobreviveram por três anos em Buchenwald. Naquele dia de primavera, sua turma de trabalho descarregara as pedras em um canteiro de obras. O sargento Abraham, um dos *Blockführers* mais temidos em Buchenwald, estava por perto.[3] Algo – um olhar torto de Philipp, um erro, talvez um saco de cimento derrubado ou simplesmente alguma coisa em sua expressão ou em seus gestos – chamou a atenção do guarda da SS.

Fora de si, o sargento Abraham derrubou Philipp no chão e o chutou. Então agarrou seu colarinho e o arrastou pela lama repisada da obra, jogando-o na vala aberta de uma fundação, cheia d'água. Philipp se debatia e sufocava, mas Abraham pressionava a bota contra sua cabeça, afogando-o. Eduard, com os demais prisioneiros, só observou, emudecido de horror, o suplício de seu irmão. Os movimentos de Philipp cessaram pouco a pouco e seu corpo ficou flácido.

Buchenwald estava acostumado aos assassinatos como parte integrante de sua vida diária, e os prisioneiros aprendiam a conviver com eles da melhor forma que podiam. Mas agora começavam a se ressentir. A notícia do assassinato de Philipp Hamber se alastrou como um incêndio.

Gustav pegou seu diário por longo tempo esquecido e escreveu que Philipp fora "afogado como um gato" e que os prisioneiros não haviam aceitado passivamente. Grande parte da raiva e da revolta partiu de Eduard.[4] Ele queria justiça.

Sua luta foi involuntariamente ajudada pelo fato de que havia um visitante civil no local quando seu irmão fora morto, de modo que o comandante Koch não tivera alternativa a não ser registrar a ocorrência e abrir uma sindicância.

Eduard também prestou queixa oficialmente, apesar de ter consciência do risco que corria. "Sei que posso morrer se depor", comentou com outro prisioneiro, "mas esses criminosos talvez sejam mais contidos no futuro se tiverem medo de uma acusação. Nesse caso, não terei morrido em vão."[5]

Ele subestimara a SS. Na chamada seguinte, todos os seus camaradas da turma de transporte foram levados à casa de guarda para dar seu depoimento sobre o que tinham testemunhado. Aterrorizados, negaram ter visto o que quer que fosse. Só Eduard insistiu na acusação. Os demais foram mandados de volta para seus blocos e Eduard foi interrogado novamente pelo comandante Koch e pelo médico do campo. Koch lhe assegurou: "Queremos saber a verdade. Dou minha palavra de honra de que nada vai acontecer com você".[6] Eduard repetiu seu relato de como Abraham atacara seu irmão e de modo deliberado e brutal o afogara.

Deixaram que voltasse a seu bloco, porém à noite ele foi chamado outra vez e levado ao bunker — o bloco de celas que ocupava uma ala da casa de guarda. O lugar tinha uma reputação maligna; torturas e assassinatos eram perpetrados ali e jamais um judeu saíra com vida. Seu carcereiro e principal torturador foi o sargento Martin Sommer, cuja aparência juvenil destoava dos anos de experiência em campos de concentração. Ele podia ser visto com frequência empunhando o chicote quando um prisioneiro era levado ao *Bock*.

Após quatro dias no bunker, o corpo de Eduard Hamber foi retirado de lá.

Os nazistas alegaram que ele cometera suicídio,[7] mas todo mundo sabia que Sommer o torturara até a morte.

Isso não bastou para satisfazer a SS. Ao longo das semanas seguintes, a intervalos, três ou quatro testemunhas da turma de Schwarz foram separadas na chamada e levadas ao bunker. Uma vez lá, eram interrogadas pelo vice--comandante Rödl (o entusiasta da música) e pelo novo médico do campo, o dr. Hanns Eisele. Eles diziam aos prisioneiros que não precisavam temer nada se contassem a verdade. Sabendo perfeitamente que era mentira, todos continuaram a negar ter visto alguma coisa. Mas o silêncio não os salvou, e eles foram mortos.

Gustav descreveu os sucessivos desaparecimentos em seu diário. Os homens eram levados ao bunker "e entregues ao sargento Sommer: até Lulu, um capataz de Berlim, e (assim acredita o *kapo* Schwarz) Kluger e Trommelschläger de Viena estão entre as vítimas. Nossa rebelião encolheu".[8]

Eduard Hamber baseara seu sacrifício heroico na premissa de que a SS podia ser responsabilizada por seus crimes ou ao menos temer a possibilidade. Tudo o que conseguiu provar foi a total imunidade e o poder ilimitado dela.

אמא

Tini estava sentada à mesa onde sua família outrora se reunia para comer. "Meu adorado Kurtl", escreveu. "Fico extremamente feliz que esteja bem e com saúde. Morro de curiosidade de saber como foram suas férias de verão. Para falar a verdade, sinto até inveja; ninguém pode ir mais a lugar algum por aqui [...]. Que felicidade seria estar aí com você agora. Aqui as pessoas não podem mais se divertir."[9]

As restrições aos judeus haviam sido ainda mais endurecidas em maio com uma declaração reforçando e estendendo as leis existentes: eles estavam proibidos de frequentar teatros, concertos, museus, bibliotecas, praças e restaurantes, bem como de entrar em estabelecimentos comerciais ou fazer compras fora de determinados horários. Embora antes fossem obrigados a sentar em bancos públicos específicos, agora estavam inteiramente proibidos de ficar em parques públicos. A declaração também introduziu algumas novas regras: os judeus não podiam sair de Viena sem autorização especial e estavam proibidos de se dirigir ao governo. Era estritamente proibido disseminar rumores sobre realocações e emigração.[10]

Tini ainda não desistira de mandar Herta e Fritz para os Estados Unidos, mas ficara mais difícil do que nunca. Pouco após a partida de Kurt, Portugal suspendera a imigração devido ao gargalo em Lisboa e em junho o presidente Roosevelt interrompeu a transferência de fundos dos Estados Unidos para os países europeus, paralisando o trabalho das agências de ajuda a refugiados.[11] Na primeira metade de 1941, apenas 429 judeus vienenses haviam conseguido emigrar para os Estados Unidos, deixando para trás 44 mil desesperados por escapar.[12] Então, em julho, as regras de imigração norte-americanas cancelaram as declarações existentes.[13]

Todos os planos de Tini foram desfeitos. Mas ela continuou a tentar. Aquilo a consumia. Alguns dias, a depressão era tão forte que não tinha forças para levantar da cama. Recentemente, chegara a notícia para diversas famílias do bairro de que seus homens haviam morrido em Buchenwald, perseguidos de tal forma que haviam cometido suicídio atravessando a linha das sentinelas. Todo dia Tini esperava notícias similares de Gustav e Fritz. Ficava aflita em pensar nos exaustivos trabalhos forçados a que o marido era sujeitado. "Ele não é mais nenhum menino", escreveu. "Como vai aguentar?"[14] Toda vez que demorava a chegar uma carta, era dominada pelo pânico. Mas perseverou e seguiu lutando, recusando-se a abrir mão da esperança e determinada a deixar pelo menos Herta em segurança. Com as ínfimas somas de dinheiro que conseguia juntar, taxas, impostos e propinas estavam virtualmente além de seu alcance. Ela trabalhara por breve tempo numa mercearia, mas fora despedida pois, como judia, não tinha cidadania.

"A vida fica mais triste a cada dia", ela escreveu para Kurt. "Mas você é nosso raio de esperança, o destino nos trouxe você, então, por favor, escreva mais vezes e conte detalhes [...]. Milhões de beijos de sua irmã, Herta, que nunca deixa de pensar em você."[15]

בן דוד

O juiz Barnet não tardou a pôr Kurt na escola, mesmo não falando inglês. Mas o menino aprendia rápido, graças em parte à influência de Ruthie, sobrinha dos Barnet, que fora morar com eles naquele verão.

Ruthie terminara a faculdade e arrumara emprego como professora em Fairhaven, do outro lado do estuário, em New Bedford. Todos os dias, quando Kurt voltava da escola, Ruthie lhe ensinava inglês. Ela era uma boa professora, afável e paciente, e Kurt a adorava; com o tempo, tornou-se uma irmã para ele, uma substituta para Edith e Herta. O primo David, da casa ao lado, ia se tornar como um irmão menor, a relação dos dois ecoando a ligação de Kurt com Fritz.

Nos primeiros meses, Kurt foi fotografado para o jornal local e entrevistado por uma rádio. Quando terminou a quarta série, em junho, o professor o colocou no centro da foto da classe. No primeiro verão, quando ainda tentava encontrar seu lugar naquele mundo, Kurt foi mandado para o Campo Avoda, um acampamento de verão fundado por Sam e Phil Barnet que recolhia meninos judeus carentes da cidade e lhes ensinava a base dos valores tradicionais.

O acampamento ficava em um bosque às margens do lago Tispaquin, entre New Bedford e Boston. Consistia em um conjunto de dormitórios em torno de um campo de beisebol. Kurt se divertiu à beça, praticando esportes e nadando no lago quente e raso. Em Viena, sua experiência se resumira a entrar no canal do Danúbio com uma corda amarrada na cintura e um amigo na margem segurando a outra ponta; ali aprendeu a nadar direito. Se Fritz tivesse conhecido o Campo Avoda, talvez se lembrasse do paraíso descrito no *Poema pedagógico*, de Makarenko.

Kurt não gostava de cartas, mas agora escrevia profusamente para a mãe, contando-lhe sobre o novo mundo maravilhoso que conhecera.

Tini devorava cada detalhe das notícias, feliz em saber que agora dois filhos seus estavam a salvo. (Presumia que Edith estivesse bem, embora lá se fossem dois anos sem contato.) Mas não conseguia afastar a sensação de que alguma coisa sairia errada, de que o idílio de Kurt seria arruinado. "Por favor, seja obediente", pediu, "seja uma fonte de alegria para seu tio, assim os monitores terão boas coisas para falar sobre você [...]. Meu amor, por favor, comporte-se bem." Ele enviou uma foto sua com os filhos de Barnet, que a encheu de alegria. "Você parece ótimo [...] tão bonito e radiante. Quase nem reconheci!"[16]

A antiga vida de Kurt esmaecia com o brilho da nova.

אבא

O verão voltou ao Ettersberg. "Agora Fritz e eu recebemos dinheiro de casa com regularidade", escreveu Gustav. Era pouco, mas ajudava a tornar a vida suportável. Tini também mandava embrulhos com roupas de vez em quando — camisas, roupas de baixo, um suéter —, uma ajuda inestimável. Sempre que um pacote chegava, um dos dois era chamado ao escritório para assinar um recibo e o conteúdo era relacionado em suas fichas.[17]

O amor de Gustav pelo filho ficou maior do que nunca durante o período que passaram em Buchenwald. Assim como seu orgulho pelo homem que Fritz estava se tornando — em junho, ele completaria dezoito anos. "O menino é minha maior alegria", escreveu. "Damos força um ao outro. Somos um só, inseparáveis."[18]

Na segunda-feira, 22 de junho, os alto-falantes fizeram um anúncio importante. Naquela manhã, o Führer lançara uma invasão contra a União Soviética. Foi a maior ação militar da história, com 3 milhões de soldados em um front por toda a Rússia prestes a engolir o país como uma imensa onda.

"É toda hora o rádio se esgoelando", escreveu Gustav. Os alto-falantes, sempre uma fonte intermitente de barulho indesejável — propaganda nazista, música marcial alemã, ordens aterrorizantes e anúncios para destruir o moral —, agora transmitiam a rádio de Berlim, exultando com notícias triunfantes sobre o Front Ocidental. A gloriosa destruição das defesas bolcheviques, o cerco às divisões russas, a queda de cidade após cidade, as travessias de rios, a vitória de um general da Waffen-SS ou da Wehrmacht, a rendição de centenas de milhares de soldados soviéticos. A Alemanha devorava o letárgico urso russo como um lobo estripando uma ovelha.

Para os judeus sob dominação nazista — especialmente nos guetos poloneses —, a invasão da União Soviética era um fio de esperança. A Rússia podia sair vitoriosa e libertá-los daquela existência miserável. Mas para os prisioneiros políticos nos campos de concentração, em sua maioria comunistas, a notícia das derrotas soviéticas era deprimente. "Os prisioneiros políticos estão arrasados", observou Gustav.

A inquietação crescia outra vez entre os prisioneiros. Houve tumultos nas equipes de trabalho, atos de desobediência, pequenos gestos de resistência. A SS lidou com tudo da maneira usual. "Todo dia os prisioneiros fuzilados e assassinados são trazidos para o campo", escreveu Gustav. Os corpos entravam no crematório e a fumaça saía pela chaminé.

Em julho, novos horrores afloraram em Buchenwald, um prenúncio do futuro. Supostamente, era para ser um assunto velado, mas o véu era fino demais.

No mês de setembro anterior, um jornalista norte-americano na Alemanha investigara a "estranha história" que escutara de uma fonte anônima: "A Gestapo está sistematicamente eliminando deficientes mentais do Reich. Os nazistas chamam de 'eutanásia'".[19] O programa, apelidado de T4, envolvia asilos especiais equipados com câmaras de gás, bem como câmaras de gás móveis montadas em caminhões fechados, que iam de hospital em hospital recolhendo aqueles que o regime considerava "indignos de viver". A atenção pública negativa, particularmente por parte da Igreja, levara à suspensão do T4. Então os nazistas começaram a usar as câmaras com os prisioneiros dos campos de concentração. O novo programa, com o codinome Ação 14f13, focava prisioneiros judeus incapacitados.[20] Em Buchenwald, o comandante Koch recebeu uma ordem secreta de Himmler: todos os "prisioneiros 'imbecis e aleijados'", sobretudo judeus, deviam ser exterminados.[21]

A primeira vez que os prisioneiros de Buchenwald ficaram sabendo da Ação 14f13 foi quando uma pequena equipe de médicos chegou ao campo para examiná-los. "Temos ordens de nos apresentar à enfermaria", escreveu Gustav. "Isso não cheira bem; estou apto para o trabalho."[22]

Cento e oitenta e sete prisioneiros foram selecionados, classificados de formas variadas: deficientes mentais, cegos, surdos e inválidos, incluindo os feridos por acidentes ou maus-tratos. Foram informados de que estavam a caminho de um campo de recuperação especial, onde receberiam cuidados adequados e trabalho fácil em tecelagens. Os prisioneiros ficaram desconfiados, mas muitos — principalmente os mais carentes de cuidados — preferiram acreditar nas mentiras que lhes davam esperanças. Os *Transports* chegaram e recolheram os 187 homens. "Certa manhã, seus pertences voltaram", escreveu Gustav. A sinistra entrega incluía roupas, membros protéticos e óculos. "Agora sabemos qual é o jogo deles: foram todos mandados para a câmara de gás." Foi a primeira de seis levas de prisioneiros assassinados sob a Ação 14f13.

Ao mesmo tempo, o comandante Koch iniciou um programa suplementar: a eliminação dos tuberculosos. O encarregado da tarefa foi Hanns Eisele, um médico da SS, virulento antissemita e conhecido entre os prisioneiros como *Spritzendoktor* — Dr. Injeção — devido à sua predileção por matar com uma injeção letal os judeus doentes ou incômodos. Ele também era conhecido por Morte Branca,[23] fazendo vivissecção nos prisioneiros, inoculando-os com substâncias experimentais, realizando cirurgias desnecessárias — até amputações — e no fim matando-os.[24] Eisele seria lembrado como talvez o médico mais sórdido a passar por Buchenwald.

O programa começou quando dois grandes *Transports* chegaram trazendo prisioneiros de Dachau. Quinhentos foram diagnosticados com tuberculose — com base no aspecto geral, não em um exame médico apropriado — e mandados para a enfermaria. Ali foram imediatamente mortos pelo dr. Eisele com injeções do sedativo hexobarbital.[25]

Em questão de meses o caráter de Buchenwald mudou definitivamente. Agora, qualquer coisa que debilitasse — ferimentos, doença ou invalidez — representava uma sentença de morte. As debilidades sempre tinham representado grande risco, mas agora era certeza que ser considerado incapaz para o trabalho ou "indigno de viver" automaticamente punha o nome do homem em uma lista de extermínio.

Então os primeiros prisioneiros de guerra soviéticos chegaram e a porta de um novo departamento do inferno se abriu.

Na cabeça dos nazistas, judeus e bolcheviques eram a mesma coisa — os judeus, diziam, haviam criado e disseminado o comunismo, e agora o controlavam ao mesmo tempo que, contraditoriamente, empreendiam a conspiração capitalista mundial.[26] Tal mitologia inspirara a invasão da União Soviética e uma campanha de assassinatos, com esquadrões da morte acompanhando o Exército e trucidando dezenas de milhares de judeus. Soldados do Exército Vermelho capturados, centenas de milhares nas primeiras semanas da invasão, foram tratados como sub-humanos — se não judeus, servos deles, degenerados e perigosos. Comissários políticos, comunistas fanáticos, intelectuais e judeus foram selecionados para imediata eliminação. A tarefa não poderia ser perpetrada nos campos de prisioneiros de guerra devido ao risco de espalhar o pânico entre a população prisional. Assim, a SS decidiu usar os campos de concentração. O programa recebeu o codinome de Ação 14f14.[27]

בן

Em um dia de setembro, Fritz aguardava em formação com dezessete homens de outro bloco. O pai estava com os companheiros de barracão, em outra parte do pátio.[28] Parecia apenas mais uma das centenas de chamadas que haviam feito. O tedioso progresso de números pronunciados e vozes em resposta; os anúncios; a rodada de surras rotineiras... e, de repente, algo inédito aconteceu.

Naquele dia, o primeiro trem de prisioneiros de guerra soviéticos chegara a Buchenwald. Era um grupo minúsculo: quinze homens perdidos e assustados em uniformes rotos do Exército Vermelho. Fritz observou com curiosidade quando o sargento Abraham (o assassino de Philipp Hamber) e quatro outros guardas aproximaram-se dos russos e os levaram dali. Milhares de olhos os seguiram. Naquele ínterim, a orquestra do campo afinava os instrumentos. Quando a ordem veio do palanque, começaram a tocar a "Canção de Buchenwald".

A rotina da chamada estava tão incorporada que Fritz e seus companheiros abriram a boca e começaram a cantar sem pensar:

Quando o dia desperta, antes de o sol sorrir,
As turmas marcham para o trabalho.

Ao longe, Fritz observou os russos passarem em marcha forçada pelo crematório e se dirigirem à área do campo ocupada por uma pequena fábrica — a Deutsche Ausrüstungswerke (DAW), cuja mão de obra, formada por prisioneiros, fabricava equipamento militar para o Exército alemão. Atrás da fábrica havia um estande de tiro da SS. Os prisioneiros de guerra e os guardas sumiram de vista.

E a floresta é negra e o céu, vermelho,
Em nossas trouxas levamos um pedaço de pão,
E em nossos corações, em nossos corações, só tristeza.

Milhares de vozes se elevaram no campo, abafando, embora não totalmente, o som de tiros atrás da fábrica.

Os soldados russos nunca mais foram vistos. Dois dias depois, mais 36 prisioneiros de guerra soviéticos foram levados ao campo e mais uma vez os prisioneiros tiveram de cantar e abafar os tiros.

"Dizem que eram comissários", escreveu Gustav, "mas sabemos tudo [...]. É impossível descrever como nos sentimos — é um choque em cima do outro."

Esse método de execução se revelou ineficaz para lidar com a grande quantidade de russos que a SS queria aniquilar. Assim, enquanto pequenos grupos eram executados no estande de tiro, uma nova instalação era construída. Na floresta perto da estrada para a pedreira, a SS tinha um estábulo abandonado onde uma equipe de carpinteiros do campo trabalhava noite e dia. O lugar recebeu o codinome de Commando 99, e sua finalidade, embora secreta, em breve ficaria óbvia.[29] Ao mesmo tempo, três blocos de barracões em um canto do campo principal foram cercados, formando uma prisão especial para os prisioneiros de guerra soviéticos, que começaram a chegar aos milhares.[30]

Todos os dias, russos selecionados para execução eram levados em grupos ao Commando 99, onde lhes diziam que passariam por um exame médico. Depois eram conduzidos, um por vez, por uma série de salas repletas de parafernália médica e homens de jaleco branco. Os dentes dos prisioneiros eram examinados, auscultavam seu coração e seus pulmões, testavam sua vista. Finalmente, terminavam numa sala com uma régua desenhada na parede. Oculta pela régua, havia uma estreita abertura na altura do pescoço, dando para uma saleta secreta onde um homem da SS ficava com a pistola a postos. Ao tomar as medidas do prisioneiro, o assistente batia na divisória e o guarda atirava em sua nuca.[31] A música alta no prédio abafava o som do disparo; enquanto a vítima seguinte era levada, o sangue do prisioneiro anterior era lavado.

Fritz, Gustav e todos os seus colegas prisioneiros sabiam perfeitamente bem a natureza dos "ajustes" (como a SS oficialmente chamava as execuções) sendo feitos no antigo estábulo.[32] Os carpinteiros que haviam convertido o prédio eram da equipe de trabalho de Fritz. Os grandes carregamentos de russos chegavam e sumiam diariamente; todos viam o caminhão fechado saindo do Commando 99 e subindo a colina, deixando um rastro de sangue pela estrada e na área diante do crematório. Com o passar do tempo, o veículo foi equipado com um recipiente revestido de metal, para impedir vazamentos. O crematório não dava conta da demanda e fornos móveis tiveram de ser levados de Weimar. Ficavam estacionados numa lateral da praça da chamada, incinerando os corpos na frente dos outros prisioneiros.[33]

"Enquanto isso, os tiros continuam", escreveu Gustav.

אחים

A pessoa pode perder a capacidade de se chocar? Como uma rocha erodida pela ação do tempo, uma ferramenta cega ou uma parte do corpo que perdeu a sensibilidade, o desgaste pode criar uma cicatriz na percepção moral, um tecido endurecido após a série incessante de lacerações e ferimentos.

Para alguns talvez fosse o caso; para outros, não. Até mesmo certos SS achavam difícil presenciar tamanho horror. Os guardas do campo tinham de se revezar nas execuções do Commando 99, conduzindo e fuzilando os prisioneiros, e perceberam que uma chacina orquestrada não era a mesma coisa que os assassinatos esporádicos a que haviam se habituado. Muitos extraíam enorme prazer daquilo: viam-se como soldados e viam as execuções como sua contribuição para a guerra contra o judaísmo bolchevique. Mas alguns ficavam arrasados, tentavam se evadir ao Commando 99, desmaiavam ou sofriam um colapso nervoso ao presenciar tais atos de violência; outros ainda se preocupavam com a eventual repercussão — como inevitavelmente aconteceria — e a possível retaliação contra soldados alemães capturados pela NKVD, espécie de Gestapo soviética.[34]

Para os prisioneiros em Buchenwald testemunhas da Ação 14f14, alguns obrigados a ajudar na limpeza, o efeito foi corrosivo e traumático. E estava longe de chegar ao fim.

No final de 1941, os prisioneiros começaram a ser submetidos a experimentos médicos letais, realizados para desenvolver vacinas para os soldados alemães.

Todo mundo sabia que havia algo acontecendo quando cercaram o bloco 46 – um dos dois barracões feitos de pedras, com dois andares, perto das hortas. Após a chamada, certo dia no inverno, o ajudante chegou com uma lista e passou os olhos pela massa de prisioneiros enfileirados antes de começar a anunciar os números. Corações batiam mais acelerados toda vez que a SS compilava uma lista: boa coisa nunca era. Os homens ficavam lívidos conforme seus nomes eram enunciados.

Sem dúvida era preocupante ver o médico da SS, o dr. Erwin Ding (mais tarde conhecido como Schuler ou Ding-Schuler), circulando por ali. Um sujeitinho aprumado e irritadiço que servira a Waffen-SS, ele era famoso pela incompetência.[35] O mesmo podia ser dito de seu subordinado, Waldemar Hoven, capitão da SS. Muito bem-apessoado, Hoven trabalhara como figurante em Hollywood. Sem qualificações médicas, era ainda mais incompetente do que Ding. Mas muito útil na administração de injeções letais com fenol.[36]

Os prisioneiros cujo número fora anunciado – judeus, ciganos, dissidentes políticos, triângulos verdes – marchavam rumo ao bloco 46 e desapareciam.

O que acontecia com eles ali dentro só foi revelado quando os sobreviventes puderam voltar. Ding e Hoven os inoculavam com tifo. Na mesma hora eles ficavam inchados, tinham dor de cabeça, exantemas, perda auditiva, hemorragia nasal, dores musculares, paralisia, dores abdominais, vômitos. Muitos morriam, e os outros ficavam em estado deplorável.[37]

A intervalos periódicos, outras levas eram enviadas ao bloco 46 para ser destruídas e mortas em nome da pesquisa médica. Muitos velhos amigos vienenses de Gustav estavam entre os prisioneiros selecionados para a barbárie. Entretanto, a salvação veio quando o alto-comando da SS considerou impróprio que sangue judeu fosse usado no desenvolvimento de uma vacina a ser injetada nas veias de soldados alemães. As cobaias judias foram eliminadas do programa e devolvidas ao inferno normal do campo.[38]

אם וכת

Tini e Herta estavam sentadas à mesa da cozinha, com agulha e linha na mão. Costurar fora parte integrante da vida de casada de Tini. Com pouco dinheiro e quatro crianças, sempre havia o que consertar. Agora, mês após mês, as roupas de Herta, assim como as suas, ficavam cada vez mais puídas, e elas tinham de fazer costuras duplas para impedir que se desfizessem.

Naquele dia, porém, o trabalho não era emendar roupas. Em 1º de setembro de 1941, fora anunciado pelo Ministério do Interior em Berlim que a partir do dia 19 todos os judeus vivendo na Alemanha e na Áustria deveriam usar uma estrela de davi amarela no peito — a *Judenstern*.

Os nazistas já haviam revivido a prática medieval na Polônia e em outros territórios ocupados. Agora ficara decidido que *nenhum* judeu, inclusive domésticos, devia mais viver camuflado na sociedade.[39]

Junto com vizinhos e parentes, Tini e Herta tiveram de ir ao IKG local para pegar as estrelas. Elas eram produzidas industrialmente, estampadas em rolos de tecido com a palavra *Jude* em preto, num estilo evocativo de caracteres hebraicos.[40] Eram distribuídas no máximo quatro por pessoa. O insulto supremo era ter de pagar por elas: dez *pfennigs* cada. O IKG as comprava em enormes rolos do governo a cinco *pfennigs* por estrela e usava a receita para cobrir custos administrativos.[41]

Mesmo então, Tini não desistira da luta para proteger Herta daquele pesadelo. Havia garotas da idade dela e até mais novas sendo mandadas para campos de concentração. Em desespero, Tini escrevera ao juiz Barnet, nos Estados Unidos, pedindo ajuda. A despeito de ter oferecido para ser benfeitor da jovem, os empecilhos costumeiros tinham impedido o visto de Herta de sair. "Estou devastada por ela ter de ficar aqui. Fui informada por fonte não oficial que parentes nos Estados Unidos podem entrar com um pedido em Washington para conseguir o visto. Seria possível fazer alguma coisa por Herta? Não quero ficar me censurando depois, como no caso de Fritz."[42] Sam Barnet agira de imediato, preenchendo os papéis necessários e dando 450 dólares para cobrir todas as despesas de Herta.[43] Mas o labirinto burocrático se mostrara complexo demais e as barreiras, intransponíveis. Ela continuava sem visto.

As agulhas entravam e saíam do calicó amarelo vagabundo das estrelas e da lã puída dos casacos. Tini relanceou a filha: era moça agora — tinha dezenove para vinte anos, a idade aproximada de Edith quando partira. Era uma bela jovem entrando na idade adulta. Tini imaginou como ficaria linda se tivesse boas roupas para vestir, distante daquela vida de privação e medo. Quando Herta olhou para o rosto da mãe, viu suas rugas de preocupação e as bochechas encovadas de fome.

O aparecimento das estrelas amarelas em Viena nas semanas seguintes produziu fortes reações entre os não judeus. Eles haviam se acostumado de tal forma à ideia de que os judeus praticamente tinham desaparecido do país – uma vasta quantidade emigrara e os ditos perigosos haviam sido mandados para os campos – que era como se milhares houvessem de repente se materializado do nada, marcados com a identificação. Algumas pessoas tinham vergonha dos nazistas: achavam que era correto barrar judeus dos espaços públicos, mas estigmatizá-los daquela forma ostensiva nem tanto. Comerciantes antes dispostos a vender discretamente para judeus agora ficavam constrangidos quando seus demais fregueses descobriam. Uns não se intimidaram; mas outros começaram a proibir a entrada de pessoas com a estrela nas roupas. Para os judeus com aparência suficientemente ariana para ignorar parte das restrições, aquilo agora estava fora de questão. Alguns cidadãos, chocados em perceber tantos judeus ainda à sua volta, exigiram que medidas mais duras fossem tomadas.[44] Parecia que a vida não poderia piorar.

Mas claro que podia. O fundo do poço ainda não chegara.

Em 23 de outubro, o chefe da Gestapo em Berlim transmitira uma ordem para a polícia de segurança em todo o Reich: a vigorar de imediato, toda a emigração de judeus estava proibida.[45] A remoção do Reich passaria a ser exclusivamente por meio da transferência para os recém-criados guetos nos territórios do leste. Os últimos vestígios de esperança de Tini por Herta foram destruídos com a canetada de um burocrata.

Em dezembro, na esteira de Pearl Harbor, a Alemanha declarou guerra aos Estados Unidos e a última barreira caiu.

9. Mil beijos

אבא

A primavera chegara a Buchenwald outra vez; a terceira de Gustav e Fritz ali. A floresta estava verdejante e a cantoria harmoniosa dos melros se contrapunha ao crocitar estridente dos corvos. Todo dia, logo após o sol nascer, a tais sons juntava-se o zunido de serras cortando troncos, os grunhidos dos trabalhadores, os insultos e ordens dos *kapos* e guardas. Um grito de advertência era ouvido e uma grande faia ou um carvalho tombava ao chão com estardalhaço, os homens apressando-se a reduzir a árvore a uma pilha de toras e um tapete de folhas.

Gustav, já cansado, com os ombros em carne viva, era um deles, recolhendo a madeira com sua turma de trabalho e transportando-a para os canteiros de obras. Mas estava se saindo bem — agora era capataz, encarregado de uma equipe de 26 homens. "Meu rapazes não me deixam na mão", escreveu, "somos uma fraternidade, ficamos muito unidos." A amizade era preciosa e com frequência tinha vida curta. Em fevereiro, vários colegas de Gustav, "todos vigorosos", subiram a bordo de um *Invalidentransporten* e, no dia seguinte, voltou a usual remessa de roupas, próteses e óculos. "Todo mundo pensa: *amanhã vai ser minha vez*. Diariamente, a toda hora, a morte está diante dos nossos olhos."

Em fevereiro, a SS assassinara o rabino Arnold Frankfurter, que casara Gustav e Tini em 1917, chicoteando e espancando o corpulento senhor até o limite e deixando-o num estado praticamente irreconhecível. Antes de expirar, o rabino pediu a um amigo para transmitir uma tradicional bênção iídiche a sua esposa e suas filhas: "*Zayt mir gezunt un shtark*", "Permaneçam fortes e saudáveis por mim".[1] Gustav se lembrava claramente do casamento, na pequena e encantadora sinagoga da Rossauer Kaserne, o enorme quartel do Exército em Viena: ele em uniforme de gala, com a Medalha de Prata por Bravura rebrilhando no peito; Tini em um grande chapéu de aba larga e casaco escuro, quase rechonchuda diante das décadas de privação e atenções maternais modeladas em sua maturidade formosa.

Tirando o gorro e coçando o cocuruto raspado, Gustav observou o dossel verde das árvores balançando ao vento. Sentindo como que a reminiscência de um contentamento, enfiou o gorro de volta e suspirou. "Na floresta é maravilhoso", escreveu em seu diário. "Quem dera fôssemos livres; mas tem sempre esse arame diante dos nossos olhos."

O trabalho andava mais exaustivo do que nunca; desde janeiro, um novo comandante assumira: o major da SS Hermann Pister. "Doravante, novos ventos sopram em Buchenwald", afirmou para os prisioneiros reunidos,[2] e falava sério. Fora introduzido um regime de exercícios que os prisioneiros eram obrigados a cumprir seminus, depois de terem sido despertados meia hora mais cedo para a chamada.

O ódio de Hitler contra os judeus perdera o freio. A invasão da União Soviética fracassara e a vitória esmagadora com que ele sonhava não viera. Uma crise de alimentos se instalou no Reich e os partisans comunistas causavam problema por toda parte, da França à Ucrânia. Na mente febril dos nazistas, era tudo culpa dos judeus; depois de causarem a guerra com suas conspirações globais, agora estorvavam o progresso da Alemanha.[3] Em janeiro de 1942, o alto-comando da SS enfim concordara com a Solução Final para o problema judaico. Deportação em massa, emigração e cárcere não haviam funcionado. Algo mais drástico e decisivo se fazia necessário. A exata natureza das medidas foi mantida em segredo do público, mas transformou o sistema dos campos de concentração. Os judeus ficaram sob um escrutínio ainda mais rigoroso e hostil do que antes. Em Buchenwald, a eutanásia dos inválidos, a fome, os maus-tratos e as execuções enxugaram a população de prisioneiros judeus até restarem apenas 836 com vida em março, de um total inicial de mais de 8 mil.[4] A única coisa a manter os judeus remanescentes de Buchenwald com vida era sua utilidade como mão de obra, o que não deveria durar muito, com a pressão de cima para a criação de um Reich livre de judeus.

O idílio momentâneo de Gustav contemplando as copas das árvores chegou ao fim. A uma ordem sua, os homens içaram os troncos nos ombros (não havia carroça para esse trabalho) e começaram o transporte. Gustav era muito cuidadoso na distribuição da carga. Sabia que alguns estavam fracos demais para sobreviver a mais uma subida pela densa encosta verdejante com todo aquele peso extra. Ele os instruiu a apenas acompanhar os demais; contanto que fossem discretos e *parecessem* carregar o tronco, ficariam bem. Gustav assumiu seu lugar na ponta de uma tora e puseram-se em marcha.

Aproximando-se da obra, ao avistar o *kapo* da construção e o supervisor da SS, o sargento Greuel, os homens aceleraram: os metros finais e o empilhamento das toras eram sempre feitos com a máxima velocidade. Mas era perigoso. Homens eram mutilados e morriam por causa de troncos deslizando e rolando sobre eles.[5]

"O que acham que estão fazendo, porcos judeus?"

O rosto apoplético do sargento Greuel surgiu diante de Gustav; ele apontou a robusta bengala em sua direção. "Algumas bestas não estão carregando nada!"[6]

Gustav olhou para seus homens; não haviam tomado o devido cuidado, como advertira. Mas não podia culpá-los; estavam tão cansados que pareciam mortos-vivos. "Lamento, senhor. Alguns rapazes estão tão exaustos que..."

Greuel deu uma bengalada no rosto de Gustav, derrubando-o. Gustav ergueu as mãos para se proteger, mas a bengala não parava de subir e descer, acertando seus dedos. Ele se curvou e levou bengaladas nas costas, encolhendo-se todo no chão. Greuel dirigiu a fúria contra outros, marchando entre eles e batendo até ver sangue. Quando sua ira arrefeceu, virou de novo para Gustav, respirando pesado com o esforço. "Judeu, você é um capataz!", disse. "Faça seus animais judeus trabalharem direito. Vou denunciar esse lapso."

No dia seguinte, aconteceu outra vez — Gustav e seus homens levaram uma surra por supostamente não darem duro o suficiente. Na chamada, Gustav foi levado à casa de guarda e interrogado pelo *Rapportführer*, o sargento que supervisionava as chamadas e era responsável pela disciplina do campo. Para os padrões da SS, era um homem razoável. Satisfazendo-se com as respostas de Gustav, rasgou o relatório de Greuel.

Mas Greuel não parou ali. Era um sádico, e alguns acreditavam haver um elemento sexual em sua crueldade. Ele costumava tirar homens aleatoriamente das turmas de trabalho e levá-los para sua sala, onde os surrava só por prazer.[7] Quando pegava uma pessoa para vítima, não a deixava em paz. No terceiro dia, Gustav e sua equipe transportavam cascalho da pedreira. Seu vagonete estava carregado com 2,5 toneladas de pedras e, mesmo com 26 homens nas cordas, subir ao topo da colina era um esforço extenuante. Greuel observou e fez outro relatório dizendo que Gustav não fizera sua equipe trabalhar com rapidez suficiente. Daquela vez, o relatório do *Rapportführer* teve consequências.

Na chamada, Gustav foi convocado à casa de guarda outra vez. Pelo desleixo no trabalho, foi punido com cinco domingos sem comida. Como já tinha acontecido com Fritz, ficou incumbido do *Scheissetragen*. No dia, quando a maioria dos prisioneiros descansava, ele carregava baldes de fezes das latrinas para as hortas, sempre a passo acelerado. Estava com 51 anos e, por mais resistente que fosse, seu corpo certamente não aguentaria muito mais aquele tratamento. Seus amigos lhe passavam clandestinamente bocados de alimento, mas ele perdeu dez quilos em um mês. Sempre fora magro; agora, estava quase esquelético.

Após completar sua punição, ele voltou ao trabalho. Não era mais o capataz da turma de carregadores, mas seus amigos conseguiram arrumar-lhe um serviço menos árduo no carro da enfermaria, transportando comida e suprimentos médicos. Entretanto, ainda tinha de cumprir alguns turnos na equipe de transporte. Gustav começou a se recuperar do episódio. Foi quase um milagre ter sobrevivido à perseguição de Greuel. Sem sua força de vontade e o apoio dos amigos, poderia ter sido seu fim, como foi para tantos outros.

בן

Fritz descobrira que nem milagres podiam durar num lugar daqueles. Todo dia, o círculo de probabilidades se fechava em torno de cada prisioneiro, os dias encurtando e as chances de sobrevivência cada vez mais remotas.

Na primavera, Fritz perdera um de seus amigos mais caros, Leo Moses, o homem que o protegera e guiara na arte da sobrevivência, que arranjara trabalhos seguros para ele e seu pai. Um grande *Transport* de prisioneiros fora enviado para o novo campo em construção na Alsácia, chamado Natzweiler. Leo Moses fora embora nele. Fritz nunca mais o viu.[8]

Certa noite, em junho, o garoto estava sentado em seu lugar de sempre na mesa no bloco 17, atento à conversa dos mais velhos. Haviam acabado de jantar — uma pequena ração de sopa de nabo com um pedaço de pão. Fritz escutava atentamente, mas sentia reverência demais para participar. Faria dezenove anos dali a duas semanas — ainda era jovem e, em comparação com aqueles homens, uma criança em desenvolvimento intelectual e compreensão do mundo. Ansioso em aprender, absorvia discussões políticas, casos do show business e grandes planos para o futuro da Europa.

A atenção de Fritz foi desviada pelo aparecimento de uma figura familiar à porta. Ele ergueu o rosto e viu o *kapo* Robert Siewert acenando. Ao deixar a mesa e sair do barracão na noite agradável, Fritz percebeu a expressão sombria de Siewert, que sussurrou com pressa: "Chegou uma carta da sua mãe para você. O censor proibiu de entregar".

Siewert era parte da rede de prisioneiros. Ele tinha contatos em todas as salas administrativas em que prisioneiros de confiança estavam empregados — incluindo o correio. Conseguia ler as cartas. O calor do verão sumiu para Fritz quando escutou as palavras de Siewert. "Sua mãe e sua irmã Herta foram notificadas sobre a realocação. Elas foram presas e estão esperando deportação para o leste."[9]

Em pânico, Fritz correu pela rua até o bloco do pai, seguido por Siewert. Alguns prisioneiros estavam do lado de fora e o garoto lhes pediu para avisar o pai que tinha urgência em falar com ele. (Os prisioneiros eram proibidos de entrar nos outros blocos.) Após alguns momentos, Gustav saiu. "Conte para ele", disse Fritz, e Siewert repetiu o conteúdo da carta de Tini.

Realocação, deportação. Só podiam especular o que aquilo queria dizer. Rumores circulavam o tempo todo, e eles haviam adquirido uma sensibilidade fina para os eufemismos nazistas. Fritz e Gustav tinham escutado os rumores sobre os massacres da SS em Ostland, província conquistada no leste da Polônia.[10] Uma coisa ao menos era certa — não haveria mais cartas, não haveria mais contato com Tini e Herta depois que elas deixassem Viena e fossem mandadas para a Rússia ou sabe-se Deus onde.

Tini estava junto ao fogão. Lembrava do dia em que tinham levado Fritz e que ela ameaçara se matar caso Gustav não fugisse e se escondesse. A ameaça não servira de nada. E agora estavam atrás delas.

Desligou o gás principal, como mandaram que fizesse. A lista detalhada de instruções enviada pelas autoridades estava em cima da mesa da cozinha, junto com o chaveiro que tinham lhe dado para prender a chave do apartamento.

Herta usava um casaco remendado com a estrela amarela no peito, com a pequena mala a seu lado. Permitiam apenas uma ou duas malas por pessoa — o total não excedendo quinze quilos. Elas levavam artigos pessoais e roupa de cama — como exigido pelas instruções de realocação —, além de pratos, xícaras e colheres (facas e garfos eram proibidos), e comida para três dias de viagem. Quem dispunha de equipamentos e ferramentas adequadas para criar ou manter um povoamento devia levá-los. Tini foi autorizada a ficar com a aliança, mas todos os demais objetos de valor precisaram ser entregues. Ela nunca possuíra muitas coisas preciosas e de toda forma perdera tudo o que tinha, por roubo ou venda; tampouco conseguira juntar mais do que uma fração dos trezentos marcos em dinheiro que os deportados podiam levar para Ostland.[11]

Tini pegou sua mala e sua trouxa de roupa de cama e com uma última olhada no apartamento fechou a porta e trancou. Wickerl Helmhacker estava à espera no patamar. Tini lhe deu a chave e virou. As lentas passadas das duas mulheres ecoaram pesarosamente na escada quando desceram.

Escoltadas por policiais, elas cruzaram o mercado, conscientes dos olhares. Todo mundo sabia do que se tratava. Por meses, levas periódicas de judeus deportados haviam partido, centenas de cada vez; ninguém sabia exatamente o destino deles, a não ser que ficava em algum lugar das vastas regiões incertas de Ostland.[12] Notícias jamais chegaram deles, tampouco dos colonos; presumivelmente, estavam ocupados demais com sua nova vida na terra que o Reich arranjara para eles.

Depois de atravessar o mercado, Tini e Herta foram levadas à escola primária. A jovem conhecia até as pedras da rua. Todas as crianças locais haviam frequentado a Sperlschule: Edith, Fritz, Kurt e Herta haviam passado grande parte da vida em seus corredores e salas de aula. Agora não havia alunos — a SS fechara a escola em 1941 e a transformara em um centro de detenção para deportações.

Passaram pelos guardas no portão e seguiram pela viela de paralelepípedos entre os prédios altos. A escola consistia em um grupo de prédios de quatro andares afastado da rua, cercado por um pátio em forma de L. Onde as crianças antes corriam e brincavam, os guardas da SS agora ficavam de sentinela. Havia caminhões estacionados, carregados com caixas e trouxas. Tini e Herta apresentaram seus documentos e foram levadas para um dos prédios.

As salas de aula haviam sido convertidas em dormitórios improvisados, cheios de gente. No total, eram mais de mil deportados. Por toda parte viam o rosto de amigos, conhecidos, vizinhos, assim como estrangeiros de partes mais distantes do distrito. Quase todos eram mulheres, crianças ou homens com mais de quarenta anos. A maioria dos mais jovens fora mandada para os campos e os idosos, com mais de 65 anos, eram separados para deportação para o gueto em Theresienstadt, atual Terezín, na República Tcheca.

Tini e Herta foram colocadas numa sala e se reuniram com sua pequena comunidade. Todos trocavam informações, conversavam sobre rumores, perguntavam sobre parentes e amigos mútuos. As notícias quase nunca eram boas. A realocação fora apresentada como uma oportunidade para uma nova vida, mas Tini odiava a ideia de ser tirada de sua cidade natal e vivia desconfiada do futuro. Dos nazistas, só esperava crueldade, e até ali eles sempre tinham correspondido a suas piores expectativas.

Na carta para Fritz e Gustav, tudo que pôde relatar foi a notícia devastadora de sua deportação. Mas, receando o pior, dera alguns pertences pessoais a um parente não judeu, inclusive sua última foto de Fritz – tirada em Buchenwald –, e entregara à sua irmã Jenni um pacote com roupas para mandar ao filho. Jenni estava numa situação tão precária quanto a própria Tini, mas até então ficara a salvo das deportações.[13] O mesmo era verdade para Bertha, sua irmã mais velha, que era viúva.[14]

Tini e Herta estavam no centro de detenção fazia um dia ou dois quando foram avisadas da partida.[15] Todos receberam ordens de se dirigir ao pátio. As pessoas se acotovelaram nos corredores e saíram pelas portas com as bagagens, alguns levando ferramentas e equipamentos também. Seus cartões de identificação, com o carimbo de *Evakuiert am 9. Juni 1942* (evacuados em 9 de junho de 1942), foram inspecionados e todos subiram nos caminhões.

O comboio passou pela Taborstrasse e seguiu a ampla avenida à margem do canal do Danúbio. Herta olhou para a água, brilhando ao sol de verão; no fim de semana, estaria cheia de barcos a passeio e pessoas nadando. Lembrou-se de quando ela e o pai haviam disputado quem nadava mais rápido, imitando Fritz e seus amigos. O adorado pai, tão bondoso e afável. Tinham sido bons tempos, com piqueniques sob as árvores à beira d'água. Às vezes, a mãe, que adorava remar, levava Herta e os irmãos para passear de bote. Agora era como um sonho, vívido mas remoto. Muito tempo antes, os judeus tinham sido proibidos de frequentar o canal do Danúbio e suas margens arborizadas.

Depois de atravessar o canal, o comboio percorreu as ruas, terminando na Aspangbahnhof, a estação de trem que servia a parte sul da cidade. Uma pequena multidão se juntara perto da entrada, vigiada por dezenas de policiais e soldados da SS. Alguns eram amigos e parentes querendo ver os entes queridos pela última vez; outros estavam ali simplesmente para observar os judeus sendo transportados como gado. Tini e Herta desceram juntas do caminhão e se uniram à aglomeração de pessoas que passava lentamente pelos portões para adentrar a penumbra da estação.

Todos sabiam dos horríveis vagões de carga em que os homens tinham sido levados para os campos, de modo que era animador encontrar um trem de passageiros à espera na plataforma, com o bonito padrão creme e escarlate da Deutsche Reichsbahn. Não parecia tão ruim assim, pensaram.

Eles foram instruídos a levar a bagagem para um vagão no fim da composição. Os suprimentos e medicamentos já haviam sido carregados. O processo foi longo e vagaroso. No fim, escutaram um apito agudo e uma voz retumbante anunciou: "Uma hora para partir!".[16] O anúncio foi repetido pela plataforma e as pessoas começaram a se mover apressadamente em todas as direções.

Tini, segurando Herta com força, abriu caminho entre a multidão para o lugar designado, onde o supervisor do carro, munido de uma lista e dando-se ares muito importantes, bradava ordens. Era um funcionário judeu indicado pelo IKG, não um policial da SS, e sua presença foi tranquilizadora. As sessenta e tantas pessoas que iriam naquele vagão se juntaram em torno dele. Tina reconheceu Ida Klap, uma senhora idosa da Im Werd, sozinha; e outra mulher mais ou menos da sua idade da Leopoldsgasse, também sozinha; muitas mulheres estavam desacompanhadas, porque os maridos e filhos já tinham sido levados, enquanto as crianças de sorte haviam sido mandadas para a Inglaterra ou para os Estados Unidos. Mas alguns pequenos tinham ficado também. Uma sexagenária viajava com três meninos e uma menina, evidentemente seus netos; o mais novo, chamado Otto, tinha a idade de Kurt e a mais velha era uma garota de uns dezesseis anos.[17] Em torno deles, havia homens de barba grisalha usando chapéus amarrotados, sujeitos com bochechas e papadas murchas, esposas aflitas com lenço na cabeça misturadas a jovens cujos rostos exibiam rugas prematuras, as crianças desnorteadas, algumas de apenas cinco anos, com os olhos arregalados de espanto e confusão. O supervisor do carro leu os nomes e números de transporte em voz alta.

"Um-dois-cinco: Klein, Nathan Israel!"

Um senhor de sessenta e poucos levantou a mão. "Aqui."

"Um-dois-seis: Klein, Rosa Sara!"

Sua esposa respondeu.

"Seis-quatro-dois: Kleinman, Herta Sara!"

Herta ergueu a mão.

"Seis-quatro-um: Kleinman, Tini Sara!"

A lista continuava: Klinger, Adolf Israel; Klinger, Amalie Sara... Por toda a extensão da plataforma os quinze outros supervisores de carro faziam a chamada de suas seções na lista de 1006 pessoas embarcando naquela jornada.

Finalmente o destino deles foi revelado: a cidade de Minsk. Ali iam se juntar ao gueto e trabalhar nas várias indústrias locais, ou na agricultura, dependendo de suas habilidades.

Quando os supervisores se deram por satisfeitos e não faltava ninguém, os evacuados finalmente tiveram permissão de subir a bordo, com instruções severas para fazer tudo em silêncio, e se dirigir ao lugar designado. Os carros eram de segunda classe e divididos em compartimentos — confortáveis, apesar de cheios. Quando Tini e Herta sentaram em seu lugar, pareceu quase como antigamente. Os judeus estavam proibidos havia muito tempo de se aventurar fora de seus distritos, quanto mais de deixar Viena. Seria interessante voltar a ver um pouco do mundo.

Fumaça e vapor invadiram a plataforma, os eixos guinchando quando a longa composição começou a se mover, deixando a estação devagar e rumando para o norte através da cidade. O trem atravessou a ponte sobre o canal do Danúbio no extremo oeste do Prater, passando o Praterstern e a rua onde Tini nascera.[18] Momentos depois, entrou na estação do lado norte. Teria sido um ponto de partida mais conveniente para os judeus de Leopoldstadt, mas a Aspangbahnhof era mais discreta.[19] Minutos depois, o amplo rio Danúbio passou sob a janela de seu compartimento, então finalmente vieram o subúrbio e os campos ondulantes das fazendas a nordeste de Viena.

O trem parava de vez em quando nas estações, mas os refugiados eram proibidos de descer. As horas do longo dia de junho se arrastavam. As pessoas liam, conversavam, dormiam. As crianças ficavam cada vez mais irrequietas e irritadas, ou catatônicas de exaustão, com o olhar vazio. A intervalos regulares, o supervisor passava para verificar os ocupantes dos compartimentos. Havia um médico, também do IKG, à disposição deles. Fazia muito tempo que os judeus não eram tratados com tanta solicitude.

Eles passaram pela antiga Tchecoslováquia e entraram na terra que um dia fora a Polônia. Era tudo Alemanha agora. Para Tini e Herta, o campo tinha um interesse particular: Gustav nascera naquela região, nos tempos grandiosos do Império Austro-Húngaro, quando os judeus desfrutaram de uma era dourada de emancipação. Tini vivera em Viena, enquanto Gustav passara a infância naquela linda paisagem, numa pequena aldeia chamada Zabłocie bei Saybusch (atual Zabłocie, em Żywiec, na Polônia), à beira de um lago no sopé das montanhas. O trem não ia até lá, mas passava perto, por lugares que Gustav teria reconhecido, não só da infância, mas também de seu serviço militar na guerra, quando lutara por aqueles mesmos campos e cidades contra o exército do tsar russo.

O trem passou perto também de outra cidadezinha bela e próspera na fronteira prussiana, cerca de cinquenta quilômetros ao norte de Zabłocie, chamada Oświęcim. Os alemães a conheciam como Auschwitz e haviam construído um novo campo de concentração no local. O trem de Viena descreveu um amplo arco a oeste, depois retomou sua rota para o nordeste, afastando-se do poente.[20]

Sucedeu-se uma noite de movimento incessante e cochilos desconfortáveis, com costas doloridas e membros formigando. Na manhã seguinte, eles passaram pela cidade de Varsóvia. Depois de Bialystok, atravessaram a fronteira, deixando o Grande Reich Germânico para trás e penetrando no Reichskommissariat Ostland, outrora parte da União Soviética. Cerca de quarenta quilômetros adiante, o trem chegou à pequena cidade de Volkovysk, atual Vawkavysk, Bielorrússia.

Então parou.

Por algum tempo, não pareceu diferente de nenhuma parada anterior. Tini e Herta, como os demais, espiaram pela janela, imaginando onde estavam.

O supervisor passou pelo compartimento delas e seguiu em frente. Parecia haver alguma coisa errada. Vozes se altercaram no fim do corredor, as portas do vagão foram abertas e botas pesadas entraram marchando dos dois lados. De repente, soldados armados da SS se aproximaram do compartimento delas e abriram a cortina com brutalidade.

"Fora! Fora!", exclamaram. "Todo mundo pra fora, já!" Chocados e confusos, todos se levantaram com hesitação, pegando seus pertences. Mães e avós agarraram as crianças. Os homens da SS os insultavam: "Vamos, porcos judeus! Fora, já!". Tini e Herta passaram ao corredor, espremidas na multidão que se dirigia rapidamente às portas. Os retardatários levavam pontapés ou coronhadas de fuzil. Um mar de gente verteu sobre a plataforma, onde outros SS os aguardavam.

Os oficiais não se pareciam com nada que Tini conhecera em Viena: eram as Waffen-SS, tropas de combate, ainda mais ferozes e com a insígnia da caveira na lapela, emblema da divisão de campos de concentração.[21] Estavam acompanhados de homens com o uniforme dos temíveis Sipo-SD, a polícia de segurança nazista.[22] Entre insultos e imprecações, tocaram a multidão de judeus pela plataforma — homens e mulheres, velhos e crianças; os que tropeçavam, caíam ou não conseguiam acompanhar levavam socos e chutes, alguns apanhando tanto que ficavam inconscientes e seus corpos eram abandonados no chão.[23]

Eles foram levados para outro trem, composto de vagões de carga. Entraram sob a mira de armas, espremendo-se até quase não restar espaço para se mexer. Então as portas fecharam. Tini e Herta, abraçadas, viram-se envoltas em trevas permeadas de soluços e gemidos de pessoas feridas e orando e do choro das crianças aterrorizadas. Do lado de fora, escutavam-se as portas dos demais vagões sendo fechadas ao longo do trem.

Após a batida da última porta, ficaram ali, imóveis. Horas se passaram. Alguns não suportaram o choque súbito e violento e enlouqueceram durante a pavorosa noite, gritando furiosamente. Os soldados da SS separaram os loucos e doentes e os puseram em outro vagão, onde padeceram de um inferno especial que desafiava a imaginação.

No dia seguinte, o trem começou a se mexer. A lentidão era cruel. A máquina da composição não era mais uma veloz locomotiva da Reichsbahn, mas uma velha maria-fumaça da Administração de Ferrovias Principal, que servia os territórios a leste. Desde a partida de Viena, tinham coberto mais de mil quilômetros em dois dias. Agora iam levar mais dois dias para cobrir um quarto daquela distância.[24]

Enfim, o trem parou. Os sons de fora sugeriam que estavam em algum tipo de estação. As pessoas aterrorizadas esperaram pela abertura das portas, mas nada aconteceu. A noite chegou e foi passada com medo e fome. Veio mais um dia e mais uma noite. A não ser pelas inspeções periódicas dos guardas da Sipo-SD, ninguém olhava o trem. Ele chegara num sábado, e os trabalhadores ferroviários alemães em Minsk haviam conquistado recentemente o direito de folga nos fins de semana.[25]

Espremidos na escuridão, iluminados apenas pela luz do dia quando penetrava pelas frestas do vagão, assustados, com pouco ou nada para comer ou beber e apenas um balde no canto para usar como banheiro, os deportados viam as horas se arrastar numa horrível incerteza. O plano mudara? Haviam sido enganados? Na manhã do quinto dia após deixarem o conforto do trem de passageiros, os prisioneiros foram sacudidos de seu estupor: o trem entrou em movimento outra vez. Aquilo nunca terminaria?

"Por favor, criança querida", escrevera Tini para Kurt, quase um ano antes, "reze para que voltemos todos a nos reunir em boa saúde." Ela nunca abandonara totalmente a esperança. "Seu pai escreveu [...] graças a Deus goza de saúde [...] saber que você está sendo bem cuidado por seu tio é a única alegria dele [...]. Por favor, Kurtl, seja um bom menino [...]. Espero que tenham boas coisas para dizer a seu respeito, que você cuide das suas coisas, arrume sua cama e seja bonzinho [...]. Tenha um ótimo verão, os dias de sol logo vão chegar ao fim [...]. Todas as crianças o invejam. Não podem nem sair para ver um jardim."[26]

Com um guincho de metal contra metal, um baque surdo e o estardalhaço dos vagões chacoalhando, o trem parou outra vez. Houve silêncio e então a porta do vagão foi aberta abruptamente, inundando os prisioneiros com uma luz ofuscante.

✡

Nunca saberemos o que aconteceu com Tini e Herta Kleinmann naquele dia. O que presenciaram, o que fizeram, disseram ou sentiram não foi relatado por ninguém. Nenhum dos 1006 homens, mulheres e crianças judeus levados para o pátio de carga e descarga da estação ferroviária de Minsk na manhã de 15 de junho de 1942, segunda-feira, nenhum deles foi visto de novo ou deixou algum testemunho.

Mas registros gerais eram mantidos, e houve outros *Transports* de Viena a Minsk durante o verão — e alguns indivíduos voltaram com seus relatos.[27]

Quando as portas do vagão se abriram, as pessoas — feridas, esgotadas, doloridas, famintas, desidratadas — receberam ordens para descer. Abrindo caminho rispidamente entre a aglomeração, os homens da Sipo-SD passaram escrutinizando todos e perguntando sobre suas habilidades profissionais. Um policial fez um comunicado, reiterando o que fora anunciado em Viena — que trabalhariam em fábricas ou no campo. A maioria, incapaz de abrir mão da esperança, tranquilizou-se com o anúncio. Algumas dezenas de adultos e crianças mais velhas com aspecto mais saudável foram selecionadas e separadas. Os outros foram conduzidos à grade da estação, onde seus pertences foram confiscados. Os vagões de bagagens, comida e suprimentos trazidos de Viena também foram descarregados.[28] Aguardando fora da estação havia caminhões abertos e fechados para levar as pessoas.

O comboio deixou a cidade, seguindo para o sudeste em direção à zona rural da Bielorrússia — uma região vasta e plana de campos, florestas e estradinhas poeirentas sob o céu imenso.

Quando as forças alemãs tinham tomado aquela parte da União Soviética no verão anterior, fora como uma onda varrendo tudo. Imediatamente em sua esteira viera o *Einsatzgruppe* (força-tarefa) B, uma das sete unidades mobilizadas atrás das linhas do front. Comandada pelo general da SS Arthur Nebe, o *Einsatzgruppe* B compreendia cerca de mil homens — a maioria vinda da Sipo-SD e outras polícias —, divididos em subunidades menores, os *Einsatzkommandos*. Seu papel era localizar e exterminar todos os judeus em aldeias e cidades capturadas, incumbência na qual eram assistidos por unidades da Waffen-SS e da Wehrmacht, e em algumas áreas, como Polônia e Letônia, pela polícia local.[29]

Nem todos os judeus eram assassinados de imediato. Seria impraticável, considerando os milhões que viviam naquelas regiões. Além do mais, os nazistas haviam aprendido na Polônia como fazer os judeus contribuírem para a economia de guerra. Um gueto fora criado em Minsk e sua indústria se vira obrigada a servir ao Reich e encher os bolsos de policiais corruptos. Agora, com a implementação da Solução Final, Minsk fora escolhida como um de seus principais centros.

A tarefa da organização coube ao comandante da Sipo-SD local, o tenente-coronel Eduard Strauch, da SS, um oficial veterano do *Einsatzgruppe*. Após um levantamento topográfico da área, ele decidiu construir o campo de concentração na pequena aldeia isolada de Maly Trostinets, uma antiga fazenda coletiva soviética, cerca de dez quilômetros a sudeste de Minsk. O campo era pequeno, não tendo sido projetado para abrigar mais do que seiscentos prisioneiros para trabalhar na terra e servir de *Sonderkommando** para seu propósito principal, que era o assassinato em massa.[30]

Das dezenas de milhares de pessoas — a maioria judeus — levadas a Maly Trostinets, poucas chegaram a ver o campo propriamente dito. Depois que a Sipo-SD selecionava um punhado de prisioneiros em cada trem para usar como mão de obra, os caminhões carregando as centenas restantes seguiam na direção de Maly Trostinets. Ao longo do caminho, paravam em uma campina nos arredores da cidade. Às vezes a triagem para o campo era feita naquele lugar, se ainda não tivesse sido feita na estação de trem de Minsk.[31] Da campina, a intervalos de cerca de uma hora, caminhões isolados iam na frente, enquanto o resto esperava.

Os caminhões rumavam para uma plantação de abacaxi a cerca de três quilômetros do campo. Ali, um de dois destinos possíveis aguardava os cativos. Para a maioria era rápido; para alguns, mais lento. Mas o fim era o mesmo. Havia uma clareira entre as árvores onde um imenso buraco fora escavado por um *Sonderkommando*, com cerca de cinquenta metros de comprimento e três de profundidade. Junto dele havia um pelotão da Waffen-SS sob o comando do tenente Arlt da SS. Cada soldado tinha uma pistola e 25 cargas de munição; mais caixas de cartuchos ficavam empilhadas por perto.[32] A cerca de duzentos metros da clareira, um cordão de sentinelas da polícia letã montava guarda, a fim de impedir a vítima de escapar ou a presença de potenciais testemunhas.[33]

Descendo do caminhão, os homens, mulheres e crianças eram forçados a ficar apenas de roupa de baixo, separando todos os seus pertences. Sob a mira das armas, em grupos de mais ou menos vinte, marchavam para a beira da vala, onde deviam se posicionar alinhados, de frente para o buraco. Atrás de cada pessoa ficava um soldado da SS. A uma ordem, as vítimas eram executadas com um tiro na nuca, à queima-roupa, e caíam na vala. Então vinha a leva seguinte.

* Destacamento de trabalho especial, os prisioneiros do campo de concentração forçados a lidar com as vítimas antes e depois das execuções.

Quando todos tinham sido executados, uma metralhadora montada no canto do buraco abria fogo sobre os corpos que parecessem ainda se mexer.[34] Após um breve intervalo, o caminhão seguinte chegava e o processo se repetia.

O que fez essas pessoas se sujeitarem a isso? Do primeiro que viu o buraco vazio aos que o viam parcialmente cheio de cadáveres de vizinhos e amigos e escutavam os tiros sendo disparados – o que os levava a caminhar até o local e esperar a hora de ser fuzilado? Estariam subjugados pelo terror? Resignaram-se a seu destino? Sofriam de uma autonegação existencial? Ou ainda conservavam, até a última fração de segundo, com a arma junto à nuca, uma esperança de que o tiro não seria disparado, de que de algum modo haveria um adiamento de última hora? Alguns tentavam sair correndo, mas não iam longe. A maioria se dirigia em silêncio para a execução.

Em Maly Trostinets não houve nada da ira e da euforia desregradas que caracterizaram as matanças do *Einsatzgruppe* por toda parte, com assassinos quebrando a coluna das crianças antes de atirá-las na vala e rindo num frenesi enraivecido conforme matavam. Ali era apenas a execução fria e mecanizada.

Contudo, ela pesou na mente dos assassinos. Mesmo aqueles homens tinham consciência de algum tipo – consciências diminuídas, atrofiadas, apenas o suficiente para reagir ao incessante derramamento de sangue e à culpa. Os homens de Arlt recebiam vodca para entorpecer tais sensações,[35] mas o estrago de verdade não era sanado. Por esse motivo, a SS experimentara métodos alternativos que lhes permitissem exterminar prisioneiros sem sujar as mãos. O que levara a um método de execução empregado simultaneamente em Maly Trostinets, mais lento.

No começo de junho, foram introduzidas câmaras de gás portáteis, montadas em veículos fechados. Havia três delas – dois vagões de carga Diamond convertidos e um caminhão de mudanças Staurer adaptado. Os alemães os chamavam de *S-Wagen*, mas os bielorrussos locais os apelidaram de *dukgubki*, "sufocadores de almas".[36] Enquanto a maioria dos judeus era fuzilada na beira de uma vala, alguns – provavelmente duzentos ou trezentos de cada *Transport* – eram levados para o gás. A loteria acontecia na estação em Minsk, onde alguns subiam a bordo dos caminhões normais e outros no *S-Wagen*, tão espremidos que eram obrigados a empurrar e passar por cima uns dos outros.

Quando o fuzilamento terminava, os caminhões de gás subiam a encosta em direção à fazenda, onde estacionavam ao lado da vala cheia de cadáveres.

O motorista ou seu ajudante ligava um tubo do escapamento ao interior do veículo revestido de aço. Então davam partida no motor. As pessoas dentro do veículo entravam em pânico; a suspensão dos caminhões chegava a balançar com a violência do desespero e podiam-se escutar os sons abafados de gritos e mãos batendo nas laterais. Pouco a pouco, no intervalo de quinze minutos, o barulho e o balanço diminuíam e só restava o silêncio.[37]

Quando tudo ficava calmo, o caminhão era aberto. Alguns corpos, empilhados contra a porta, caíam no chão. Um *Sonderkommando* de prisioneiros judeus subia e começava a tirar os outros, jogando-os na vala. O interior do veículo era uma cena de indescritível horror: corpos sujos de sangue, vômito e fezes; o piso coberto de óculos quebrados, tufos de cabelos e até mesmo dentes, quando as vítimas lutavam e se atracavam com quem estivesse próximo numa tentativa descontrolada de escapar.

Antes de poder ser reutilizados, os caminhões de gás eram levados até uma lagoa perto do campo para passar por uma limpeza. Mas o processo demorava, não havia tantos veículos disponíveis e os problemas mecânicos eram recorrentes, e por isso os pelotões de fuzilamento continuaram. A SS ainda estava trabalhando para refinar seus métodos de assassinato em massa.

O tenente Arlt escreveu em seu relatório nesse dia: "Em 15 de junho chegou um novo *Transport* de mil judeus vienenses".[38] Apenas isso. Não estava preocupado em descrever o que ele e seus homens haviam feito; era apenas mais um dia de trabalho, sobre o qual a SS achava melhor baixar um véu discreto.

אמא

O sol brilhava sobre a superfície tranquila do canal do Danúbio em um dia quente e preguiçoso de verão. Os gritos de prazer das crianças viajavam abafados através da água até as margens verdejantes onde as famílias faziam piquenique ou passeavam sob as árvores. Barcos de lazer e botes a remo iam e vinham pela ampla extensão de água delimitada pelas margens.

Abstraída, Tini pegou os remos. Uma agradável música de fundo de risadas distantes chegava até eles. O sol cintilava sobre a espuma formada a cada remada, iluminando o rosto de seus filhos: Edith sorria serenamente, Fritz e Herta ainda eram crianças pequenas, e Kurt, a adorada raspa do tacho, era um bebezinho ainda no cueiro. Tini sorriu e ergueu os remos, fazendo o barco se deslocar pela água.[39] Era uma boa remadora — sempre fora, desde pequena. E adorava estar com as crianças: com doze anos fora escolhida para monitora dos menores na escola porque amava a tarefa. Cuidar e socorrer era parte de sua natureza e por meio da maternidade ela vivia a mais pura expressão disso.

O som dos outros barcos e das pessoas se divertindo nas margens distantes morreu, como se uma bruma baixasse, isolando seu bote do mundo. Os remos afundavam e subiam, agitando a água, e o bote seguiu deslizando.

Em uma gaveta na longínqua Massachusetts ficaram as últimas cartas de Tini para Kurt. O alemão em que foram escritas começava a fugir à compreensão dele, conforme sua mente de criança se adaptava ao novo mundo. Kurt absorvera o significado geral, mas começava pouco a pouco a esquecer como ler as palavras.

Meu adorado Kurtl... Como fico feliz por estar se dando bem... escreva sempre... Herta fala em você o tempo todo... Sinto medo todo dia... Herta manda beijos e abraços. Mil beijos da mamãe. Te amo.

✡

Naquela noite, depois que o *Sonderkommando* terminou de cobrir a vala, o lusco-fusco desceu sobre a clareira silenciosa entre os brotos de pinheiro. Os pássaros voltaram, animais noturnos procuravam comida entre a vegetação e corriam pelo solo revolvido. Sob a terra jaziam os restos de novecentas pessoas que subiram a bordo do trem em Viena: Rosa Kerbel e seus quatro netos — Otto, Kurt, Helene e Heinrich —, bem como os idosos Adolf e Amalie Klinger, e Alice Baron, de cinco anos, Johanna e Flora Kaufmann, mulheres solteiras, Adolf e Witie Aptowitzer, da Im Werd, Tini Kleinmann e sua linda filha de vinte anos, Herta.

Eles pensaram que teriam a chance de uma nova vida em Ostland e que talvez um dia voltariam a encontrar seus entes queridos — cônjuges, filhos, irmãos —, espalhados por campos de concentração e por países distantes.[40] Contra toda razão humana, contra todo sentimento humano, o mundo — não só os nazistas, mas os políticos, o povo e os jornalistas de Londres, Nova York, Chicago e Washington — batera as portas na cara desse futuro e as mantivera definitivamente fechadas.

10. Jornada para a morte

אבא

O sol de verão se punha, esparramando luz alaranjada pelos galhos das árvores e alongadas sombras cinzentas pelo solo da floresta. Os ouvidos de Gustav se enchiam do ruído de serras cortando troncos, dos grunhidos urgentes dos homens, de suas próprias veias pulsando, e seu peito subia e descia com a respiração conforme ele e sua equipe de trabalho punham a tora dentro da carroça.

Até certo ponto era agradável estar de volta à floresta, longe da sujeira, do pó, da lama, mas o *kapo*, um sádico vingativo chamado Jacob Ganzer, era um supervisor cruel. "Mais rápido, porcos! Estão achando que os troncos vão subir sozinhos? Andem!"

Naquela velocidade, o trabalho era mais perigoso do que exaustivo. Gustav e sua turma erguiam uma tora enorme e a depositavam sobre a carroça, que rangia sob o peso. Nem um segundo era perdido para recuperar o fôlego ou verificar se a pilha estava firme — já havia outra pronta para ser içada e Ganzer vociferava imprecações raivosas. Gustav segurou numa ponta da enorme tora. Seu colega, um prisioneiro chamado Friedmann, apoiou-a no ombro e outros ajudaram a erguê-la; os músculos retesados, com tremendo esforço, passaram a tora por cima da lateral de tábuas para tentar acomodá-la na pilha. Mas, com Ganzer berrando em suas orelhas, alguém a deixou escapar antes de estar no lugar. A tora rolou de volta, centenas de quilos irrefreáveis levando todos em seu caminho.

Ela esmagou a mão de Gustav. Seu cérebro mal teve tempo de sentir a dor cruel antes de ele e Fridmann sofrerem o impacto total do tronco, que os derrubou no chão e rolou sobre ambos.[1]

Gustav ficou pregado como uma borboleta num mostruário, fitando o dossel rodopiante de folhas que rebrilhava ao sol de fim de tarde, seu corpo uma massa de dor, os ouvidos invadidos por gritos, gemidos e uivos. Então uniformes listrados surgiram em seu campo de visão, mãos agarraram a tora e a ergueram, mas mesmo assim ele não conseguiu se mexer. Olhando em volta, viu homens se recuperando, mãos e rostos ensanguentados, enquanto outros continuavam caídos, gemendo. Friedmann estava a poucos palmos, imóvel, emitindo lamúrias roucas. Recebera a maior parte da carga da tora no peito. Sangue escorria por sua boca.

Mãos seguraram o corpo de Gustav e ele foi erguido e carregado da clareira. Em meio à dor, viu as árvores passando rapidamente, o céu esmaecido e inclinado, escutou os grunhidos dos homens que o carregavam. Eles passaram pela casa de guarda junto ao portão, entraram na enfermaria e o depositaram em um catre.[2]

Sete outros homens de sua equipe foram levados também, carregados ou mancando. Friedmann chegou por último, numa maca. Não conseguia se mover. Sua caixa torácica estava esmagada e sua coluna estava fraturada. Ele ficou ali imóvel, agonizando.

Gustav recebera parte do impacto no peito e seus dedos quebrados pareciam pegar fogo de tanta dor. Sua vez na loteria enfim chegara, como para todo mundo. A sorte tinha limites, e quanto mais fosse obrigado a concorrer, maior a certeza de que um dia aconteceria com ele. A perspectiva para um homem gravemente ferido era sombria. Uma injeção do médico com fenol ou hexobarbital era o destino mais provável, e depois a fumaça na chaminé do crematório.

Por misericórdia, Friedmann morreu rápido em decorrência dos ferimentos. A maior parte dos demais, com machucados leves, deixou a enfermaria em pouco tempo. Mas Gustav, não. Os dias se arrastavam com ele deixado em uma pequena ala anexa à Sala de Operações II. Se já não soubesse o que aquilo queria dizer, aprenderia rápido: a SO II era onde ministravam a injeção letal, e a ala era sua sala de espera.[3]

Por algum tempo, deixaram-no em paz. Periodicamente, um homem enfermo ou muito ferido era selecionado e levado para a SO II. Ninguém voltava. O médico sempre olhava na direção de Gustav e passava batido; o prisioneiro estava mal demais para que se incomodassem com ele. Seria um desperdício injetar a substância em alguém que morreria em breve por conta própria. O médico não tinha a menor ideia da força de vontade e da resiliência de Gustav Kleinmann.

Um ajudante solícito chamado Helmut cuidava de Gustav quando o médico não estava por perto. Gemendo dia e noite, o paciente continuava agarrado à vida. Pouco a pouco, a dor diminuiu, e após seis semanas ele estava suficientemente recuperado para ser liberado. Sua vida seguia por um fio; sem forças para voltar à equipe de transporte ou mesmo ao carro da enfermaria, ele era agora uma boca inútil, candidato a ser mandado a qualquer momento para a SO II.

Seus amigos e suas habilidades profissionais salvaram sua vida. Alguns *kapos* solidários conversaram entre si e conseguiram que Gustav fosse transferido para a fábrica da DAW, que produzia suprimentos militares, como cartuchos de balas, armários para os vestiários das casernas e peças de avião, além de converter caminhões em cantinas móveis.[4] Gustav trabalhou como seleiro e tapeceiro, e começou a convalescer.

Pela primeira vez desde sua chegada ao campo — quase desde a Anschluss —, ele pôde praticar seu ofício. Sentiu-se feliz — na medida do possível. O trabalho era agradável e ele fez bons amigos. Seu capataz era um prisioneiro político alemão chamado Peter Kersten, ex-vereador pelo Partido Comunista — "um homem muito corajoso", apontou Gustav, "me dou muito bem com ele". Conseguiu até arrumar lugar ali para um amigo vienense, Fredl Lustig, parceiro da turma de transporte. Juntos, formavam um pequeno grupo satisfeito.

Assim foi até o início de outubro. E então, como um pesadelo voltando após um breve momento em que a pessoa acorda, esbaforida, tudo tomou um rumo muito mais funesto.

בן

Fritz e um colega de trabalho erguiam um pesado lintel de concreto nos andaimes e o depositavam cuidadosamente no lugar, acima do vão da janela. Fritz o posicionou, então verificou se estava nivelado e encaixado.

Nos últimos dois anos, suas habilidades de construtor tinham se desenvolvido sob a orientação de Robert Siewert. Fritz se tornara um verdadeiro mestre de obras: sabia assentar tijolos e pedras de cantaria, rebocar paredes e tudo o que envolvia a construção em geral. A equipe de Siewert agora trabalhava na obra da nova Gustloff Werke, uma grande fábrica sendo construída perto da rua de Sangue, do lado oposto ao complexo da garagem da SS. Assim que terminada, produziria canos de armas para tanques e canhões antiaéreos, além de outros armamentos. A maior parte dos muros externos já fora erguida e Fritz trabalhava nas imensas janelas da fábrica. Sua meta de trabalho eram duas janelas por dia, incluindo chumbar a peça e ajustar e fixar o lintel, serviço que exigia uma alvenaria de tijolos perfeita e muito cuidado.

Seu colega, Max Umschweif, era relativamente novo em Buchenwald, tinha chegado no verão anterior. Vienense de constituição frágil e ar de intelectual, combatera com a Brigada Internacional contra os fascistas na Espanha. Após a derrota, ele e seus camaradas ficaram detidos na França. Ao voltar para Viena em 1940, fora preso pela Gestapo como um notório antifascista. Fritz adorava escutar suas histórias sobre a guerra na Espanha, mas achava um absurdo que tivesse regressado voluntariamente para a Áustria, sabendo que a Gestapo o procurava.

Ajustando o lintel com leves batidas do cabo de uma colher, Fritz verificou o prumo usando a régua de nível, depois o fixou no lugar com a massa. Era um prazer trabalhar no andaime. Os homens da SS atormentavam e maltratavam constantemente os carregadores de tijolo e cimento, mas jamais se aventurariam a subir lá no alto. Satisfeito com o resultado, Fritz parou um momento para descansar. A vista da floresta ali era belíssima: os carvalhos e faias em toda a sua glória de outubro, pintalgados de ouro e matizes acobreados. Ao longe, via-se a cidade de Weimar e, em torno, os campos cultivados.

Fritz passara por experiências terríveis em meses recentes — a partida de Leo Moses, o acidente quase fatal do pai, amigos próximos assassinados pela SS. E no entanto a pior coisa fora a notícia da mãe e de Herta e a agonia de não saber o que acontecera com elas.

Seu devaneio foi interrompido pelo chamado de outro pedreiro: "Fritz Kleinmann, aqui embaixo!". Ele desceu a escada. "O *kapo* quer falar com você."

Fritz foi ter com Robert Siewert. Ele notou sua expressão grave mais uma vez. O chefe passou o braço em torno dos seus ombros, como se fosse seu próprio filho, e falou em voz baixa (ele nunca fizera aquilo antes, de modo que Fritz percebeu que tinha más notícias). "Há uma lista no escritório com o nome dos que vão ser transferidos para Auschwitz", disse Siewert, indo direto ao ponto. "Seu pai está nela."

Foi o maior choque da vida de Fritz. Todo mundo ouvira falar em Auschwitz, um dos campos criados pela SS nos países ocupados. O ano todo houvera comentários em Buchenwald: rumores e notícias de longe, bem como acontecimentos presenciados no próprio campo, indicavam que o drama dos judeus entrava em seu ato final, que os nazistas pretendiam se livrar de uma vez por todas dos prisioneiros que ainda tinham nas mãos. Desde a primavera, houvera boatos perturbadores sobre câmaras de gás especiais sendo construídas em alguns campos, onde centenas de pessoas podiam ser exterminadas de uma vez. Um deles era Auschwitz. A transferência só podia significar uma coisa.

Siewert contou o que descobrira. A lista era longa, incluía quase todos os judeus ainda vivos em Buchenwald; as únicas exceções eram prisioneiros como Fritz, necessários para a construção da fábrica de Gustloff.

Fritz ficou desnorteado e apavorado; conhecia muitos outros no campo que haviam perdido os pais e vivia com medo de se tornar um deles. "Você precisa ser corajoso", disse Siewert.

"Mas meu pai faz um trabalho útil na fábrica", objetou Fritz.

Siewert balançou a cabeça. O trabalho na fábrica não tinha valor. "Vai *todo mundo*", disse. "Todos os judeus, exceto construtores e pedreiros, vão para Auschwitz. Você é um dos poucos sortudos." Ele olhou nos olhos de Fritz. "Se quer continuar vivo, precisa esquecer seu pai."

Fritz lutou para encontrar as palavras. "Isso não vai ser possível", exclamou. Então virou, subiu a escada e voltou ao trabalho no andaime.

✡

Havia pouco mais de quatrocentos nomes na lista elaborada pelo quartel-general em Buchenwald. Dias antes, uma ordem fora enviada em nome de Himmler aos comandantes do campo: era o desejo do Führer que todos os campos de concentração em território alemão se livrassem dos prisioneiros judeus. Eles deveriam ser transferidos para os campos em solo polonês — Auschwitz e Majdanek.[5]

Em Buchenwald, havia apenas 639 judeus com vida: os sobreviventes das execuções aleatórias, os transferidos e os transportados para eutanásia. Do total, 234 eram usados na construção da fábrica; aqueles, por ora, deveriam permanecer, enquanto o destino do restante seria Auschwitz.[6]

Na noite de quinta-feira 15 de outubro, dias após a conversa de Fritz com Robert Siewert, todos os prisioneiros judeus receberam ordens de se reunir na praça da chamada.[7]

Eles sabiam o que os esperava, e foi exatamente como Siewert previra. Fritz escutou seu número sendo enunciado junto com o dos demais trabalhadores de construção. Receberam instrução de voltar a seus barracões. Ele deixou o pai ali e se afastou com os demais, com um nó de medo e indignação nas entranhas.

Gustav e os outros quatrocentos e poucos foram informados da transferência. Dali em diante, ficariam isolados. Conduziram-nos ao bloco 11, que fora esvaziado para eles, e os trancaram no barracão, proibindo qualquer contato com os outros prisioneiros. Aguardaram ali dentro o início da transferência.

אב ובן

Naquela noite, Fritz rolou de um lado para outro, sem conseguir tirar da cabeça a imagem do pai perfilado em meio ao grupo de condenados. A perspectiva do derradeiro adeus era insuportável. Passou a noite toda em aflição. Fritz sabia que o conselho de Robert Siewert era acertado, sensato e bem-intencionado: tinha de aprender a esquecer o pai, se esperava sobreviver. Mas não conseguia se imaginar fazendo aquilo. Seus receios sobre o que ocorrera com a mãe e com Herta haviam plantado a semente do desespero em seu coração, e ele sentia que não poderia continuar a viver se o pai fosse executado.

De madrugada, um rumor circulou entre os companheiros do barracão de Fritz: três prisioneiros no bloco 11 tinham sido levados à enfermaria durante a noite e mortos com injeção letal. A história era falsa, mas serviu para Fritz tomar uma decisão.

Na manhã seguinte, antes da chamada, ele procurou Robert Siewert com um pedido. "Você tem contatos", disse. "Tem amigos trabalhando no escritório do quartel." Siewert fez que sim; era verdade. "Preciso que mexa os pauzinhos para me incluir na transferência para Auschwitz."

Siewert ficou pasmo. "O que está me pedindo é suicídio. Já falei, você precisa esquecer seu pai", ele repetiu. "Esses homens vão para a câmara de gás."

Mas Fritz permaneceu irredutível. "Quero ficar com meu pai, aconteça o que acontecer. Não posso continuar a viver sem ele." Siewert tentou dissuadi--lo, mas foi em vão.

Ao fim da chamada, Siewert falou com o tenente Max Schobert da SS, o vice-comandante. Quando os prisioneiros se preparavam para sair para o trabalho, uma voz bradou: "Prisioneiro 7290, no portão!".

Fritz se apresentou a Schobert, que lhe perguntou qual era o problema. Não havia mais volta. Criando coragem, Fritz explicou que não queria se separar do pai e pediu formalmente para ser enviado a Auschwitz.

Schobert deu de ombros. A seus olhos, era indiferente quantos judeus mandavam para o extermínio. Ele atendeu o pedido.

A atitude de Fritz, trocando voluntariamente o grupo dos poupados pelo dos condenados à morte, era impensável. Os guardas o conduziram de volta ao bloco 11, abriram a porta e o empurraram para dentro.

O barracão, construído para não mais que duzentos indivíduos, estava superlotado. Fritz fitou a massa de uniformes listrados: homens em pé, sentados nas poucas cadeiras que havia, acocorados no chão, debruçados nas janelas, observando o movimento do lado de fora. Dezenas de rostos se viraram para encará-lo quando a porta foi batida. Quase todos eram amigos ou mentores. Ele viu o rosto fino e de óculos de Stefan Heymann, perpetuamente espantado, agora pasmo; seu amigo Gustl Herzog; o corajoso antifascista austríaco Erich Eisler; o bávaro Fritz Sondheim... e a perplexidade nos rostos deu lugar ao horror quando descobriram por que ele estava ali. Os homens protestaram e imploraram, como Siewert fizera, mas Fritz abriu caminho entre eles, à procura do pai...

...e no meio da multidão avistou o rosto emaciado e familiar, coberto de rugas, com seus olhos calmos e bondosos. Abraçando-se, ambos choraram de alegria.

Na mesma noite, Robert Siewert procurou Fritz. Ele tinha de assinar um documento declarando que embarcaria no *Transport* por vontade própria.[8] A despedida foi dolorosa. Fritz tinha uma dívida pessoal com Siewert, relacionada a sua posição, suas habilidades, sua sobrevivência nos dois últimos anos.

Na manhã de 17 de outubro, um sábado, após dois dias de suspense, os 405 judeus — poloneses, tchecos, austríacos e alemães — foram informados de que seriam transferidos naquele dia e deveriam levar seus pertences consigo. Eles receberam uma ração escassa para a viagem — a de Gustav consistia em um naco de pão — e foram levados para fora.

A atmosfera do campo estava atipicamente melancólica, até mesmo no grupo da SS. As transferências anteriores haviam sido feitas sob uma chuva perversa de espancamentos e insultos, mas as quatro centenas de judeus marcharam para o portão em silêncio. Era como se todos percebessem que aquela situação era diferente, um evento solene que não podia ser tratado com pouco-caso.

Diante do portão, um comboio de ônibus os aguardava. Fritz e Gustav sentaram em um conforto civilizado enquanto seguiam pela rua de Sangue, por onde três anos, duas semanas e um dia antes haviam passado em sua jornada de terror. Quanto haviam mudado desde então; quantas coisas tinham presenciado. Na estação de Weimar, eles foram embarcados em vagões de gado — quarenta homens em cada.[9] Tábuas extras haviam sido pregadas para fechar as aberturas e deixar os vagões absolutamente seguros.

Ao partir, o ambiente no vagão de Fritz e Gustav — onde também estavam Stefan Heymann, Gustl Herzog e muitos outros amigos — era de absoluto abatimento. Com a luz que ainda penetrava pelas frestas nas paredes do vagão, Gustav pegou seu diário sem que os outros vissem. Ao saber da transferência no campo, ele o escondera sob a roupa, antes de serem levados ao bloco de isolamento. O caderninho surrado passara a representar a manutenção de sua sanidade, era seu registro das realidades daquela vida, e Gustav não queria se separar dele. E enquanto estivesse com Fritz, sentia que podia enfrentar qualquer coisa.

"Todo mundo diz que é uma jornada para a morte",[10] escreveu, "mas Fritzl e eu não vamos abaixar a cabeça. Sempre digo com meus botões: só se morre uma vez."

Parte III

Auschwitz

11. Uma cidade chamada Oświęcim

אחים

Outro trem, outra época...

Gustav acordou de um cochilo com o sol tremeluzindo em suas pálpebras e as narinas invadidas pelo odor de sarja, corpos suados, fumaça de tabaco, couro e lubrificante de armas. Seus ouvidos se encheram com o ruído do trem e o murmúrio de vozes masculinas, que de súbito se destacavam numa canção. Os homens estavam em um bom estado de espírito, ainda que possivelmente caminhassem para os braços da morte. Gustav passou a mão no pescoço, que estava dolorido por ter apoiado a cabeça na mochila, e pegou seu fuzil, que caíra no chão.

Ficou de pé e espiou pela fenda na parede, então sentiu o vento quente de verão no rosto e farejou os aromas do campo passando velozmente, misturados à fumaça da locomotiva. Os trigais ondulantes tinham um verde-dourado, estavam amadurecendo para a colheita. O campanário de uma igreja apontou na paisagem distante. Mais para a frente avistavam-se as montanhas Beskid e, além delas, a silhueta espectral da Babia Góra, a montanha das Bruxas. Era a terra de sua infância. Após seis anos em Viena, aquilo parecia estranho, ao modo peculiar de uma lembrança vívida subitamente aflorada.

Ele fora convocado pelo Exército Real e Imperial Austríaco na primavera de 1912, ano em que completara 21.[1] Por ser da Galícia, fora destacado para o 56º

Regimento de Infantaria, baseado no distrito de Cracóvia, hoje cidade polonesa. Para a maioria dos membros da classe trabalhadora, servir o Exército era um bem-vindo interlúdio: as condições eram boas e representava uma ampliação de horizontes. Muitos eram analfabetos e mal remunerados; a maioria nunca fora além da aldeia vizinha. Na Galícia, a maior parte nem sequer falava alemão. Muitos não sabiam nem dizer a hora.[2] Gustav vira mais do mundo do que a maioria de seus colegas recrutas, por ter morado em Viena, além disso falava polonês e alemão. Mas, como aprendiz de tapeceiro, era pobre, e o Exército oferecia certa estabilidade. Era um ambiente excitante — o império austríaco fora outrora o maior da Europa e o Exército conservava sua panóplia imperial de hussardos e dragões, uniformes de gala coloridos e vistosos, e pompa sem fim com as bandeiras e estandartes da Águia Dupla Imperial tremulando acima.

Para Gustav, o serviço militar significara uma volta às origens. Ele passara a maior parte dos dois primeiros anos em uma praça-forte ao norte das montanhas Beskid (a meio caminho entre Zabłocie, sua cidade natal, e Oświęcim). Sua nova realidade fora por dois anos o cotidiano da caserna: entrar em formação para a revista, engraxar botas, polir metais, cumprir os ocasionais exercícios e as manobras no pátio. E então, em 1914, quando o contingente de 1912 achava que o serviço em breve chegaria ao fim e que todos voltariam para suas fazendas e oficinas, a guerra começou.

O 56º Regimento de Infantaria foi mobilizado de repente e seguiu com o resto da 12ª Divisão de Infantaria para a estação de trem, onde embarcaram para a praça-forte de Przemyśl[3] — um lugar no fim do mundo, de onde o regimento avançaria pelo território russo.[4] Ao som da vibrante "Marcha de Daun", executada pela banda, Gustav e seus camaradas partiram animados, com as imensas mochilas às costas, vestindo imaculados uniformes cinza com paramentos verde-metálicos, os bigodes encerados, sorrindo para as jovens que acenavam. Sua missão era combater os russos por todo o caminho até São Petersburgo.

O avanço perderia o ímpeto dali a cinco dias, após o transporte em vagões de gado e uma longa e penosa marcha forçada com as mochilas de mais de vinte quilos. Eles estavam embrulhados em casacos de inverno, carregando munição, espada e rações para vários dias, com as correias do fuzil cortando a pele e os pés em carne viva. O anspeçada Gustav Kleinmann e seus colegas de pelotão estavam mais ansiosos por uma cama e uma bebida do que pela batalha. Não teriam uma coisa nem outra, no primeiro dia. Seu objetivo era a cidade de Lublin, onde deveriam encontrar uma força prussiana avançando do norte. Enquanto os regimentos do flanco esquerdo depararam com forte resistência russa e sofreram muitas baixas, o 56º mal teve contato com o conflito. Apenas marchava e marchava, o dia inteiro, penetrando cada vez mais em território russo.[5]

בן

Gustav ajeitou a perna ferida numa posição mais confortável. Lá fora, no frio da Galícia, o gelo se acumulava nas janelas e o chão estava coberto de neve.

Após o verão escaldante, seguiram-se um outono terrível e um inverno cruel. A despeito de desbaratarem o Exército russo, as tropas austríacas careciam de boa liderança e os alemães não lhes deram o devido apoio. Os russos logo se reagruparam e começaram a recapturar o território perdido.[6] Os regimentos austríacos bateram em retirada, as tropas desorganizadas separando-se ao longo do caminho.

A população civil entrou em pânico e as estações de trem e estradas se encheram de refugiados. Os judeus estavam particularmente aterrorizados: as leis antissemitas da Rússia tsarista eram notórias. Na verdade, muitos judeus galegos eram descendentes daqueles que tinham fugido dos pogroms. Em seu avanço, os russos expropriavam propriedades e extorquiam dinheiro dos judeus, judeus eram exonerados dos cargos públicos e alguns foram feitos reféns e levados para a Rússia.[7] Um mar de refugiados invadiu o oeste e o sul rumo ao coração da Áustria-Hungria. No começo, eles procuraram asilo na Cracóvia, mas no outono a cidade também estava ameaçada, então se dirigiram a Viena. As autoridades improvisaram estações de embarque para eles em Wadowitz (atual Wadowice, na Polônia) e Oświęcim.[8]

No fim, as forças austríacas – com o 56º regimento de Gustav na vanguarda – e russas entraram em um impasse e o front se estabeleceu nos arredores de Cracóvia. Os exércitos cavaram trincheiras e a guerra de atrito começou, com tiros de canhões, incursões e ataques fúteis. Na virada do ano, Gustav e seus camaradas – os que restavam – estavam no front perto de Gorlice, cidade a cerca de cem quilômetros de Cracóvia. A trincheira era pouco mais que uma série de valas rasas protegidas por um único fio de arame farpado, cercadas por terreno aberto, que era bombardeado pela artilharia russa.[9] O inimigo controlava a cidade e dominava o terreno diante dela, de sua posição protegida em um grande cemitério, no topo de uma colina, no subúrbio oeste.

O inverno cruel foi passado ali. Mas, para Gustav, serviu como um bem-vindo alívio para seus ferimentos — ele tinha sido alvejado no antebraço e na panturrilha esquerdos.[10] Ficara por pouco tempo no hospital auxiliar em Bielitz-Biała (atual Bielsko-Biała, na Polônia), uma cidade grande perto de Zabłocie (Gustav conhecia bem o lugar, por ter trabalhado como auxiliar de padeiro quando ainda nem era adolescente) e, em meados de janeiro, mudara-se para lá, para o hospital da reserva na cidade vizinha — o centro de transporte e base militar de Oświęcim — ou, como os alemães chamavam, Auschwitz.

Gustav conhecia o lugar desde criança. A cidade era agradável em tempos de paz, com belos edifícios públicos e um antigo e pitoresco bairro judeu, um polo turístico.[11] Ficava na confluência do Vístula com o Sota, o rio que serpenteava desde o lago na aldeia onde Gustav nascera. O hospital militar em Oświęcim ficava um pouco além da cidade, na margem oposta do Sota, na pequena aldeia de Zasole — um grupo de modernos barracões enfileirados perto da margem do rio (lugar que não era ideal, porque o terreno era pantanoso e no verão ficava infestado de insetos). Originalmente, os barracões haviam sido contíguos a um campo de transição para trabalhadores migrantes sazonais fugindo da Galícia para a Prússia, mas desde a irrupção da guerra os dos trabalhadores tinham ficado vazios.[12]

Para Gustav, pior do que a dor dos ferimentos — agora já quase curados — era a dor de ficar separado dos colegas que seguiam na frente de batalha. Ele se recusava a permanecer hospitalizado sem necessidade: seus ferimentos não eram debilitantes e, a despeito da aparência frágil e até delicada, com seu olhar suave e suas orelhas grandes, Gustav se mostrara um jovem de muita fibra, com surpreendente capacidade para enfrentar os reveses e as dificuldades.

Mas por ora seguia ali, longe do conflito, os únicos sons sendo os passos apressados das enfermeiras e o murmúrio de vozes.

אחים

As balas ricocheteavam nas laterais dos túmulos, atirando lascas de pedra no rosto de Gustav. Ele e seus homens se protegiam e devolviam os tiros, avançando metro a metro no cemitério.

Gustav recebera alta havia apenas um mês e já estava no meio do fogo cerrado — de volta a Gorlice, de volta às trincheiras geladas no sopé da encosta sob a cidade, de volta à queda intermitente de granadas e à guerra de atrito. Então chegara o dia — 24 de fevereiro de 1915 — de a divisão lançar um ataque contra as posições russas pesadamente defendidas.

Para Gustav, parecia uma missão suicida: um ataque frontal contra uma grande força reunida em terreno elevado e facilmente defensável. Era um cemitério tradicional católico — uma cidade de pequenos túmulos de pedra calcária e mármore, muito próximos, uma verdadeira fortaleza —, e a companhia de Gustav fora destroçada na primeira aproximação. Com o sargento e o chefe do pelotão entre as baixas, Gustav e seu braço direito, o anspeçada Johann Aleksiak, improvisaram um plano para evitar a perda desnecessária de mais vidas.[13] Liderando o que restava do pelotão — agora consistindo apenas neles, dois anspeçadas, e dez soldados rasos —, haviam contornado o flanco esquerdo até a posição inimiga, onde ficaram ao abrigo do fogo russo, então avançaram a partir dali. Infiltrando-se pelas laterais do cemitério, alcançaram os túmulos antes que os russos percebessem sua presença. Imediatamente, começou um terrível fogo cerrado. Eles devolviam os tiros da melhor forma que podiam e seguiam avançando. Os russos começaram a atirar granadas de mão, mas Gustav e seus homens seguiram em frente, fazendo o inimigo recuar.

Tinham avançado quinze metros no perímetro inimigo quando as aleias entre os túmulos ficaram estreitas demais para atirar direito. Gustav deu ordens para os homens pararem e calarem as baionetas. Com o sangue fervendo nas veias, lançaram um violento e furioso ataque final.

Funcionou: os russos foram expulsos de suas posições sob a mira das baionetas austríacas. O flanco de Gustav atacara a principal força de defesa russa, permitindo ao restante da Companhia 3 avançar pelo cemitério. Eles fizeram duzentos prisioneiros russos naquele dia, parte de um total de 1240 capturados pelo regimento.

Diante dos reveses que o Exército austríaco havia sofrido desde o início da guerra, a captura do cemitério de Gorlice foi uma conquista significativa, que recebeu uma chuva de medalhas e até uma leve menção no relatório assinado pelo marechal de campo Von Höfer.[14] Não seria a primeira vez nem a última que uma tensa batalha fora decidida pela iniciativa de um simples suboficial.

בן

O rabino de Frankfurt entoou as últimas bênçãos do Sheva Brachot, as sete bênçãos do casamento, sua voz ecoando pela sinagoga e capela da caserna de Rossauer. Sob o dossel matrimonial montado por seus camaradas, Gustav vestia o uniforme de gala, com a Medalha de Prata de Primeira Classe por Bravura no peito. Ao seu lado estava a noiva, Tini Rottenstein, radiante, com sua gola de renda branca e flores de seda brilhando contra o tecido escuro do casaco e o chapéu de aba larga.

Dois anos tinham se passado desde aquele dia no cemitério de Gorlice. Gustav e Johann Aleksiak haviam ambos recebido a Medalha de Prata, uma das mais elevadas distinções militares austríacas. Seu oficial de comando descrevera as ações deles como uma "aproximação inteligente e corajosa sem precedentes", em que os dois anspeçadas "distinguiram-se com excelência".[15] Fora uma batalha feroz e mais de uma centena de homens do 56º Regimento de Infantaria tinham recebido condecorações.[16] A partir daquele dia, a despeito dos reveses, os austríacos haviam empurrado o exército do tsar através do Vístula e para fora da Galícia, capturando Lemberg (depois Lwów, Polônia, e atual Lviv, Ucrânia), Varsóvia e Lublin. Em agosto desse ano, Gustav ficara fora de combate outra vez, com um ferimento bem mais grave no pulmão.[17] Mas acabara se recuperando e voltando à ação.

"Que o estéril se rejubile e seja feliz na reunião alegre de seus filhos." O canto do rabino de Frankfurt encheu o ambiente. "Abençoado sois Vós, Senhor, que criastes a alegria e a felicidade, o noivo e a noiva, o contentamento, o êxtase, a satisfação, o deleite, o amor, a amizade, a harmonia, a fraternidade [...] que alegram o noivo e a noiva." Ele pôs a taça no chão, como manda a tradição, então Gustav ergueu a bota e a esmagou. "*Mazel tov!*", exclamou a congregação, desejando boa sorte.

O rabino fez uma fala lembrando Tini do caráter solene de se casar com um soldado e comentando a bondade do Império Austro-Húngaro em relação ao povo judeu. Comparou o novo imperador Karl ao sol brilhando sobre os judeus. Seus antepassados haviam derrubado os muros dos velhos guetos e "estabelecido Israel" em seu reino.[18] A Áustria sempre tivera sua dose de antissemitismo, mas desde a emancipação sob os imperadores Habsburgo os judeus conheciam uma vida próspera. Graças àquilo, puderam seguir em frente com a força de suas mãos e de seus corações.

Gustav e Tini deixaram a sinagoga naquele dia para entrar em uma nova era. Os dias de Gustav como soldado ainda não haviam chegado ao fim. Ele conheceria mais ação no front italiano e receberia mais condecorações, ajudando a Áustria e a Alemanha ao longo da derrota lenta, inevitável e sangrenta. Mas ele acabou sobrevivendo e voltando a Viena. No verão do primeiro ano de paz, Edith nasceu. O antigo império foi desmantelado pelos aliados vitoriosos: a Galícia foi cedida à Polônia, a Hungria conquistou a independência e à Áustria restou um pequeno território. Mas Viena continuava sendo Viena, o coração civilizado da Europa, e Gustav fizera por merecer um lugar ali para sua família.

Alguns não concordavam. Muitos austríacos e alemães começaram a buscar maneiras de expiar a vergonha da derrota. A culpa era dos judeus, diziam, inventando acusações: eles prosperaram nos tempos de guerra com o mercado negro; multidões de refugiados judeus vindo do front eram considerados culpados por agravar a crise de alimentos nas cidades; circulavam histórias de como os judeus tinham evitado o serviço militar; sua influência no governo e no comércio era considerada perniciosa e uma facada nas costas da Alemanha e da Áustria. No parlamento de Viena houve uma manifestação antissemita de nacionalistas alemães e do Partido Social Cristão. Os jornais publicavam diariamente ameaças de pogroms.[19]

Mas a esperança não morreu. O antissemitismo estridente deu lugar a murmúrios ressentidos, e os judeus vienenses puderam seguir com sua vida normal. Em alguns momentos era difícil para Gustav ganhar o pão, mas ele nunca se desesperou, entrando para a política socialista a fim de assegurar um futuro mais luminoso para a classe trabalhadora e de obter prosperidade para seus filhos no futuro.

אבא

Outro trem, outra época, outro mundo... e, no entanto, o mesmo.

Gustav estava no escuro, balançando ao ritmo do trem. Em torno dele o ar estava espesso; além do cheiro familiar de corpos suados, de uniformes encardidos e do balde que servia de latrina, estava dominado pelo burburinho das vozes. Havia dezenas de homens em um espaço tão pequeno que mal podiam se mover. Chegar ao balde para urinar era uma odisseia.

Dois dias haviam se passado desde que eles tinham entrado no trem em Weimar. Os olhos de Gustav haviam se adaptado aos raios de luz penetrando pelas fendas em torno da porta e das grades, era o suficiente apenas para escrever breves linhas em seu diário. Devia ser por volta do meio-dia, porque a luz estava mais brilhante e ele pôde discernir o semblante dos companheiros: Gustl Herzog estava lá, e o rosto comprido e franco de Stefan Heymann, além de seu amigo Felix "Jupp" Rausch e Fritz, que estava sentado perto de alguns jovens conhecidos seus, incluindo Paul Grünberg, um vienense de sua idade que fora aprendiz de Siewert, mas não completara o treinamento.[20] Sem água ou cobertores, sentiam sede e frio, e os ânimos estavam profundamente débeis.

Mesmo sem conseguir ver ou cheirar a paisagem pela qual passavam, Gustav a conhecia: os campos, as colinas e montanhas verdejantes ao longe, as pequenas aldeias pitorescas. Ele crescera ali, derramara sangue por seu país ali, e agora os trilhos do trem o levavam de volta uma última vez, para morrer ali.

A família que começara de forma auspiciosa estava destruída e dispersa. Todas as esperanças que alimentara — em 1915, quando tinham posto a medalha em seu peito; em 1917, quando pisara na taça com o calcanhar da bota e se unira a Tini em matrimônio; em 1919, quando segurara Edith pela primeira vez em seus braços — de uma Israel criada em plena Áustria foram esmagadas pelas engrenagens daquela máquina vasta, insana, defeituosa, em seu ímpeto irrefreável e tolo de um ideal ariano que nunca existira nem poderia existir, porque seu puritanismo tacanho era a perfeita antítese de tudo o que tornava uma sociedade grandiosa. O nazismo era como um ator canastrão tentando se passar por rei com uma coroa de papelão.

O trem, cruzando campos ceifados e florestas matizadas de dourado, começou a perder velocidade. Muito devagar, virou para o sul e entrou na estação da pequena cidade de Oświęcim.[21]

Cuspindo colunas de fumaça, a locomotiva puxou os vagões de gado até a rampa de carga e descarga. E parou. Dentro do trem, os homens vindos de Buchenwald se perguntaram se haviam chegado ao destino. As horas passavam e nada acontecia. Os raios de luz entrando pelas fendas sumiram e os deixaram na completa escuridão.

Gustav ficou grato pelo consolo de ter Fritz a seu lado. Não conseguia nem imaginar como teria aguentado sem o menino ali — e por vontade própria!

O espírito daquelas promessas destruídas tanto tempo antes continuava vivo em Fritz, nos laços que uniam pai e filho e os tinham mantido com vida até lá. Se iam de fato morrer, pelo menos não estariam sozinhos.

Enfim, eles escutaram uma movimentação do lado de fora: as portas dos vagões foram abertas e ordens, vociferadas. Quando chegou sua vez, o clarão de tochas e lanternas elétricas o cegou. "Todos pra fora!"

Desembarcaram, o corpo duro e dolorido, em um círculo de luz, com pastores-alemães rosnando. "Em formação! Primeira fileira aqui! Rápido!" Acostumados a anos de chamadas, os prisioneiros de Buchenwald entraram em formação no espaço entre os trilhos. Aguardando a usual sessão de socos e insultos, ficaram surpresos — e um pouco inquietos — quando não veio uma coisa nem outra. Os guardas armados bradavam ordens de vez em quando, mas de resto permaneciam estranhamente silenciosos, indo e vindo pelas fileiras, observando atentamente os prisioneiros. O tempo passou e os homens ficavam cada vez mais nervosos. Sempre que os guardas estavam longe, Gustav abraçava Fritz.

A última vez que Gustav pusera os pés naquela estação fora em 1915, quando recebera alta do hospital e fora mandado de volta ao front. Nada parecia familiar.

Pouco após as dez da noite, o som de botas marchando pela rampa anunciou a chegada de um esquadrão da SS vindo do campo de concentração. Eram liderados por um oficial de meia-idade de expressão austera, com lábios oblíquos e severos, usando óculos de aro de aço: o tenente Heinrich Josten, do departamento de detenção de Auschwitz.[22] Meticulosamente, ele ticou os nomes e números dos recém-chegados em uma lista, depois perguntou: "Alguém tem relógio ou outras coisas de valor? Ouro, por exemplo? Se tiverem, entreguem. Não vão mais precisar". Ninguém respondeu. Josten acenou para seus homens, que ordenaram que os prisioneiros marchassem em filas pela rampa.

Do pátio de carga e descarga, marcharam por uma rua longa e reta entre o que pareciam ser pequenas fábricas iluminadas e fileiras de barracões de madeira decrépitos. Aquilo pareceu vagamente familiar a Gustav.

Virando à esquerda, seguiram por uma rua curta que dava em um portão banhado pela luz de holofotes: os portões foram abertos, a cancela foi erguida e os prisioneiros de Buchenwald passaram sob o arco de ferro com a inscrição:

O trabalho liberta.

A cancela desceu e os portões foram fechados com um estrondo metálico às suas costas.[23]

Estavam dentro do campo de concentração de Auschwitz. Passaram por uma rua larga ladeada por sebes bem aparadas e blocos de dois andares grandes e bem construídos. Eram similares à caserna da SS em Buchenwald, mas aos olhos de Gustav havia um tipo de familiaridade diferente, mais remota. Ele estivera ali antes.

Ao chegar a um prédio mais afastado do campo, os prisioneiros receberam ordens de entrar. Era o bloco de banho. Seus nomes foram novamente verificados na lista do *Transport* e eles se dirigiram ao vestiário administrado por prisioneiros. Foram instruídos a se despir para um exame médico. Depois, tomariam banho e teriam os uniformes desinfetados antes de ir para as acomodações.[24]

Fritz e seu pai se entreolharam furtivamente. O nervosismo do grupo aumentou ainda mais. Todos haviam escutado rumores de câmaras de gás em Auschwitz disfarçadas de duchas.[25] Os homens tiraram o uniforme velho e encardido, depois a roupa de baixo, e entraram em fila em outra sala, onde foram examinados por um médico, depois em outra, onde tiveram a cabeça raspada — daquela vez completamente, sem deixar um restolho de cabelo, como normalmente faziam. Os pelos do corpo também foram raspados. Em seguida, veio a inspeção de piolhos. Fritz notou um cartaz pintado em letras teutônicas sinistras na parede branca: "Um piolho é sua morte".[26]

Por fim, as duchas. Fritz, Gustav e os demais observaram ansiosamente os primeiros passarem pela porta.

Os minutos transcorreram. A inquietação cresceu entre os prisioneiros. Fritz podia sentir a tensão se acumulando enquanto os homens murmuravam entre si. Então chegou sua vez: também obedeceriam e caminhariam mansamente para a morte?

De repente um rosto surgiu no vão, molhado e sorridente, com água pingando do queixo. "Está tudo bem", disse ele. "É uma ducha mesmo!"

As levas seguintes entraram bem mais animadas. Depois todos receberam os uniformes e a roupa de baixo livres de piolhos, desinfetados e limpos.[27]

Para alívio de Gustav, seu diário, com seu inestimável registro, continuava escondido ali.

Quando se vestiram, Hans Aumeier, capitão da SS, vice-comandante e chefe do Departamento III, passou em revista a seção de "custódia protetora", que abrangia a maior parte dos judeus. Bêbado de temperamento irascível, ele esbofeteou o superior de bloco — um alemão usando o triângulo verde —, que chegara atrasado para receber os recém-chegados. Aumeier representava tudo o que tornava a SS tão temida: era um linha-dura de aspecto cruel e reputação de torturador e assassino em massa. Quando se deu por satisfeito com os novos prisioneiros, ordenou que o superior de bloco os levasse dali.

Eles foram instalados no bloco 16A, no centro do campo. Assim que entraram, o superior de bloco ordenou que entregassem eventuais contrabandos, mandando seus ajudantes — todos jovens poloneses — os revistarem. Os pertences recolhidos iam desde papel e lápis a cigarreiras e canivetes, além de dinheiro e pulôveres — artigos preciosos. Alguns mais corajosos — incluindo Gustl Herzog — bateram boca com os poloneses, recusando-se a entregar suas coisas, e apanharam com mangueiras de borracha. Todo mundo que abria a boca levava uma surra. Muitos objetos tinham imenso valor para eles — lembranças que os tinham ajudado a manter a esperança e a seguir vivos no inverno precedente.

Enfim os ajudantes lhes mostraram os beliches e instruíram: dois em cada cama, com um cobertor para cada. Gustav conseguiu dormir ao lado de Fritz. Foi como a primeira noite na barraca em Buchenwald. Pelo menos havia um assoalho onde pisar e um teto sólido sobre suas cabeças. Mas estavam certos de que a vida em Auschwitz seria breve e cruel.

אבא

No terceiro dia, foram tatuados. A prática era exclusiva de Auschwitz e fora introduzida no outono anterior. Os prisioneiros fizeram fila na sala de registros e enrolaram a manga para tatuar o braço esquerdo.

O número 68 523 foi tatuado com nanquim no braço de Gustav, junto à cicatriz do ferimento à bala que ele sofrera em janeiro de 1915.[28] Anotaram sua situação, *Schutzjude* (judeu sob custódia protetora), o local e a data de seu nascimento e seu ofício.[29] Por ter ido como voluntário, Fritz estava perto do fim da lista e recebeu o número 68 629. Ele foi registrado como ajudante de pedreiro.

Então voltaram a seu bloco. Os dias se passaram, mas os prisioneiros de Buchenwald não foram convocados para nenhum trabalho e ficaram mais ou menos em paz, a não ser pelos rituais normais do campo de concentração.

Não havia praça de chamada, e a rotina era cumprida na rua diante do bloco. A comida era distribuída pelos ajudantes poloneses e pelo superior de bloco — o *blockowi*, como diziam os poloneses. Eles odiavam e desprezavam os judeus austríacos e alemães — por serem tanto germânicos como judeus —, e diziam sem pudores que não sobreviveriam a Auschwitz: estavam ali para ser exterminados. Na hora da refeição, os prisioneiros faziam fila e quando chegava sua vez a pessoa recebia uma tigela e uma colher das mãos do *blockowi* e uma concha do caldo ralo de um balde do ajudante. Outro ajudante ficava ao lado com uma colher e rapidamente tirava qualquer pedaço de carne que visse na tigela. Até os prisioneiros de Buchenwald mais estoicos ficavam irritados com o procedimento, mas quem reclamava acabava apanhando.

Gustav, que era oficialmente visto como polonês de nascimento e falava a língua, era um pouco mais bem tratado do que os demais. Nos primeiros dias, conheceu alguns poloneses mais velhos que lhe explicaram sobre Auschwitz, confirmando os rumores que escutara sobre o propósito terrível e fatal do lugar.

Eles estavam mais confinados do que em Buchenwald, com apenas três fileiras de sete blocos. Ali, como ficaram sabendo, era o campo principal, Auschwitz I.[30] A dois quilômetros, na outra ponta da ferrovia, um segundo campo, Auschwitz II, fora construído na aldeia de Brzezinska, que os alemães chamavam de Birkenau — "floresta de bétulas" (a SS gostava de dar nomes pitorescos a seus palcos de sofrimento).[31] Birkenau era vasto, construído para conter mais de 100 mil pessoas e equipado para exterminá-las em escala industrial. Auschwitz tinha suas próprias instalações para tal fim: o infame bloco 11 — o Bloco da Morte —, em cujos porões haviam feito os primeiros experimentos com gás venenoso. Mais notoriamente, o pátio fechado diante do bloco 11 era o local do Muro Negro contra o qual fuzilavam prisioneiros.[32] Se os prisioneiros de Buchenwald seriam mandados para Birkenau ou morreriam ali, ainda estavam por descobrir.

Quando o dia nasceu, a familiaridade dos arredores ficou mais clara para Gustav — especificamente, os sólidos edifícios de tijolos. Auschwitz I não fora feito pela SS: na verdade era uma antiga caserna convertida, erguida pelo

Exército austríaco antes da Primeira Guerra Mundial. O exército polonês usara o local após 1918 e agora a SS o transformara em um campo de concentração. Tinham sido acrescentados alguns blocos de barracões extras, rodeados por uma cerca elétrica, mas o lugar ainda era reconhecível. O cabo Gustav Kleinmann ficara hospitalizado ao ser ferido, em 1915, naquele mesmo ponto junto ao Soła, o rio que fluía do lago próximo à aldeia onde nascera. Quando o vira pela última vez, o lugar estava sob a neve e cheio de soldados austríacos, e ele era um herói ferido, tratando de um ferimento de bala ao lado do qual agora tinha uma tatuagem de prisioneiro.

Era como se aquele rincão do mundo se recusasse a deixá-lo ir: após trazê-lo à vida, criá-lo e numa ocasião quase matá-lo, parecia determinado a arrastá-lo de volta.

בן

No nono dia após a chegada dos prisioneiros de Buchenwald, o campo deu uma demonstração de seu caráter vil. Duzentos e oitenta poloneses foram levados ao Bloco da Morte para execução. Percebendo o que iam fazer com eles, alguns não se entregaram sem luta. Estavam desarmados e fracos, e a SS matou com rapidez os rebeldes e levou o restante para o Muro Negro. Um dos condenados escreveu um bilhete para sua família e o entregou a um membro do *Sonderkommando*, mas a SS descobriu e o destruiu.[33]

"Acontecem muitas coisas assustadoras aqui", escreveu Gustav. "É preciso ter nervos de aço para aguentar."

Mas, para alguns, era uma guerra de nervos. Como Fritz. Estava dominado por uma sensação de medo, exacerbada pelo limbo em que era mantido. Acostumara-se de tal modo à sua rotina de pedreiro e ao fato de que devia sua sobrevivência à sua colocação na equipe de construção que ficar sem trabalho o deixava preocupado. Sentia que mais cedo ou mais tarde seria apontado como mais uma boca inútil e mandado para o Muro Negro ou para a câmara de gás, como todo mundo. A apreensão se transformou em ansiedade e pavor. Ele chegou à conclusão de que a única maneira de salvar sua vida era se identificar para alguém em posição de autoridade e pedir para trabalhar.

Fritz confessou seus pensamentos ao pai e a alguns amigos próximos. Eles fizeram de tudo para dissuadi-lo da ideia temerária, lembrando-o da regra fundamental de sobrevivência: *nunca* chame a atenção para si, de modo algum. Mas Fritz era jovem e teimoso, e tinha certeza de que se não fizesse aquilo seria seu fim.

A primeira pessoa com quem falou foi o *Blockführer*. Com a coragem dos desesperados, Fritz se apresentou: "Tenho treinamento como pedreiro", disse. "Gostaria de trabalhar numa obra." O homem arregalou os olhos de incredulidade, relanceou a estrela em seu uniforme e zombou: "Quem já ouviu falar de um judeu que sabe construir?". Fritz jurou que era verdade e o *Blockführer* — atipicamente descontraído para um guarda da SS — levou o jovem ao *Rapportführer*, um sargento de aspecto amigável chamado Gerhard Palitzsch.

Palitzsch era um dos poucos homens da SS à altura do ideal ariano de beleza, e tinha modos afáveis e serenos. Mas era uma ilusão perigosa. Como assassino, o sujeito não ficava devendo nada a ninguém. A quantidade de prisioneiros que executara pessoalmente no Muro Negro era incontável: sua arma preferida era um rifle da infantaria, e ele atirava na nuca da vítima com tamanho descaso que deixava seus colegas de SS impressionados. O comandante de Auschwitz, Rudolf Höss, costumava assistir às execuções de Palitzsch e afirmou: "Nunca notei nele a mais leve perturbação da emoção". Disse também que ele matava "com ar despreocupado, sem se abalar, impassível, sem pressa".[34] Se havia algum atraso, Palitzsch abaixava o rifle e ficava assobiando alguma melodia animada ou papeava com os homens até o momento de voltar à tarefa. Orgulhava-se do que fazia e não sentia o menor peso na consciência. Os prisioneiros o consideravam "o pior filho da puta de Auschwitz".[35]

E foi para aquele homem que Fritz resolveu se expor. A reação de Palitzsch foi a mesma do *Blockführer*: nunca ouvira falar num pedreiro judeu. Mas estava intrigado. "Vamos fazer um teste", disse. "Se estiver tentando me enganar, morre na hora", acrescentou. Ordenou ao *Blockführer* que levasse o prisioneiro e o fizesse construir alguma coisa.

Fritz foi escoltado até um canteiro de obras nas proximidades. Com um sorriso irônico, o *kapo* mostrou os materiais e, julgando levar a melhor sobre o judeu sabichão, instruiu-o a erguer um tremó — o espaço da parede entre duas janelas —, tarefa impossível de ser feita por um pedreiro inexperiente.

A despeito da ameaça que pairava sobre Fritz, ele se sentia absolutamente calmo pela primeira vez em semanas. Pegando a colher e um tijolo, pôs mãos à obra. Com movimentos ágeis e habilidosos, enfiou a colher no balde de argamassa e iniciou a primeira fieira, alisando o cimento com a ponta da colher, esparramando, raspando o excesso das beiradas com ligeiros meneios de pulso. Pegava um tijolo, passava massa e o assentava, raspava o excesso, depois punha outro e mais outro. Trabalhou com a velocidade silenciosa que aprendera sob o olhar fixo dos supervisores da SS, e as fieiras logo foram subindo, alinhadas e perfeitamente aprumadas. Para espanto do *kapo*, em pouco tempo erguera a base de um tremó perfeito.

Duas horas depois, estava de volta à casa de guarda, escoltado por um *Blockführer* muito surpreso. "Ele sabe mesmo construir", o sujeito disse para Palitzsch.

O rosto normalmente impassível do sargento deu lugar a uma expressão de desagrado. Era inaceitável a ideia de um pedreiro — um trabalhador honesto — judeu. Mas ele apenas anotou o número de Fritz e o mandou de volta ao seu bloco.

Por algum tempo, as coisas continuaram na mesma, mas, em 30 de outubro, onze dias após sua chegada, enfim chegou a hora da verdade para os prisioneiros de Buchenwald.

Após a chamada matinal, todos os prisioneiros judeus recém-transferidos formaram filas para ser inspecionados por um grupo de oficiais da SS. Além dos quatrocentos de Buchenwald, havia mais de mil de Dachau, Natzweiler, Mauthausen, Flossenbürg e Sachsenhausen, além de 186 mulheres de Ravensbrück — no total, 1674 pessoas.[36] Eles receberam ordens de se despir e passar diante dos oficiais para ser avaliados. Os de aparência idosa ou enferma eram mandados para a esquerda, os demais, para a direita. Todos sabiam perfeitamente o que isso significava. A proporção parecia ser de meio a meio.

Chegou a vez de Fritz. Quando se aproximou, o oficial encarregado o mediu e apontou para a direita.

Fritz se afastou e ficou assistindo ao espetáculo desolador. Chegou a vez de seu pai. Gustav estava com mais de cinquenta anos de idade e sofrera terrivelmente no último ano. Centenas de outros com a mesma idade que ele — alguns mais jovens — já haviam sido separados do lado esquerdo. Fritz, com o coração martelando e a respiração suspensa, observou o homem medir seu pai com cuidado. A mão se ergueu... e apontou a direita. Gustav foi ficar ao lado do filho.

No fim, mais de seiscentas pessoas — incluindo cerca de cem prisioneiros de Buchenwald e praticamente todos os homens de Dachau — foram considerados incapacitados para o trabalho. Muitos eram velhos amigos e conhecidos de Gustav e Fritz. Afastaram-se em marcha na direção de Birkenau para nunca mais ser vistos.[37]

"E foi assim que Auschwitz começou para nós de Buchenwald", recordaria Fritz mais tarde. "Percebemos naquele momento que estávamos condenados à morte."[38]

Mas ainda não. Após a triagem, os oitocentos homens restantes também foram conduzidos para fora do campo. Em vez de marchar para o oeste, na direção da estrada de ferro e de Birkenau, foram para o leste. A SS tinha trabalho para eles: um novo campo seria construído. Atravessaram o rio, passaram pela cidade de Oświęcim e avançaram pela paisagem rural.

Marchando ao familiar compasso da brutalidade nazista, os prisioneiros de Buchenwald sentiam um alívio imenso por suas circunstâncias. Continuavam vivos — e estar vivo era mais importante que qualquer coisa. Se o gesto temerário de Fritz precipitara a situação, ao plantar a ideia de que os judeus podiam ser úteis numa obra, ninguém sabia dizer, mas Gustav acreditava que sim. Em seu diário, a adoração ao filho é visível: "Fritzl veio comigo por vontade própria. É um companheiro leal, sempre ao meu lado, tomando conta de tudo. Todos admiram o menino, e ele é um verdadeiro camarada para todo mundo". Ao menos na visão de alguns, a ousadia do rapaz os poupara da câmara de gás.[39]

12. Auschwitz-Monowitz

✡

Se um avião voasse para o leste sobre o sul da Polônia em um dia de novembro de 1942, quem estivesse a bordo veria poucos sinais da ocupação alemã. Somente pequenos vilarejos rurais e antigas cidades mercantis às margens de estradas e rios serpenteantes.

Na direção de Cracóvia, haveria uma forma visível nos campos perto da linha férrea — um vasto retângulo com mais de um quilômetro de comprimento e quase o mesmo de largura, preenchido por fileiras e mais fileiras de barracões oblongos. Torres de vigilância pontuariam o perímetro marcado pela cerca e, separados num canto, entre algumas árvores, diversos prédios cuspiriam fumaça.

Mais adiante, surgiria um denso aglomerado de construções do outro lado da ferrovia — o campo de Auschwitz, distinguível na massa cinza de oficinas pela cor vermelha dos telhados de seus blocos de barracões. O rio fluiria para o sul, uma linha prateada e sinuosa orlada de mata verdejante, na direção da antiga praça-forte de Kenty — onde Gustav Kleinmann ficara estacionado antes da Grande Guerra — e das montanhas Beskid. Mais adiante, além de onde a vista alcançaria, viriam o lago e a aldeia de Zabłocie, onde Gustav crescera.

Vários quilômetros depois de Oświęcim, uma nova cicatriz riscaria a paisagem: uma vasta mancha escura numa curva do Vístula. Outrora a modorrenta aldeia de Dwory, ali seria vista uma área de três quilômetros de comprimento e mais de um quilômetro de largura, riscada por estradas e trilhos e inteiramente dominada por obras e mais obras, compreendendo escritórios, oficinas, fábricas e o esqueleto de muitos outros prédios, cercados por gaiolas, silos e reluzentes chaminés de metal. Tudo parte da indústria química de Buna Werke, cujo cronograma já estava atrasado.

Menos perceptível ao seu lado, no extremo oposto, onde estivera o pequeno vilarejo de Monowitz até ser esvaziado pela SS, teria início um novo campo. Um simples retângulo destacado na paisagem verde — minúsculo se comparado ao imenso complexo industrial, com seu punhado de barracões, algumas ruas inacabadas e obras, pontilhadas pelo formigueiro de prisioneiros trabalhando.

בן

Fritz se concentrava no serviço à sua frente como se não houvesse nada mais importante no mundo do que erguer aquela parede e ele fosse apenas uma máquina aumentando pouco a pouco sua altura e seu comprimento. Manter-se focado em coisas pequenas e factíveis e em sua capacidade de concretizá-las era a única maneira de conservar a sanidade.

"Ritmo, ritmo! Mais rápido, mais rápido!" A voz do *kapo* polonês, Petrek Boplinsky, ecoou no canteiro de obras. O homem conhecia apenas algumas palavras em alemão e a que mais pareciam escutar era "*schneller!*" ("mais rápido!"), conforme ele andava de um lado para outro brandindo a bengala e açoitando os carregadores de tijolos e argamassa. O cronograma da construção estava apertadíssimo. A pressão vinha de cima, e só os mais fortes e aptos seriam capazes de sobreviver ao andamento da obra. Não havia muitos prisioneiros nessas condições.

"*Pięć na dupę!*",* berrava Boplinsky, seguido do som de sua bengala pespegando cinco vergastadas nas nádegas de algum pobre-diabo. Sem erguer os olhos, todos os demais punham empenho extra na tarefa.

Duas semanas haviam se passado desde a chegada de Fritz e dos outros ao subcampo de Monowitz.[1] Tinham sido um inferno na terra e não deviam nada ao pior de Buchenwald. Muitos prisioneiros não haviam sobrevivido aos brutais primeiros dias.

* "Cinco no lombo!", em polonês.

Após a marcha de três horas desde Auschwitz I, os recém-chegados haviam sido levados a seus blocos. O campo ainda mal saíra do papel — era apenas um terreno amplo com alguns barracões de madeira, sem cercas e nada além de uma linha de sentinelas para vigiar os prisioneiros.[2] Os barracões eram primitivos e estavam incompletos, sem luz ou instalações de banho. A única água disponível vinha das poucas válvulas hidráulicas instaladas pelo terreno. As cozinhas não estavam prontas, de modo que a comida chegava diariamente de Auschwitz I.

No começo, os novos trabalhadores foram empregados na construção das ruas. Inclusive Fritz: os supervisores em Monowitz pareciam não fazer ideia de suas habilidades. Chovia a cântaros e o chão virou um lamaçal que era um pesadelo para escavar e deixava os carrinhos de mão atolados. Os homens voltavam a seus barracões encharcados e pregados. Não havia aquecimento, mas os *Blockführers* e o *Rapportführer* esperavam mesmo assim que todos se apresentassem à chamada matinal com roupas e sapatos limpos e secos. Nos primeiros dias, Fritz olhava com preocupação para os camaradas mais velhos e menos resistentes — sobretudo seu pai. Eles não aguentariam por muito tempo.

Escavando o barro, o jovem observou o campo começando a tomar forma, com as fundações para cercas e torres de vigilância sendo lançadas. Sabia que a salvação residia em conseguir ser transferido para a turma de construção.

Um dia, o sargento da SS Richard Stolten, gerente de mão de obra em Monowitz, apareceu de passagem. A SS ali era particularmente irascível; ainda não havia alojamentos para os guardas, que eram levados de caminhão de Auschwitz I todos os dias, em turnos. Odiavam ser destacados para Monowitz e se agastavam com facilidade. Fritz calculou que o risco valia a pena. Seu pai morreria caso continuassem naquilo.

Largando a pá por um instante, caminhou apressado na direção de Stolten, dizendo: "Número 68 629. Sou pedreiro", disse rápido, antes que o sargento pudesse reagir. Ele apontou para os colegas. "Viemos de Buchenwald; muitos de nós têm experiência em construção."

Stolten o mediu e chamou o *kapo*. "Descubra quais desses judeus são pedreiros e anote os números", disse.

Simples assim. Em qualquer outro momento, Fritz não teria conseguido nada além de uma surra, mas a situação era desesperadora. Havia uma pressão colossal vinda de Himmler e Goering para terminar Buna Werke e pôr as fábricas para operar, o que só seria possível quando o campo estivesse pronto. Fritz percebia a urgência.

Muitos colegas dele afirmaram ser pedreiros para conseguir a transferência — inclusive seu pai. Como tapeceiro, Gustav aprendera também a trabalhar com madeira, e alegou ser carpinteiro. Enquanto Fritz fazia fundações e pisos, seu pai ajudava com as seções pré-fabricadas utilizadas na construção dos blocos.

Do outro lado da estrada de Oświęcim a Monowitz, assomava a silhueta imensa do complexo de Buna Werke, parcialmente construído. A obra pertencia à gigante da química IG Farben, e quando completada fabricaria combustível sintético, borracha e outros produtos químicos para o esforço de guerra alemão.[3] A guerra se revelara bem mais intensa e difícil do que haviam imaginado e a demanda por combustível e borracha era frenética. O contrato da companhia com a SS previa um suprimento ilimitado de trabalhadores escravos de Auschwitz para usar como mão de obra na construção e nas fábricas, pelos quais pagavam à SS entre três e quatro marcos diários por cabeça (que iam direto para os cofres da SS). Além de ser mais barato do que remunerar civis, o arranjo proporcionava à empresa uma enorme economia em acomodações para os trabalhadores, amparo em caso de doença ou incapacitação, horas de descanso remuneradas e outros benefícios trabalhistas. A produtividade não era tão boa devido às péssimas condições dos prisioneiros, mas a companhia considerava que a economia valia a pena.[4] Um doente ou debilitado demais para o trabalho podia simplesmente ser mandado para as câmaras de gás em Birkenau e substituído por recém-chegados dos territórios conquistados pela Alemanha.

Aqueles prisioneiros — muitos deles judeus levados diretamente da Europa ocidental e da Polônia — não haviam passado pelo cruel processo seletivo dos campos e não eram tão resistentes quanto os veteranos. Também careciam das habilidades de sobrevivência essenciais. O ritmo do trabalho os deixava logo extenuados, assim como os maus-tratos, a fome e o descaso com os doentes. Pelos cálculos de Gustav, entre oitenta e 150 daqueles pobres-diabos desapareciam diariamente em Monowitz, mandados para as câmaras de gás sem que ninguém soubesse o nome ou conhecesse a vida deles.

Os novos *Transports* trouxeram notícias desoladoras a Fritz. Com eles chegaram dois velhos amigos de Buchenwald. Jule Meixner e Joschi Szende, que haviam sido transferidos temporariamente para Natzweiler alguns meses antes, informaram que Leo Moses morrera. Após sobreviver por oito anos nos campos, a SS pusera um fim à vida dele. Ouvir aquela trágica injustiça era cruel. Fritz lembrou o primeiro contato na pedreira, quando Leo lhe oferecera as pílulas pretas, e de quando o outro usara sua influência para transferi-lo para uma turma de trabalho mais segura, com Siewert. O velho comunista calejado e de bom coração fora um grande amigo, e Fritz lamentou profundamente sua morte.

Se aprendera alguma coisa com Leo era que a bondade podia ser encontrada em lugares inesperados. Era verdade ali também. A SS trouxera mão de obra remunerada da Alemanha e, pela primeira vez desde que tinham sido presos, Fritz e Gustav trabalharam com civis. Aqueles homens tinham receio da SS e estavam proibidos de falar com os prisioneiros, mas pouco a pouco ficavam mais comunicativos. Fritz descobriu que não eram nazistas dedicados, mas tampouco eram hostis à causa nazista. Quando tentava ir mais fundo para saber o que pensavam do brutal tratamento conferido aos prisioneiros, ficavam em silêncio. No entanto, pelo menos alguns se mostraram solidários: seus modos ficaram mais cordiais, eles deixavam nacos de pão para trás após o almoço e as bitucas que descartavam iam ficando maiores, ainda com boa parte do cigarro por fumar. O capataz civil, apelidado de Frankenstein, devido ao crânio anguloso e à expressão feroz, revelou-se mais bondoso do que parecia; ele nunca gritava nem desancava os prisioneiros, e sua postura influenciou o *kapo* Boplinsky, que passou a ser mais acessível e menos inclinado a usar a bengala nos auxiliares de pedreiro.

Gustav desfrutou de uma pausa do trabalho pesado quando os primeiros blocos de barracões foram terminados. Caminhões chegaram trazendo beliches e fardos de palha. Gustav e mais alguns foram selecionados para encher os sacos de juta que serviriam de colchões. Ele apreciou o serviço, costurando os colchões com mais rapidez e perícia do que os demais.

A pausa foi breve e não muito depois Gustav voltou a se juntar ao grupo. Com o término das paredes dos barracões em sua parte do campo, Gustav enfrentou a perspectiva de ter de voltar ao trabalho pesado. Pior ainda era a possibilidade de ser designado para os canteiros de obras de Buna Werke. Os homens que trabalhavam lá voltavam quase mortos toda noite e contavam histórias terríveis. Era como a pedreira de Buchenwald outra vez. Muitas vezes os prisioneiros voltavam em macas. Quem não conseguisse acompanhar o ritmo era mandado a Birkenau.

Com calma determinação, Gustav decidiu evitar aquele destino. Toda manhã, quando o sargento Stolten anunciava as especializações necessárias, Gustav se oferecia para o trabalho. Fosse telhadista, vidraceiro ou carpinteiro, dava um passo à frente. E conseguia levar o engodo até o fim, dia após dia, fingindo que sabia fazer muitos tipos de trabalho em construção. Fritz se preocupava com as consequências caso a SS o desmascarasse. Seu pai dava de ombros. Ele era inteligente e hábil com as mãos. Acreditava ser capaz de dominar qualquer ofício suficientemente bem para evadir-se aos broncos da SS.

Conforme os novos barracões eram terminados, iam sendo preenchidos com as levas mais recentes de prisioneiros, que eram mandados para os pátios de obras. As condições do campo eram inimagináveis até para veteranos: vivia superlotado, gelado e imundo. Não havia instalações sanitárias suficientes e a disenteria começou a grassar. Prisioneiros morriam todos os dias, em quantidade assustadora.

Contudo, não era nada comparado ao que acontecia em Birkenau. Três ou quatro *Transports* chegavam a Monowitz diariamente, carregados de judeus que haviam sobrevivido às seleções de Birkenau. Os homens contavam histórias horríveis sobre as pilhagens feitas pela SS. "Em Birkenau, estão nadando em dinheiro, dólares e libras", escreveu Gustav, inconformado, "que os holandeses e outros trazem consigo. Os SS estão milionários e abusam das jovens judias. As mais atraentes continuam vivas; as demais são descartadas."

O inverno polonês foi cruel. O chão ficou coberto de gelo. Em Monowitz ainda não havia sistema de aquecimento e as cozinhas estavam em petição de miséria. Os fogões tinham quebrado no Natal e os prisioneiros ficaram sem ter o que comer por dois dias. Não tinham nem mesmo os nacos de pão que os trabalhadores civis costumavam deixar, porque eles estavam de férias. A comida acabou sendo levada em caminhões de Auschwitz I.

Para sua desolação, Fritz e seu pai foram transferidos para blocos separados. Os dois se reuniam à noite para discutir sua situação. Para Fritz, parecia que as coisas nunca haviam sido piores. Estava perdendo a esperança. Após dois meses e meio em Auschwitz-Monowitz, a maioria de seus camaradas de Buchenwald tinha morrido. Os *Prominenten* austríacos haviam sido assassinados: Fritz Löhner-Beda, letrista da "Canção de Buchenwald", fora espancado até a morte em dezembro, acusado de fazer corpo mole; Robert Danneberg, o político social-democrata, conhecera o mesmo destino; assim como Heinrich

Steinitz, o advogado e escritor. E a lista seguia. O golpe mais duro tinha sido Willi Kurz, o boxeador e *kapo* das hortas em Buchenwald, que ajudara Fritz e seus amigos a sobreviver ao inferno que era aquele lugar.

Fritz confidenciava seus temores para o pai quando se encontravam à noite. Gustav lhe dizia para não perder a esperança. "Ânimo", dizia. "Meu rapaz, os assassinos nazistas não vão nos derrotar!"

Mas aquilo não tranquilizou Fritz. Seus amigos tinham seguido aquela mesma filosofia corajosa, mas a maioria deles se fora.

Em seu íntimo, Gustav fazia todo o esforço para viver de acordo com o lema. Ele confidenciou seus medos em segredo ao diário. "Todo dia as partidas. Às vezes é de doer o coração, mas digo a mim mesmo: *Ânimo. O dia da sua liberdade vai chegar. Você tem bons amigos do seu lado. Não se preocupe — reveses fatalmente ocorrerão.*" Mas quantos reveses um homem conseguia suportar? Por quanto tempo conseguia manter a disposição e evitar a morte?

Até os mais resistentes tinham poucas chances. A Solução Final entrara em execução e mesmo os judeus mais fortes e úteis eram deliberada e metodicamente forçados a trabalhar até morrer. Seu valor como mão de obra era desprezível. Se um judeu morria, era um a menos para causar problemas. Havia uma dúzia para substituí-lo. Quem sonhava em sobreviver precisava de habilidade, amigos e uma dose extraordinária de sorte.

Habilidades e sorte não faltaram a Gustav quando ele precisou. Em janeiro, foi designado seleiro do campo, ficando responsável por todas as selas e pelos trabalhos de tapeçaria em Monowitz — na maior parte consertos para a SS. O trabalho era realizado na oficina, a salvo de intempéries, e depois que o sistema de aquecimento entrou em operação as coisas ficaram ainda melhores.

Parecia quase seguro. Mas Gustav tinha plena consciência de que outros não haviam tido tanta sorte e de que a sensação de segurança não duraria muito.

13. O fim de Gustav Kleinmann, judeu

בן

A construção do campo de Monowitz seguia a todo o vapor. A cerca eletrificada dupla fora terminada e os blocos de prisioneiros e casernas da SS estavam na etapa final. Durante as primeiras semanas de 1943, Fritz ajudou a construir a garagem do quartel-general e um posto de comando para os *Blockführers* junto ao portão principal.

Ele trabalhou com um pedreiro civil. Como muitos na mesma situação, o homem não falava com os prisioneiros, mas, enquanto os outros apenas evitavam conversar, aquele civil simplesmente ignorava a presença de Fritz. Ele não lhe dirigia uma palavra enquanto trabalhavam. Fritz acabou se acostumando à estranha presença silenciosa, até que um dia, do nada, o sujeito murmurou, sem erguer os olhos: "Estive nos pântanos de Esterwegen".

Foi quase inaudível, mas Fritz levou um susto. O homem continuou a trabalhar sem se deter, como se não tivesse falado nada.

À noite, Fritz contou para seu pai e seus amigos sobre o críptico pronunciamento. Eles entenderam na mesma hora. Esterwegen fora um dos primeiros campos de concentração, parte de um grupo estabelecido numa região pantanosa pouco povoada no noroeste da Alemanha em 1933. Os campos tinham sido construídos para prisioneiros políticos — a maioria membros do Partido Socialista. Eram controlados pela SA, cuja brutalidade era tão caótica que a SS parecera civilizada, em comparação, quando assumira o comando dos campos.[1] Muitos prisioneiros tinham sido libertados posteriormente, e o emudecido companheiro de trabalho de Fritz devia ter sido um deles. Não era de admirar que parecesse relutante em socializar — devia morrer de medo de chamar a atenção e voltar a ser preso.

Mas sua confiança em Fritz serviu para quebrar o encanto. Ele não voltou a abrir a boca, mas toda manhã Fritz encontrava pequenos presentes junto à sua caixa de argamassa. Um pedaço de pão e cigarros. Coisas pequenas, mas um alento para a alma e para o corpo.

Trabalhando com os cidadãos livres, desfrutando de sua caridade, gozando das regalias de um trabalhador especializado que não era mandado para as obras de Buna, Fritz começou a se sentir mais à vontade e relaxado. Após mais de três anos nos campos, foi um erro que poderia ter lhe custado caro.

Um dia, no andaime de um dos alojamentos dos *Blockführers*, ele refletia sobre um comentário feito por seu avô, Markus Rottenstein, que fora estenógrafo do prestigiado Boden-Credit, de Viena, banco da família imperial.[2] Muito cioso quanto a status social, para o avô os judeus eram elevados e civilizados demais para executar trabalhos manuais. Naquele exato momento, um amigo de Fritz na turma de carregadores chegou com alguns materiais e o chamou. "O que conta de novo, Fritz?"

"Nada", respondeu o jovem, indicando seus arredores. "Como meu avô sempre dizia: 'Lugar de judeu é num café, não em andaime de obra'."

Sua risada morreu na garganta quando escutou a voz furiosa em alemão vinda do chão: "Judeu! Desça daí!".

Com o coração martelando, Fritz desceu a escada correndo e parou na frente do tenente Vinzenz Schöttl, da SS, diretor do campo de Monowitz.

Schöttl era um brutamontes desagradável de olhos miúdos e rosto pastoso cuja ocupação principal era comprar bebidas e artigos de luxo no mercado negro. Seu temperamento caprichoso e volátil era ainda mais aterrorizante quando se enfurecia.[3] Certa vez, quando foram encontrados piolhos em alguns prisioneiros, Schöttl mandou o bloco inteiro — incluindo os superiores — para as câmaras de gás. Ele fuzilava Fritz com o olhar. "Do que você está rindo, judeu?"

Em posição de sentido e tirando o gorro, Fritz respondeu: "Só de uma coisa que meu avô costumava dizer".

"O que o seu avô costumava dizer que é tão engraçado?"

"Ele dizia: 'Lugar de judeu é num café, não em andaime de obra'."

Schöttl continuou a encará-lo. Fritz mal se atrevia a respirar. De repente, sua cara amarrada se desmanchou numa gargalhada. "Suma da minha frente, porco judeu!", Schöttl disse, e se afastou rindo.

Suando, Fritz voltou à escada. Quase pagara o preço por sua complacência. Segurança era algo que não existia ali.

בן

O influxo de judeus a Monowitz continuou a crescer. Fritz e os outros veteranos ficavam preocupados ao ver como eram ingênuos. Haviam passado pela triagem em Birkenau e seus familiares — esposas, pais e filhos — tinham sido mandados numa direção, enquanto eles — homens jovens — tinham sido mandados em outra. Não faziam ideia do que acontecera com os outros e pensavam que voltariam a vê-los.

Fritz não teve coragem de lhes dizer a verdade e destruir suas esperanças. No fim, inevitavelmente, acabaram descobrindo de um modo ou de outro — as esposas e os filhos pequenos, os pais e irmãs tinham terminado todos na câmara de gás. Alguns dos prisioneiros entravam em depressão e caíam num torpor. Por dentro, estavam mortos. Moviam-se num estado de completa apatia, não cuidavam de si e pouco a pouco integravam as fileiras dos casos perdidos, emagrecendo até virar pele e osso, cheios de feridas, com olhares vazios, sem alma. Na gíria do campo, aqueles mortos-vivos eram chamados de *Muselmänner* — muçulmanos. A origem do termo se perdeu no folclore do campo, mas alguns afirmam que, por não conseguirem mais se sustentar direito, a postura muito recurvada lembrava um muçulmano em oração.[4] Uma vez que o homem se tornava um *Muselmann*, os outros prisioneiros o evitavam. Aquilo era motivado em parte pelo asco e em parte pelo pensamento terrível de que poderiam ficar como eles.

Com o fim do trabalho na obra, Fritz passou a um grupo de seis felizardos selecionados por Stolten para trabalhar no bloco de banho do campo. Ele preparava a alvenaria e instalava a calefação, sob as ordens de um capataz civil que o tirava do sério. Jakob Preuss se esgoelava como um louco quando estava na frente da SS. Vivia berrando com os prisioneiros e, se um guarda ou oficial se aproximava, fazia uma saudação e exclamava "*Heil* Hitler!". Fritz o achava insuportável.

Um dia, Preuss chamou Fritz na sua sala. "O que pensa que está fazendo, trabalhando nesse ritmo?", Preuss quis saber. Fritz quase caiu de costas. Não era tolo de relaxar e seu desempenho nunca fora motivo de crítica antes. Preuss baixou a voz e disse: "Se continuar trabalhando com essa rapidez, vamos terminar em dois tempos e serei mandado para o front!".

Fritz não soube o que dizer. Estava em maus lençóis. Se o trabalho atrasasse, todos os prisioneiros envolvidos corriam risco, por causa da SS. Por outro lado, se Preuss aparecesse com algum pretexto para denunciá-lo, por vingança, as consequências seriam fatais. Ele decidiu que o curso de ação mais seguro era diminuir o ritmo dos outros. Preuss passou a se mostrar amigável, arranjando comida extra para seus subordinados. Outro cidadão alemão fez a mesma coisa, um soldador de Breslau chamado Erich Bukovsky. Ambos confidenciaram torcer pela derrota nazista.

Aquela possibilidade começava a ficar cada vez mais próxima da realidade. Até fevereiro a Alemanha parecera imbatível. Então rumores chegaram de que o Exército alemão em Stalingrado se rendera aos russos. Os nazistas não eram invencíveis.

Fritz escutou a notícia animadora de um civil francês chamado Jean, que a maioria chamava simplesmente de Moustache, devido ao seu extravagante bigode cuidadosamente encerado. Jean também lhe contou histórias da Resistência francesa. Fritz compartilhava a informação ansiosamente com seu pai e seus amigos à noite. Contudo, Stalingrado, a Inglaterra e a África — lugares onde os Aliados estavam derrotando os alemães — ficavam longe de Auschwitz.

אבא

Os dedos de Gustav moviam-se com habilidade sobre um retalho de couro, cortando ou enfiando a agulha pesada no material resistente e maleável. Ele estava contente com sua existência diária, ao menos por fora. Não lhe faltava trabalho e, na prática, se tornara um *kapo*, com um punhado de aprendizes sob sua tutela. Trabalhar em um lugar fechado fora uma bênção durante os meses de inverno e mesmo com o início de maio e o verão prestes a chegar era infinitamente melhor do que integrar as turmas de carregadores ou as obras das fábricas.

Vivendo um dia de cada vez, Gustav se tranquilizara de que poderia sobreviver. Fritz não partilhava do otimismo do pai. Vivia preocupado — com seus amigos, com o pai, com o futuro deles todos, com Edith e Kurt, e com o que acontecera com sua mãe e Herta. Imaginar o que se passava em Birkenau — sobretudo os terríveis relatos vazados pelos "detentores de segredos" que trabalhavam nos crematórios com o *Sonderkommando* — era de revirar o estômago. A sensação de impotência começou a se transformar em raiva. Fritz não tinha a mesma natureza de seu pai. Gustav tentava não ficar ruminando as coisas. Mantinha a cabeça baixa, fazia seu trabalho e vivia um dia de cada vez. Não tardaria para que o ódio de Fritz pelos nazistas, no entanto, fosse grande demais para conter. Não dava nem para pensar que tipo de explosão ele teria.

Com os pensamentos em outra parte, Gustav não fazia ideia de que, enquanto costurava, a pouca distância dali, do outro lado da estrada e da ferrovia em Buna Werke, era tomada uma decisão que ameaçava trazer sua existência relativamente confortável a um fim abrupto.

A construção das fábricas continuava atrasada e um grupo de oficiais fora enviado de Berlim para investigar.[5] Himmler queria respostas. O tenente Schöttl e a diretoria da IG Farben os acompanharam na inspeção. O vasto complexo estava pela metade e não havia uma única unidade pronta para começar a produzir. A fábrica de metanol estava praticamente terminada, mas a de borracha e a de combustível, muito mais importantes, ainda demorariam meses para ser concluídas, talvez um ano inteiro.

A cada minuto passado ficavam mais insatisfeitos. Como tinham visto, cerca de um terço da força de trabalho era de prisioneiros do campo, visivelmente mais fracos e menos eficientes do que os civis remunerados. A eficácia era ainda mais estorvada pela necessidade de vigiá-los e organizá-los o tempo todo. Mas o que mais irritou os visitantes foi a quantidade de judeus. Schöttl explicou que não havia arianos suficientes em Monowitz; quase todos os prisioneiros enviados eram judeus. Os visitantes olharam feio para ele e disseram que não podia continuar daquele jeito: judeus não deviam ocupar posições de responsabilidade. Eles ordenaram que Schöttl fizesse algo a respeito.

Dias depois, na chamada noturna, Schöttl chegou em companhia do capitão Hans Aumeier, o demônio da SS que recebera os transferidos de Buchenwald para Auschwitz. A cara suína de Schöttl assumira uma expressão solene, como se tivesse uma séria incumbência pela frente. Ele subiu no palanque, pegou uma folha de papel e começou a ler os números de dezessete prisioneiros, ordenando que dessem um passo à frente. Entre eles estava o número 68 523, Gustav Kleinmann. Todos eram judeus em posição de capataz — a maioria, veteranos de Buchenwald e Sachsenhausen.

Todo mundo imaginou o que aquilo significava. Aquelas seleções aconteciam o tempo todo, e o destino era Birkenau e suas câmaras de gás.

Aumeier inspecionou cuidadosamente os homens selecionados, olhando com desprezo para a estrela de davi em seus uniformes. Na maioria dos casos, eram de duas cores: um triângulo vermelho e outro amarelo, remontando ao começo, quando os nazistas ainda precisavam de um pretexto para mandar judeus para os campos.

"Livrem-se dessa porcaria", ordenou Aumeier.

Um *kapo* a postos cortou a costura da estrela no peito de Gustav, separou os dois triângulos e lhe devolveu o vermelho. O mesmo foi feito com os demais dezesseis homens, que ficaram ali segurando os triângulos vermelhos, completamente boquiabertos.

"Vocês são prisioneiros políticos", anunciou Aumeier. "Não existem judeus em posição de autoridade aqui. Lembrem bem disso. De agora em diante, são arianos."

E foi isso. No que dizia respeito ao regime, Gustav Kleinmann deixava oficialmente de ser judeu. Pela mera alteração de uma lista e um distintivo, não era mais uma ameaça intrínseca e um fardo para o povo alemão. E o ritual simples e farsesco exemplificou toda a altiva idiotice da ideologia racial nazista.

A partir dali, a vida para os judeus em Monowitz mudou radicalmente. Os dezessete recém-arianizados ocupavam agora um patamar superior e, embora não estivessem imunes dos castigos, estavam a salvo da perseguição pura e simples e, aos olhos da SS, não eram mais meras bestas de carga.

Com seus lugares de capatazes e *kapos* assegurados, puderam ganhar influência e ajudar os colegas judeus a obter boas posições. (Ao fim do ritual e com os oficiais nazistas de volta a Berlim, a proibição geral de empregar judeus para trabalho de escritório foi logo abandonada por Schöttl.) Gustl Herzog passou a trabalhar no registro dos prisioneiros, chefiando uma equipe de dezenas de outros como ele.[6] Jupp Hirschberg, também vindo de Buchenwald, foi *kapo* na garagem da SS, onde os carros dos nazistas e outros veículos passavam por manutenção. Ele ficava sabendo de todas as fofocas dos motoristas, além de receber informações sobre o que acontecia no campo e no mundo lá fora. Outros ocuparam cargos como *Blockälteste*, *kapo* dos carpinteiros, barbeiro do campo etc. Graças a eles, as condições para os demais judeus mudaram de figura. Os novos "arianos" podiam intervir para impedir maus-tratos, obtinham rações decentes e confrontavam os brutais *kapos* de triângulo verde.

Para Gustav, sua vida confortável de trabalhador especializado ganhou uma segurança extra. Agora ele corria pouco risco de ser mandado para as câmaras de gás e, contanto que tomasse cuidado, estaria a salvo das violências arbitrárias perpetradas pela SS.

Mas a mudança de status teve um efeito imprevisto e foi um choque para pai e filho. Vivendo em blocos separados, Gustav e Fritz haviam se acostumado a se reunir à noite, após a chamada; passara a ser algo rotineiro, habitual. Certa noite, quando conversavam distraídos — rememorando os velhos tempos, imaginando o futuro, trocando notícias sobre o campo —, não perceberam um *Blockführer* da SS a observá-los, profundamente desconfiado.

O sujeito os interrompeu, dando um safanão em Fritz. "Porco judeu, o que pensa que está fazendo, conversando desse jeito com um *kapo*?" Fritz e seu pai se aprumaram, perplexos.

"Como assim, senhor? Ele é meu pai", disse Fritz, achando certa graça.

Sem aviso, o punho do *Blockführer* voou em seu rosto. "Ele tem o triângulo vermelho. Não pode ser pai de um judeu."

Fritz ficou em choque e a dor se espalhou por seu crânio. Nunca levara um soco diretamente no rosto daquele jeito. "Mas ele *é* meu pai", insistiu.

O sujeito voltou a agredi-lo. "Mentiroso!"

Fritz, absolutamente desnorteado, não conseguiu fazer outra coisa além de repetir aquilo e levou mais um soco brutal. Gustav observava horrorizado, impotente, sabendo que tentar intervir só serviria para piorar a situação de ambos.

Quando Fritz ficou caído no chão, a cólera do *Blockführer* pareceu enfim arrefecer. "De pé, judeu." Fritz se levantou, machucado e sangrando. "Agora suma daqui."

Fritz se afastou, esfregando a cabeça. Gustav comentou com o *Blockführer*: "Ele é mesmo meu filho".

O *Blockführer* o encarou como se fosse um maluco. Gustav desistiu. Se tivesse explicado para o homem que era na verdade um judeu arianizado, provavelmente não teria mudado nada. Na verdade, era bem possível que o homem já soubesse daquilo, mas não faria diferença. Não dava para saber o que se passava pela cabeça de um nazista, e com certeza era impossível argumentar com um nazista.

אחים

Auschwitz-Monowitz, agora terminado, era um campo pequeno e simples. Não havia casa de guarda, apenas o portão e a cerca eletrificada. Uma rua isolada percorria o perímetro, que não ultrapassava 490 metros.[7] Havia blocos de barracões dos dois lados: três fileiras à esquerda, duas à direita. No meio do caminho ficava a praça da chamada, com uma oficina de ferreiros e o bloco de cozinha de um lado. Havia gramados bem aparados, assim como canteiros floridos, em todos os campos de concentração. O contraste entre os cuidados com a jardinagem e os maus-tratos e assassinatos de seres humanos era um paradoxo que levava alguns prisioneiros à loucura.[8]

Um pouco mais adiante, do lado esquerdo da rua, ficava o bloco 7. Por fora, não era diferente dos demais: um barracão de madeira, sem nada de notável na construção. Dentro, porém, era muito especial, pois pertencia aos *Prominenten* de Monowitz. Mas não era como o bloco que Fritz conhecera em Buchenwald: não havia celebridades ou estadistas ali. Somente *kapos*, capatazes e homens com especializações — prisioneiros que também eram funcionários, a aristocracia entre os cativos.[9] Gustav Kleinmann, seleiro do campo e ariano recém-forjado, estava entre eles. Após chegar nas mais vis condições, agora ocupava um lugar entre os privilegiados.

Com sua satisfação pessoal, pouco a pouco Gustav ficava menos consciente do sofrimento alheio, ou já não se perturbava tanto. Como trabalhava a portas fechadas, os atos de brutalidade aconteciam quase sempre longe de seus olhos. Nas raras ocasiões em que pegou o diário, foi para descrever a paz reinante no campo e relatar sobre a quantidade cada vez menor de prisioneiros mandados para a câmara de gás — embora fosse porque as seleções em Birkenau ficavam cada vez mais criteriosas ao separar e eliminar os fracos. Pelos cálculos de Gustav, cerca de 10% a 15% sobrevivia após cada *Transport* — "O resto vai para o gás. As cenas mais repulsivas são vistas". Mesmo assim, "Tudo está mais pacífico em Monowitz, um campo de trabalho propriamente dito". Para o olhar experiente de Gustav, seu propósito primário era explorar, não destruir, os presos, e o horror da vida ali dentro era reduzido em comparação com o que presenciara. Era como se enfim tivesse perdido a capacidade de comparar o campo ao mundo normal, civilizado.

Duas coisas ainda o preocupavam muito. Ficar separado de Fritz era uma. A outra era o homem que pairava acima de todos os *Prominenten* como um morcego malévolo, sugando seu sangue: Josef "Jupp" Windeck, o superior de campo e chefe-geral dos *kapos* e prisioneiros especializados. A SS não poderia ter escolhido alguém mais adequado para a função.

Sua aparência pequena e delicada ocultava o temperamento de tirano; suas feições pouco marcantes não expressavam nada além de desdém e escárnio.[10] Ele adorava bancar o superior e pisar nos outros para se promover. Windeck era um alemão que se envolvera com pequenos crimes desde os dezesseis anos e entrava e saía de campos de concentração desde o início da década de 1930. Usava o triângulo preto dos "antissociais", um balaio de gatos que incluía viciados, alcoólatras, mendigos, cafetões, desempregados e "imorais". Superior de campo em Auschwitz I, fora transferido para Monowitz junto com os prisioneiros de Buchenwald.

Num piscar de olhos ele criara um reinado de corrupção, terror e extorsões. "Bom, tanta coisa veio com os judeus", recordou Windeck mais tarde, "e passamos a mão nelas, claro que sim [...] como *kapos*, sempre ficávamos com o melhor."[11] Seu principal aliado era um *Rapportführer* da SS chamado Remmele, que também participava dos esquemas de enriquecimento ilícito.

Windeck vestia-se a seu modo peculiar, com botas e calça de equitação e jaqueta preta — provavelmente numa tentativa de imitar a aparência de um oficial da SS. Pavoneando-se pelo campo com ares de importância, sempre andava de chicote na mão. Diziam que abusava sexualmente dos prisioneiros mais jovens. Matava com impunidade, espancando ou chutando suas vítimas até a morte ou afogando-as em tinas de lavar roupa.[12] Fritz Löhner-Beda, o letrista velho, frágil e debilitado, morrera sob seus açoites.[13] Seu capanga descreveu como "ele gostava particularmente de maltratar os mais fracos, famintos e doentes [...]. Quando os miseráveis estavam caídos no chão, pisava em cima, no rosto, na barriga, por toda parte, com o calcanhar da bota". Era extremamente orgulhoso e vaidoso de suas botas de equitação. "Deus ajude quem sujar as botas de Windeck, porque pode ser sua sentença de morte."[14]

Gustav e seus amigos de status elevado conseguiram conter as crueldades de Windeck e proteger os outros judeus. Foram ajudados pelos prisioneiros comunistas, com quem formaram uma aliança.[15]

O equilíbrio do poder pendeu contra eles quando chegou um trem com seiscentos prisioneiros de Mauthausen, reconhecidamente um dos campos nazistas mais brutais. Eram todos portadores do triângulo verde, com verdadeiros bárbaros entre eles. Logo orbitaram em torno de Windeck, que os alçou à posição de *kapos* e superiores de bloco. Os judeus arianizados e os comunistas apresentaram resistência, mas Windeck e seus asseclas tinham muito poder. Se algum prisioneiro se opunha levava uma surra — às vezes até a morte. O sofrimento em Monowitz dobrou.

O alívio só veio quando os violentos comparsas de Windeck começaram a ser vítimas dos próprios delitos: ficavam embriagados, roubavam materiais do campo, arrumavam brigas com os guardas da SS e os trabalhadores civis. Tais homens eram transferidos para o indescritível purgatório dos subcampos mineradores de carvão de Auschwitz.[16] Com o passar dos meses, a base de poder de Jupp Windeck erodiu até enfim ruir de vez.

A crise final foi um caso de corrupção envolvendo o próprio Windeck. Gustl Herzog, agora trabalhando no escritório de registros, encontrou evidência de que Windeck comprara um colar valioso que pretendia enviar para a esposa. A informação foi passada à Gestapo do campo, em Auschwitz I. Windeck foi preso e condenado a duas semanas no bunker, depois foi punido com a transferência para uma companhia em Birkenau. Ele nunca mais causou problemas em Monowitz.[17]

Gustav e seus amigos recuperaram sua influência. A atmosfera entre os prisioneiros voltou a ser de camaradagem. Eles recebiam sua cota adequada de comida, tomavam banho uma vez por semana e tinham roupas limpas uma vez por mês. Havia ordem, e a única preocupação que restava eram as de sempre: os guardas da SS, doenças, os frequentes acidentes de trabalho, as seleções periódicas dos mais debilitados para a câmara de gás. Comparado ao que haviam acabado de passar, quase dava para chamar de uma vida civilizada, ainda que numa civilização forjada com mãos sangrando atrás dos muros do inferno.

14. Resistência e colaboracionismo: A morte de Fritz Kleinmann

בן

A máquina nazista era um feito de engenharia formidável, mas prestes a emperrar. Fora construída no improviso e funcionava num ritmo trepidante, falhando, tossindo, consumindo seu combustível humano, regurgitando ossos e cinzas e cuspindo uma fumaça pestilenta pelo escape. O indivíduo com listras em preto e branco era forçado a entrar na máquina — não só de modo físico, mas também moral e psicológico. Além dos *Blockführers* e *kapos*, da cerca elétrica e das torres de vigilância, dos comandantes da SS e pastores-alemães, além das estradas e ferrovias, do sistema do campo e da hierarquia da SS, havia toda uma nação, um governo e uma sociedade cujas emoções básicas, animais — medo, rancor, avidez pelo lucro ou por uma antiga grandeza imaginada —, ensejavam a existência daquele sistema.

Encarcerar os indesejados pretendia ser uma solução simples e limpa para os problemas complexos e sujos da sociedade. A remoção das toxinas sociais — criminosos, esquerdistas, judeus, homossexuais — deveria trazer de volta os dias de glória da nação. Mas isso não foi a cura, e sim um veneno, que lenta e irremediavelmente levava o país à ruína. A mão de obra ineficiente dos trabalhadores esfaimados, os custos do sistema que os escravizava, o sucateamento da ciência e da indústria com a perseguição racial dos grandes cérebros — tudo isso paralisou a economia nacional. Tornar-se uma pária entre as nações acarretara custos comerciais. A Alemanha tentara resolver os problemas com guerras de conquista, mais escravos, mais assassinatos de pessoas que eram consideradas a raiz do problema. O rolo compressor avançava dia e noite, esmagando, destruindo e pouco a pouco parando de funcionar.

Fritz Kleinmann não tolerava mais o desamparo e o desespero de ficar aprisionado na máquina. Seu pai por ora estava a salvo, coisa que tirava um grande peso de seu coração. Mas a injustiça e a crueldade do sistema podiam enlouquecer um homem são e fazer um piedoso praguejar contra Deus. A vida, assim como a morte, perdia todo o sentido atrás de muros e cercas de prisão, erguidos por outros prisioneiros como eles. O próprio Fritz, com meticulosa perícia, ajudara a construir aquela prisão em um lugar onde não existia nada. Os tijolos e pedras assentados por ele haviam sido moldados e cortados por outros prisioneiros nas olarias e pedreiras supervisionadas pela SS.[1]

A ligação que compartilhava com o pai e seus laços de amizade estavam longe de ser traços universais. Solidariedade e cooperação, as chaves da sobrevivência, pouquíssimas vezes surgiam naturalmente nos homens em circunstâncias extremas. Privação e fome geravam hostilidade entre os prisioneiros, a ponto de brigarem se um achasse que recebera menos do que os outros ou cometerem assassinato por um naco de pão. Até pais e filhos tinham chegado a se matar em situação de fome extrema. Porém, só a solidariedade e a bondade podiam manter as pessoas vivas por um tempo mais prolongado. Lobos solitários e rebeldes, ou os desafortunados que ficavam isolados por não compreender alemão ou iídiche, nunca duravam muito no terror implacável.[2]

Era necessário força de caráter para compartilhar e amar em um mundo onde a moeda corrente era o egoísmo e o ódio. E a sobrevivência nunca estava garantida. Fritz via as marcas de abuso e privação e os sinais da morte iminente em todos os prisioneiros, inclusive em si mesmo: hematomas, cortes, arranhões, fraturas, dores, cascas de ferida, palidez, irritações na pele, andares mancos, dentes faltando.[3]

Os prisioneiros podiam tomar banho uma vez por semana, mas era um calvário. Quem tivesse um superior de bloco rígido tinha de se despir junto ao beliche e correr nu para o bloco de banho. Após a ducha, só os primeiros ganhavam toalhas secas, de modo que quem ficasse para depois não contava com outra coisa para secar o corpo além de um trapo molhado, e tinha de voltar pingando para o barracão, mesmo no inverno gelado. A pneumonia era endêmica e com frequência fatal. Havia um hospital para os prisioneiros e, embora se mantivesse razoavelmente equipado graças à equipe de prisioneiros, o tratamento proporcionado pelos médicos da SS era rudimentar e o lugar em si dava medo, sempre lotado de pacientes com tifo.[4] Só recorriam ao hospital se fossem obrigados. Os pacientes passavam por uma triagem e se fosse determinado que não iam se recuperar rapidamente eram mandados para a câmara de gás ou recebiam uma injeção letal.

A comida era distribuída no barracão. Havia poucas tigelas disponíveis, então para receber sua parte os primeiros tinham de virar a sopa depressa, para não deixar os outros esperando. Quem comia devagar era cutucado com impaciência. O café de bolota era servido nas mesmas tigelas. Quem conseguisse comprar sua própria colher tinha de cuidar dela como se fosse uma preciosidade. Como facas eram impossíveis de obter, afiava-se o cabo das colheres em uma pedra. As latrinas não tinham papel higiênico, de modo que qualquer pedaço de papel comum era muito valorizado, como sacos de cimento rasgados das construções ou jornais, obtidos por civis — possivelmente deixado na fábrica e contrabandeado para o campo. Os pedaços podiam ser utilizados ou trocados por comida.

As pessoas sofrendo tal degradação eram vistas pelos alemães como lixo humano, mas a economia de guerra do país dependia cada vez mais daquela força de trabalho. Assim se constituía a nova era de grandeza a que Hitler dera vida: um mundo em que um retângulo de papel velho se tornava moeda, com um valor tangível, a ser gasto como dinheiro ou usado para limpar a bunda.

Os corpos eram constantemente submetidos a pancadas e esfoliações. Ter um par de sapatos decente era algo incrível. Se fossem grandes ou pequenos demais, machucavam e provocavam bolhas, que tendiam a infeccionar. Meias eram uma raridade e muitos improvisavam, arrancando tiras de pano da barra das camisas entregues pelo campo. Era um risco, porque danificar propriedade da SS era considerado um ato de sabotagem e podia resultar em 25 chicotadas ou um período sem comida. Sem tesouras ou cortadores, as unhas dos pés cresciam até quebrar ou encravar.

As cabeças eram raspadas a cada quinze dias pelo barbeiro do campo. Em parte para prevenir piolhos, mas também para identificar visualmente os prisioneiros, além dos uniformes listrados. O barbeiro não usava sabão de barbear nem antisséptico, de modo que a cabeça e o rosto de todos os homens exibiam esfoladuras de navalha, espinhas e pústulas, além de pelos encravados. As infecções eram comuns e podiam levar a internações no hospital. Fritz era poupado pelo menos em parte da navalha — com vinte anos, ainda não tinha barba.

Existia um posto dentário no campo, mas os prisioneiros só iam lá se não houvesse outro jeito. Perder as obturações era a porta de entrada para cáries e gengivite, enquanto o escorbuto resultante da alimentação deficiente amolecia os dentes. Dentes de ouro podiam ser uma tábua de salvação ou um perigo mortal. Alguns *kapos* matavam os prisioneiros por eles, mas quem tivesse um dente de ouro e conseguisse arrancá-lo por conta própria podia trocá-lo por artigos caros. Havia uma taxa de câmbio fixa entre os negociantes civis do mercado negro: uma garrafa da vodca polonesa Wyborowa custava um dente de ouro. Era o mesmo preço de cinco filões de *Kommisbrot* — o pão de levedo da ração militar, muito resistente — e margarina. Tais coisas também podiam ser trocadas por outras. Em um mundo onde toda semana, todo dia ou mesmo toda hora podiam ser os últimos, não fazia muito sentido guardar coisas valiosas para algum propósito futuro. O que trouxesse alívio, conforto ou enchesse a barriga no presente já valia.

Para os gerentes e diretores da IG Farben, o sacrifício dos trabalhadores escravos era justificado pelo lucro. Parte da equipe sentia culpa, mas era mínima e ineficaz. Por sua vez, os contadores e diretores faziam vistas grossas para as imensas quantidades de remédio contra piolhos Zyklon B adquiridos pela SS, sobretudo em Auschwitz, onde seus vapores tóxicos alimentavam as câmaras de gás.[5]

Fritz Kleinmann não tinha dúvidas sobre a origem do mal: "Não devemos concluir que a hierarquia dos prisioneiros tenha culpa em provocar esse estado de coisas. Alguns prisioneiros-funcionários se adaptaram às práticas da SS visando ao próprio lucro, mas a responsabilidade toda recai sobre a máquina de matar da SS, que conquistou a perfeição em Auschwitz".[6] Qualquer prisioneiro que escapasse ileso à triagem em Birkenau podia alimentar esperanças de sobreviver, em média, de três a quatro meses.[7] Fritz e seu pai já duravam oito. Mas menos de um quarto dos quatrocentos camaradas vindos de Buchenwald continuava com vida.

Embora Auschwitz tivesse atingido uma espécie de perfeição industrial, o funcionamento da máquina toda era falho, ineficaz e sujeito ao fracasso.

A brutalidade inerente ao lugar gerou em alguns a vontade de iniciar uma oposição, e a corrupção ali presente criou fissuras e falhas que permitiram a progressão da resistência.

Durante seu primeiro verão em Auschwitz-Monowitz, quando Jupp Windeck gozava do auge de sua influência, a resiliência e a indignação moral — determinantes do caráter de Fritz — levaram-no a se envolver com a resistência. Sua vida corria risco. Mas viver era um risco diário. Fazer barulho, relancear a pessoa errada, o frio e o contato com doentes eram coisas que podiam iniciar uma reação em cadeia e levar a incapacitação e morte. Pelo menos resistindo era possível arriscar tudo por *alguma coisa*.

בן

Começou com uma conversa em um canto tranquilo do barracão e terminou em um novo serviço.

O trabalho com construção no campo estava terminado no verão de 1943 e a necessidade de pedreiros na Buna Werke já não era tão grande. Fritz corria o risco de perder a utilidade. Alguns amigos seus decidiram que havia uma maneira de protegê-lo e ajudá-los ao mesmo tempo. Eles o chamaram de lado para conversar, em sigilo.

Fritz os conhecia de Buchenwald: Stefan Heymann (o intelectual judeu comunista, veterano de guerra, que fora como um segundo pai para Fritz e os outros meninos), Erich Eisler (o antifascista austríaco) e Gustl Herzog. Eles tinham uma tarefa para Fritz — uma missão vital que poderia ser muito perigosa.

Em seus anos nos campos, aqueles homens haviam se envolvido em uma aliança clandestina judaico-comunista para combater a SS. A resistência consistia principalmente em galgar posições de influência de modo a obter informação útil para preservar a integridade física e a vida de seus camaradas. Fora em parte graças aos esforços da rede que Fritz e Gustav haviam sido transferidos para turmas de trabalho menos arriscadas, que a escola de pedreiros de Robert Siewert fora criada e que Fritz ficara sabendo o que dizia a última carta de sua mãe e fora avisado de que o nome de seu pai estava na lista de Auschwitz.

A resistência voltara a se estabelecer em Monowitz, infiltrando seus membros em importantes cargos administrativos graças à arianização de amigos como Gustav. Mas agora eles achavam que chegara a hora de ampliar suas atividades. Atos menores de sabotagem eram louváveis: Fritz participara de alguns quando trabalhara em obras — um saco de cimento jogado com desleixo para rasgar, uma mangueira disfarçada bombeando água num caminhão carregado de cimento... Mas a resistência organizada queria ir mais longe.

O serviço de inteligência era crucial. Os prisioneiros que trabalhavam em cargos administrativos importantes conseguiam obter todo tipo de informação sobre os campos-satélites de Auschwitz, movimentações de prisioneiros, triagens e assassinatos em massa.[8] Eles queriam que Fritz os ajudasse a conquistar outra fonte valiosa: os trabalhadores civis. Aquilo envolveria conseguir sua transferência para uma das turmas de fábrica em Buna Werke. Fritz se dava bem com os civis e havia milhares deles trabalhando no complexo industrial. Um lugar fora obtido para ele no *Schlosserkommando* 90 — a seção de serralheria do comando de construção.

E foi assim que, certa manhã, pela primeira vez desde a chegada a Monowitz, Fritz ultrapassava o perímetro do campo, marchando com as turmas de trabalho e os guardas da SS pelos portões, atravessando a rua principal e percorrendo a travessa que levava a Buna Werke.

Só quando passou se deu conta de como o complexo era vasto. Por toda a sua extensão viam-se ruas e trilhos de trem. Uma pessoa parada no começo de uma das principais ruas no sentido leste-oeste mal podia enxergar o fim, que se apagava na névoa a quase três quilômetros dali. As ruas transversais, no sentido norte-sul, tinham mais de um quilômetro de comprimento. Todos os lotes eram ocupados por fábricas, chaminés, oficinas, depósitos, tanques de armazenagem de petróleo e substâncias químicas, e estranhas estruturas feitas de tubulações, como partes cortadas de montanhas-russas. O complexo se dividia em seções: a fábrica de combustível sintético com todas as oficinas de apoio, a fábrica de borracha de Buna, a usina de força e subseções menores para fabricar e processar produtos químicos. A maioria ainda tinha pouca atividade — as estruturas haviam sido erguidas, mas o interior estava longe de ser equipado.

Milhares de homens e mulheres trabalhavam nas fábricas. Cerca de um terço era de prisioneiros, o resto era de civis. A serralheria — que na verdade compreendia uma variedade de trabalhos com metal em sua oficina e em torno das fábricas — era formada por uma turma cordial e relaxada. Os prisioneiros eram tratados com bondade pela maioria dos *kapos* e encorajados a "trabalhar com os olhos", fazendo corpo mole e ficando atentos aos nazistas.[9] O *kapo* de

Fritz era um prisioneiro político vindo de Dachau que ajudara a conseguir sua colocação ali para a resistência.

Fritz era o assistente-geral em uma subseção num dos principais pisos de fábrica,[10] onde havia grande quantidade de civis alemães — a maioria engenheiros, técnicos e capatazes. A maior parte dos trabalhadores ali era de prisioneiros poloneses e russos, que achavam difícil seguir instruções em alemão e eram tratados de forma abominável pelos *kapos*. Se os capatazes civis ficavam insatisfeitos com o desempenho deles, a IG Farben os mandava a Auschwitz para "reeducação". Prisioneiros que falavam alemão tinham a vida bem mais fácil. Fritz ficou conhecido entre os capatazes civis e ganhou a confiança deles.

Ele desenvolveu uma boa relação com um dos capatazes em particular. Ganhava presentes discretos, incluindo pão, cigarros e, de vez em quando, um jornal. De tempos em tempos o alemão parava para um breve papo e Fritz escutava com ansiedade as notícias da guerra, bem diferentes do que alardeava a propaganda nazista. As coisas iam mal para os nazistas em todas as frentes: depois de perder Stalingrado, tinham levado uma surra no leste e foram chutados do Norte da África pelos ingleses e norte-americanos, que em breve estariam na Itália, avançando na direção da própria Alemanha, a norte. Fritz percebeu que aquele capataz não era um simpatizante nazista. Ele tinha fortes esperanças de que a guerra terminaria em breve, com a derrota da Alemanha. Fritz voltava diariamente com notícias para contar a seus camaradas (sem mencionar os valiosos presentes de pão e jornais).

Embora soubesse que sua tarefa era tão importante quanto arriscada, Fritz não fazia muito ideia da escala da operação em que se envolvera. Depois de um início desorganizado, a resistência de Auschwitz se tornara uma rede eficiente e bem coordenada. Em 1º de maio de 1943 — feriado nacional nazista, quando a SS mantinha uma equipe mínima —, uma reunião secreta fora realizada em Auschwitz I, na qual duas facções da resistência concordaram em cooperar. Uma delas era dominada por um grupo polonês, incluindo uma série de antigos oficiais do Exército. Seu líder, Jozéf Cyrankiewicz, convenceu-os a cooperar com os judeus e os prisioneiros políticos austríacos e alemães. Isso culminou em várias vantagens — os alemães tinha conhecimento de seu país e dos nazistas, o que era informação vital, e os prisioneiros poloneses tinham permissão de receber correspondência, o que lhes possibilitava trazer suprimentos e se comunicar com rebeldes locais.

Eles se intitularam Grupo de Combate de Auschwitz – o que dá ideia de sua militância[11] – e logo estabeleceram contato com Stefan Heymann e a resistência de Monowitz. A cooperação dentro do campo era facilitada pelo constante deslocamento de prisioneiros e equipes de trabalho por todo o complexo. O grupo de Monowitz contribuiu com sua capacidade de cultivar relações com civis e atrapalhar a produção em Buna Werke. A sabotagem era ampla e constante. Os prisioneiros da equipe de eletricistas conseguiram provocar um curto-circuito numa turbina da usina de energia. Outros, aproveitando a redução da guarda no 1º de maio, provocaram uma explosão na fábrica inacabada de combustível sintético, e outros ainda destruíram cinquenta veículos.[12] Tais atos, junto com a operação tartaruga geral, haviam ajudado a atrasar a entrega de várias fábricas.

De todas as atividades da resistência, o contato com os civis era uma das mais perigosas. A Gestapo do campo vivia tentando penetrar no movimento e desmascarar seus líderes e os demais membros. Assim, o trabalho de identificar e eliminar os informantes nunca terminava. Aquilo era particularmente vital no caso da operação mais delicada da resistência: o planejamento e a execução de fugas.

Embora Fritz transitasse entre a fábrica e o campo todos os dias, realizando seu pequeno serviço de inteligência, tinha apenas uma vaga consciência de sua ligação com a rede e do significado de seu papel dentro dela.

בן

Era um sábado de junho e a jornada de trabalho terminara. Na hora da chamada, os prisioneiros entraram em formação sabendo que o dia seguinte, embora não exatamente um dia de descanso, era no mínimo um dia de menos labuta e riscos reduzidos.

Em sua fileira, com o uniforme abotoado até o pescoço, o gorro enfiado reto na cabeça e achatado de um lado, ao estilo de uma boina, como devia ser, Fritz aguardava, pronto para obedecer com um gesto mecânico à ordem de "Cabeças descobertas!". Tudo conforme a normalidade, a mesma repetição lenta, monótona e opressiva que enfrentavam duas vezes ao dia desde outubro de 1939, quase sem variação.

O *Rapportführer* terminara sua tarefa e estava prestes a dispensar os prisioneiros quando notou um pequeno grupo se aproximando e parou. Assim que as figuras entraram no campo de visão de Fritz, ele viu dois sargentos da SS obrigando um homem, que mancava e tropeçava à frente deles, a marchar. Fritz espiou com curiosidade, de esguelha, sem virar a cabeça. Empurravam e davam safanões no homem como se fosse um prisioneiro, mas ele não usava uniforme listrado e sua cabeça não era raspada. Parecia um civil, mas fora violentamente agredido, estava com o rosto sangrando e inchado. À medida que chegaram mais perto, Fritz levou um choque que revirou seu estômago ao reconhecer seu contato alemão da fábrica. Os homens da SS que o conduziam eram o sargento superior Johann Taute, chefe da subdivisão de Monowitz da Gestapo do campo, e seu subordinado, o sargento Josef Hofer.

Fritz observou emudecido, seu horror crescendo quando forçaram o homem a encarar os prisioneiros e lhe ordenaram que apontasse todos com quem tivera contato na fábrica.

O homem relanceou os milhares de rostos à sua frente. Fritz, no meio deles, estava fora de alcance. Com os dois SS a escoltá-lo, o civil caminhou entre as fileiras, indo e vindo, estudando os rostos de perto. Ele chegou na fileira de Fritz, que ficou paralisado, o coração na boca. Os olhos roxos e injetados o fitaram com relutância. O homem ergueu a mão e apontou. "Ele."

Fritz foi preso e forçado a marchar diante dos amigos e camaradas junto com o civil. Ele passou pelo pai, que observava horrorizado, e foi levado dali.

בן

Fritz subiu na traseira de um caminhão e eles partiram. Afastaram-se alguns quilômetros de Auschwitz I, mas, em vez de entrar no complexo do campo, pararam na frente do prédio da Gestapo, que ficava do lado de fora da cerca, diante do hospital da SS e junto a uma pequena câmara de gás subterrânea. Fritz atravessou um corredor acompanhado pelos sargentos Taute e Hofer e foi jogado em uma sala espaçosa.

Aterrorizado, observou o ambiente austero: uma mesa com correias e ganchos presos no teto. Vivera o suficiente em campos de concentração para saber o que faziam com aqueles equipamentos.

Algum tempo depois, um oficial da SS entrou na sala. Ele encarou Fritz com uma expressão animada e sorridente. Embora prematuramente calvo e envelhecido, o tenente Maximilian Grabner da SS não era nem um pouco ameaçador. Com seu rosto amistoso e aristocrático, parecia antes um professor universitário ou um padre benevolente. Era raro que a aparência de um homem contrastasse tanto com seu caráter: Grabner era chefe da Gestapo de Auschwitz e sua reputação de instigador frio e impiedoso das execuções em massa não conhecia rival naquele campo ou nos demais. Ele promovia expurgos regulares no hospital e no bunker – "tirava o pó", em suas palavras –, mandando os prisioneiros para as câmaras de gás ou para o Muro Negro. Instituíra um programa de extermínio de polonesas grávidas e era considerado pessoalmente responsável por mais de 2 mil assassinatos. Poucos homens em Auschwitz eram tão temidos quanto Maximilian Grabner.[13] Ele aterrorizava até a SS.

O tenente estudou Fritz por um momento antes de falar. Sua voz sinistramente suave traía um sotaque da zona rural dos arredores de Viena, indicando que era um homem simples e sem instrução.[14]

Com ar prático, começou: "Sei que você, prisioneiro 68 629, está envolvido no planejamento de uma fuga em grande escala do campo de Auschwitz--Monowitz e que está fazendo isso em colaboração com o civil alemão que o delatou. Os homens do sargento Taute estavam de olho nele. Seu comportamento irregular chamou sua atenção, não foi, sargento?"

Taute assentiu e Grabner virou o rosto amigável de volta para Fritz: "O que tem a dizer sobre isso?".

Fritz não fazia ideia do que dizer. Não podia negar que conhecia o civil, mas o negócio da fuga era um total mistério para ele.

Grabner pegou uma caderneta e um lápis. "Agora quero os nomes de todos os prisioneiros envolvidos no complô."

Tomando o silêncio perplexo de Fritz por recusa a falar, Grabner sinalizou para Taute e Hofer.

A primeira pancada do porrete de Hofer fez Fritz se dobrar em dois e expulsou o ar de seus pulmões; então vieram uma segunda e uma terceira.

Mas nenhuma confissão estava a caminho. Grabner ficou surpreso. Embora pouco mais que um menino, parecia que o prisioneiro 68 629 seria mais difícil de dobrar que o trabalhador civil. A um gesto de Grabner, os sargentos seguraram Fritz de bruços sobre a mesa e ataram seu corpo com as correias, imobilizando-o. A vara desceu como um relâmpago, zunindo, vergastando suas nádegas. Eles continuaram até que suas costas estivessem laceradas e queimando por inteiro. Mesmo naquele paroxismo de dor Fritz não perdeu a conta das chicotadas: foram vinte golpes cruéis antes de ser solto da mesa e posto de pé.

"Admita o que fez", disse Grabner, indicando seu caderninho. "Quero a identidade dos prisioneiros que vocês estavam planejando ajudar a escapar."

Fritz sabia que negar seria inútil, portanto continuou calado. Mais uma vez foi jogado na mesa e preso a correias, então a vara sibilou no ar.

Ele perdeu a conta de quantas vezes foi atrelado à mesa, mas contou as varadas com obstinação: ao todo, ficaram sessenta vergões em sua carne.

Então o soltaram e o ergueram outra vez. Mal conseguia se sustentar. Grabner o observou com atenção. "Me diga os nomes."

Mais cedo ou mais tarde, chegaria ao ponto — como para qualquer ser humano preso naquele pesadelo — em que Fritz seria subjugado e diria qualquer coisa para fazê-los parar. A verdade ou mentiras — não faria diferença, contanto que a tortura terminasse. Ele podia dizer o nome dos seus amigos envolvidos na resistência. Seria simples e qualquer um ficaria tentado a fazê-lo. Stefan, Gustl, Jupp Rausch e os outros conspiradores, seus amigos e mentores. Ele poderia condená-los à tortura e à morte. Fritz conservava lucidez suficiente para perceber que aquilo não salvaria sua vida, mas ao menos deteria o tormento.

Continuou calado. Grabner acenou para Taute e Hofer e indicou os ganchos no teto.

Os pulsos de Fritz foram amarrados a suas costas, tão apertados que a circulação foi cortada. A ponta maior da corda foi passada por um gancho e os dois sargentos a puxaram. Os braços de Fritz vergaram para trás e para cima. Numa agonia indescritível e ofuscante, ele foi erguido até ficar na vertical. Deixaram-no pendurado, com os pés a meio palmo do chão, todo o peso de seu corpo suportado pela articulação dos ombros, sua mente inundada pela dor. Ele vira muitos pobres coitados suspensos daquela forma no Carvalho de Goethe, mas a experiência era muito pior do que poderia ter imaginado.

"Me dê os nomes", repetia Grabner, sem parar. Fritz ficou pendurado por quase uma hora, mas a única coisa que saía de sua boca eram gemidos incoerentes e baba. "Não vai sobreviver desse jeito", disse a voz de Grabner suavemente em seu ouvido. "Me dê os nomes."

A um sinal de Grabner, a corda foi afrouxada e Fritz desabou no chão. Grabner continuou repetindo que tudo estaria terminado se lhe desse os nomes. Fritz continuou calado. Eles o ergueram, içaram de novo e o seguraram no ar. Ele gritou de dor.

O ritual se repetiu três vezes, sem resultado. Grabner começava a perder a paciência. Era noite de sábado e queria chegar logo em casa. O interrogatório estava lhe custando preciosas horas de lazer. Fritz ficara pendurado por uma hora e meia no total quando enfim o soltaram para desabar no chão pela terceira vez. Ele teve a vaga consciência de Grabner deixando a sala e dando ordens aos dois sargentos para levar o prisioneiro de volta ao campo. O interrogatório seria retomado outra hora.[15]

בן

Depois de Fritz ter sido levado, Stefan Heymann e os outros membros da resistência ficaram preocupados e se perguntaram o que deveriam fazer. Quanto tempo tinham antes de Fritz ser dobrado e a Gestapo ir à procura do resto? Discutiram aquilo à noite, tentando pensar num modo de lidar com a catástrofe iminente.

Gustl Herzog ainda não se recuperara do golpe quando ficara sabendo que Fritz estava de volta ao campo. Correu para vê-lo e o viu sendo carregado pela rua por dois velhos amigos de Buchenwald: Fredl Lustig, colega de Gustav desde os tempos da turma de transporte, e Max Matzner, que quase fora vítima dos infames experimentos com tifo.

Fritz não conseguia ficar de pé. À parte os hematomas e o sangue visíveis, suas articulações e suas costas doíam de forma agonizante. Gustl disse a Lustig e Matzner para levá-lo ao hospital, depois saiu à procura dos outros.

O hospital ocupava um bloco de barracões no canto nordeste do campo. Tinha vários departamentos: médico, cirúrgico, de doenças infecciosas e convalescença. Embora fosse dirigido por um médico da SS que mal aparecia, a maioria da equipe era formada por prisioneiros.[16] Para os padrões de um campo de concentração, o hospital era até bom, embora carente de recursos médicos.

Fritz foi levado à ala de clínica geral. Estava semiparalisado, com os braços inúteis, dormentes, as costas marcadas por vergões, sangrando, e seu corpo inteiro era dominado pela dor. Um médico tcheco lhe deu fortes analgésicos e massageou seus braços.

Após algum tempo, Gustl Herzog chegou com Erich Eisler e Stefan Heymann. Os três lançaram um olhar condoído e de mau pressentimento na direção de Fritz. Quando o médico saiu, perguntaram com ansiedade o que a Gestapo queria com ele. Fritz explicou as acusações de Grabner e o tal plano de fuga.

"Você falou alguma coisa pra ele?", perguntou Stefan.

"Claro que não. Não sei de nada."

A resposta os satisfez tanto quanto satisfizera a Gestapo.

"Você não revelou nomes? Nenhum?"

Fritz balançou a cabeça com muita dor.

A despeito de seu estado, os amigos continuaram a questioná-lo com insistência. *Não deu nenhum nome para eles?* Não, Fritz repetiu. Não abrira a boca para Grabner. Na cabeça dos outros prisioneiros, parecia suspeito que ele tivesse voltado ao campo. Grabner imaginava que Fritz poderia involuntariamente trair seus cúmplices de algum modo. Ou talvez fosse simplesmente porque as celas no Bloco da Morte em Auschwitz I estavam superlotadas (como muitas vezes era o caso).

Por fim eles se deram por satisfeitos e ficaram convencidos. Estavam a salvo – por ora. Mas Stefan e Erich tinham certeza de que Grabner não deixaria por menos. O interrogatório seria retomado no dia seguinte e a tortura continuaria até Fritz confessar ou morrer. Algo tinha de ser feito.

Por ora, Fritz foi transferido ao bloco das doenças infecciosas, onde ficavam os pacientes de tifo e disenteria, junto ao necrotério, no extremo mais distante do campo. O médico da SS e seus assistentes apareciam por lá raras vezes. Fritz foi deixado em um quarto isolado. Se não pegasse nenhuma infecção, estaria a salvo. Mas não podia se esconder ali para sempre – para impedir uma caçada humana pelo campo quando não estivesse presente à chamada na manhã seguinte, deveriam registrar sua entrada no hospital. E então a Gestapo iria atrás dele. Por qualquer ângulo de que olhassem o problema, terminavam sempre com a mesma solução: Fritz Kleinmann tinha de morrer.

Consequentemente, Sepp Luger, o superior de campo incumbido de administrar o hospital, registrou a morte do prisioneiro 68 629. Nenhum detalhe era exigido: a ficha compreendia apenas uma linha para cada paciente, com número de entrada, número do prisioneiro, nome, datas de entrada e de saída e o motivo da saída. Nessa coluna havia apenas três opções: *Entlassen* (liberado); *nach Birkenau* (selecionado para a câmara de gás); ou uma cruz preta carimbada (morto). Gustl Herzog também anotou o óbito de Fritz no arquivo geral dos prisioneiros.[17]

A verdade permaneceria um segredo absoluto entre os conspiradores. A notícia de que Fritz não sobrevivera aos ferimentos tinha de ser dada a todos os seus amigos. Nem Gustav podia ficar sabendo do segredo — o risco era grande demais. Assim, ele foi informado do fato terrível e devastador de que seu adorado Fritzl morrera após a tortura da Gestapo. A dor foi tão intensa que Gustav não encontrou forças para pegar o diário, que permaneceu intocado por semanas.

Enquanto Gustav chorava pelo filho, os conspiradores tinham de resolver o problema mais urgente do que fazer com Fritz, vivo e respirando, convalescendo no isolamento de sua sala. Sempre que um médico da SS ou o enfermeiro-chefe apareciam para uma inspeção, Jule Meixner, velho amigo de Fritz que trabalhava na lavanderia do hospital, ajudava-o a deixar o leito e o escondia no depósito, entre pilhas de roupas de cama.

Fritz não fazia ideia do que aconteceria com ele. Vendo os pacientes de disenteria se arrastarem até os baldes de latrina numa sala afastada e os pacientes de tifo tremendo febris nos leitos, encharcados de suor, percebeu que não podia ficar por muito mais tempo naquele lugar, com ou sem ferimentos.

A Gestapo em Monowitz anunciou por fim que Grabner encerrara a investigação devido à morte de Fritz. Então chegara a hora de agir.

Ele ganhou uma nova identidade, tirada de um paciente morto de tifo. Fritz não lembrava o nome do pobre coitado — apenas que se tratava de um judeu de Berlim, um prisioneiro mais ou menos recente cujo número estava acima de 112 mil. Não daria para apagar a tatuagem ou fazer outra com o número do morto, por isso simplesmente enfaixaram o antebraço dele e torceram para que ninguém verificasse. Stefan Heymann passou um bocado de tempo com Fritz, aconselhando-o sobre como proceder e as precauções que teria de tomar quando o designassem a uma turma de trabalho.

Para Fritz, foi o momento do tudo ou nada. Desde a tortura, uma lassidão penetrara seu espírito. Não se importava mais se seria ou não descoberto. O longo calvário do pesar, da fome e do desespero enfim tinha minado sua resiliência, e Fritz começara a afundar no estado de espírito impotente que caracterizava um *Muselmann*. Ele confessou a Stefan que pensava em dar um basta àquela vida assim que possível — nada mais simples do que ultrapassar a linha das sentinelas quando estivesse em uma turma de trabalho ou atirar-se contra a cerca eletrificada do campo. Um tiro — um instante fugaz — e a dor e o sofrimento abjeto chegariam ao fim.[18]

Stefan não tinha paciência para aquele tipo de conversa. "Consegue pensar como seria para seu pai se fizesse isso?", disse. "Ele acha que você está morto agora, mas com o tempo, e talvez nem demore muito, vai descobrir a verdade. Imagine se soubesse que o filho esteve vivo esse tempo todo só quando você cometesse suicídio. Pense nisso."

Fritz ficou sem argumentos. Depois de tudo o que tinham passado juntos, dobrar-se à SS ou lhes dar o gosto de outra morte era mais do que podia engolir. "Não vão nos esmagar desse jeito", seu pai sempre dizia. A persistência era tudo, o sofrimento era apenas momentâneo, a esperança e o espírito nunca morreriam.

Stefan prometeu fazer tudo ao seu alcance para manter Fritz a salvo no hospital. Quando ficasse bem o bastante para trabalhar, seria colocado em alguma turma de trabalho onde não chamasse a atenção. A taxa de mortalidade e a rotatividade de prisioneiros era tamanha que poucos chegavam a se conhecer direito.

Fritz compreendia aquilo e confiou sua vida a Stefan, mas tinha dúvidas. As pessoas conheciam seu rosto — incluindo alguns homens da SS. E mais cedo ou mais tarde seu pai descobriria. Pelo menos sete homens na resistência sabiam do segredo de Fritz, e seu pai também era amigo deles. Gustav agora era um homem proeminente no campo e sua posição de destaque faria com que a posse de um segredo tão explosivo fosse extremamente perigosa para ele.

Após três semanas, Fritz estava em condições de deixar o hospital. Seus amigos o levaram clandestinamente ao bloco 48, cujo superior, Chaim Goslawski, era membro da resistência. O bloco era ocupado sobretudo por alemães e poloneses que não conheciam Fritz.

No dia seguinte, ele foi trabalhar. Conseguiram-lhe um lugar no almoxarifado de uma seção diferente da serralheria. Um dos *kapos*, chamado Paul Schmidt, sabia do segredo e ficava de olho nele. Ao passar pelos portões de manhã e ao voltar à noite, Fritz vivia o terror asfixiante de ser reconhecido por um guarda ou *kapo* hostil. Ficava no meio do grupo, marchando com os olhos fixos à frente e uma expressão vazia no rosto, enquanto seu coração parecia querer sair pela boca.

À medida que as semanas se passaram e ninguém pareceu notá-lo, Fritz começou a se sentir mais à vontade. Por ora, seu segredo parecia seguro.

אבא

Certa noite, Gustav estava na sala de recreação do bloco 7 quando um preso cutucou seu ombro. "Gustl Herzog está lá fora", disse. "Quer ver você."

Gustav saiu e encontrou o velho amigo num estado de empolgação contida. *Vem comigo*, sinalizou. Ele conduziu Gustav pela trilha atrás do prédio, afastando-se da rua. Atrás da primeira fileira de blocos de barracões ficavam algumas construções menores – as latrinas, o bunker da Gestapo e um pequeno bloco de banho. Herzog conduziu Gustav para o último. Uma figura emergiu da penumbra sob a porta e Gustav reconheceu o supervisor de banho, um jovem veterano de Buchenwald que fora amigo de Fritz. Ele relanceou em volta e, após se certificar de que a barra estava limpa, fez um gesto para Gustav.

Intrigado, Gustav entrou sozinho no edifício, sentindo o cheiro familiar de bolor e umidade (mas não de sabão). Na luz fraca, viu a silhueta de um homem recuado, nas sombras da sala das caldeiras. A figura avançou e suas feições ganharam nitidez: era Fritz.

Era inacreditável, um milagre. Para Gustav, que fazia questão de nunca abrir mão da esperança, por piores que fossem as circunstâncias, a perplexidade foi indescritível. Segurar o filho nos braços outra vez, sentir seu cheiro, ouvir sua voz, tudo aquilo estava além da esperança, desafiava a lógica.[19] Não haviam sobrevivido em vão, afinal.

Depois daquele primeiro reencontro, viam-se sempre que podiam, à noite, no bloco de banho. Agora que o luto e a dor haviam sumido, a mente de Gustav era invadida outra vez pelas preocupações da paternidade, redobradas naquele momento em que Fritz corria muito mais perigo do que antes. Gustl Herzog e os outros asseguraram a ele que estavam fazendo tudo o que podiam para protegê-lo, mas seria suficiente?

No outono, uma notícia maravilhosa chegou de Auschwitz I. A SS subitamente removera Maximilian Grabner de seu posto na Gestapo do campo.

Foi mais do que uma simples exoneração. Por longo tempo, Berlim questionava a conduta de Grabner. Mesmo para os padrões da SS, a quantidade de mortos sob seu comando causava certo incômodo — não tanto pela escala das execuções, mas pela maneira desordenada como eram feitas. Na cabeça de Himmler, a Solução Final — e o extermínio de um modo geral — era um empreendimento industrial, a ser conduzido de maneira limpa, eficiente e sistemática. Não um jogo de fetiches pessoais. O sadismo e a crueldade de Grabner tinham marcado seu nome. Mas a queda só viera mesmo por corrupção.

Como muitos oficiais de patente nos campos de concentração, Grabner usara sua posição para tirar proveito dos artigos valiosos roubados dos judeus mortos em Birkenau, que se destinavam aos cofres da SS. Ao contrário da maioria, ele fizera aquilo numa escala colossal, enviando para casa malas cheias de butins. A escala da corrupção levou a uma investigação da SS. Ele foi suspenso de seu posto e ficou detido com vários cúmplices, incluindo o frio assassino em massa Gerhard Palitzsch.[20] Rudolf Höss, comandante de Auschwitz que ajudara e encorajara Grabner, também tinha sido removido do posto.

O novo comandante, Arthur Liebehenschel, assumiu em novembro de 1943, e deu início a uma reestruturação de todo o complexo de Auschwitz.[21] Os oficiais foram substituídos e a ordem e a disciplina foram impostas com maior eficiência sobre a SS.

O que importava para Fritz era que a ameaça mais séria à sua segurança fora inesperadamente eliminada. Grabner se fora e em meio ao tumulto havia pouca chance de algum prisioneiro isolado em Monowitz chamar a atenção da Gestapo. Pouco depois, na noite de 7 de dezembro, o prédio da Gestapo em Auschwitz I pegou fogo, destruindo os registros dos desvios de Grabner.[22]

Por fim, conforme um véu de obscuridade descia sobre todo o episódio e a necessidade de continuar escondido diminuía, Fritz Kleinmann voltou calmamente à antiga vida. Sua entrada no registro do campo foi refeita e o judeu berlinense que morrera de tifo foi esquecido.

Mas, embora a necessidade de sigilo absoluto houvesse passado, Fritz ainda precisava tomar cuidado. Se fosse reconhecido por um guarda da SS que soubesse de sua morte — em especial os sargentos da Gestapo Taute e Hofer —, teria problemas. Mas entre os milhares de prisioneiros em Monowitz, e as centenas de milhares que chegavam e eram transferidos de um campo para outro em Auschwitz, e as dezenas de milhares assassinados, quem notaria a discreta ressurreição de um prisioneiro?

À medida que o inverno se aproximava, Gustav usou sua posição para obter a transferência de Fritz para seu bloco. Agora podiam ficar juntos à noite sem recorrer a arriscados encontros do lado de fora. A situação envolvia uma complicação hierárquica: por não gozar de status elevado no campo, Fritz era proibido de ficar na sala de recreação quando seu pai estava lá conversando com os amigos. Tinha de ficar no beliche sozinho, algo tecnicamente ilegal, já que os beliches eram apenas para dormir.

Pelo menos ele estava aquecido e em segurança. Com certeza era melhor do que a situação anterior à sua falsa morte. O superior de seu bloco, um sujeito chamado Paul Schäfer, não suportava o fedor de corpos do barracão e mandava que deixassem todas as janelas abertas, em qualquer clima. Por puro sadismo, também desligou o aquecimento, para impedir que as roupas úmidas secassem. Se alguém fosse pego tentando dormir de uniforme para não passar frio, Schäfer mandava darem uma surra nele e confiscava suas rações.

"E assim segue o ano de 1943", escreveu Gustav. O inverno descera outra vez sobre eles; a neve começava a cair e o solo, a endurecer. Seria o quinto inverno que ele e o filho passavam ali desde que haviam sido tirados de casa, o quinto ano de um pesadelo implacável. Contudo, por mais que tivessem suportado e sofrido até ali, o pior ainda estava por vir.

15. A bondade de desconhecidos

אחים

"Segura!"

Fritz pulou no ar, esticando-se para pegar a bola que passou voando por sobre sua cabeça. Ela rebateu numa das barracas vazias do mercado e saiu quicando pela rua. Fritz correu e a apanhou. Ao erguer o rosto, viu um policial dobrando a esquina da Leopoldsgasse. O policial olhou para ele, que endireitou o corpo e escondeu a bola — feita de trapos — às costas. Não era permitido jogar futebol na rua. Depois que o homem se afastou, Fritz virou e correu de volta ao mercado, chutando a bola na direção de seus amigos.

Era o fim do dia e os últimos feirantes guardavam seus produtos. Eles subiram em suas carroças e, com um estalo de língua e uma sacudidela nas rédeas, partiram, ao som de cascos nos paralelepípedos. Fritz e sua turma correram entre as barracas, jogando a bola para cá e para lá. Apenas Frau Capek, da banca de frutas, continuava por ali; ela só ia embora após escurecer. No verão, dava milho verde para os meninos. Muitos eram pobres e aceitavam qualquer sobra de comida que conseguissem — pedaços de linguiça com o açougueiro, restos de pão com Herr König, da padaria Anker, chantili da confeitaria de Herr Reichert, na Grosse Sperlgasse, que ficava na esquina da escola.

Fritz pegou a bola quando veio em sua direção outra vez e se preparava para jogá-la de volta quando escutaram o uivo remoto e familiar de sirenes.

O caminhão de bombeiros a caminho de um incêndio! Os meninos saíram em disparada, desviando excitados dos transeuntes — as donas de casa terminando as compras, os judeus ortodoxos barbudos em seus casacos pretos, voltando para casa apressados para o início do Shabat. "Me esperem!" Fritz virou e viu a pequena figura correndo atrás dele, as perninhas se esforçando para acompanhar. Kurt! Fritz se esquecera dele completamente... Esperou que o irmão mais novo o alcançasse, perdendo os outros de vista.

Kurt tinha apenas sete anos, enquanto Fritz já estava com catorze, mas os dois se davam bem. O mais velho sempre deixava que o outro fosse junto, para brincar e aprender a se virar na rua. Kurt tinha sua própria turma de amigos, de quem o grupo de Fritz cuidava.

Eles encontraram o velho Herr Löwy, que ficara cego na Grande Guerra, tentando atravessar a rua agitada, cheia de caminhões e de carroças de vendedores de carvão e cerveja, puxadas por enormes cavalos Pinzgauer. Fritz segurou a mão do homem, aguardou o momento certo e o ajudou a atravessar. Então, acenando para Kurt segui-lo, foi atrás dos amigos.

Os dois os alcançaram quando voltavam pela Taborstrasse, com o rosto lambuzado de creme e açúcar. Não tinham achado o incêndio, mas haviam passado pela doceria e ganhado sobras de bolos. Um colega de escola, Leo Meth, guardara um pedaço para Fritz, que o dividiu com Kurt.

Mastigando de boca cheia, eles voltaram na direção do Karmelitermarkt, com Fritz segurando a mão melada de Kurt. O mais velho apreciava o conforto da camaradagem. O fato de que alguns de seus amigos eram diferentes, de que seus pais eram relapsos com a igreja, e não com a sinagoga, ou de que o Natal tinha um significado maior para eles, parecia insignificante. A ideia de que ele, Leo e as outras crianças judias pudessem um dia ser separados do restante por causa de coisas tão triviais nunca passara pela cabeça de ninguém.

A noite de sexta-feira estava quente — talvez pudessem nadar no canal do Danúbio no dia seguinte, ou encontrar as meninas para brincar de teatro no porão do número 17 da rua onde moravam. Frau Dworschak, a supervisora do prédio, cujo filho Hans era colega de Fritz, costumava deixar que iluminassem o lugar com velas. Herta e as outras meninas faziam um desfile de moda, pegando velhas peças de roupa e andando de um lado para outro como modelos. Ou todos encenavam *William Tell* para um público que pagava dois *pfennigs* pelo ingresso. Fritz adorava aquilo.

Ele e Kurt voltaram para casa ao crepúsculo no calor do verão. Fora um dia bom numa série ininterrupta de dias bons. Para as crianças vienenses, brincar na rua era tão natural quanto colher uma fruta no pé. Podiam fazê-lo a todo momento. A vida parecia suspensa no tempo, inviolável.

בן

Fritz foi arrancado de um sonho agradável pelo apito estridente do superior de campo. Abriu os olhos no escuro e suas narinas captaram o odor de trezentos corpos sujos, trezentos uniformes mofados e suados. O cérebro, de repente sacudido da sensação de felicidade, absorveu o choque de sua realidade, como acontecia toda manhã antes de o dia raiar.

O homem no leito de baixo do beliche levantou e vestiu o paletó, junto com dezenas de outros que serviriam o café. Fritz se enrolou no cobertor e fechou os olhos, ajeitando o corpo no colchão de palha e tentando relembrar o sonho.

Uma hora e quinze minutos depois foi despertado outra vez pelas luzes do barracão sendo acesas. "Todo mundo de pé!", berrou o ajudante. "Rápido!" Num instante, pernas, braços e rostos inchados brotaram dos beliches de três andares, descendo com dificuldade, pisando em cima de outros, enfiando uniformes listrados. Fritz e o pai tiraram os colchões, sacudiram, dobraram as cobertas e deixaram tudo arrumado. Depois de lavar o rosto com a água fria do bloco de banho — superlotado com os ocupantes dos seis blocos em volta — e engraxar o sapato com o barril de graxa obtido em Buna Werke, fizeram fila diante dos beliches para pegar o café de bolota, trazido em imensos recipientes térmicos de trinta litros. Todos beberam em pé, porque era proibido sentar nos beliches. Os que tinham conseguido guardar um naco de pão da noite anterior comiam agora, empurrando o alimento amanhecido com a bebida adocicada e quente. O ajudante inspecionou os beliches, uniformes e sapatos.

A atmosfera era mais amigável do que em qualquer outro bloco que Fritz conhecera. Os *Prominenten* do bloco 7 cuidavam bem uns dos outros.

Às 5h45, quando ainda estava escuro, eles saíram e formaram fileiras diante do prédio. Por toda a rua, um mar de prisioneiros deixava seus barracões para a contagem dos superiores de bloco. Nem doentes ou mortos podiam ficar de fora — em geral, havia um ou dois cadáveres a ser trazidos toda manhã em cada bloco. Eram carregados para fora e depositados no chão para ser contados com o resto.

Os milhares de prisioneiros marcharam pela rua ou foram levados em carroças para a praça da chamada, inundada pela luz dos holofotes. Formaram fileiras ordenadas, cada homem com seu lugar designado entre os demais. Os doentes e os mortos eram carregados e deixados no fundo.

Os *Blockführers* da SS passaram as colunas em revista, procurando homens fora de lugar, fileiras tortas, contando o número em cada bloco, verificando a quantidade de mortos. Qualquer perturbação da ordem perfeita — especialmente se resultava em erro de contagem — terminava em surras. Quando os *Blockführers* se deram por satisfeitos, levaram seus relatórios para o *Rapportführer*, no palanque diante deles. Enquanto os prisioneiros continuavam imóveis — por mais frio ou úmido que estivesse —, ele revisava meticulosamente a contagem.

Quando o tenente Schöttl chegou, fazia uma hora que os prisioneiros aguardavam em posição de sentido. Com bastante prudência, Fritz observou Schöttl subir ao palanque; ainda tinha receio de ser reconhecido, e o medo nunca o abandonaria de todo.

Eventos recentes o haviam deixado mais nervoso do que nunca. Em setembro, durante as últimas semanas do regime de Grabner, um informante fora encontrado entre os prisioneiros.[1] A Gestapo estava sempre à procura de atividades subversivas e os membros da resistência tinham de viver em alerta constante. Um prisioneiro que trabalhava no escritório da Gestapo em Monowitz identificara o *kapo* Bolesław "Bolek" Smoliński — um antissemita fanático com ódio particular de comunistas — como um informante a serviço do sargento Taute da SS.

Essa informação tinha sido discutida na resistência. Curt Posener (conhecido como Cupo), um dos velhos remanescentes de Buchenwald, comentara que Smoliński era amigo do superior de campo responsável pelo hospital, um elo importante para a resistência — e um terrível ponto vulnerável. Cupo conversara com Erich Eisler e Stefan Heymann. Eisler sugerira que falassem com Smoliński, para tentar trazê-lo para o lado deles. Stefan e Cupo tinham se pronunciado com veemência contra a ideia arriscada. Mas Eisler ignorara as advertências e seguira em frente. A reação fora instantânea — Smoliński fora direto até a Gestapo. Imediatamente, Erich Eisler e Curt Posener tinham sido presos e levados para Auschwitz I, junto com seis outros, incluindo Walter Petzold e Walter Windmüller, ambos prisioneiros-funcionários altamente respeitados e membros da resistência. Eles tinham sido jogados no bunker do Bloco da Morte e submetidos a interrogatório e tortura por vários dias. Smoliński fora mantido com eles.

No fim, Curt Posener e mais outro tinham voltado a Monowitz muito machucados. Como Fritz, haviam resistido à tortura e se recusado a falar. Smoliński também fora liberado e voltara ao antigo posto. Walter Windmüller sucumbira aos ferimentos e morrera no bunker. O pobre Erich Eisler, que entregara sua condição de membro da resistência ao falar com Smoliński, fora fuzilado no Muro Negro.[2] Eisler se dedicara inteiramente ao bem-estar alheio; mesmo antes de virar prisioneiro, trabalhara para a Rote Hilfe [Ajuda Vermelha], organização socialista que fornecia assistência à família de detentos.[3] No fim, sua humanidade fora sua ruína, ao acreditar que poderia convencer um homem como Smoliński a ser uma pessoa decente.

"Atenção! Cabeças descobertas!", berrou um sargento, erguendo a voz acima dos alto-falantes, e 5 mil mãos tiraram o gorro e o seguraram dobrado sob o braço. Os prisioneiros continuaram em formação enquanto Schöttl repassava as listas de nomes, anotando os recém-chegados, os óbitos, as seleções e nomeações para funções.

Finalmente, ele disse: "Gorro na cabeça! Equipes de trabalho, mexam-se!".

As fileiras se desmancharam caoticamente à medida que cada um se dirigia à sua equipe, agrupando-se em unidades verificadas pelos *kapos*. Eles marcharam pela rua para o portão principal. Muitos estavam fracos e letárgicos, nas derradeiras forças: em pouco tempo seriam selecionados para Birkenau ou estariam entre os corpos levados para ser contados na chamada.

Conforme os trabalhadores passavam, a orquestra dos prisioneiros, em seu pequeno abrigo junto ao portão, tocava músicas animadas. Eles eram conduzidos por um político holandês, com um cigano alemão ao violino. Os demais eram judeus de várias nacionalidades. Fritz achava estranho nunca tocarem músicas alemãs — apenas marchas austríacas dos tempos do império. Seu pai outrora marchara ao som das mesmas melodias nos pátios de manobras de Viena e Cracóvia e fora para a guerra com aquele acompanhamento. A orquestra do campo era formada por bons músicos e às vezes, aos domingos, Schöttl permitia que fizessem um concerto para os prisioneiros com privilégios. Era uma cena surreal – os músicos rotos tocando música clássica para um público de prisioneiros em posição de atenção, com os oficiais da SS sentados em cadeiras ao lado.

O céu começou a clarear enquanto seguiam pela estrada em direção ao posto de controle nos portões de Buna Werke, as colunas de prisioneiros acompanhadas por um sargento da SS e por sentinelas. Dependendo de onde trabalhassem no complexo industrial, alguns tinham ainda mais de quatro quilômetros para marchar e depois um turno de doze horas, além da marcha de quatro quilômetros da volta, para então passar mais várias horas na chamada à luz dos holofotes, sob o frio e a chuva.

Fritz seguiu para o depósito e iniciou outro dia monótono mas seguro no almoxarifado. Não tinha como saber que aquele dia marcaria o começo de uma transformação em sua vida.

Estava papeando com outro prisioneiro judeu quando um soldador civil alemão por perto entrou na conversa.

"Fico feliz em ouvir alguém falando alemão", disse. "Não vi muitos alemães depois que vim trabalhar aqui. Quase todos são poloneses ou de outros lugares."

Fritz olhou surpreso para o homem. Era razoavelmente jovem e mancava bastante.

O civil analisou o uniforme deles.

"Por que está aqui?", perguntou.

"Como é?"

"Qual foi seu crime?"

"Crime?", perguntou Fritz. "Somos judeus."

Teve de repetir aquilo várias vezes para o homem entender. Parecia estupefato. "Mas o Führer nunca prenderia alguém que não fez nada de errado", disse.

"Estamos no campo de concentração de Auschwitz", disse Fritz. "Sabe o que significa?"

O homem deu de ombros. "Estive no Exército, no Front Oriental. Não faço ideia do que está acontecendo no país." Aquilo explicava o andar coxo. Ele fora dispensado por invalidez.

Fritz apontou seu distintivo.

"Isso aqui é a *Judenstern*, a estrela judaica."

"Eu sei o que é. Mas ninguém é preso por causa disso."

Era incrível e um tanto irritante.

"Claro que é."

O homem balançou a cabeça, descrente. Fritz começou a perder a paciência. O sujeito não podia ser tão tapado — era possível que não houvesse testemunhado os acontecimentos a partir de 1941, quando estava no front, mas onde estivera depois de 1933, quando a perseguição começara, ou de 1938, ano da Noite dos Cristais? Achava que os judeus tinham emigrado por livre e espontânea vontade?

Mas não era seguro discutir com um alemão, então Fritz desistiu de tentar convencê-lo.

Mais tarde, o homem voltou a insistir. "Todo mundo precisa participar, sabe?", afirmou. "Todo mundo precisa ajudar a defender a Pátria e trabalhar pelo bem comum. Até vocês, judeus, têm um papel a desempenhar."

Fritz conteve a raiva. O homem continuou tagarelando sobre atitude, dever e Pátria até Fritz perder as estribeiras. "Não percebe o que está acontecendo aqui?", exclamou, furioso, gesticulando para as fábricas, Auschwitz, o sistema todo. Então se afastou.

O civil, perplexo com a atitude do rapaz, recusou-se a deixar o assunto morrer. Procurava Fritz o tempo todo. Dever e pátria eram seus temas recorrentes, bem como afirmar que prisioneiros eram prisioneiros por um bom motivo. Mas, a despeito de sua insistência, a cada ocasião parecia menos seguro de si.

Finalmente, fechou o bico, e durante os dois dias seguintes se concentrou em seu trabalho, soldando. Então, certa manhã, aproximou-se de Fritz e lhe deu disfarçadamente um pedaço de pão e uma linguiça, depois se foi.

Era meio filão de um pão austríaco chamado *Wecken*, feito de uma farinha muito refinada. Fritz tirou um pedaço e o enfiou na boca. Uma delícia. Bem diferente do *Kommisbrot* militar que recebiam no campo. O sabor maravilhoso evocou as lembranças do lar, dos tempos em que ele e os outros meninos conseguiam restos de pão ao final da tarde na padaria Anker. Fritz afastou-se rapidamente com a linguiça, planejando dividi-la com seu pai e seus amigos.

Cerca de uma ou duas horas depois, o civil passou por ele outra vez e parou. "Não tem muitos alemães por aqui", disse. "É bom ter alguém com quem conversar." Ele hesitou, e seu rosto exibiu um ar preocupado que Fritz nunca notara. "Vi uma coisa hoje de manhã", começou a dizer, constrangido, "quando vinha pra cá, trabalhar..." Visivelmente transtornado e gaguejando um pouco, ele descreveu o que vira: o cadáver de um prisioneiro pendurado na cerca elétrica do campo de Monowitz. Mesmo um veterano do Front Oriental, familiarizado com atrocidades, ficara abalado. "Disseram que foi suicídio. E que acontece de vez em quando."

Fritz fez que sim.

"Acontece muito. A SS deixa os corpos por uns dias, para intimidar o resto."

A voz do homem saiu embargada de emoção: "Não foi para isso que combati na guerra". Lágrimas brotavam em seus olhos. "Não foi para isso. Não quero participar disso."

Fritz ficou pasmo — um soldado alemão chorando por causa de um prisioneiro em um campo de concentração. Pela experiência de Fritz, os alemães — fossem soldados, policiais, SS, prisioneiros de triângulo verde — eram todos iguais. As únicas exceções eram os socialistas e prisioneiros políticos. De resto, não passavam de uma horda insensível, fanática, brutal.

O homem começou a contar sua história para Fritz. Seu nome era Alfred Wocher. Nascera na Bavária e se casara com uma jovem de Viena, então tinham se fixado na cidade — daí o pão *Wecken*. Fritz não mencionou que também era vienense e escutou Wocher falar sobre o tempo em que servira a Wehrmacht no Front Oriental, em como recebera a Cruz de Ferro e chegara à patente de sargento. Após sofrer graves ferimentos, fora enviado de volta, em licença permanente: não fora dispensado do Exército, mas nunca mais estaria apto para o serviço ativo. Por ser um soldador experiente, tinha sido mandado para a IG Farben, para trabalhar como civil.

Ocorreu a Fritz que Wocher poderia ser um contato útil. De volta ao campo, à noite, foi ao hospital para conversar com Stefan Heymann. Descreveu Alfred Wocher e repetiu tudo que o sujeito dissera. Stefan ficou preocupado. Aconselhou Fritz a tomar cuidado — não podiam confiar em alemães, muito menos num veterano do Exército de Hitler. Depois de Smoliński, a resistência andava mais cautelosa do que nunca com potenciais informantes. E a última vez que Fritz se aproximara de um civil quase lhe custara a vida — para não mencionar a dor do luto sofrida por seu pai e seus amigos.

Fritz entendia perfeitamente. Sabia que Wocher não era confiável. Mas por algum motivo — talvez fosse o pão vienense, talvez sua revolta genuína com o prisioneiro morto — não se conteve. Voltou ao trabalho e, desafiando o conselho de Stefan e seu próprio bom senso, continuou a conversar com o soldado veterano.

Era difícil evitar o sujeito. Quando Wocher o procurava, em geral queria desabafar ou tinha alguma pergunta sobre Auschwitz. Para Fritz, parecia uma sondagem, e a coisa mais sensata a fazer seria dar as costas e se recusar até mesmo a escutar. Mas, sem entrar em detalhes, ele contava um pouco sobre Auschwitz. Wocher trazia exemplares do *Völkischer Beobachter*, o jornal do Partido Nazista, para lhe mostrar o que andava acontecendo na Alemanha. Para Fritz, era bom — os jornais eram um artigo valioso no campo, e não havia uso melhor para o *Beobachter* do que limpar a bunda dos judeus. Mas pão e linguiça eram ainda mais bem-vindos. Um dia, do nada, Wocher se ofereceu para entregar cartas. Se houvesse alguém com quem quisesse entrar em contato, Wocher poderia ajudar.

Só podia ser uma cilada. Era o que parecia. A tentação de entrar em contato com parentes que continuavam em Viena — e talvez descobrir o que acontecera com sua mãe e Herta — foi extremamente forte. O instinto de Fritz mandava que ele testasse o homem de alguma forma. Mas com que finalidade? Se Wocher fosse informante nazista, de que adiantaria provar? Ele próprio terminaria no bunker de um modo ou de outro.

Fritz voltou a discutir a questão com Stefan Heymann. Sabendo que o jovem sempre acabava fazendo o que achava melhor, Stefan lhe disse que teria de resolver aquilo sozinho. Não poderia ajudá-lo.

Não muito depois, Wocher mencionou de passagem que estava prestes a receber uma licença. Era a oportunidade que Fritz esperava. O alemão mencionara que passaria por Bruno e Praga a caminho de Viena, assim, no dia seguinte, Fritz foi trabalhar levando duas cartas com endereços fictícios em cidades tchecas, alegando que tinha parentes ali. Wocher as pegou muito animado e prometeu entregar pessoalmente. (Não as confiaria ao correio, sujeito a espionagem.) Fritz supôs que, se Wocher fosse um impostor, naturalmente não se daria ao trabalho de entregar as cartas e não ficaria sabendo que os endereços eram falsos.

Quando reapareceu para trabalhar alguns dias depois, Wocher parecia irritado. Tentara entregar as duas cartas e não conseguira encontrar os destinatários. Deduziu que Fritz o fizera de bobo e ficou magoado e furioso. Fritz se desculpou, disfarçando sua alegria e alívio: agora tinha certeza quase absoluta de que Wocher não era um agente provocador.

Começou a revelar mais coisas sobre Auschwitz, descrevendo como os judeus chegavam nos *Transports* de Alemanha, Polônia, França, Holanda e países orientais, e as triagens em Birkenau, quando crianças, idosos, incapacitados e a maioria das mulheres eram mandados para a câmara de gás, enquanto os demais eram escravizados. Wocher vira tudo com seus próprios olhos: agora entendia os longos comboios de vagões fechados chegando pela estrada de ferro sudeste e passando por Monowitz, na direção de Oświęcim. Dentro da fábrica, escutara civis conversando sobre aquelas coisas e começava a perceber que ficara terrivelmente desinformado enquanto estivera no front.[4]

Era difícil não ver o que estava acontecendo. Auschwitz se espalhava e crescia como um câncer metastático. Mudanças e ampliações abrangentes haviam começado e Auschwitz III-Monowitz era agora o núcleo administrativo de uma quantidade cada vez maior de subcampos brotando como pústulas por toda a zona rural em torno de Buna Werke. Um comandante fora instituído acima do diretor do campo Schöttl, um capitão pálido e inexpressivo chamado Heinrich Schwarz, que gostava de participar com um ódio espumante dos maus-tratos e assassinatos. Schwarz era devotado à Solução Final e vituperava contra Berlim sempre que o fluxo de judeus para o campo diminuía.[5]

Novos *Transports* para os subcampos da IG Farben às vezes vinham direto de Monowitz agora, e pela primeira vez Fritz testemunhou com os próprios olhos o que antes apenas ouvira falar — pessoas atônitas desembarcando dos vagões de carga com a bagagem, nas imediações do campo. Homens, mulheres e crianças, acreditando tratar-se de uma realocação.[6] Muitos estavam assustados; outros, felizes e aliviados de reencontrar amigos na multidão, após dias nos vagões sufocantes. Os homens saudáveis foram separados e marcharam para o campo, enquanto as mulheres, crianças e idosos voltaram ao trem, que seguiu para Birkenau.

Em Monowitz, os homens recebiam ordens de se despir na praça da chamada. Muitos tentavam esconder pertences preciosos, mas quase sempre eram descobertos. Tudo era levado para o depósito jocosamente chamado de "Canadá" (dita uma terra de fartura e riqueza), para ser separado e inspecionado. A equipe de prisioneiros encarregada de lidar com o espólio, o *Kanada Kommando*, trabalhando sob o olhar vigilante da SS, garimpava a pilha como um bando de caçadores de pepitas, descosturando tecidos para procurar itens valiosos.[7]

Fritz se interessou particularmente pelos novos prisioneiros vindos do gueto em Theresienstadt, muitos deles naturais de Viena. Perguntou sobre sua terra natal, mas tinham pouca coisa para contar. Notícias mais atualizadas puderam ser obtidas com a chegada dos deportados direto de Viena. Praticamente todos os judeus registrados naquele momento vinham da cidade e as autoridades nazistas começaram a deportar *Mischlinge*. Para frustração de Fritz, ninguém foi capaz de lhe dizer qualquer coisa sobre os parentes e amigos que deixara para trás (nem se continuavam vivos).

Quando Alfred Wocher mencionou que em breve iria a Viena de licença, Fritz viu sua chance. Àquela altura sentia que podia confiar no outro e esperava que fosse algo mútuo. Fritz lhe deu o endereço de sua tia Helene, que morava em Viena-Döbling, um subúrbio rico na margem do canal do Danúbio oposta a Leopoldstadt. Ela era casada com um ariano e fora batizada. Seu marido se tornara um oficial na Wehrmacht e até agora ela permanecera a salvo dos nazistas. Seu filho, Viktor, era o primo que vendera a faca de caça a Kurt. Em vez de escrever uma carta, Fritz pediu a Wocher que informasse apenas que ele e seu pai estavam vivos e bem e que lhe desse notícias de parentes vivos. Wocher anotou o endereço e partiu.

Ele voltou dias depois. A missão fora quase tão infrutífera quanto a anterior. O endereço era legítimo, mas a mulher que o atendeu mostrou-se hostil — negou conhecer qualquer Kleinmann e bateu a porta na cara dele.

Fritz ficou confuso e insistiu com Wocher: tinha ido ao endereço certo? No fim, descobriu o que havia saído errado. Ele não se dera conta de que, fora da fábrica, Alfred Wocher usaria o uniforme do Exército. Sua presença, perguntando sobre parentes judeus, deve ter deixado sua pobre tia Helene apavorada. Na verdade, era até pior do que Fritz imaginara. O marido da tia morrera na guerra e ela se sentia terrivelmente exposta sem a proteção de seu status de oficial.

Mas ao menos para uma coisa a conversa servira: agora Fritz tinha plena confiança em Alfred Wocher.

Quando chegou o Natal e Wocher foi passar o feriado em Viena, Fritz lhe deu alguns endereços de amigos não judeus de seu pai que viviam perto do Karmelitermarkt. Também lhe passou o endereço do velho apartamento na Im Werd e uma carta para sua mãe.[8] Apesar de tudo, Fritz era incapaz de abrir mão totalmente da esperança. Precisava acreditar que ela e Herta seguiam vivas e bem. Alguém devia saber.

Leopoldstadt perdera a alma. O antigo comércio judaico continuava abandonado, as lojas tinham sido fechadas com tábuas, as residências estavam vazias. Quando Alfred Wocher subiu a escada do prédio no número 11 da Im Werd, metade dos apartamentos estavam desocupados.[9] Como então os nazistas tinham o desplante de alegar que os judeus haviam tomado o espaço vital dos verdadeiros alemães?

Ninguém atendeu quando bateu no número 16. A porta provavelmente nunca mais fora aberta depois de ter sido trancada por Tini Kleinmann em junho de 1942. Batendo em outros apartamentos, Wocher acabou encontrando um homem chamado Karl Novacek, antigo amigo de Gustav. Ele trabalhava como projetista de cinema e era um dos amigos não judeus que haviam permanecido leais aos Kleinmann durante a perseguição nazista.[10] Karl não coube em si de alegria quando recebeu a notícia de que Gustav e Fritz estavam vivos.

Mas não foi o único. Havia mais amigos deles naquela rua — Olga Steyskal, uma gerente de loja que morava no prédio ao lado, e Franz Kral, o serralheiro. A reação de ambos foi igual à de Karl. Em seguida, todos os três saíram com pressa em direção ao mercado e voltaram com cestas de alimentos para Wocher levar a Auschwitz. A notícia também chegara à prima de Fritz, Karoline Semlak — Lintschi, como todos a chamavam —, que morava a poucas ruas dali. Ela era ariana e cristã por casamento, mas ao contrário da pobre tia Helene em Döbling não parecia nem um pouco preocupada em falar sobre suas ligações com judeus. Preparou um pacote com alimentos, escreveu uma carta e mandou junto fotos de seus filhos. Olga — ou Olly, como os amigos a chamavam — também escreveu uma carta para Gustav. Sempre gostara muito dele e o afeto era recíproco — poderia ter evoluído para algo mais profundo se ele já não fosse casado.

Era uma situação esdrúxula, improvável: um grupo de amigos arianos e uma judia convertida entregando a um soldado bávaro com uniforme da Wehrmacht uma pilha de presentes para dois estimados judeus em Auschwitz. Uma cena estranhamente bela, mas que representou um problema para Wocher: os pacotes não cabiam em apenas duas malas. Contrabandear tudo aquilo em segurança para o campo não seria tarefa simples.

Ele entrou com os pacotes aos poucos em Auschwitz. A comida foi muito bem-vinda, mas as notícias de Lintschi e seus amigos eram ainda mais preciosas para Fritz. Ele estava ansioso para saber sobre sua mãe e sua irmã, mas Wocher balançou a cabeça em negativa. Todo mundo com quem conversara dissera a mesma coisa — Tini Kleinmann e a filha tinham sido deportadas para Ostland e nunca mais se soube nada delas. Fritz sentiu uma amarga decepção, mas continuou aferrado à débil possibilidade de que continuassem vivas. Suas tias Jenni e Bertha haviam sido deportadas num dos últimos *Transports* de Viena para Minsk em setembro. Jenni não tinha família, apenas seu gato falante, mas Bertha deixara para trás a filha, Hilda (casada com um não judeu), e o neto.[11]

Fritz dividiu a maior parte da comida entre os colegas de trabalho, então pegou o resto e levou junto com as cartas para o pai. Apesar da falta de notícias sobre Tini e Herta, Gustav ficou feliz em saber dos queridos amigos. Não estava em sua natureza perder a esperança, e era uma grande alegria pensar que poderia escrever para pessoas que amava.

Mas a reação foi bem mais fria quando Fritz contou a Gustl Herzog e Stefan Heymann o que fizera. A despeito de acreditar na lealdade de Alfred Wocher, Stefan em particular andava um pouco paranoico, e proibiu Fritz de voltar a tratar com o alemão.

Fritz não lhe deu ouvidos. Seu respeito por Stefan era grande, mas a saudade da antiga vida e da família era ainda maior.

16. Longe de casa

אבא

"Querida Olly", escreveu Gustav,

> Agradeço do fundo do coração sua amável carta e peço que me perdoe por deixá-la por tanto tempo sem notícias minhas e de Fritzl, mas precisei tomar muito cuidado para não lhe causar problema algum. Muitíssimo obrigado pelo pacote que me enviou [...]. Não caibo em mim de felicidade por saber que tenho amigos tão bons e generosos quando estou tão longe de casa.[1]

Era o terceiro dia de 1944 e uma tênue esperança pairava no ar. O lápis de Gustav riscava bem rápido o pedaço de papel, com pautas feitas a régua.

> Creia-me, cara Olly, ao longo dos anos sempre recordei os maravilhosos momentos que passei com você e seus entes queridos e nunca me esqueci de você. Quanto a mim e Fritzl, os anos têm sido duros, mas sou grato pela minha força de vontade e pela energia para sempre decidir seguir em frente.
>
> Se por acaso me for permitido um dia voltar a ver você e os seus, compensarei o tempo perdido. Há dois anos e meio não recebo notícias da minha família [...]. Mas não quero ficar aqui ruminando essas coisas, porque um dia vou me reunir a eles. No que me diz respeito, cara Olly, continuo sendo o velho Gustl de sempre

e pretendo continuar assim [...]. Seja como for, tenha certeza, minha querida, que onde quer que esteja eu a tenho em meus pensamentos, assim como todos os meus caros amigos — e aqui encerro com os mais afetuosos beijos e saudações.
Gustl e Fritz

Gustav dobrou as folhas e enfiou no envelope. Fritz levaria a carta para a fábrica no dia seguinte e entregaria ao amigo alemão. Mais uma vez o rapaz se excedera em coragem e iniciativa. Era impossível detê-lo. Gustav só podia torcer para que não se metesse em encrencas sérias outra vez.

Com o passar das semanas, Fritz entregou para Fredl Wocher cartas de outros prisioneiros vienenses — a maioria judeus com esposas arianas. Tomavam o cuidado de escrever de forma a não incriminar nem o emissário nem o destinatário da carta, caso caísse nas mãos da Gestapo.

בן

Mandar cartas não era a única maneira pela qual Fritz subvertia o sistema para beneficiar seus camaradas. Também o fazia pelo mercado negro de cupons.

Auschwitz os introduzira recentemente como uma forma de bônus para os trabalhadores exemplares. Distribuídos apenas entre prisioneiros não judeus em ocupações de status elevado, podiam ser trocados por itens de luxo como tabaco ou papel higiênico na cantina dos prisioneiros.[2] O sistema — ideia de Himmler — visava aumentar a produtividade, mas na prática os *kapos* costumavam usar os cupons como meio de recompensar favores especiais, não o trabalho bem-feito.[3]

Para muitos, o principal atrativo dos cupons era que podiam ser utilizados como pagamento no bordel do campo. Era mais uma das iniciativas de Himmler para recompensar a produtividade. O prédio ficava cercado por arame farpado, perto das cozinhas, e era chamado eufemisticamente de "bloco feminino".[4] As mulheres eram prisioneiras de Birkenau — alemãs, polonesas, tchecas (nunca judias) — que haviam se "voluntariado" com a promessa de depois ganhar a liberdade. Existia uma lista de espera e só prisioneiros arianos com os cupons de bônus podiam frequentar o bordel. Ao entrar, o homem recebia uma injeção contra doenças venéreas e um guarda da SS indicava para ele uma mulher e um quarto. Durante o dia, quando o bordel estava fechado, as mulheres às vezes podiam ser vistas caminhando pelo campo, cada uma escoltada por um *Blockführer*.

Como funcionário ariano, Gustav recebia os cupons, mas não tinha uso para eles. O perverso diretor do campo, Schöttl, adorava extrair dos prisioneiros descrições detalhadas de seu tempo com as mulheres. Mas, embora houvesse tentado convencer Gustav várias vezes a ir ao bordel, ele sempre recusara, lamentando sua idade avançada. (Estava com apenas 52, mas em um campo de concentração aquilo fazia dele um verdadeiro idoso; quase ninguém sobrevivia tanto.)

Como também não fumava, Gustav não tinha nenhuma necessidade de seus cupons, assim os repassava a Fritz, que os negociava no mercado negro.

O jovem conhecia os *kapos* encarregados da cozinha e do depósito Canadá. Ambos eram extremamente corruptos e frequentadores assíduos do bordel. Em troca dos cupons, Fritz obtinha pão e margarina da despensa e valiosas roupas do armazém — pulôveres, luvas, lenços, qualquer coisa que aquecesse. Ele voltava com o tesouro para seu bloco e o dividia com o pai e os amigos.

Incomodava Fritz saber que o negócio todo girava em torno da exploração das mulheres no bordel. Em um ambiente hostil como aquele, o custo da filantropia era o sofrimento de outro. Um dia as mulheres foram substituídas por uma nova leva de polonesas mais jovens. O grupo original, submetido a meses de degradação com a promessa de liberdade, foi mandado de volta para Birkenau. Elas nunca eram libertadas.[5]

✡

Na primavera e no início do verão de 1944, o caráter de Auschwitz começou a mudar sensivelmente. Gustav escreveu em seu diário que Monowitz estava recebendo um fluxo constante de novos prisioneiros, quase todos jovens judeus húngaros. Eles chegavam com olhar perdido, melancólicos, trazendo notícias do leste que, no entender de Gustav, levavam a crer que a guerra ia muito mal para os alemães.

Em março, a Alemanha invadira a Hungria, sua antiga aliada. Alarmado com a derrocada iminente das forças alemãs no Front Oriental e a probabilidade de uma invasão anglo-americana pelo noroeste da Europa, o governo húngaro começara a firmar a paz em segredo com os Aliados. Aos olhos da Alemanha, era uma traição ultrajante. Hitler respondeu com fúria célere, invadindo o país e controlando seu Exército.

A Hungria tinha população de cerca de 765 mil judeus.[6] A vida deles tinha sido arruinada pela exclusão e pelo antissemitismo, mas até então nada mais ocorrera. Agora, de uma hora para outra, eles eram lançados no abismo.

A perseguição sistemática começou em 16 de abril — primeiro dia do Pessach, a tradicional comemoração da libertação divina do povo hebreu do cativeiro.[7] Unidades de *Einsatzgruppen*, reforçadas pela gendarmaria húngara, passaram a arrebanhar centenas de milhares de judeus em campos e guetos improvisados. O serviço foi feito com rapidez, eficiência e selvageria. A SS enviou seus dois oficiais mais experientes para se encarregar da tarefa: Adolf Eichmann, que se especializara na deportação de judeus de Viena, e Rudolf Höss, o ex-comandante de Auschwitz.

Os primeiros *Transports* saídos da Hungria chegaram a Auschwitz no fim de abril, com 3800 judeus, entre homens e mulheres. A maioria foi direto para as câmaras de gás.[8] Eram as primeiras gotas de um dilúvio humano. Para aumentar a eficiência, a antiga "rampa de judeus" em Oświęcim foi trocada por uma extensão de trilhos assentados às pressas que levavam diretamente para dentro do campo de Birkenau, com uma rampa de descarga de quase meio quilômetro de comprimento.

Gustav mais tarde conheceu algumas húngaras que desembarcaram em Auschwitz pela rampa. Elas lhe descreveram em detalhes o que acontecera.

Na terça-feira, 16 de maio, todo o campo de Birkenau foi interditado. Os prisioneiros foram trancados nos blocos, sob vigilância. As únicas exceções eram o *Sonderkommando* e, estranhamente, a orquestra do campo. Pouco depois, um longo trem chegou guinchando sob um monte de fumaça, passou pelo arco de tijolos do portão e parou junto à rampa. As portas foram abertas e centenas de pessoas saíram dos vagões. Velhos, jovens, mulheres, homens, crianças, bebês. Quase ninguém fazia ideia do tipo de lugar onde tinha ido parar e muitos sentiram alívio ao desembarcar — cansados e desorientados, mas esperançosos.[9] Os uniformes listrados do *Sonderkommando* passavam entre eles sem que se sentissem intimidados. O som de música da orquestra contribuía para a atmosfera de normalidade.

Então veio a triagem. Todo mundo com mais de cinquenta anos, com alguma deficiência ou doença, crianças e suas mães e mulheres grávidas foram para um lado. Homens e mulheres saudáveis entre dezesseis e cinquenta anos — cerca de um quarto do total — foram para o outro. No decorrer do dia, mais dois *Transports* chegaram da Hungria: duas novas triagens, com milhares mandados para a esquerda ou a direita. Os considerados aptos para o trabalho eram classificados como "judeus em trânsito" e enviados a uma seção do vasto campo. Os demais eram levados aos prédios baixos entre as árvores, no fim dos trilhos de trem, onde uma fumaça de odor pestilento era cuspida pelas chaminés noite e dia.[10]

Cerca de 1500 judeus húngaros entraram em Birkenau naquele dia. A quantidade exata do extermínio jamais veio à luz, porque nenhum deles — mortos ou em trabalhos forçados — foi registrado como prisioneiro de Auschwitz, tampouco recebeu um número.[11] Mesmo os selecionados para trabalhar não estavam destinados a sobreviver por muito tempo.

Foi o início de uma escalada monstruosa que marcaria o auge — ou melhor, o ponto mais abominável — de Auschwitz como campo de extermínio. Entre maio e julho de 1944, a organização de Eichmann enviou 147 trens a Auschwitz.[12] Eles chegavam a Birkenau ao ritmo de cinco por dia, sobrecarregando o sistema. Câmaras de gás extras que estavam inativas voltaram a ser utilizadas. Ao todo, eram quatro, operando 24 horas por dia. Novecentos agentes do *Sonderkommando*, extenuados e traumatizados, conduziam a manada de homens, mulheres e crianças nus e em pânico às câmaras de gás e carregavam os cadáveres depois. Vários blocos do depósito Canadá ficavam atulhados com roupas, joias e malas cheias. Os crematórios não comportavam a quantidade de mortos e foram abertas valas para queimar os corpos. A SS entrou em frenesi: a pressa era tamanha para exterminar os recém-chegados que as câmaras muitas vezes eram abertas quando algumas vítimas ainda estavam respirando. Os que se moviam eram mortos com um tiro ou com o porrete. Outros eram jogados nas valas ainda vivos.[13]

Muitos homens e mulheres que passavam pelas triagens eram mandados para Monowitz. Gustav os observava chegar, desolado e cheio de compaixão. "Muitos vêm sem pai ou mãe, porque estes ficaram em Birkenau", escreveu. Apenas uma minoria era como ele e Fritz — pai e filho ou mãe e filha juntos. Teriam forças e a sorte que ele e Fritz tiveram para sobreviver? Observando o aspecto arruinado deles, parecia improvável. Muitos já mostravam a vaga depressão sintomática da transformação em *Muselmann*. "Que triste capítulo", escreveu Gustav.

אבא

Em meados de 1944, a turma de tapeceiros de Gustav fora transferida para o complexo industrial de Buna Werke. Ele agora era tão influente que conseguira pôr Fritz em sua equipe.[14]

Os primeiros meses do ano tinham sido duros: um inverno cruel com neve espessa e irrupções de febre e disenteria. Pai e filho ficaram doentes e passaram um tempo no hospital, sob risco constante de ser selecionados para extermínio. Gustav adoecera primeiro e fora internado com dezenas de outros em fevereiro. Passara oito dias no hospital, recuperando-se bem a tempo de evitar uma triagem em que diversos homens internados junto com ele foram mandados para as câmaras de gás. Outra epidemia no fim de março mandara Fritz para o hospital por mais de duas semanas.[15]

Agora que trabalhava na fábrica, Gustav foi enfim apresentado a Fredl Wocher, seu benfeitor, que àquela altura gozava da plena confiança de seu filho.

Para Fritz, trabalhar na oficina de seu pai significa retomar o aprendizado em tapeçaria, interrompido pela Anschluss em 1938. O chefe deles era um civil de Ludwigshafen. "Ele é confiável", escreveu Gustav, "e nos ajuda sempre que pode. Não tem nada de nazista."

Os leais aos alemães ficavam sob tensão crescente à medida que a guerra se desenrolava e enxergavam a derrota provável, bem como a realidade do que o regime nazista fizera. Em 6 de junho, a tão antecipada invasão da França pelas forças aliadas começou. Enquanto isso, o Exército Vermelho avançava implacavelmente do leste.

Em julho, os russos entraram em Ostland, cercando Minsk e capturando a região onde ficava o que sobrara de Maly Trostinets. O pequeno campo fora desativado e demolido em outubro de 1943, tendo servido a seu propósito. Em 22 de julho, unidades avançando para o leste da Polônia capturaram o imenso campo de concentração de Majdanek, nos arredores de Lublin, o primeiro campo de larga escala a ser liberado pelos Aliados. Eles o encontraram virtualmente intacto, com câmaras de gás, crematórios e cadáveres. Descrições das testemunhas oculares rodaram o mundo, aparecendo em jornais que iam do *Pravda* ao *New York Times*. Nas palavras de um correspondente de guerra russo, o horror da cena era "enorme e repulsivo demais para ser plenamente concebido".[16]

A pressão era crescente sobre os governos aliados — que já tinham em mãos informações mais do que detalhadas sobre os campos, incluindo Auschwitz — para fazer alguma coisa e mandar ajuda. Sugeriu-se bombardear os campos e as ferrovias. Os comandantes aliados acabaram recusando a ideia. Alegaram não ser um uso viável de seus recursos, os quais estariam comprometidos com bombardeios estratégicos e apoio aéreo para o avanço dos Exércitos. E fim de papo.[17]

Entretanto, a SS estava bem ciente de que parte dos campos ficava perto de instalações industriais com alto risco de bombardeio — como Buna Werke, em Auschwitz, alvo provável dos bombardeiros de longo alcance dos aliados. A SS de Auschwitz decidiu implementar algumas precauções antiaéreas.[18] Construíram abrigos em Buna Werke e implementaram uma diretriz de blecaute no complexo de Auschwitz. A tarefa de equipar as fábricas para essa última medida recaiu sobre Gustav Kleinmann, que foi tirado da tapeçaria e encarregado de fabricar cortinas de blecaute. Deram-lhe uma oficina com máquinas de costura e uma equipe de 24 prisioneiros, a maioria jovens judias — "todas bem-comportadas e confiáveis". Enquanto a equipe de Gustav fazia as cortinas, Fritz ajudava os montadores civis que as instalavam.

Gustav era subordinado a um gerente civil chamado Ganz, um socialista que passava na oficina para conversar e dividir seu almoço. Ganz era bem diferente de outros gerentes daquela parte da fábrica, que viviam com medo constante da SS e insistiam que o Führer sabia o que estava fazendo; outros ainda eram nazistas fanáticos que denunciavam qualquer confraternização para o engenheiro-chefe, também um nazista leal.

Algumas polonesas da oficina contígua de materiais isolantes contrabandeavam pão e batatas para os prisioneiros e prisioneiras judeus na oficina de blecaute. Onde conseguiam a comida era um mistério, porque suas rações não sobravam. Os montadores tchecos também contribuíam com as provisões. Eles atuavam como mensageiros para os judeus tchecos, como Alfred Wocher fizera por Fritz, levando cartas aos amigos em Bruno e voltando com banha e bacon.

A generosidade era grande, mas as quantidades, diante dos milhares de famintos, eram minúsculas. Todos, com exceção dos judeus mais ortodoxos, recebiam o bacon e outros alimentos não kasher sem remorsos, tendo abandonado havia muito tempo os preceitos mais estritos de sua fé.[19] Alguns, como Fritz, abandonaram a religião por completo, acreditando ser impossível manter a crença num Deus que se importava com os judeus.

As mulheres na oficina de Gustav, tendo passado por Birkenau, contaram-lhe tudo o que acontecera por lá. Quatro alfaiates húngaros em sua equipe lhe descreveram as detenções de judeus em Budapeste. Haviam sido como um tornado, muito mais rápidas e ferozes do que em Viena. Judeus húngaros, a despeito de viver sob um governo antissemita, tinham permissão de observar o Shabat e frequentar a sinagoga, então haviam se convencido de que as histórias de perseguição vindas da Alemanha eram exageradas. Até que os nazistas chegaram e eles sentiram aquilo na própria pele.

Por quase dois anos, Gustav absorvera as histórias de Birkenau, mas o que acontecia naquele momento estava em um novo patamar de barbárie. "O fedor dos cadáveres queimando chega até a cidade", escreveu. Todo dia ele via os trens de vagões fechados passando por Monowitz pela ferrovia vinda do sudeste. "Sabemos de tudo que está acontecendo. São todos judeus húngaros — e tudo isso no século XX."

בן

Com a ajuda de Fritz, Schubert prendeu a última cortina na janela da sala. Ele tentou explicar para o gerente como usar as cortinas, mas foi duro: Schubert nascera na Polônia e falava péssimo alemão.

Ele e Fritz embrulharam suas ferramentas. Quando faziam aquilo, um trabalhador civil passou alguns pedaços de pão para Schubert, acenando para Fritz. Schubert os pegou com discrição e guardou na caixa de ferramentas de Fritz. O jovem equilibrou a pilha de cortinas no ombro e eles passaram ao prédio seguinte. Os dois se davam bem, a despeito das dificuldades de comunicação. Schubert vinha da cidade de Bielitz-Biala, onde Gustav trabalhara como auxiliar de padeiro nos primeiros anos do século. Fritz apreciava trabalhar em diferentes lugares — quase sentia o gosto da liberdade. Todo dia ele e Schubert voltavam para a oficina com as caixas de ferramentas cheias de pedaços de pão.

O prédio seguinte da lista ficava perto dos portões da fábrica principal, onde havia um bloqueio comandado por um cabo da SS conhecido entre os prisioneiros como Rotfuchs — Raposa Vermelha —, devido aos cabelos ruivos flamejantes e ao temperamento inflamado. Quando passaram, Fritz notou Rotfuchs olhando irritado para um grupo de judeus gregos ocioso junto ao portão. Fritz percebeu que algo estava prestes a acontecer e retardou o passo. Rotfuchs estava furioso. Deixando o posto de controle, avançou a largas passadas na direção dos gregos e ordenou que voltassem imediatamente ao trabalho. Nenhum deles falava alemão, portanto não faziam ideia do que fora dito. Rotfuchs começou a distribuir bordoadas com a coronha do fuzil.

Fritz decidiu intervir. Largando as coisas no chão, correu para se colocar entre Rotfuchs e suas vítimas. "Você precisa voltar ao seu posto", ele disse, apontando para os portões abertos. "Os prisioneiros podem escapar."

Outro SS talvez tivesse levado um susto ao ser lembrado de seu dever, mesmo por um prisioneiro judeu. Mas não Rotfuchs. Seu rosto pálido e apoplético ficou roxo de raiva. "Faço o que achar melhor!", berrou ele, engatilhando o fuzil e apontando para Fritz.

Então era aquilo. Após todos aqueles anos, sua vida terminaria ali, em um momento de fúria cega, tudo em nome de prisioneiros que nem conhecia.

Naquele instante, com Rotfuchs prestes a apertar o gatilho, uma mão empurrou o cano da arma: era Herr Erdmann, um superior da turma de engenharia que fora atraído pelo bate-boca. Sem hesitar, Fritz virou e se afastou para um depósito de materiais ali perto. Não era tolo de insistir com o cabo.

As coisas quase desandaram. Ele poderia ter sido morto ou, no mínimo, açoitado. Mas não chegou a tanto. Herr Erdmann entrou com uma queixa formal contra Rotfuchs junto à IG Farben e o cabo foi transferido para outro posto. Os prisioneiros de Monowitz não voltaram a vê-lo.

O gesto de Erdmann exemplificava o sentimento dos alemães. O pouco respeito remanescente pelo regime nazista ia por terra com a situação cada vez mais grave em que Hitler deixava a Alemanha. Muitos alemães tinham medo do que aconteceria com eles. Quanto mais descobriam sobre o que a SS fizera, mais revoltados ficavam os que trabalhavam dentro e em torno de Auschwitz.

Podendo circular por Buna Werke, graças ao trabalho de fixação das cortinas, Fritz se encontrava com frequência com Fredl Wocher. Em certa ocasião, Wocher o apresentou a alguns amigos das baterias antiaéreas da Luftwaffe estacionadas em torno do perímetro. Eles recebiam mais ração do que precisavam e deram a Fritz várias latas de carne e peixe em conserva, além de geleia e mel sintético.

A contribuição de alimentos se tornara mais importante que nunca. Com os alemães sofrendo por causa da escassez, todos os recursos eram canalizados para os militares no front. Para os cidadãos sobravam as parcas rações e para os prisioneiros nos campos de concentração não restava quase nada. A quantidade de *Muselmänner* aumentou e as mortes por doença e fome subiram exponencialmente, assim como as seleções para as câmaras de gás. Havia um limite para a distância a que alimentos doados podiam chegar, mas ao menos era possível ajudar alguns. Fritz e seus camaradas mais bem nutridos davam as rações entregues pelo campo a outros que morriam de fome.

Como compartilhar o alimento entre a maior quantidade de pessoas era uma preocupação constante para Fritz, e ele vivia assombrado pelas duras escolhas que aquilo o forçava a fazer. "Se fôssemos dividir com todo mundo, não seria mais que uma gota d'água numa pedra quente para cada um." Dar comida a um *Muselmann*, tão esfaimado que bastava um olhar para perceber que o sujeito estaria morto em questão de dias, parecia um desperdício.[20]

Endurecendo o coração contra os doentes terminais e moribundos, Fritz priorizava os mais jovens. Havia três meninos em seu bloco cujos pais tinham sido levados para as câmaras de gás. Um deles era o velho colega de Viena Leo Meth, que a princípio escapara dos nazistas imigrando para a França, mas depois caíra na rede nazista após a anexação da região de Vichy. Fritz lhes dava sua parte da ração de pão e sopa, bem como uma porção de linguiça e outros embutidos doados pelo pessoal da fábrica. A seu ver, era uma retribuição pela bondade recebida de outros mais velhos quando não passava de um vulnerável menino de dezesseis anos em Buchenwald.

Gustav também fazia o que podia pelos prisioneiros mais novos e necessitados. Certa vez, quando uma nova leva de recém-chegados era registrada, ele escutou o nome de Georg Koplowitz. A mãe de Gustav trabalhara até morrer, em 1928, para uma família judia de mesmo nome, afeiçoando-se a eles. Intrigado, Gustav sondou o jovem e descobriu que era de fato dessa família, o único sobrevivente de uma triagem em Birkenau. Gustav colocou Georg sob sua proteção, dando-lhe porções extras de alimento todo dia e arrumando-lhe um trabalho seguro como assistente hospitalar.[21]

O círculo de bondade era completado por prisioneiros britânicos de guerra que eram forçados a trabalhar nas fábricas com os prisioneiros de Auschwitz. Eles provinham do E715, um subcampo de trabalho do Stalag VIII-B. Embora estivessem dentro da zona de Auschwitz controlada pela SS, eram prisioneiros da Wehrmacht e guardas da Wehrmacht que os escoltavam para o trabalho e os vigiavam. Eles recebiam pacotes de doações regulares da Cruz Vermelha Internacional e dividiam uma parte com os prisioneiros de Auschwitz, além de trazer notícias da guerra transmitidas pela BBC, que ouviam nos rádios clandestinos que construíam. Fritz apreciava acima de tudo os chocolates, chás e maços de Player's Navy Cut que traziam. Aquelas coisas tinham grande valor para os soldados britânicos e, portanto, era um gesto muito generoso compartilhá-las com os outros. Eles ficavam horrorizados com os abusos perpetrados pelos homens da SS e se queixavam com seus guardas a respeito. "O comportamento dos prisioneiros de guerra ingleses em relação a nós logo virou o assunto do campo", recordou Fritz, "e a ajuda que nos deram foi de grande apreço."

Por mais que a ração extra fosse bem-vinda, ser pego na posse de alguma coisa resultava em chicotadas ou em um período sem comida no bunker do Bloco da Morte, numa das celas minúsculas e claustrofóbicas onde era impossível sentar. Havia um homem da SS em particular contra o qual se precaver. O sargento Bernhard Rakers controlava as equipes de trabalho no complexo de Buna Werke como se fosse seu pequeno reino, enchendo os bolsos, assediando as trabalhadoras e distribuindo castigos selvagens.[22] Fritz, sempre com alimentos contrabandeados na caixa de ferramentas, corria o risco permanente de trombar com o sujeito. Rakers costumava revistar os prisioneiros e se descobrisse algum tipo de contrabando aplicava a punição de 25 chicotadas na hora. Não havia relatório oficial — o contrabando ia direto para as mãos dele.

Fritz e os outros procuraram novos modos mais eficientes de conseguir comida. Dois judeus húngaros tiveram a engenhosa ideia de fazer casacos para vender.

Jenö e Laczi Berkovits eram dois irmãos de Budapeste, alfaiates habilidosos que haviam sido designados para a equipe de cortinas de Gustav.[23] Um dia, muito empolgados, aproximaram-se de Fritz e contaram seu plano audacioso. O tecido preto que estavam usando para fazer as cortinas era grosso e robusto, com um lado à prova d'água. Daria impermeáveis excelentes, que poderiam ter um bom valor no mercado negro. Podiam ser trocados por alimentos ou mesmo vendidos para os civis, por dinheiro.

Fritz observou a dificuldade óbvia: o pano para cortina de blecaute era cuidadosamente controlado pelo estoque e a produção era verificada. Até sobras tinham de ser entregues a Herr Ganz. Jenö e Laczi disseram que aquilo não seria problema: tinham um modo seguro de desviar tecido da fábrica. Um alfaiate talentoso podia organizar o uso do material, assim as roupas viriam de uma porcentagem normal de desperdício. Com a quantidade de cortinas que era produzida, daria um monte de casacos. Fritz consultou o pai, que concordou com o plano.

Os irmãos conseguiam produzir entre quatro e seis casacos por dia sem aumentar visivelmente o consumo de material. Naquele ínterim, os demais trabalhadores na oficina de Gustav davam duro para manter a produção de cortinas no ritmo exigido.

O esquema mal começara e precisou ser interrompido. Os irmãos perceberam que haviam esquecido um importante fator: não tinham botões, tampouco algo para usar no lugar. Após conversarem com outros prisioneiros, um montador tcheco se ofereceu para trazer um suprimento da próxima vez que fosse a Bruno. Uma vez resolvido o problema, a produção foi retomada.

A distribuição era responsabilidade de Fritz. Ele fizera amizade com duas civis polonesas na oficina de material isolante ao lado, Danuta e Stepa. Elas contrabandeavam os casacos finalizados para seu campo de trabalho e os vendiam às prisioneiras. Outros eram vendidos para os civis nas fábricas. O preço por casaco era um quilo de bacon ou meio litro de bebida, que podia ser trocada por comida.

Os impermeáveis, bem-feitos e práticos, logo ficaram populares, acarretando o perigo crescente de que a SS de repente notasse os civis usando o inconfundível traje preto. O risco diminuiu até certo ponto quando os engenheiros e gerentes alemães começaram a adquiri-los também. Aqueles homens influentes agora tinham interesse em fazer vistas grossas para a produção dos casacos. Assim, a quantidade de prisioneiros que Fritz e seus amigos puderam ajudar aumentou e mais vidas foram salvas.

17. Resistência e traição

אח

A despeito de tudo o que estava fazendo para salvar vidas, Fritz ansiava por uma forma mais direta de resistência. O que ele queria de fato era combater, e não estava sozinho.

Oferecer resistência armada contra a SS era impossível sem armas e apoio. No pé em que estavam as coisas, a única maneira de conseguir aquilo seria fazer contato com os guerrilheiros poloneses nas montanhas Beskid. Era fácil contrabandear mensagens, mas desenvolver uma relação apropriada com eles exigiria um encontro em carne e osso. Alguém precisaria escapar do campo.

A informação foi passada aos partisans e no começo de maio uma equipe de cinco foi escolhida pela liderança da resistência: Karl Peller, um açougueiro judeu de 34 anos, sobrevivente de Buchenwald; Chaim Goslawski, o superior do bloco 48 que cuidara de Fritz após sua morte encenada (como natural da região, ninguém melhor do que ele para encontrar o caminho até os rebeldes); um judeu berlinense cujo nome Fritz nunca descobriu; e dois poloneses conhecidos apenas como Szenek e Pawel, que trabalhavam na cozinha do campo.[1]

Fritz foi apresentado ao círculo por Goslawski. Seu papel era obter roupas civis para os cinco, no depósito Canadá.

Todos os preparativos estavam em ordem quando Goslawski procurou Fritz certa madrugada e lhe passou um pequeno embrulho, do tamanho de um filão de pão. "É para Karl Peller", sussurrou, e sumiu no escuro.[2] Fritz escondeu o pacote em seu uniforme e voltou ao bloco bem a tempo de se reunir aos companheiros que marchavam para a chamada. Os planos da fuga não haviam sido passados para ele, apenas o círculo mais íntimo sabia os detalhes, mas Fritz calculava que devia ser iminente.

Na manhã, quando instalava cortinas, Fritz inventou uma desculpa para visitar a obra em Buna Werke onde Peller trabalhava e lhe entregou o pacote. Ao meio-dia, horário do almoço, Szenek e Pawel chegaram a Buna Werke com a sopa dos prisioneiros. Fritz notou que Goslawski encontrara algum pretexto para acompanhá-los. Todos os fugitivos estavam agora dentro de Buna Werke, um lugar bem menos vigiado do que o campo.

Fritz voltou ao trabalho e não viu mais nada. Na chamada vespertina, os cinco sumiram — Peller, Goslawski, Szenek, Pawel e o berlinense. Haviam deixado Buna Werke a pé, disfarçados de civis com as roupas que Fritz lhes arranjara. A SS anunciou a busca e os prisioneiros foram mantidos na área de chamada sob estrita vigilância.

As horas passaram, a meia-noite chegou, a madrugada avançou e aos primeiros raios da aurora eles continuavam em posição de sentido, cercados por um cordão de sentinelas armadas. A hora do café da manhã passou. Um murmúrio agitado percorreu as fileiras de prisioneiros: a SS estava à procura dos cinco fugitivos e de um prisioneiro não identificado que fora visto conversando com Karl Peller no canteiro de obras na manhã anterior.

Fritz sentiu um aperto no coração. Se fosse identificado, ia parar no bunker, saindo de lá só para o Muro Negro. Apesar do medo, em seu íntimo ele se rejubilou. A fuga fora um sucesso.

No fim, os prisioneiros foram mandados de volta ao trabalho. Eles se afastaram com a barriga vazia e exaustos, mas sorrindo por dentro. Os dias transcorreram normalmente e, a despeito dos rumores, ninguém identificou Fritz como o contato misterioso de Peller. Só que três semanas depois veio o duro golpe.

Os dois poloneses, Szenek e Pawel, junto com o berlinense, tinham sido encontrados e foram levados para o campo, muito machucados. Os líderes da resistência souberam que eles haviam sido presos por uma patrulha de polícia em Cracóvia.[3] Não dava para entender — Cracóvia não ficava nem um pouco perto das montanhas Beskid (era quase na direção oposta, na verdade). E onde estavam Goslawski e Peller? Teriam conseguido se juntar aos partisans?

Na chamada vespertina, os três recapturados foram atados ao *Bock* e chicoteados. E nisso se resumiu seu castigo, por incrível que pareça. Depois, quando um *Transport* de poloneses foi mandado para Buchenwald, incluiu Szenek e Pawel.[4] O judeu berlinense continuou em Monowitz.

No fim toda a história veio à tona. Assustado demais para falar enquanto os dois poloneses ainda estavam no campo, o berlinense revelou a um amigo o que acontecera após a fuga. O pacote de Goslawski que Fritz entregara a Karl Peller continha dinheiro e joias furtados do depósito Canadá, pagamento destinado a garantir a ajuda dos partisans. Havia um ponto de encontro combinado, mas Goslawski e Peller não tinham conseguido chegar lá. Na primeira noite, foram assassinados por Szenek e Pawel, que ficaram com o pacote. O berlinense ficara aterrorizado demais para intervir.

Em vez de fugir com seu butim, os três decidiram seguir para o ponto de encontro. Quando chegaram, os rebeldes estavam à sua espera. Só que não ficaram nem um pouco felizes quando viram apenas três: onde estavam os outros dois? Szenek e Pawel fingiram não saber, mas os rebeldes não se contentaram com suas desculpas e evasivas. Abrigaram os três por uma semana e, como Goslawski e Peller não apareceram, cancelaram o trato. Levaram os fugitivos até Cracóvia e os deixaram por lá. Perdidos, sem conhecer ninguém, vagaram pelas ruas até que a polícia os parou.

A confissão do berlinense acabou chegando aos ouvidos do superior de campo, que a repassou a seus chefes nazistas.

Semanas depois, Szenek e Pawel voltaram a Monowitz, trazidos de Buchenwald por ordens da SS. Uma forca podia ser vista na praça de chamada e os prisioneiros começaram a marchar.

Quando Fritz e seus camaradas chegaram ao local, viram um cordão das tropas de assalto da SS diante da forca, com as metralhadoras apontadas. Os prisioneiros formaram fileiras e no silêncio que se seguiu o comandante Schwarz e o tenente Schöttl subiram no palanque. "Cabeças descobertas!", reverberou a ordem pelos alto-falantes. Fritz e outros 8 mil enfiaram o gorro debaixo do braço. Com o canto do olho, Fritz observou os dois poloneses se aproximarem marchando. Schöttl leu a sentença no microfone: ambos tinham sido condenados à morte pela fuga e pelo duplo homicídio.

Szenek foi levado primeiro, em seguida Pawel. À maneira típica da SS, não havia cadafalso. Passaram o laço de corda fina em torno do pescoço de cada homem e de súbito os dois foram içados, suas pernas chutando o ar e o corpo se contorcendo em espasmos cada vez mais fracos. Após alguns minutos ficaram imóveis.[5] O comandante, após a instrutiva lição para os demais prisioneiros, deu ordens de voltar ao trabalho.

O trágico episódio enfraqueceu a resistência. Eles não só haviam perdido Goslawski e Peller como também as antigas tensões e desconfianças entre poloneses e judeus alemães tinham sido reavivadas.

Para completar, a SS reagiu com violenta paranoia. Não muito depois, alegou ter descoberto que a equipe dos telhadistas planejava fugir. Os suspeitos foram levados para o bunker da Gestapo e horrivelmente torturados. O comandante Schwarz determinou que fossem enforcados, repetindo o sinistro ritual.[6] Novos enforcamentos se seguiram.

Para Fritz, foi um dos períodos mais desalentadores que conheceu em Auschwitz. Mas, como descobriria, o pior, mais uma vez, ainda estava por vir.

אחים

No fim da tarde de domingo, 20 de agosto, as primeiras bombas caíram do céu. Cento e vinte e sete bombardeiros norte-americanos, partindo de uma base na Itália, deixando uma esteira de condensação a 8 mil metros de altitude sobre Auschwitz, lançaram 1336 bombas, cada uma pesando um quarto de tonelada, entre metal e explosivos.[7] Elas caíram no centro e na parte leste de Buna Werke.

Enquanto a SS correu para os bunkers, os prisioneiros tiveram de se aventurar pelo espaço aberto, em meio ao rugido ensurdecedor das explosões, o choque dos impactos sacudindo seus corpos. A artilharia antiaérea por todo o perímetro metralhou de volta. Os prisioneiros trabalhando nas fábricas se jogaram no chão para se proteger e exultaram. "O dia do bombardeio foi muito feliz para nós", recordou um deles. "Pensamos: eles sabem que estamos aqui, estão se preparando para nos libertar." Outro disse: "O bombardeio foi uma grande alegria [...]. Pelo menos uma vez queríamos ver um alemão sendo morto. Então poderíamos dormir melhor, depois de toda a humilhação sem nunca poder reagir".[8]

As bombas deixaram o terreno dentro e em torno de Buna Werke todo perfurado por crateras fumegantes. A maioria errara o alvo, mas alguns edifícios nas instalações de combustível sintético e alumínio ficaram arrasados, junto com vários barracões, oficinas e escritórios. Algumas bombas perdidas caíram nos campos ao redor do complexo, incluindo Monowitz. Setenta e cinco prisioneiros morreram no ataque e mais de 150 ficaram feridos.[9]

Muitos prisioneiros judeus se extasiaram ao ver a SS aterrorizada, mas alguns pensavam o contrário. O jovem italiano Primo Levi, que chegara a Monowitz em fevereiro, acreditava que o bombardeio endurecera o tratamento dado pela SS e criara uma solidariedade entre os nazistas e os alemães civis de Buna Werke. Além disso, os danos interromperam o suprimento de água e alimento para o campo.[10]

A resistência ficou decepcionada. A chegada dos bombardeiros levara a especular que os Aliados pudessem lançar soldados e armas de paraquedas. Mas, embora aviões norte-americanos tivessem sido vistos sobrevoando a área mais algumas vezes, não soltaram uma coisa nem outra. Eram voos de reconhecimento, fotografando detalhadamente as instalações da IG Farben e do complexo de Auschwitz.

O que na verdade ocupava os pensamentos e as discussões da resistência era o avanço inexorável do Exército Vermelho a leste. Eles tinham motivos para temer que na hora H os nazistas promoveriam um extermínio em massa pelo campo, matando todos os prisioneiros antes que fossem libertados. Como em Majdanek.

As tentativas de fuga continuaram. Em outubro, quatro prisioneiros de uma equipe que trabalhava ao ar livre dominaram um guarda da SS, pegaram seu fuzil e o quebraram antes de fugir.[11] Outro homem deixou o campo disfarçado em um uniforme da SS furtado. Ele conseguiu chegar a Viena, mas foi desmascarado e morreu numa troca de tiros com a Gestapo.

Ações individuais podiam ser inspiradoras, mas a resistência judaica queria mais — inclusive Fritz. Agora que as relações com os poloneses haviam azedado de vez, seria impossível fazer contato com os partisans. Então alguém sugeriu que tentassem contatar o Exército Vermelho. Para conseguir aquilo precisavam ter acesso aos prisioneiros de guerra russos, mantidos numa área separada de Monowitz. A missão poderia ser realizada por alguns judeus russos conhecidos pela resistência. Seria difícil, porque não havia comunistas leais ou judeus entre os prisioneiros de guerra — eram todos imediatamente mortos na captura —, de modo que tinham poucos pontos em comum. Não obstante, Fritz e os outros precisavam tentar. Por fim, um dos judeus arianizados conseguiu fugir com um punhado de russos. Todos aguardaram ansiosamente pelas consequências, mas nada aconteceu, então deduziram que haviam escapado.

Aquilo pareceu à resistência um raio de esperança, ainda que tênue. Participando das reuniões, Fritz começou a ficar cada vez mais impaciente. Sua vontade continuava a ser partir para a luta quando o massacre final tivesse início. Esperar ajuda russa parecia um esforço vão e inadequado. "Se vamos ser mortos, pelo menos levamos alguns SS com a gente", raciocinava. Ele remoeu esse pensamento, mas, sem ter ideia de como consumá-lo, guardou-o para si.

אבא

Em setembro os bombardeiros norte-americanos voltaram, tendo como alvo a fábrica de combustível em Buna Werke. Alguns se desviaram do curso e lançaram bombas em Auschwitz I, onde por acaso acertaram a caserna da SS. Uma caiu sobre a oficina de costura, matando na hora quarenta prisioneiros. Outras atingiram Birkenau, danificando um pouco a estrada de ferro perto dos crematórios e matando cerca de trinta trabalhadores civis.[12] A fábrica de combustível sofreu poucos danos, mas cerca de trezentos prisioneiros, que não podiam entrar nos abrigos, ficaram feridos.

Alguns deles aceitavam o risco de bom grado. As triagens para as câmaras de gás agora eram semanais, às vezes com até 2 mil pessoas despachadas de Monowitz de uma vez.[13] As bombas americanas pareciam um prenúncio da libertação. Quanto mais poderia demorar?

"O inverno está chegando outra vez. Já é nosso sexto", escreveu Gustav aos primeiros sinais de gelo. "Mas continuamos por aqui, ainda somos nós mesmos." Notícias trazidas de fora diziam que os russos estavam em Cracóvia. "Acho que nossa estada aqui está para acabar logo."

Por quanto tempo mais ela poderia se arrastar?

בן

"Quero que me consiga uma arma."

Fredl Wocher levou um susto. Ele e Fritz costumavam se encontrar durante o dia. Em geral, Wocher trazia algum alimento ou, nas raras ocasiões em que fora a Viena, uma carta ou um pacote.

"O quê?"

"Uma arma. Consegue fazer isso por mim?"

Wocher hesitou, mas não perguntou o que ele tinha em mente. Não queria saber. "Vou pensar", falou com relutância. "É perigoso."

"Pense em tudo o que já fez por mim", disse Fritz. "Não vai ser mais perigoso."

Wocher não ficou convencido. Um soldado alemão condecorado contrabandeando armas para um prisioneiro judeu? Era mais do que perigoso, era uma loucura.

Apesar da relutância do amigo, Fritz insistiu. Se houvesse um massacre final em Auschwitz — como parecia cada vez mais provável —, queria pelo menos ser capaz de defender a si próprio e a seu pai. Se conseguisse armas suficientes, poderia ser capaz até de armar toda a resistência.

Alguns dias depois voltaram a se encontrar em um canto afastado da obra. Wocher parecia animado. "Você conseguiu?", perguntou Fritz, ansioso.

Wocher abanou a cabeça.

"Não. Tenho uma ideia melhor. A gente devia fugir junto, você e eu."

Fritz ficou desolado, mas antes que pudesse objetar, Wocher continuou a falar. Ele havia planejado tudo. Depois de fugirem do campo, seguiriam para sudoeste, em direção ao terreno montanhoso do Tirol austríaco. Como bávaro, Wocher conhecia a região e conseguiria encontrar um abrigo seguro entre os fazendeiros das montanhas. O Tirol ficava no cruzamento de dois fronts aliados: as forças americanas e britânicas avançavam rapidamente pelo norte da Itália, enquanto o Terceiro Exército de Patton avançava em direção ao Reno vindo do oeste. Em pouco tempo chegariam ao Tirol e Fritz e Fredl seriam libertados. "É melhor do que ficar aqui, torcendo para sobreviver", argumentou Wocher. Após ter visto a violência impiedosa do Front Oriental, ele sabia que a crueldade do Exército Vermelho não ficava devendo em nada à SS.

Fritz ficou balançado com a força do argumento de seu amigo, mas sacudiu a cabeça. "Está fora de questão."

"Por quê?"

"Não vou deixar meu pai aqui."

"Então ele vai com a gente."

"Ele está velho demais para sobreviver a uma jornada como essa a pé."

Na verdade, Fritz não podia ter certeza daquilo, mas, mesmo que fosse fisicamente exequível, ele duvidava que seu pai concordasse em ir; havia gente demais que dependia dele, e Gustav não os deixaria na mão. E tinha mais um problema: se Fritz fosse sem ele, Gustav, como seu *kapo*, talvez fosse considerado responsável pela fuga.

"Impossível", disse Fritz. "O que eu preciso é de uma arma. Você consegue uma pra mim?"

O alemão entregou os pontos com relutância. "Vou precisar de dinheiro", disse. "*Reichsmarks* não servem. Tem que ser dólares americanos ou francos suíços."

בן

A primeira pessoa com quem Fritz tentou obter algum dinheiro foi Gustl Täuber, que trabalhava no depósito Canadá: um lugar cavernoso, cheirando a mofo, com muitos e muitos cabides de casacos, jaquetas, calças, suéteres, camisas, fardos e pilhas de coisas misturadas, sapatos e malas, com nome e endereço marcados. Gustav, Franz, Shlomo, Paul, Frieda, Emmanuel, Otto, Chaim, Helen, Mimi, Karl, Kurt, com os sobrenomes Rauchmann, Klein, Rebstock, Askiew, Rosenberg, Abraham, Herzog, Engel. Por toda parte havia Israel e Sara. Os endereços incompletos ficavam em Viena, Berlim, Hamburgo, ou havia apenas um número ou data de nascimento anotado. Os corredores entre os cabides e as prateleiras recendiam ao cheiro dos proprietários daquilo tudo, a seu suor e perfume, a naftalina e couro, a sarja e bolor.

Gustl Täuber fora dos primeiros judeus de Buchenwald e tinha mais ou menos a idade do pai de Fritz. Era da Silésia (no oeste da Polônia) e nascera no auge do Império Germânico.[14] Fritz nunca fora muito com a cara dele. Era um dos poucos sem a menor solidariedade com os outros prisioneiros e não estendia a mão para ninguém. Mas era sua maior esperança. Os dois faziam negócios havia algum tempo com os cupons de bônus, que Täuber usava para comprar vodca e (por ser judeu arianizado) visitar o bordel. Fritz sabia que muitas vezes era encontrado dinheiro nas roupas e que Täuber embolsava o que podia. Poderia emprestar um pouco? O homem negou com a cabeça. Fritz implorou, mas Täuber não cedeu. Sabia que Fritz tinha ligação com a resistência e não estava disposto a pôr seus privilégios em risco. Fritz ficou enojado: Täuber não pensava duas vezes antes de se envolver em negócios clandestinos quando envolviam uma visita ao bordel ou uma garrafa de vodca.

Do armazém Fritz foi ao bloco de banho principal. Novos prisioneiros eram levados para ser desinfetados e ter a cabeça raspada, e o dinheiro e as joias que tivessem conseguido esconder do *Kanada Kommando* geralmente eram tirados deles ali. O assistente do bloco de banho era outro judeu antigo de Buchenwald, David Plaut, um ex-caixeiro-viajante de Berlim.[15] Ao contrário de Täuber, era um bom amigo. Embora as coisas recolhidas no bloco de banho ficassem com Emil Worgul, o *kapo*, Fritz calculava que Plaut, que era quem executava o trabalho, devia conseguir pegar um pouco de dinheiro. Fritz inventou uma história de que precisava comprar vodca para subornar Worgul e conseguir a transferência de seus camaradas para equipes de trabalho menos desgastantes. Deu certo. Plaut foi até seu esconderijo e voltou com um rolo de dólares.

Fritz procurou Fredl Wocher no dia seguinte e lhe deu o dinheiro. Vários dias de espera ansiosa se passaram. Então, quando se encontraram certa manhã, o rosto de Wocher exibia uma expressão mista de medo e triunfo.

Ele tirou uma pistola do casaco, uma Luger de uso militar. Não disse onde a obtivera, mas Fritz imaginou que fora com um de seus amigos da bateria antiaérea da Luftwaffe. Wocher mostrou como operá-la — como tirar o pente e carregar as balas, como engatilhar e manusear a trava de segurança. Havia ainda duas caixas de munição.[16] Fritz segurou a arma com apreensão e excitação, sentindo o poder letal em sua mão.

Havia ainda o problema da volta ao campo. Comida contrabandeada era uma coisa; pistolas, outra. Encontrando um lugar discreto, Fritz abaixou a calça e amarrou a Luger na coxa. Guardou a munição nos bolsos e voltou ao campo ao som de metal tilintando.

Após a chamada foi direto para o hospital e encontrou Stefan Heymann. Acenando para que o seguisse, foi com o amigo para trás de uma pilha de roupa suja e lhe mostrou a arma.

Stefan ficou horrorizado. "Está louco? Livre-se dessa coisa! Se for pego com isso, não será o único a ser morto. Está pondo toda a operação em risco."

Fritz se ofendeu. "Você me convenceu a fazer isso", disse, com indignação. "Você sempre me ensinou que eu tinha de lutar por minha vida."

Stefan não soube o que responder. Ao longo dos próximos dias, eles voltaram a conversar. Fritz explicou o que pensava. Falou da ferocidade da batalha que podia ter lugar ali, da brutalidade notória dos russos, da probabilidade de serem liquidados pela SS e pouco a pouco convenceu Stefan. "Tenho certeza de que consigo mais armas se tiver mais dinheiro", comentou.

Stefan pensou um pouco. "Muito bem", disse no fim. "Vou ver o que posso fazer. Mas a coisa toda precisa ser bem organizada. Nada de agir sozinho outra vez."

Ele conseguiu duzentos dólares e Fritz levou o dinheiro para Fredl Wocher. Após novo período de espera, o alemão encontrou Fritz em um canto discreto da fábrica e lhe mostrou a outra Luger que escondera e duas MP 40 — as submetralhadoras características dos soldados alemães em toda parte. Havia diversas caixas de munição para as três armas.

Seria um desafio bem maior entrar com elas no campo. Fritz planejou com cuidado. Ele precisaria fazer mais de uma viagem. Conseguiu uma das enormes latas usadas para trazer a sopa dos prisioneiros ao meio-dia, construiu um fundo falso e escondeu a munição. Conseguira esconder a Luger na coxa, mas com as submetralhadoras não funcionaria. Wocher o ensinara a usá-las e a fazer a manutenção. Fritz desmontou uma delas e prendeu o maior número de peças que pôde em seu tronco.

Com o inverno cada vez mais rigoroso e as noites mais longas, já escurecia ao final de seu turno, e portanto não era grande a chance de os guardas notarem sua silhueta mais avolumada do que de costume. Mesmo assim, ele suou frio durante a formação da chamada, com as pesadas peças de metal presas ao corpo.

Quando terminou, Fritz foi rapidamente para a lavanderia do hospital, onde Jule Meixner o esperava. Fritz tirou o uniforme, pegou os componentes das armas e entregou a Jule, que escondeu tudo. Por segurança, Fritz não foi informado do esconderijo — seguindo o princípio de que não se pode entregar um segredo sob tortura se não o souber. Nos dias subsequentes, repetiu a operação arriscada até todas as três armas e as munições terem sido levadas para o campo.

Fritz ficou feliz consigo mesmo. Levando a Luger para o campo, obrigara Stefan a agir. A resistência nunca teria conseguido sem ele. Agora, se uma repetição de Majdanek tivesse lugar ali, poderiam dar o troco.

אבא

Em dezembro, a oficina de Gustav continuou a produzir cortinas de blecaute e casacos paralelamente. Sem envolvimento direto na resistência, ele não fazia ideia da perigosa empreitada em que estava se metendo. Gustav ansiava pela chegada do Natal, quando Wocher viajaria de novo para Viena.

Numa segunda-feira à tarde, a oficina trabalhava a todo o vapor quando de súbito, acima do matraquear das máquinas de costura, escutaram o gemido crescente das sirenes antiaéreas.[17] Segundos depois, vieram o som de portas batendo, correria, vozes alteradas. A SS e os civis se dirigiram aos abrigos. A equipe de Gustav o encarou. Ele autorizou que procurassem refúgio onde julgassem melhor. O próprio Gustav ficou onde estava. Esconderijos de pouco serviriam no caso de uma bomba próxima.

Após alguns minutos, quando o barulho das pessoas em pânico cessou, o zumbido dos aviões e os estampidos do fogo antiaéreo começaram. O barulho aumentou gradativamente e sentiram-se os primeiros abalos das bombas. Gustav ficou deitado no chão. Não era sua primeira vez. Passara meses sob bombardeio nas trincheiras e aprendera a esperar o fim do ataque — ou que uma bomba aleatória encerrasse tudo. Era inútil e perigoso se desesperar. Seu maior temor era Fritz, que estava instalando cortinas. Mas Gustav sabia que o filho tinha um esconderijo entre os prédios, onde pelo menos ficaria protegido dos fragmentos.

Mais uma vez os bombardeiros visavam a fábrica de combustível sintético, mas muitas bombas pareciam cair a esmo — umas longe, outras bem perto. De repente, o chão sob Gustav foi sacudido por uma detonação monstruosa. As janelas estilhaçaram e sobreveio uma cacofonia de metal e alvenaria virando destroços. Gustav cobriu a cabeça e ficou imóvel. O tremor cessou. Poeira flutuava no ar. Além da bolha de silêncio imediato à sua volta, ele escutou gritos distantes, o estampido dos canhões diminuindo até cessar e o zumbido dos aviões se afastando. A sirene de aviso do fim do perigo soou.

Ao se levantar, Gustav observou a oficina de pernas para o ar: máquinas de costura arrancadas das bancadas, cadeiras derrubadas, poeira por toda parte, vidro quebrado das janelas. Os homens e mulheres perto dele também se levantaram, tossindo e piscando.

Depois de se certificar de que ninguém ali estava ferido, Gustav se lembrou de Fritz. Saiu do prédio para o caos de fumaça e chamas. Algumas construções haviam sido destruídas e prisioneiros mortos jaziam espalhados entre os escombros. Os feridos eram assistidos por seus amigos.[18]

Nenhum sinal do filho. Gustav caminhou apressado em meio à fumaça, na direção do esconderijo de Fritz, com um mau pressentimento. Ao virar a esquina, viu que o prédio se fora. Em seu lugar havia apenas uma pequena montanha de entulho e metal retorcido. Ele arregalou os olhos, incrédulo.

Após alguns instantes, começou a voltar, desnorteado pela dor. Seu Fritzl — seu orgulho e sua alegria, seu querido, bondoso e leal Fritzl — se fora.

Civis e SS emergiam dos abrigos. Praticamente nenhum soldado permanecera em seu posto. As cercas haviam tombado aqui e ali e muitos prisioneiros tinham escapado. Gustav observou por um momento os homens da SS tentando restabelecer a ordem. Quando estava prestes a se afastar, viu duas figuras em roupas listradas vindo em sua direção em meio à fumaça, uma delas carregando uma grande caixa de ferramentas e avançando com andar familiar. Gustav mal pôde crer em seus olhos. Correu e abraçou o filho. "Meu menino, meu Fritzl, você está vivo!", soluçou, beijando o rosto surpreso do rapaz e abraçando-o com força. Repetia sem parar: "Você está vivo! Meu menino! É um milagre!".

Ele segurou Fritz pelo braço e o levou aos escombros fumegantes de seu esconderijo. "É um milagre", continuava a repetir. A fé de Gustav na sorte e na resistência de ambos, que o ajudara a sobreviver durante tanto tempo, era mais uma vez justificada.

אב ובן

Outro ataque aéreo foi realizado contra Buna Werke no dia seguinte ao Natal. Era um alvo primordial para os norte-americanos, que estavam determinados a varrer o complexo do mapa. Mas a cada investida conseguiam apenas arrasar alguns prédios, ferir um punhado de nazistas, matar ou atingir centenas de prisioneiros e reduzir a produtividade. Os prisioneiros sabotavam o que podiam e trabalhavam no ritmo mais lento que a ousadia lhes permitia, e seu esforço em combinação com as bombas assegurou que Buna Werke jamais produzisse borracha e as demais fábricas jamais atingissem a plena capacidade operacional.

Em 2 de janeiro de 1945, Fredl Wocher voltou de Viena com cartas e pacotes de Olly Steyskal e Karl Novacek. "Foi a maior alegria saber que ainda temos bons amigos em casa", escreveu Gustav em seu diário.

E não só lá: ele e Fritz tinham virado verdadeiros amigos de Fredl Wocher. Ele dera provas de seu valor incontáveis vezes, e de muitas maneiras. Com o Exército Vermelho posicionado logo do outro lado de Cracóvia, Fritz tentou convencê-lo a fugir antes que os russos chegassem a Auschwitz e descobrissem o que acontecia ali.

Wocher não achou necessário. "Minha consciência está limpa", disse. "Mais do que limpa. Sou apenas um civil, um trabalhador; nada vai me acontecer."

Fritz não ficou convencido. Lembrou Wocher de como os russos odiavam os alemães – coisa que o outro sabia muito bem, de seu tempo no front. Além disso, havia milhares de prisioneiros russos em Auschwitz sedentos por vingança assim que tivessem a chance. Wocher não podia ter certeza de que seria poupado quando a onda da desforra varresse o campo. Mas não arredou pé: nunca fugira antes e não seria agora que o faria.

Ficou claro para Fritz que o fim da guerra podia chegar a qualquer momento. Seus preparativos estavam em curso havia dois meses. Com seu apoio, a resistência obtivera armas. Naquele ínterim, Fritz tomara a precaução extra de pensar num plano de fuga para ele e o pai. Apesar de rejeitar a ideia de escapar pelo Tirol, tinha de admitir que partir para a luta tampouco parecia uma boa opção. Logo, por iniciativa de Fritz, ele e o pai não se apresentaram para raspar o cabelo aquela semana, de modo que chegasse a um comprimento mais normal. A chamada era o único momento em que os prisioneiros rotineiramente tiravam o gorro na frente da SS e nos meses de inverno aquilo acontecia quando ainda estava escuro. Fritz obtivera roupas civis com David Plaut no bloco de banho e as escondera em um barracão de ferramentas no campo. Havia calças e paletós suficientes para ele, seu pai e alguns amigos mais próximos.

Em 12 de janeiro o Exército Vermelho lançou sua tão antecipada ofensiva de inverno na Polônia – um ataque colossal e bem planejado ao longo do front, envolvendo três exércitos com 2,25 milhões de homens. Era a investida final, concebida para empurrar os alemães de volta a seu país. A Wehrmacht e a Waffen-SS, inferiorizadas em mais de quatro para um, bateram em retirada durante o ataque para defender um punhado de cidades polonesas fortificadas. Para frustração dos prisioneiros de Auschwitz, o setor do front perto de Cracóvia avançou mais vagarosamente que a maioria. Todos os dias eles escutavam o estampido distante dos canhões russos, como o tiquetaquear de um relógio, enquanto aguardavam a libertação.

Em 14 de janeiro, Alfred Wocher se despediu de Gustav e Fritz. Fora convocado para o Volkssturm, um exército de velhos, meninos e veteranos incapacitados, organizado às pressas, em um último esforço desesperado para defender o Reich. Ele não seria encontrado pelos russos, no fim das contas. Era uma alegria cumprir seu dever para com a Pátria uma última vez. Independentemente do que pensasse dos crimes da Alemanha, era seu lar, um país também de mulheres e crianças, e os russos não deixariam pedra sobre pedra se permitissem.

Com o avanço do inverno, o tempo piorou. Caía uma neve pesada e, em 15 de janeiro, segunda-feira, um dia após a partida de Wocher, Auschwitz amanheceu sob névoa espessa. Os prisioneiros em Monowitz foram mantidos em formação na chamada por várias horas até a névoa se dissipar e a SS considerar seguro iniciar a marcha para o trabalho.[19]

Nas fábricas, o trabalho prosseguia a todo o vapor. Na noite anterior, um avião norte-americano sobrevoara o local, batendo fotos com a ajuda de sinalizadores lançados de paraquedas. Fotografias tiradas 24 horas antes haviam mostrado quase mil crateras no complexo industrial e 44 edifícios arrasados, mas as imagens noturnas revelaram que reparos estavam sendo feitos e que a fábrica de combustível sintético — a mais importante — ficara virtualmente ilesa.[20]

Na quarta-feira, os prisioneiros foram retidos na chamada outra vez. Continuaram enfileirados durante toda a manhã e à tarde marcharam para as fábricas. Depois de apenas duas horas e meia trabalhando, receberam ordens de voltar ao campo.

A SS estava agitada. A cada manhã, o trovejar da artilharia inimiga ficava um pouco menos distante. Na noite do dia 17, com a proximidade do som, o comandante de Auschwitz, o major Richard Baer, finalmente deu a ordem de iniciar a evacuação dos campos. Inválidos deveriam ser deixados para trás e os prisioneiros que resistissem, demorassem ou tentassem fugir deveriam ser executados na hora.[21] O líder da resistência em Auschwitz I alertou seus contatos em Cracóvia: "A evacuação está em curso por aqui. Caos. Pânico entre os ébrios SS".[22]

Naquela noite, todos os pacientes no hospital de prisioneiros em Monowitz foram examinados pelos médicos. Os que estavam bem para marchar foram riscados da lista de pacientes e conduzidos de volta a seus blocos. O resto

— mais de oitocentos — ficou aos cuidados da equipe médica de dezenove voluntários.[23]

No dia seguinte, quinta-feira, 18 de janeiro, todos os 8 mil prisioneiros em Monowitz foram mantidos na chamada o dia inteiro sob o frio congelante. Fritz e Gustav, cientes do fim iminente do conflito, usavam a roupa civil sob o uniforme, prontos para tentar escapar na primeira oportunidade (a camada extra de roupas também os ajudava a passar menos frio que seus camaradas). Começou a escurecer.

Então, às 16h30, os guardas da SS começaram a ordenar que os prisioneiros formassem colunas. Com os membros dormentes e as juntas endurecidas, eles foram arranjados como uma divisão de exército em unidades do tamanho de companhias de mais ou menos mil homens, que por sua vez compunham unidades maiores, cada uma com mais de 3 mil. Oficiais da SS, *Blockführers* e guardas comandavam cada unidade.[24] Antecipando problemas, todos os homens da SS portavam fuzil, pistola ou metralhadora, prontos para atirar. Fritz pensou com tristeza em suas armas, escondidas em algum lugar da lavanderia do hospital. Era impossível chegar até elas agora.

Uma descoberta perturbadora foi que o infame sargento Otto Moll da SS estava ali. Ele não pertencia ao batalhão de guardas de Monowitz — fora diretor das câmaras de gás de Birkenau — e, no entanto, lá estava, caminhando entre as fileiras conforme a ração para a marcha, pão, margarina e geleia eram distribuídos, acompanhados de agressões e insultos. Moll, um sujeito atarracado de pescoço de touro e cabeça tão larga quanto alta, com o sangue de dezenas de milhares em suas mãos, era uma presença profundamente preocupante nas atuais circunstâncias. Ele parou ao lado de Gustav, notando alguma coisa em sua aparência, mediu-o de alto a baixo e lhe deu duas bofetadas no rosto, uma do lado esquerdo e uma do direito. Gustav cambaleou e se endireitou. Moll seguiu em frente, sem dizer uma palavra.[25]

Finalmente, a ordem de marchar foi dada e os prisioneiros começaram a se mover. Já cansados de ficar o dia inteiro em pé, partiram em colunas de cinco e dobraram à esquerda na rua. Passando os blocos de barracões, as cozinhas, o pequeno prédio vazio que servira de alojamento para a orquestra do campo, a massa de prisioneiros atravessou o portão pela última vez.

Deixavam um lugar que fora o lar de alguns por mais de dois anos. Os antigos sobreviventes, como Gustav e Fritz — em especial Fritz —, haviam ajudado a construí-lo do zero, onde antes havia apenas uma extensa campina. O sangue de seus camaradas se misturava à construção e a dor e o terror tinham se tornado parte da rotina implacável do lugar desde então. Contudo, era seu lar, de todo modo, pela simples virtude do instinto animal de pertencimento, de se ligar a um local onde se comeu, dormiu e defecou. Por mais odiado que fosse o lugar, seus amigos estavam ali e cada pedra e viga lhes eram familiares.

Eles não faziam ideia de seu destino. Só sabiam que fugiam dos russos. Todos os subcampos de Monowitz entraram em marcha – mais de 35 mil homens e mulheres[26] passaram por Oświęcim e rumaram para o oeste pelas estradas cobertas de neve.

Parte IV

Sobrevivência

18. Trem da morte

אב ובן

Fritz sentou no chão ao lado do pai, tremendo convulsivamente. Seus amigos sentaram em volta. Era o começo da manhã e fazia um frio inimaginável. Sem abrigo, sem comida, sem fogo para se aquecer, eles tinham apenas uns aos outros. A exaustão e a exposição às intempéries acabara com eles. Alguns jamais se levantariam quando a pausa para o descanso terminasse.

Durante os primeiros quilômetros depois de deixar Monowitz, Fritz, Gustav e os outros prisioneiros razoavelmente saudáveis ajudaram os mais fracos. Os retardatários levavam coronhadas de fuzil para acelerar. Se alguém caía no meio da marcha era pisoteado pelos zumbis semiconscientes que vinham atrás. Fritz e os demais faziam o que podiam, mas havia um limite para a camaradagem. Mal haviam deixado Oświęcim e já estavam sem força, de modo que tiveram de abandonar os mais debilitados à própria sorte. Eles se encolheram sob o paletó e taparam os ouvidos para os tiros esporádicos na rabeira da coluna, onde a SS executava os que ficavam para trás.

Para Fritz e Gustav era uma nova marcha forçada, como a que tinha feito anos antes, na rua de Sangue, para Buchenwald. Mas infinitamente pior. Pai e filho se mantinham próximos para se proteger, com a cabeça baixa, os pés avançando a custo na neve e no gelo compactados, a mente e o espírito entorpecidos. Foram horas e horas caminhando nas trevas, com flocos brancos caindo e rodopiando à sua volta. Perto de Fritz marchava um *Blockführer*, de pistola na mão. Fritz percebeu o terror do homem, com os russos em seus calcanhares, e sua violência latente.

Pelos cálculos de Gustav eles haviam se arrastado por quarenta quilômetros quando chegaram aos arredores de uma cidade ao raiar do dia. A coluna foi instruída a deixar a estrada e se dirigir a uma construção de tijolos abandonada. Os guardas da SS precisavam de descanso quase tanto quanto seus cativos. Abrigando-se da melhor forma que podiam entre as pilhas de tijolos, os prisioneiros tentaram se aquecer. Fritz e o pai se mantiveram acordados mesmo com todo o cansaço, percebendo que pegar no sono ali poderia ser fatal.

Quando conversavam com outros prisioneiros que tinham estado em diferentes partes da coluna, ficaram sabendo que vários poloneses — incluindo três amigos de Fritz — tinham fugido.

"Devíamos fazer a mesma coisa", disse Gustav para o filho. "Vamos tentar. Eu falo polonês. Não vamos ter problema para encontrar o caminho. Podemos procurar a resistência ou voltar para casa."

Apesar de todos os preparativos e de sua determinação em resistir, o coração de Fritz ficou apertado com a ideia. Havia um problema: *ele* não falava polonês. Se os dois se separassem, ficaria num mato sem cachorro.

"É melhor esperar até chegarmos em solo alemão, pai", disse. "Já que lá nós dois falamos a língua local."

Gustav balançou a cabeça. "Vai demorar muito para chegarmos à Alemanha." Ele olhou para os demais, exaustos. "E vai saber se conseguimos mesmo chegar... Presumindo que a SS queira que sobrevivamos até lá."

A discussão foi interrompida pela ordem de retomar a marcha. Quando se levantaram, com muita dificuldade, alguns que haviam pegado no sono continuaram deitados. A hipotermia os dominara e já começavam a congelar. Outros estavam fracos demais para ficar em pé. A SS andava pelo meio deles, distribuindo pontapés e imprecações, atirando em quem não acordava.[1]

A coluna continuou em marcha. Em sua esteira deixava um pesadelo de neve e cadáveres espalhados por todo o caminho desde Auschwitz, onde as últimas evacuações ocorriam. Prisioneiros fracos demais para a marcha eram incumbidos de queimar as pilhas de corpos junto às câmaras de gás. Os crematórios foram dinamitados e os funcionários da SS puseram fogo nos registros. Alguns furtaram o que podiam no depósito Canadá, onde as incriminadoras montanhas de coisas pilhadas também foram incendiadas. No fim, o mero volume dos crimes cometidos ali desafiaria qualquer esforço para apagar as evidências.

À noite, a coluna chegou à pequena cidade de Gleiwitz (atual Gliwice, na Polônia), onde havia diversos subcampos pertencentes ao sistema de Auschwitz. Os presos oriundos de Monowitz foram conduzidos a um campo construído para apenas mil indivíduos. Seus cativos tinham sido evacuados no dia anterior.[2] Os recém-chegados não receberam nada para comer, mas estavam gratos por ao menos ter onde se abrigar.

Eles ficaram em Gleiwitz por dois dias e noites, enquanto a SS organizava o estágio seguinte da viagem. Ao contrário da maioria dos pobres-diabos marchando desde Auschwitz, os de Monowitz seguiriam de trem.

Eles foram tirados de suas barracas e levados para o pátio de carga e descarga da cidade, onde os *Transports* os aguardavam. Mas, em vez dos vagões fechados de costume, os quatro longos comboios eram compostos de vagões descobertos, em geral usados para transportar carvão e brita. Rações foram distribuídas – meio filão de pão para cada um e um pedaço de linguiça –, e o embarque começou. Fritz e Gustav subiram em um vagão com 130 prisioneiros, trepando pelas laterais e despencando com um estrondo no chão metálico, que ecoava menos a cada novo par de pés, até o último se espremer entre os outros.

A cada dois vagões havia um de frenagem, onde uma sentinela da SS ficava a postos, munida de um fuzil ou metralhadora. "Quem puser a cabeça pra fora do vagão leva bala", advertiu o *Blockführer* encarregado do transporte.

O trem começou a vibrar. O vapor e a fumaça da locomotiva produziram uma névoa espessa no ar gelado. Enfim, com o estrépito dos engates e o guincho das rodas, o trem se pôs em movimento, arrastando sua carga de 4 mil pessoas.[3] À medida que ganhava velocidade, o vento gelado de vinte graus negativos rugia nos vagões desprotegidos.

אבא

O Holocausto foi um crime feito de jornadas através da Europa com o acompanhamento dissonante de maquinários em protesto. As rodas sibilavam nos trilhos, os engates rangiam e batiam, os chiados, guinchos e solavancos de metal contra metal eram uma melodia infernal e incessante.

O corpo de Gustav balançava de um lado para outro com o movimento do trem. Ele estava encolhido, com os joelhos junto ao corpo, Fritz a seu lado, também tentando se proteger contra o frio terrível.

Após deixar Gleiwitz, o trem deles havia se separado dos outros três, rumando para o sul enquanto os outros foram para o oeste. Na manhã seguinte, o trem parou para recolher mais algumas centenas de prisioneiros evacuados do subcampo de Charlottengrube[4] antes de cruzar a fronteira para a Tchecoslováquia. A despeito da advertência do *Blockführer*, Gustav dava uma espiada de tempos em tempos por cima da lateral do vagão, tentando ver onde estavam e por quais cidades passavam. O trem nunca parava, mas o avanço era dolorosamente lento. Eles levaram dois dias e duas noites para atravessar a Tchecoslováquia.

Os prisioneiros foram informados de que seguiam para o campo de concentração de Mauthausen. Aquilo era ao mesmo tempo emocionante e aterrorizante para os austríacos. A reputação de violência de Mauthausen era notória. Mas ficava na Áustria, na linda região montanhosa nos arredores de Linz. *Áustria!* Em breve, Gustav e Fritz estariam em sua terra natal pela primeira vez em cinco anos.

E com certeza morreriam lá. Em Mauthausen, não contariam com o sistema de apoio que haviam construído em Auschwitz e seriam submetidos a um regime ainda mais duro.

Presumindo que chegassem lá. Enquanto Gustav pensava nisso, houve uma agitação entre os prisioneiros. Mais um morrera. A inanição, a doença e a hipotermia continuavam fazendo baixas e mais baixas. Um amigo do morto tirou seu paletó e sua calça e os vestiu, para se proteger do frio. O cadáver foi passado adiante pelo vagão e empilhado em um canto com os demais, todos em roupas de baixo e congelados. Aquele canto também servia de latrina, e mesmo com o frio o fedor era abominável.

As mortes pelo menos aumentavam o espaço para sentar. Gustav olhou para os rostos emaciados, as sombras profundas sob os olhos encovados, as maçãs do rosto riscadas por vincos de fome. Alguns tinham dado um jeito de esticar a ração e no quarto dia da viagem ingeriam os últimos farelos. Gustav e Fritz não tinham mais nada, e o primeiro já sentia suas forças indo embora, como se uma tranquila maré vazante erodisse sua vontade. Um único pensamento ocupava sua mente: escapar.

"Precisamos fugir logo", ele sussurrou para Fritz. "Senão, será tarde demais." Se conseguissem pular pela lateral durante a noite, talvez escapassem das sentinelas. Em pouco tempo estariam na Áustria e a língua não seria problema. Poderiam seguir até Viena com seus disfarces e encontrar um refúgio. "Olly ou Lintschi cuidará de nós."

"Certo, pai", respondeu Fritz.

Naquela noite, eles testaram o olhar vigilante das sentinelas. Com ajuda de dois amigos, pegaram um dos cadáveres na pilha, ergueram-no sobre a parede do vagão e o empurraram. O corpo mergulhou nas trevas. Eles ficaram à espera de um grito vindo do vagão de frenagem, seguido do som de tiros... mas nada aconteceu. Seria fácil. Tudo o que precisavam fazer era esperar até cruzarem a fronteira austríaca.

De manhã, chegaram a Lundenburg (atual Břeclav, na República Tcheca), a poucos quilômetros da Áustria. Para frustração dos dois, o trem parou. As horas se passaram sem que nada acontecesse. Alguém espiou sobre a lateral e viu que toda a composição estava cercada por homens da SS. O lusco-fusco veio e os envolveu. Na penumbra, o trem finalmente voltou a se mover. A paisagem rural tcheca deu lugar ao território austríaco. Era chegada a hora. A cada quilômetro avançado, a situação no vagão se deteriorava, com novas cenas de selvageria. Alguns chegaram ao ponto de estrangular um amigo por um naco de pão. Com o frio, a fome e os assassinatos, a pilha de cadáveres no canto crescia a um ritmo de oito ou dez por dia.

Fritz cutucou Gustav. "Pai, acorda! Hora de ir!"

Gustav acordou devagar e tentou se levantar. Não tinha mais forças. Seus músculos enregelados não respondiam. Ele fitou o rosto ansioso de Fritz. "Não consigo", disse.

"Precisa conseguir, pai. Precisamos ir enquanto dá."

Mas não havia como demover Gustav de sua prostração. "Você vai ter que ir sozinho", ele disse, debilmente. "Me deixe aqui e vá."

Fritz ficou aterrorizado com a mera ideia. *Se quer continuar vivo, precisa esquecer seu pai*. Fora o que Robert Siewert lhe dissera naquele dia em Buchenwald. Parecera impossível então e continuava impossível agora.

"Você precisa ir", insistiu Gustav. "Eu não consigo. Estou velho, sem forças. Vai logo... *por favor*."

"Não, pai, não vou." Fritz tornou a sentar e abraçou o pai.

Quando o dia raiou, perceberam que estavam em uma conhecida área rural de Viena, coberta pela neve. O trem avançava pela margem norte do Danúbio e, à luz do dia, cruzou os subúrbios do norte e o rio, entrando em Leopoldstadt. Mal ousaram espiar o antigo lar, tão dolorosamente próximo. Passaram pelo extremo oeste do Prater e então o trem trovejou pelo canal do Danúbio. Eles cruzaram os subúrbios do oeste e voltaram a percorrer uma região descampada.

Pela manhã, atravessaram a cidade de Sankt Pölten; à tarde chegaram a Amstetten, onde o trem parou. Estavam a pouco mais de quarenta quilômetros de Mauthausen.

Quando a noite caiu, a viagem prosseguiu.

Gustav voltou a implorar que Fritz fugisse. "Rápido, antes que seja tarde demais. Por favor, Fritzl. *Por favor*."

O filho enfim cedeu. A dor da separação ia acompanhá-lo para sempre. "Depois de cinco anos compartilhando um mesmo destino, chegara a hora de me separar de meu pai", recordou, angustiado.

O trem viajava na máxima velocidade. Fritz se levantou, despiu o odiado uniforme listrado com a *Judenstern* e o número de campo e tirou o gorro. Com um último abraço e um beijo no pai, pediu ajuda a um amigo e subiu na lateral.

A pura força do vento abaixo de zero penetrou em seu corpo como uma chuva de flechas. O trem balançava e rugia. Ele lançou um olhar ansioso na direção do vagão de frenagem. O luar estava mais brilhante do que na ocasião em que testaram as sentinelas: dois dias após a lua cheia, um clarão sobrenatural banhava a paisagem alva e as árvores que passavam.[5]

Gustav sentiu sua mão sendo apertada pela última vez. Então Fritz se atirou no ar e, num segundo, desapareceu.

Sentado solitariamente no chão do vagão, Gustav escreveu em seu diário à luz da lua: "Deus proteja meu menino. Não posso ir junto, estou fraco demais. Ninguém atirou. Espero que sobreviva e encontre refúgio com pessoas queridas".

O trem seguia se esgoelando em seu curso, como se nem a locomotiva aguentasse mais a viagem pavorosa e exasperante. Passou por Linz no escuro, atravessou o Danúbio e virou para o leste, em direção à cidadezinha de Mauthausen.

בן

Fritz deu cambalhotas no ar, todo o senso de espaço e direção sumindo por um momento fugidio. Aterrissou violentamente, contundindo-se e perdendo todo o ar dos pulmões. Rolou inúmeras vezes pela neve funda até ser amortecido por um pequeno monte de neve e parar com as rodas do trem a alguns palmos do rosto. Não ousou mexer um músculo.

O último vagão passou e o barulho morreu aos poucos na distância, deixando em seu lugar apenas o silêncio sob o firmamento estrelado. Ele olhou em volta. Apesar de sentir dor em cada osso, não fraturara nada. Sacudindo a neve do corpo, começou a caminhar ao longo dos trilhos na direção de Amstetten.[6]

Ao se aproximar, perdeu a coragem. Não estava pronto para entrar em uma cidade ainda, mesmo àquela hora da noite. Deslizando por um morro, passou a uma área descampada. O avanço era árduo, com neve até as coxas, mas ele enfim chegou a uma ruazinha estreita na periferia. Estava deserta. Com cautela, seguiu por ela.

Fritz conseguiu contornar a parte norte da pequena cidade sem encontrar ninguém, e logo pegava uma estrada rural sinuosa que atravessava o campo na direção leste, paralela à linha de trem. Passou por diversos vilarejos e vilas, pouco a pouco voltando na direção de Sankt Pölten. As estradas escorregadias tornavam o progresso lento. Faltavam-lhe forças.

Após várias horas, chegou à cidadezinha de Blindenmarkt, onde a estrada convergia com a ferrovia. O trem passara por aquele lugar no dia anterior. Havia uma pequena estação onde os trens de passageiro entre Linz e Viena paravam. Fritz estava cansado e levava no bolso apenas alguns Reichsmarks — o pequeno fundo de emergência achado nos cadáveres em Monowitz. Valeria a pena correr o risco?

Num impulso, saiu da estrada e caminhou para a estação. Continuava escuro. Fritz encontrou um vagão de gado vazio e subiu. Estava frio demais para dormir, mas ao menos podia se proteger do vento.

Perto da aurora, as luzes se acenderam no prédio da estação. Fritz aguardou alguns minutos, reuniu toda a sua coragem e desceu do vagão.

O lugar estava silencioso, mas havia um funcionário solitário atrás do guichê. Fritz hesitou. Não sabia muito bem como proceder naquele mundo. Iam lhe pedir documentos? Aproximou-se do guichê e solicitou, no tom mais casual que conseguiu, uma passagem para Viena. O funcionário não estava acostumado a ver pessoas viajando tão cedo e o encarou com alguma surpresa (e desconfiança, ou assim pareceu a Fritz), mas pegou seu dinheiro sem dizer uma palavra e lhe deu a passagem.

Fritz entrou na sala de espera deserta e sentou. Após alguns minutos, o homem entrou para acender o fogão. Fritz foi sentar ali perto — pela primeira vez desde que partira de Monowitz, pôde se aquecer. Estava morrendo de frio e a sensação de vida e calor fluindo por seu corpo foi tão divina quanto dolorosa, enchendo os nervos amortecidos com agulhadas aflitivas e acordando as dores de sua jornada.

Sonolento de fadiga, ele não fazia ideia de quanto tempo ficara esperando quando o trem para Viena parou diante da janela. Fritz saiu para a plataforma — ainda era a única pessoa ali — e entrou num dos vagões da terceira classe.

Fechando a porta às costas, ele viu com horror que o vagão estava cheio de soldados alemães. Não havia um único civil — apenas uma multidão de uniformes no *Feldgrau* da Wehrmacht. Felizmente, estavam ocupados demais conversando, fumando, jogando cartas e cochilando para notá-lo. Era tarde demais para voltar a descer, então ele encontrou um lugar vazio e sentou.

Com o trem em movimento, Fritz lançava uns olhares disfarçados ao redor. Sentia-se como um estrangeiro em sua própria terra, sem fazer ideia das leis ou dos protocolos, sem saber muito bem como se comportar tal qual um civil qualquer. Os soldados mal deram por sua presença. Escutando as conversas, ele deduziu que estavam de licença e voltavam do front.

Depois de duas horas e mais algumas estações (onde ninguém embarcou), o trem chegou a Sankt Pölten e parou. Dois soldados alemães subiram no vagão, ostentando no peito o gorjal metálico da Feldgendarmerie — a polícia militar da Wehrmacht.

Eles andaram pelo corredor pedindo para ver os salvos-condutos. Os soldados sentados perto de Fritz pegaram a identidade e um papel no bolso do peito. Fritz pegou sua passagem, que era tudo o que tinha. Os soldados juntaram seus documentos e entregaram para o policial mais próximo; Fritz aproveitou a oportunidade para enfiar sua passagem no bolo.

O policial relanceava os soldados e lhes devolvia os documentos. Então sobrou a passagem de trem solitária em sua mão. Ele franziu o rosto, olhou para Fritz e, com um gesto de impaciência, exigiu: "Seus documentos, por favor".

Com o coração martelando, Fritz fingiu procurar nos bolsos. Então encolheu os ombros, impotente. "Perdi."

O policial franziu o rosto um pouco mais. "Muito bem. É melhor vir com a gente."

Fritz ficou consternado, mas não era tolo de discutir. Levantou e acompanhou os *Feldgendarmes* à plataforma.

"Por favor, preciso chegar a Viena", ele insistiu enquanto era levado.

"Não podemos permitir que prossiga enquanto não verificarmos sua identidade."

Os policiais o conduziram da estação para um posto da Wehrmacht próximo. Um sargento o interrogou com firmeza, mas sem agressividade.

"Por que tomou aquele trem?"

"Preciso chegar a Viena", disse Fritz.

"Mas por que aquele trem em particular? Como deve saber, é uma linha especial vinda do front. Um trem comum devia estar para chegar."

"Eu... eu não sabia."

"Um jovem em roupa civil sem documentação viajando num trem das tropas não é normal, é? Qual é seu nome, meu rapaz?"

"Kleinmann. Fritz Kleinmann." Não havia sentido em mentir. Era um nome alemão perfeitamente aceitável e bastante comum.

"Por que está sem documentos?"

"Devo ter perdido."

"Endereço?"

Num impulso repentino, Fritz inventou um endereço numa cidade perto de Weimar. O sargento anotou.

"Fique aqui", disse, e saiu.

O homem se ausentou por um longo tempo. Quando voltou, estava acompanhado por um superior. "Verificamos o endereço que nos deu. Não existe. Onde mora realmente?"

"Desculpe", disse Fritz. "Minha memória anda falhando." Ele passou um endereço diferente.

O homem saiu e descobriu que de novo o endereço era falso. Àquela altura Fritz só tentava desesperadamente ganhar tempo. Os *Feldgendarmes* caíram na sua farsa mais uma vez, saindo para verificar um terceiro endereço inventado antes de enfim perder a paciência.

Dois guardas foram chamados. "Levem Herr Kleinmann para o quartel", ordenou o sargento. "Ala de segurança."

Ele foi levado em um veículo militar a um pequeno quartel, onde havia uma espécie de cadeia, com escritório e celas.

Um policial leu as anotações do *Feldgendarme* e ordenou que Fritz se identificasse direito. "Se mentir pra mim, vou prendê-lo."

O que mais Fritz poderia fazer? Forneceu um quarto endereço inventado. Após verificarem, eles procederam com a detenção formal. O policial era calmo e não falava muito. Não gritou, não se enfureceu, não ameaçou torturá-lo. Simplesmente instruiu seus homens a levar Herr Kleinmann para a cela. "Quem sabe isso refresca sua memória e o ajuda a lembrar a verdade", ameaçou.

A cela era grande e estava ocupada por três prisioneiros — todos soldados, aguardando corte marcial por delitos menores. Eles olharam para Fritz com curiosidade. O garoto começou a jogar conversa fora, comentando que era um civil, perdera os documentos e aguardava a verificação.

Fazia um calor agradável ali dentro. Havia camas individuais, uma mesa com cadeiras, uma pia e um vaso no canto. Fritz não ficava em acomodações tão confortáveis fazia muitos anos. Quando um ajudante de ordens levou o jantar — a primeira refeição quente que Fritz fazia em quase uma semana e o primeiro prato de verdade em mais tempo do que conseguia lembrar —, teve de se forçar a comer normalmente, em vez de devorar grandes bocados como um cão faminto.

Mais tarde, quando Fritz puxou o cobertor de sua cama, mal pôde crer em seus olhos — havia lençóis sob ele. *Lençóis!* Que tipo de cela era aquela? Largando o corpo exausto na cama, Fritz mergulhou num sono abençoadamente profundo.

A manhã seguinte — era inacreditável — foi ainda melhor. O ajudante levou o desjejum e, por mais simples que fosse, Fritz quase pulou de alegria. Havia café quente *de verdade*, pão, margarina, linguiça, tudo em grande quantidade. Enquanto seus companheiros de cela conversavam distraídos, Fritz ficava de cabeça baixa, concentrado em forrar a barriga.

Ele foi levado outra vez ao policial, que queria saber quem Fritz realmente era. Durante o interrogatório, o jovem começou a perceber que o sujeito suspeitava que fosse um desertor do Exército. Fazia todo sentido. Sua idade, sua aparência e seu sotaque seriam compatíveis, assim como as circunstâncias de sua prisão. Acreditando falar com alguém que cometia uma pequena impostura, não ocorreu ao policial estar diante de uma fraude sem tamanho – ou que o jovem de feições bem-feitas, em roupas civis e com sotaque vienense pudesse ser um judeu fugido da SS.

Fritz se recusou a responder mais perguntas e foi levado de volta à cela. Estava contente ali: em segurança, aquecido, bem alimentado. O almoço consistiu em um guisado simples mas muito saboroso e um naco de pão. Um homem podia viver feliz com aquilo.

Contudo, apesar dos luxos, a parte da mente de Fritz que o mantivera vivo nos campos tinha plena consciência do perigo de sua situação. Mais cedo ou mais tarde o policial descobriria a verdade. E passou a tarde pensando no que fazer. À noite, após o jantar, enquanto seus companheiros de cela conversavam, furtou uma barrinha de sabão de barbear e a engoliu. Na manhã seguinte, estava doente: febril, suando e com uma terrível diarreia.[7] Os outros chamaram o guarda e Fritz saiu carregado de lá.

Levaram-no a um hospital militar. Durante o exame – que não revelou nada grave além de cólicas estomacais e temperatura elevada – teve a presença de espírito de ocultar a tatuagem de Auschwitz. Foi deixado em um quarto sozinho e mantido sob observação.

Ali era melhor ainda que a cela: tinha roupa de cama lavada e enfermeiras levando chá e medicação. Após algum tempo, ele voltou a comer, mas a diarreia persistia. Era um pequeno preço a pagar pelo adiamento de seu novo interrogatório. Um médico o visitou no terceiro dia e mencionou a sentinela junto à porta com uma metralhadora. Tentar fugir não era uma opção.

Enfim a febre cedeu e ele ficou curado da diarreia. Foi devolvido de imediato para a ala de segurança do quartel. O policial começava a perder a paciência. "Está na hora de encerrar esse caso", ele disse. "Se não falar, vou entregar você à Gestapo."

Aparentemente, esperava que a terrível ameaça fizesse o prisioneiro confessar, mas Fritz continuou calado. Bufando de frustração, o homem ordenou que o levassem de volta para a cela. "Mais dois dias", jurou. "Depois, chega!"

Seguiram-se dois dias de jubiloso conforto, então Fritz foi levado de volta à sala de interrogatório.

"Já sei quem você é", disse o policial, para alarme de Fritz. "Não é nenhum desertor. Acho que é um agente inglês numa missão. Desceu de paraquedas para uma operação secreta." Com aquela conclusão surpreendente, o policial deu o caso por encerrado e sentenciou: "Será tratado como espião".

Fritz ficou apavorado. Aquilo era pior do que ser identificado como fugitivo de um campo de concentração. Ele negou vigorosamente a acusação, mas o policial não quis escutar. Na cabeça dele, só um agente inimigo teria se infiltrado da maneira como Fritz fizera, juntando-se às tropas alemãs. E só um espião treinado teria sido capaz de resistir por tanto tempo ao interrogatório. Nenhum desertor faria aquilo.

Por mais que negasse, Fritz foi forçado a voltar à sua cela. De repente, não se sentiu tão à vontade. Seria melhor confessar? Não: iam entregá-lo à SS e ele seria executado. Mas o resultado seria o mesmo se acreditassem que era um espião. Por outro lado, mesmo se confessasse, acreditariam nele agora? O policial ficara tão aferrado à ideia de que era um emigrado alemão ou austríaco, e parecia tão impressionado consigo mesmo por ter pegado um espião britânico que mesmo vendo a tatuagem provavelmente diria que era parte do disfarce.

No dia seguinte, Fritz foi levado outra vez perante o policial. Três soldados armados o esperavam. "Estou cansado das suas mentiras", anunciou, "e lavo minhas mãos. Você vai para Mauthausen. É problema da SS agora."

19. Mauthausen

בן

Fritz sentiu o frio do metal em seus pulsos quando o algemaram. "Se tentar fugir", disse o policial, "vai ser morto na hora."

Sua escolta de três homens — um suboficial e dois soldados rasos — o conduziu à estação de trem, onde embarcaram para Linz. Pela terceira vez, Fritz viajou pela rota familiar: de Sankt Pölten a Blindenmarkt e Amstetten, a certa altura passando pelo ponto de onde saltara do trem, impossível de identificar então, à luz do dia e com a neve derretendo. Tudo estava vívido em sua memória. Só não mais vívido do que seu agradável interlúdio em Sankt Pölten. Como um alegre passeio de férias, ele ia se lembrar do episódio como tendo durado pouco mais que uma semana, quando na verdade chegara perto de três.[1] Três semanas comendo do bom e do melhor, repousando em segurança e recuperando a saúde.

Em Linz, mudaram para um trem local que faria a breve viagem a Mauthausen, um vilarejo agradável numa curva do Danúbio, à sombra de colinas verdejantes e variegadas, com campos e matas. Fritz marchou através da cidade, dois passos adiante de seus guardas, que mantinham os fuzis apontados para suas costas. Os moradores locais, acostumados a viver perto do campo nas montanhas acima da cidade, não prestaram atenção.

Uma estrada sinuosa levava ao alto do vale. Quando o lugar surgiu, não se parecia com nenhum campo de concentração que Fritz conhecera — estava mais para uma fortaleza, com muros altos de pedra encimados por passarelas e abrigos de artilharia. Sobre uma inclinação no muro ficava uma casa de guarda enorme, também de pedra, flanqueada de um lado por uma torre redonda e baixa e do outro por uma imensa torre quadrada com quatro andares de altura. Em algum lugar dentro daqueles muros estavam o pai e os amigos de Fritz. Ou assim ele esperava. O rigor da triagem num campo daqueles era quase inimaginável. Mas Fritz tinha fé na força do pai. No fundo, estava certo de que voltariam a se encontrar — bem mais cedo do que esperavam. Fritz teria uma história para contar.

Em vez de conduzi-lo pelo portão imponente, os guardas viraram e o levaram por uma estrada paralela ao muro externo, passando por um pomar. Na esquina, a estrada fazia uma curva abrupta para a direita, o terreno de um lado desaparecendo num precipício íngreme, como uma vasta garganta, suas faces cobertas de penhascos denteados.

Fritz olhava para o local que emprestava a Mauthausen sua reputação maligna: a pedreira de granito. Maior e muito mais funda do que a pedreira de calcário em Buchenwald, era uma colmeia fervilhante de cativos, ecoando com o retinir de picaretas e cinzéis na pedra. Do lado oposto havia uma escada ampla e íngreme recortada na rocha, fazendo uma curva para cima numa enorme subida de 186 degraus do fundo do poço até a borda. Por ela iam centenas de prisioneiros, todos carregando um bloco de granito nas costas. A chamada Escada da Morte era símbolo do que havia de mais abominável em Mauthausen.

O granito extraído ali destinava-se aos projetos monumentais de Hitler, uma visão grandiosa exigindo quantidades colossais de pedra. Milhares de prisioneiros tinham morrido para extraí-la. A Escada da Morte foi o epítome do raciocínio da SS: para que instalar uma esteira mecânica eficiente quando o trabalho escravo de criminosos e judeus era tão mais barato e o processo punitivo, tão gratificante? Os acidentes e fatalidades eram constantes — um passo em falso na escada faria um homem e seu bloco de granito caírem e derrubarem os outros como dominós, com membros fraturados e corpos esmagados.

Acompanhando a estrada pela beira da pedreira, Fritz e seus guardas chegaram a um complexo de pequenos barracões. Então os homens da Wehrmacht o entregaram à SS e partiram.

Fritz esperava um interrogatório e uma surra, mas não houve uma coisa nem outra. Ainda não tinham certeza do que fazer com ele. Um sargento da SS o conduziu à casa de guarda principal, outra construção monumental de granito, com duas torres coroadas por postos de sentinela equipados com holofotes e metralhadoras: era a entrada principal para o setor dos prisioneiros no campo (a casa de guarda que vira na frente levava às garagens da SS).

Passando pela muralha, Fritz se viu em um campo surpreendentemente pequeno e comum. Era mais compacto que Monowitz e cheio de fileiras de barracões de madeira básicos, erguidos dos dois lados de um terreno estreito onde era feita a chamada. O sargento mandou Fritz esperar junto à parede e desapareceu na casa de guarda.

Alguns prisioneiros estavam por perto. Um deles se aproximou e examinou as roupas civis de Fritz. "Quem é você?", perguntou. "O que veio fazer aqui?"

"Meu nome é Fritz Kleinmann. Sou de Viena."

O homem balançou a cabeça e se foi. Momentos depois, voltou acompanhado de outro prisioneiro, que tinha um ar de autoridade. Dava para perceber que era algum tipo de funcionário.

"Você é vienense", disse. "Eu também. Estou aqui há anos." Ele estudou Fritz. "Este lugar é bem ruim, mas se tem uma coisa que você não quer ser por aqui é judeu. Os judeus não duram nada." Dizendo isso, afastou-se.

Por fim o sargento saiu da casa de guarda e, para surpresa de Fritz, perguntou se ele tinha tatuagem de Auschwitz. Houvera alguns *Transports* de Auschwitz nos últimos dias e andavam à procura de extraviados.

"Não", disse Fritz, e subiu um pouco a manga direita. "Está vendo, nada." Sua cabeça coberta de cabelos e sua aparência saudável bastaram para convencer o sargento, que pareceu satisfeito. Ele entregou Fritz aos cuidados de um funcionário-prisioneiro que o levou para o bloco de banho.

Chegando lá, Fritz encontrou o prisioneiro vienense de novo. O homem se apresentou de fato: seu nome era Josef Kohl, mas todos o chamavam de Pepi. Era alguém importante, dava para notar. Fritz descobriu mais tarde que era o líder da resistência em Mauthausen. Sentindo-se imediatamente à vontade em sua presença, o jovem enfim admitiu a verdade. Parte dela, de qualquer modo: o fato de que estivera em Buchenwald e Auschwitz e a história de sua fuga do trem até ser preso. Ele era um prisioneiro político, alegou. Toda a sua esperança de sobreviver naquele lugar dependeria de esconder sua condição de judeu.

Pela terceira vez, Fritz passou pelo ritual de um prisioneiro novo: a ducha, as roupas e os pertences confiscados. Quando a tesoura passeou por sua cabeça e seu cabelo recém-crescido caiu em tufos, soube que estava de volta ao eterno pesadelo.

"Está pagando o preço por não revelar onde mora", disse o funcionário da Gestapo enquanto sua ficha era preenchida. Fritz olhou com ar interrogativo para ele. "É o único motivo para estar aqui." Ele apontou com o queixo para uma anotação do oficial da Wehrmacht em sua mesa. Vendo a expressão no rosto de Fritz, acrescentou: "É tarde demais para isso, meu jovem".

Ainda acreditavam que era um espião? Fritz estava num mato sem cachorro. Se confessasse a verdade, não haveria esperança de encontrar uma maneira de sair daquela situação. A visão da pedreira confirmara seus piores temores sobre Mauthausen. Mas, se continuasse se recusando a falar, seria torturado e provavelmente executado.

Decidiu que seria mais seguro confessar, contando apenas parte da verdade, como fizera com Pepi Kohl. Admitindo que fugira do trem de Auschwitz, enrolou a manga esquerda e revelou a tatuagem. "Motivo da prisão?", perguntou o funcionário.

"Custódia protetora", respondeu Fritz. "Alemão ariano, político."

O homem não pestanejou. Fritz foi registrado e virou o prisioneiro número 130 039.[2] Nenhuma investigação poderia ser feita sobre ele, mesmo que a Gestapo quisesse. Auschwitz não existia mais: caíra para o Exército Vermelho em 27 de janeiro — mesmo dia em que Fritz subira a bordo do trem dos soldados em Blindenmarkt. Em Monowitz, só encontraram as centenas de espectros semimortos no hospital, muitos dos quais não sobreviveram por muito tempo após a libertação.[3]

Fritz deu o nome de seu primo Lintschi — oficialmente, um ariano — como parente próximo e seu endereço verdadeiro em Viena. Pelo que ficara sabendo por Fredl Wocher, não havia ninguém morando no local que corresse o risco de ser ligado a ele. Quanto à sua ocupação, pensou no que responder. Aprendera uma série de especialidades nos campos, mas por qual delas optar? Pelo jeito, não havia grande necessidade de construtores ali e deduziu que toda mão de obra extra acabava na pedreira. Então afirmou ser engenheiro de aquecimento.[4] Não era totalmente mentira: ele ajudara a construir e equipar alguns sistemas de calefação. Fritz aprendera com o pai a blefar quanto aos trabalhos que podia fazer.

Embora sua tentativa de fuga tivesse fracassado, ao menos lhe dera uma pausa para recuperar a saúde e as forças. Fritz sabia muito bem da vantagem que aquilo significava em termos de sobrevivência. O que não sabia era como seria crucial. Mesmo após passar toda a vida adulta vivendo o inferno na terra, ainda havia novos horrores por presenciar.

בן

Fritz foi mandado para um bloco perturbadoramente próximo do bunker, com uma câmara de gás e um crematório anexos. Na seção seguinte do campo, separados por um muro, centenas de prisioneiros de guerra soviéticos eram mantidos em condições deploráveis, passavam fome e morriam devido aos trabalhos forçados. Houvera uma fuga em massa duas semanas antes. Os russos tinham usado cobertores molhados para causar um curto-circuito na cerca elétrica. Muitos acabaram metralhados, mas quatrocentos escaparam. Nos dias subsequentes, a população local escutou tiros na mata conforme eram perseguidos e mortos.[5]

O campo estava superlotado, com blocos projetados para trezentos prisioneiros chegando a três vezes essa quantidade. Como todos os campos de concentração em solo do Reich, Mauthausen transbordava de evacuados de Auschwitz.

Fritz não via a hora de reencontrar o pai e os amigos, que deviam estar em algum lugar na multidão. Mas, quando começou a perguntar, não encontrou ninguém que soubesse de seu paradeiro ou tivesse ouvido falar deles. Até onde pôde descobrir, embora houvesse *Transports* de Auschwitz, ninguém sabia de nenhum que tivesse chegado em 26 de janeiro ou perto daquela data.

Fritz chegou à conclusão de que o pai nunca passara por aquele campo. Mas, se fosse verdade, onde poderia estar? Ele escutara histórias de atrocidades na Polônia e em Ostland — carregamentos inteiros de judeus mortos nas florestas. Teria acontecido o mesmo com eles? Teria Fritz escapado daquele destino?

אבא

Gustav sentava recostado contra a parede. Fritz se fora, pulando do vagão na noite gelada. Que Deus lhe permitisse encontrar o caminho e regressar à segurança do lar. Gustav estava desesperadamente fraco e cansado. Não comia nada havia muitos dias, só umedecendo a boca com punhados de neve. "Os homens estão se matando por um pedaço de pão", escreveu. "Somos verdadeiros artistas da fome [...] pescamos neve com uma caneca amarrada a um barbante e passada pela lateral do vagão."

Mais tarde naquela noite, o trem com sua carga de moribundos e cadáveres parou na rampa de Mauthausen. Um cordão da SS o cercou. As horas se passaram, o dia nasceu e a manhã chegou e se foi. Dentro dos vagões, os homens que ainda não haviam perdido a razão se perguntavam o que estava acontecendo. Parecia ter ocorrido algum tipo de discussão acalorada.

Uma equipe de prisioneiros do campo passou ao longo da composição distribuindo pão e alimentos enlatados. Não muito — meio filão e uma lata para cinco homens. A comida foi devorada com terrível selvageria.

No fim, com a chegada da noite outra vez, o trem começou a gemer e a se mover, voltando pelo caminho que viera. O comandante de Mauthausen, com a superlotação do campo, recusara-se a receber o carregamento.[6] O trem voltou a cruzar o Danúbio e rumou para o oeste, na direção da fronteira alemã. Em questão de horas estariam na Bavária e se o trem continuasse em linha reta chegariam a Munique. Aquilo só podia significar uma coisa: Dachau.

Gustav percebeu as vozes se erguendo em um debate acalorado. Um punhado de camaradas seus — incluindo vários oriundos de Buchenwald — se inspiraram no exemplo de Fritz e falavam em fugir. Fizeram um apelo a Gustav e Paul Schmidt, que fora *kapo* de Fritz em Buna Werke e ajudara a escondê-lo após sua falsa morte. Mas para Gustav era tão impossível quanto antes. Schmidt também optou por não ir. Quando o trem deixava a cidade de Linz, doze homens subiram na lateral e se atiraram do outro lado. Apesar da grande fuga, ninguém atirou. A SS parecia distraída. Se mais prisioneiros tivessem forças, talvez o trem chegasse ao seu destino vazio, a não ser pelos cadáveres.

Entrando na Bavária, desviaram para o norte. Então não iam para Dachau. Dias e noites se sucederam, e Gustav se agarrava à vida. No quinto dia depois de partirem de Mauthausen, chegaram à província alemã da Turíngia, não muito longe de Weimar. O trem continuou naquele rumo e no dia 4 de fevereiro, um domingo — duas semanas depois de terem deixado Gleiwitz —, parou no pátio de carga e descarga em Nordhausen, uma cidade industrial ao sopé das montanhas Harz, no lado sul.[7]

O trem foi recebido por guardas da SS e um *Sonderkommando* do campo de concentração de Mittelbau-Dora, que ficava ali perto. Gustav transpôs a lateral do vagão com extrema dificuldade. Depois que os vivos terminaram de ajudar uns aos outros, precisaram tirar os cadáveres. Ao fim do desembarque, 766 corpos jaziam empilhados na rampa.

Gustav vira coisas terríveis, mas aquela foi uma das piores. "Uns morreram de fome, outros, assassinados", escreveu em seu diário, "outros, congelados; a cena toda é indescritível." Muitos sobreviventes não estavam em condições tão melhores do que os mortos — cerca de seiscentos morreram nos dois dias após a chegada, de um total de pouco mais de 3 mil que haviam sobrevivido à jornada.[8]

Aninhado numa pequena baixada em um cume arborizado, ao norte da cidade, o campo de concentração de Mittelbau-Dora era mais ou menos do tamanho de Buchenwald. O lugar estava superlotado, com mais de 19 mil prisioneiros espremidos nos barracões.

Os recém-chegados passaram pelo procedimento de registro, e Gustav recebeu o número 106 498.[9] Uma vez designados a seus blocos, finalmente receberam alimento — "a primeira refeição quente desde o começo da nossa odisseia de catorze dias", escreveu Gustav. Cada homem recebeu meio filão de pão, uma porção de margarina e um pedaço de linguiça, "que devoramos como lobos famintos".

Gustav permaneceu no campo por apenas dois dias antes de ser transferido para um dos campos-satélites menores. Não havia trem, de modo que tiveram de marchar por todo o caminho, beirando a montanha onde ficava o campo principal, e seguir pelo vale a noroeste da aldeia de Ellrich — uma caminhada de catorze quilômetros.

O campo de concentração de Ellrich era de longe o pior que Gustav já vira. Não era grande, mas continha cerca de 8 mil prisioneiros em condições miseravelmente insalubres. A despeito de chegar gente de toda parte, a população estava em constante declínio devido ao número de mortos por fome ou doença. Não havia instalações de banho nem lavanderia e os piolhos eram endêmicos; um programa para erradicar o problema no outono destruíra centenas de uniformes dos prisioneiros, que nunca foram substituídos. Quando Gustav e seus camaradas chegaram, foram confrontados pela visão dos presos imundos, muitos em farrapos, alguns seminus, apenas com a roupa de baixo.

Os "pelados" estavam dispensados do trabalho e recebiam apenas meia ração; como resultado, morriam logo de fome.[10]

O grupo de Gustav recebeu dois dias de descanso, depois foi convocado para o trabalho.

Debilitado pela idade e pelo desgaste de cinco anos e meio nos campos, somado ao tormento da viagem desde Auschwitz, Gustav acusaria o golpe do inferno brutal da vida em Ellrich. O lugar o consumiu como nenhum outro.

O toque para despertar era às três da manhã, que no inverno parecia ser o meio da noite.[11] O motivo do horário cruel logo ficou claro. Após uma chamada tipicamente arrastada, as turmas de trabalho marchavam para a estrada de ferro que passava pelo campo e subiam a bordo do trem que passava na aldeia de Woffleben, onde ficava o canteiro de obras principal, numa série de túneis escavados sob as montanhas.[12]

A Alemanha, constantemente bombardeada dos céus, mudara grande parte da sua produção de armamentos para o subterrâneo. Nos túneis de Woffleben — abertos por mão de obra escrava a um custo de vidas espantoso — eram fabricados os mísseis V-2, as armas secretas mais avançadas e temíveis de Hitler. O local parecia uma pedreira, com as faces íngremes recortadas por degraus; na base, grandes aberturas haviam sido escavadas, servindo de entrada para hangares. Toda a área externa do complexo de túneis fora coberta por andaimes cuidadosamente camuflados. O trabalho realizado ali dentro, nas profundezas da terra, era ultrassecreto — e, para os prisioneiros, um inferno inimaginável.

Gustav integrava uma das turmas de escavação dos novos túneis, a oeste do complexo principal. Seu grupo consistia sobretudo em prisioneiros de guerra russos e era incumbido do trabalho opressivo de assentar trilhos no subterrâneo. Os *kapos* e engenheiros eram perfeitos feitores de escravos, distribuindo chibatadas ao bel-prazer. Gustav não via algo igual desde a pedreira de Buchenwald. Mas ali era pior, porque tinha de sofrer sem os amigos e com rações que não sustentariam um inválido no leito: duas tigelas de sopa rala por dia com um pedaço de pão. Por duas semanas inteiras a entrega de pão cessou e eles tiveram de se virar com a sopa aguada, o único sustento para um período de trabalho que ia do alvorecer às 19h30. Viviam na imundície, e em poucas semanas Gustav estava tão arruinado e infestado de piolhos quanto os outros.

Ellrich era dirigida por Otto Brinkmann, um sargento da SS com cara de fuinha e tão sádico quanto inadequado para o comando. O comandante de Mittelbau-Dora tratava Ellrich como a lata do lixo para onde iam os indesejáveis da SS e os prisioneiros com menor chance de sobreviver. Na chamada do fim do dia, quando os prisioneiros estavam prestes a desmaiar de tão exaustos, Brinkmann os forçava a fazer exercícios, deitando nas pedras pontiagudas do pátio de manobras inacabado.

Gustav calculou que de cinquenta a sessenta pessoas morriam por dia de fome e maus-tratos — "um perfeito moedor de ossos". Mas nem assim ele perdia o brio. "Mal posso me arrastar", escreveu, "mas fiz um pacto comigo mesmo de que sobreviverei até o fim. Tomo Gandhi, o combatente da liberdade indiano, como meu modelo. É tão magro, e no entanto vive. Todo dia faço uma oração em pensamento: *Gustl, não se desespere. Aguente firme — os assassinos da SS não podem destruir você.*"

Ele se lembrou de um trecho do poema que começara a escrever cinco anos antes, "O caleidoscópio da pedreira":

Pau! — lá vai ele, de quatro, no chão,
Mas o cão se recusa a morrer!

Pensando naquela imagem de resistência, escreveu no diário: "Cá comigo tenho que os cães sobreviverão até o final". Sua fé naquilo era firme como uma rocha, tão inalterável quanto a convicção de que o filho estava a salvo. Fritz, tinha certeza, devia ter chegado a Viena àquela altura.

בן

Fritz olhou desolado para a comida: um naco de pão não muito maior do que o punho e uma pequena tigela de caldo de nabo. Aquilo, além da caneca de café de bolota, deveria sustentá-lo durante toda a jornada de trabalho diária. Às vezes ele conseguia um guisado extra, mas não mudava grande coisa. Pouco mais de um mês passara desde sua chegada, mas seus pulsos já estavam visivelmente mais finos e ele podia sentir os ossos do rosto salientes. Nunca se sentira tão abandonado, tão sem amigos e sem ajuda. Os laços que o haviam sustentado em Buchenwald e Auschwitz não estavam mais por perto. Ele os cortara no momento que saltara do trem.

Estava agora em um subcampo na aldeia de Gusen, a quatro quilômetros de Mauthausen. Os eventos que o tinham levado até ali eram, a seu modo, ainda mais estranhos do que os que o haviam conduzido a Mauthausen. Com a Alemanha lutando pela própria salvação e desesperada por homens para combater, o comandante do campo e coronel da SS Franz Ziereis anunciara que prisioneiros alemães e austríacos que tivessem sangue ariano poderiam ganhar sua liberdade voluntariando-se para a SS. Eles formariam unidades especiais, receberiam uniformes e armas e lutariam lado a lado com a SS regular pela sobrevivência da pátria.[13]

Em uma reunião da resistência em Mauthausen, Pepi Kohl e os outros líderes tinham concordado que alguns dos seus deveriam se oferecer como voluntários. Imaginavam que a SS pretendia usar aquelas unidades como bucha de canhão ou contra seus colegas prisioneiros.[14] Infiltrando membros da resistência em suas fileiras, o plano maligno poderia se voltar contra os nazistas: na hora H, os voluntários apontariam suas armas para os homens da SS.

Entre os 120 "voluntários" escolhidos por Pepi estava Fritz. Ele era oficialmente ariano, saudável e parecia um combatente. Fritz ficou muito relutante. O mero pensamento de vestir um uniforme da SS pelo motivo que fosse o deixava enojado. Mas Pepi insistiu, e não era do tipo acostumado a aceitar um "não". Assim aconteceu de Fritz Kleinmann, judeu vienense, acompanhar os demais à sala do comandante e se alistar na unidade especial da Caveira.[15]

Os voluntários foram levados para uma escola de treinamento da SS ali perto, onde iniciaram um programa intensivo de doutrinação e instrução. Enquanto os outros se esforçavam para se concentrar em seu objetivo e se conformar com o que estavam fazendo, Fritz não teve estômago. A coisa toda parecia tão profundamente errada que decidiu ir embora. Abandonar o serviço era impossível, então começou a se comportar de forma desleixada, esperando ser expulso. Era uma estratégia arriscada – com o possível desfecho de uma bala na nuca. Por fim, após várias punições por infrações menores, foi tirado da unidade. Voltou a ser um prisioneiro e o mandaram de volta para o campo, com sua carreira na SS terminada antes de começar.

Fritz foi transferido para o subcampo em Gusen, integrando uma força de 284 trabalhadores especializados, todos perfeitos estranhos com quem tinha pouca ligação. Eram um grupo cosmopolita – judeus e prisioneiros políticos de todo o Reich: poloneses, franceses, austríacos, gregos, russos e holandeses; eletricistas, montadores, encanadores, pintores, serralheiros e mecânicos gerais, além de um mecânico de aviões ucraniano.[16]

Gusen II tinha cerca de 10 mil prisioneiros, muitos deles técnicos empregados em fábricas de aviões secretas em túneis abertos sob as montanhas.[17] Fritz foi designado para o batalhão Ba III, codinome de uma subunidade que trabalhava na fábrica de aviões B8 Bergkristall, nos túneis perto de Sankt Georgen, onde a Messerschmitt construía fuselagens para seu caça ultra-avançado Me 262.[18]

Fritz sentiu-se completamente isolado e sem amigos. O desânimo o dominou, como acontecera por um breve período em Monowitz. Mal notou a passagem dos dias em março e abril. Na sua memória, ficou apenas o borrão de um sofrimento constante.

Os prisioneiros nos túneis eram dizimados pela fome. Os guardas da SS e *kapos* de triângulo verde os assassinavam a todo momento. Só no mês de março, quase 3 mil foram declarados incapacitados para o trabalho e despachados para Mauthausen, onde a maioria pereceu. Quando um caminhão de alimentos do Comitê internacional da Cruz Vermelha chegou ao campo, a SS o pilhou, pegando as melhores coisas. Depois, furavam as latas de comida e leite restantes e as jogavam entre os prisioneiros, por diversão. Apesar da mortalidade, a população crescia rapidamente, à medida que mais e mais marchas da morte dos campos austríacos evacuados chegavam.[19] Os prisioneiros morriam aos milhares, e seus cadáveres insepultos se empilhavam nos campos.

Fritz mudara tanto física como mentalmente. As condições de Mauthausen-Gusen o arruinaram em dois meses, consumindo o corpo esbelto do rapaz que deixara o quartel da Wehrmacht em Sankt Pölten. No fim de abril, ele se parecia mais com os espectrais *Muselmänner*. Era o pior lugar em que estivera. Seria apenas questão de tempo, pouco tempo, para se tornar mais um na pilha de cadáveres ossudos.

Mesmo assim, por mais deprimido que estivesse, ainda não se entregara por completo, como faziam os *Muselmänner*. Havia uma luz no fim do túnel e, se conseguisse resistir o suficiente, viveria para vê-la. Os sons da guerra se aproximavam — os familiares estampidos da artilharia podiam ser ouvidos de longe. Os americanos estavam a caminho.

A SS se preparara para tal contingência. Os nazistas não tinham a menor intenção de permitir que suas instalações ultrassecretas de fabricação de caças fossem capturadas — tampouco seus milhares de prisioneiros. Em 14 de abril, Heinrich Himmler enviou um telegrama para os comandantes de todos os campos de concentração: "Nenhum prisioneiro deve cair vivo nas mãos do inimigo".[20] Himmler se referia, a seu modo, à evacuação, mencionada no telegrama. Mas para o comandante Franz Ziereis, do campo de Mauthausen, aquilo queria dizer extermínio sumário. Ele tomaria as providências necessárias.

Na manhã de 28 de abril, todos os prisioneiros em Gusen foram retidos antes do trabalho. Às 10h45, as sirenes de ataque aéreo soaram. Na mesma hora, a SS e os *kapos* começaram a tocar às pressas as dezenas de milhares de prisioneiros na direção dos túneis de Kellerbau, o segundo conjunto de projetos subterrâneos em Gusen.[21] Eles entraram em fila por uma das três cavernas artificiais — uma bocarra alta e larga como um túnel de trem.

As paredes de granito e concreto ali dentro eram mais úmidas e frias do que o arenito dos túneis em Bergkristall. Devido aos gastos de escavar uma rocha tão dura e à vulnerabilidade a enchentes da região, os túneis de Kellerbau nunca foram completados,[22] mas funcionaram como conveniente abrigo antiaéreo para os campos.

Fritz aguardou sob o frio úmido com os demais, os ouvidos atentos a zumbidos de bombardeiros e os baques surdos de explosões. Os minutos se passaram e nada.

Ele nunca estivera nos túneis de Kellerbau, mas parte dos que haviam estado lá talvez notasse ao chegar que duas entradas haviam sido lacradas com tijolos, deixando apenas uma desimpedida. Só que nem os olhos mais afiados podiam saber que a SS postara homens com metralhadoras do lado de fora, depois que eles tinham entrado. Os prisioneiros tampouco sabiam que nos dias anteriores explosivos haviam sido plantados por ordens de Ziereis naquela última entrada. A operação tinha sido batizada de *Feuerzeug*, "isqueiro".

A tarefa fora realizada pelo mestre de obras civil encarregado da construção do túnel, Paul Wolfram. Tanto ele como seus colegas tinham trabalhado sob ameaça e suas famílias sofreriam as consequências caso não entregassem a obra ou revelassem o segredo para alguém.[23] Wolfram usara todos os explosivos de que dispunha na entrada do túnel. Como não era suficiente, acrescentara mais algumas dezenas de bombas aéreas e dois caminhões de minas marinhas. Durante a noite, antes do alerta antiaéreo, os explosivos foram preparados.

Agora, com todos os prisioneiros ali dentro e os atiradores a postos para impedir fugas, a entrada do túnel estava pronta para ir pelos ares. Eles seriam enterrados vivos e sufocariam até a morte.

20. O fim dos tempos

אבא

No fim de março, quando estivera em Ellrich por cerca de um mês e meio, as coisas melhoraram um pouco para Gustav — o suficiente para dar novo alento à sua força de vontade e para que pudesse continuar a lutar.

Ele fora transferido do assentamento de trilhos para a turma de carpintaria. Seu *kapo* era um sujeito decente chamado Erich, que obtinha comida de forma clandestina e lhe dava sua ração de sopa[1] — apenas o mínimo para retardar, mas não reverter, o processo de morte por inanição. Naquele ínterim, as condições eram cada vez mais insalubres, com a imundície geral e a infestação de piolhos.

Gustav passava o dia no mundo inferior. Era como o quarto círculo do inferno: a maioria dos cativos estava às portas da morte, e os menos enfraquecidos roubavam as parcas rações dos outros. A única abundância que havia ali era de cadáveres, e ocorreram inclusive casos de canibalismo. Mais de mil prisioneiros morreram em março e outros 1600 esqueletos ambulantes foram mandados para um quartel do Exército em Nordhausen, usado como depósito para descartar os que não tinham mais forças ou utilidade.[2]

Em abril, os americanos estavam a dias de distância, e a SS começou a apagar as luzes. Todo trabalho foi interrompido e se iniciaram os preparativos para a evacuação. Naquela mesma noite, a Força Aérea Real bombardeou Nordhausen, destruindo os barracões e matando centenas de prisioneiros enfermos. Voltaram na noite seguinte, arrasando a cidade e aumentando o número de mortos.[3]

A evacuação de Ellrich levou dois dias. Gustav e todos os outros prisioneiros que estavam aptos a caminhar foram embarcados em vagões de gado. Quando o último trem se preparava para partir, em 5 de abril, o último homem da SS a deixar o campo fuzilou cerca de uma dúzia de prisioneiros doentes que tinham restado. Quando a 104ª Divisão de Infantaria dos Estados Unidos entrou marchando em Ellrich uma semana depois, não encontrou ninguém com vida.[4]

אבא

Gustav pensou na viagem de Auschwitz. O clima agora estava mais ameno, havia lugar para sentar e eles até receberam um pouco de comida. Muito menos do que necessitavam, porém. Vagões de suprimentos cheios haviam sido acoplados ao comboio quando tinham partido de Ellrich, mas a certa altura foram desconectados. Um pequeno alívio veio quando o trem parou numa cidadezinha com uma fábrica de pão.[5] Um prisioneiro de guerra britânico deu a Gustav dois quilos de pão branco e *Pumpernickel* (um pão ázimo de centeio) — dava para sustentar seus amigos e ele por três dias.

O trem avançara pelo norte da Alemanha, passara por Hanover e, em 9 de abril, chegou a seu destino: a cidadezinha de Bergen, ponto de desembarque para o campo de concentração de Bergen-Belsen.

Com a aproximação de inimigos de todos os lados, Himmler estava determinado a conservar os prisioneiros sobreviventes. Eles deveriam cumprir um último propósito: servir de reféns. Bergen-Belsen foi um dos últimos campos de concentração em território dominado pela Alemanha. Quando Gustav chegou, o campo, projetado para poucos milhares, inchara a um ponto além do suportável e, a despeito dos milhares de mortos todo mês por fome e doença — 7 mil em fevereiro, 18 mil em março, 9 mil nos primeiros dias de abril —, a população prisional subira para 60 mil pessoas, vivendo em meio a pilhas de cadáveres insepultos numa atmosfera empesteada de tifo. No peculiar entender de Himmler, ele os estava salvando. O nazista tentava cair nas graças dos Aliados ao mostrar sua misericórdia para com os judeus, quando era o arquiteto de seu assassinato em massa.[6]

Gustav e os outros sobreviventes de Ellrich foram lançados naquela massa fervilhante de seres humanos.

Muitos não sobreviveram à viagem, e havia a usual carga de corpos a ser descarregada do trem. Quando os sobreviventes marchavam da estação para o campo, uma coisa surpreendente aconteceu, tão terrível quanto maravilhosa. A coluna de fantasmas topou com outra marchando na mesma direção; eram judeus húngaros — homens, mulheres, crianças, todos esfaimados e miseráveis. Muitos sobreviventes de Ellrich também eram húngaros e, para espanto de Gustav, aos poucos pessoas em ambas as colunas começaram a encontrar conhecidos. Elas deixavam seus lugares nas fileiras e corriam para os braços de entes queridos, chamando seus nomes. Amigos, irmãos, pais e filhos, separados havia muito tempo e acreditando que os outros estavam mortos, voltavam a se encontrar na estrada para Belsen. Era uma cena alegre e comovente. Gustav não conseguiu encontrar palavras para descrever o que viu — "só em sonho poderíamos imaginar um reencontro assim". O que ele teria dado para voltar a ver Tini, Herta e Fritz. Mas não ali, naquele lugar.

Não podiam se prender a mais nada, a nenhuma certeza; até o sistema do campo deixara de funcionar. Com Belsen superlotado, os 15 mil que chegaram dos campos de Mittelbau foram rejeitados. Suas escoltas da SS encontraram acomodações para eles em uma escola de treinamento da divisão *Panzer* da Wehrmacht, entre Belsen e Hohne. A caserna abarrotada funcionara como um campo de concentração, o Belsen 2, sob o comando do capitão Franz Hössler da SS, que acompanhara os trens de prisioneiros.[7] Um sujeito mal encarado de queixo proeminente e boca encovada, o capitão Hössler comandara antes de Mittelbau uma das seções femininas em Auschwitz-Birkenau, participando das triagens e das execuções nas câmaras de gás, bem como de incontáveis atos de violência isolada. Hössler fazia a seleção das "voluntárias" para o bordel de Monowitz.[8]

A escola de treinamento *Panzer* foi uma mudança bem-vinda para os prisioneiros: era limpa, com seus prédios brancos arejados cercados por quadras asfaltadas em meio a bosques. A equipe de funcionários da Wehrmacht — agora consistindo em um regimento húngaro — ajudava os guardas da SS a cuidar dos prisioneiros.

A qualidade das rações melhorou, mas a quantidade era ridícula. Gustav e seus amigos tinham de compensá-la com cascas de batata e de nabo que iam parar nas latas de lixo diante das cozinhas — "qualquer coisa para aliviar a fome", escreveu em seu diário.

Em todo o tempo passado nos campos, Gustav nunca ficara cercado por tanta gente nem vira tantos morrerem de fome em escala tão colossal. Depois de tudo o que passara, em Belsen começou a perder a fé em si mesmo. O que o tornava especial? Por que sobreviveria até o fim quando milhões haviam perecido ou viriam a perecer?

A seu modo, os soldados húngaros eram tão brutais quanto a SS. A maioria dos elegantes oficiais de brilhantina no cabelo instilava em seus subordinados, quase todos analfabetos, uma ideologia fascista que em nada ficava devendo à SS. Eram insensíveis e gostavam de matar prisioneiros por diversão. Sua principal função era proteger as cozinhas, e eles ficavam no pátio entre os barracões atirando nos prisioneiros que procuravam restos, matando-os às dezenas.[9] Alguns tinham uma devoção mística pela causa nazista. Um deles afirmou para uma judia que lamentava que o trabalho de exterminar seu povo ficara inacabado, dizendo que Hitler em breve voltaria "para de novo lutarmos lado a lado".[10]

Na primeira noite em Belsen 2, Gustav ficou acordado no último andar de seu prédio. Ao sul ele viu o céu escuro iluminado de laranja. Parecia que uma cidade — possivelmente Celle, a cerca de vinte quilômetros — estava em chamas. Clarões e explosões ocorreram enquanto Gustav observava. Não era um bombardeio aéreo — era uma frente de batalha.[11]

Ele não conteve a animação. "Creio que os libertadores em breve estarão por aqui — tenho fé outra vez. Continuo dizendo comigo que Deus não nos abandonou."

Dois dias depois, em 12 de abril, comandantes locais da Wehrmacht fizeram contato com forças britânicas e negociaram a rendição pacífica de Bergen-Belsen. Para conter a epidemia de tifo, uma área de vários quilômetros em torno do campo seria agora território neutro.

Nos barracões, Gustav percebeu que a maioria dos soldados húngaros começara a usar braçadeiras brancas como símbolo de neutralidade. Até alguns SS faziam o mesmo — incluindo o *Lagerfüher*, o cabo Sommer, que Gustav conhecera em Auschwitz. Parecia que os prisioneiros seriam entregues aos britânicos sem derramamento de sangue. "Já não era sem tempo", escreveu Gustav, porque a SS "queria fazer conosco um massacre da Noite de São Bartolomeu diante da iluminura inglesa, mas o coronel húngaro não quis tomar parte nisso e assim nos deixaram em paz".

Em 14 de abril, Gustav avistou os primeiros tanques britânicos no horizonte. A notícia se espalhou pelos barracões e as celebrações duraram a noite toda.

חברים

O capitão Derrick Sington ergueu a voz para se fazer escutar acima do barulho do comboio de tanques atravessando a cidade de Winsen. Após correr para alcançar os veículos blindados do 23º Regimento de Hussardos, Sington procurara o encarregado de inteligência do regimento e tentava informá-lo sobre sua missão especial.

Derrick Sington era comandante da Unidade de Ampliação Número 14 do Corpo de Inteligência do Exército. Usando caminhões leves equipados com alto-falantes, o papel dela era disseminar informação e propaganda. Suas ordens eram acompanhar o avanço da coluna do 63º Regimento Antitanque, que estabelecia a zona neutra em torno do campo de Bergen-Belsen. Os prisioneiros — ou "internos", como os ingleses os chamavam oficialmente — não tinham permissão de deixar a área, como uma forma de quarentena. A missão urgente do capitão Sington era localizar o campo e fazer os anúncios necessários aos prisioneiros. Ele falava alemão e também atuaria como intérprete para o tenente-coronel Taylor, do 63º, que ficaria no comando geral da zona neutra.[12]

Berrando a plenos pulmões para se fazer ouvir sobre a bulha das esteiras e o ronco dos motores, Sington explicou aquilo tudo ao comandante dos hussardos, que se debruçou sobre a torre de seu tanque com a mão em concha no ouvido. Ele balançou a cabeça e disse a Sington para entrar na fileira. Sington pulou de volta em seu banco e acenou para o motorista, então eles se juntaram ao fluxo de veículos blindados.

Depois de Winsen, a coluna passou a um campo aberto, que terminava em uma densa mata de pinheiros, cujo cheiro penetrante se misturou à fumaça dos escapamentos e ao cheiro de madeira queimada. A infantaria incendiava a vegetação mais baixa de ambos os lados com lança-chamas; eles não queriam se arriscar com artilharias antitanque alemãs escondidas ou franco-atiradores.

Não muito longe da estrada, Sington viu os primeiros cartazes de advertência — PERIGO, TIFO — assinalando o perímetro da zona neutra. Dois suboficiais alemães entregaram-lhe um bilhete escrito em inglês precário: era um convite para encontrar o comandante da Wehrmacht em Bergen-Belsen.

Quando a estrada fez uma curva para o leste, Sington avistou o campo — uma área fechada por cercas altas de arame farpado e torres com sentinelas no meio de uma floresta, à beira da estrada. Ele foi recebido no portão por um pequeno grupo de oficiais inimigos elegantemente uniformizados: um *Feldgendarme* no cinza de campanha da Wehrmacht, um capitão húngaro condecorado em uniforme cáqui e um oficial da SS corpulento e de rosto carnudo com queixo simiesco e uma cicatriz no rosto, o capitão Josef Kramer, ex-comandante. Enquanto aguardavam a chegada do coronel Taylor, Sington entabulou uma conversa educada com Kramer, em que perguntou quantos prisioneiros havia no campo. Kramer respondeu 40 mil, além de outros 15 mil no Campo 2, mais adiante na estrada. E que tipo de prisioneiros eram? "Os criminosos e homossexuais de costume", disse Kramer, lançando um olhar furtivo para o inglês. Sington ficou calado. Mais tarde escreveu que tinha "razões para crer que foi uma informação incompleta".[13] A conversa foi abençoadamente interrompida pela chegada de um jipe com o coronel Taylor. Ele ordenou a Sington que entrasse e fizesse seu anúncio, depois partiu na direção de Bergen. Ao convite de Sington, Kramer subiu no tablado do caminhão de alto-falantes e os dois passaram pelo portão.

Sington muitas vezes tentara imaginar como seria o interior de um campo de concentração, mas nada o preparara para aquilo. O lugar, cortado por uma rua no centro, com conjuntos de prédios dos dois lados compostos por blocos de barracões, tinha um "fedor de excremento" que lembrou a Sington o "cheiro da jaula dos macacos" no zoológico. Uma "triste fumaça azulada pairava como uma névoa baixa entre as pequenas construções". Os prisioneiros exultantes "acotovelaram-se junto às cercas de arame farpado [...] com suas cabeças raspadas e obscenos trajes penitenciários listrados, tão desumanizados". Sington testemunhara a gratidão de inúmeros povos libertados desde a Normandia, mas os vivas da multidão fantasmagórica, "em sua mixórdia terrível, composta do que outrora tinham sido oficiais poloneses, agricultores ucranianos, médicos de Budapeste e estudantes franceses, despertaram uma emoção mais forte, e tive de conter as lágrimas".[14] Ele parava seu caminhão a intervalos, os alto-falantes divulgando que a área do campo ficaria sob quarentena por determinação do Exército britânico; a SS não estava mais no controle; o regimento húngaro passava ao comando britânico; os prisioneiros estavam proibidos de deixar a área, com o intuito de conter a epidemia de tifo; alimentos e suprimentos médicos estavam a caminho e chegariam em breve.

Os prisioneiros deixaram os arredores dos barracões e cercaram o caminhão. Kramer ficou alarmado. Um soldado húngaro começou a disparar acima da cabeça dos prisioneiros. Sington pulou de seu caminhão. "Pare de atirar!", ordenou, sacando o revólver, e o soldado baixou o fuzil. Nem bem obedecera, para a perplexidade de Sington, um bando em uniformes de prisioneiro, munidos de porretes, avançou contra a multidão, distribuindo cacetadas e socos com brutalidade apavorante.

Voltando ao portão principal, Sington disse para Kramer: "Que belo inferno você criou por aqui".[15] O breve tour lhe revelara apenas a massa de sobreviventes. Ainda levaria um ou dois dias antes de descobrir as valas comuns, o crematório e o terreno todo coberto por pilhas de cadáveres nus e emaciados.

Deixando o portão, seu caminhão virou na direção do Campo 2, onde repetiria sua série de anúncios.

אבא

Um dia havia se passado desde que Gustav avistara os tanques. Finalmente, a coluna britânica veio subindo pela principal estrada de Bergen, passando direto pelo campo. Não parecia acontecer muita coisa. Então o caminhão dos alto-falantes chegou ao Campo 2. Os prisioneiros se juntaram em torno para ouvir o anúncio do oficial inglês, que foi abafado pelos gritos de alegria.

Os prisioneiros do Campo 2, embora em péssimas condições, não estavam tão esqueléticos quanto os do campo principal. Ainda lhes restavam algumas forças e sua raiva transbordou: assim que o caminhão do capitão Sington partiu, os linchamentos começaram.

Centenas de homens em fúria exaltada e em quantidade superior cercaram seus antigos algozes. Gustav, a mais bondosa alma imaginável, observou sem qualquer emoção os guardas da SS e os superiores de bloco de triângulo verde serem espancados até a morte. Viu pelo menos duzentos assassinos de Auschwitz-Monowitz sendo linchados e não sentiu pena nem remorso. Os soldados húngaros não ameaçaram intervir. À tarde, quando a matança terminou, os SS sobreviventes foram obrigados a remover os cadáveres e a enterrá-los no dia seguinte, cavando os buracos com as mãos.

Os britânicos assumiram o controle da administração aos poucos, registrando os prisioneiros e classificando-os segundo a nacionalidade. Bergen-Belsen se transformou num campo de refugiados, onde as pessoas aguardavam a repatriação. Gustav continuou com os judeus húngaros. Fizera inúmeros bons amigos entre eles e havia sido escolhido como *Stubenälteste* (superior de dormitório).

Não eram mais prisioneiros, mas continuavam presos. Os ingleses tinham comida e remédios — os sobreviventes foram bem tratados e começaram a recuperar a saúde (embora os do campo principal estivessem em tão mau estado que milhares morreram semanas após a libertação) —, mas os soldados húngaros ficaram encarregados de vigiar o perímetro e os gendarmes levavam suas ordens a sério. Falar em quarentena no Campo 2 era ridículo — ninguém tinha tifo ali e não havia necessidade dela. Gustav, ansiando por respirar os ares da liberdade outra vez após todos aqueles anos, começou a perder a paciência.

A libertação de Belsen foi manchete no mundo todo. Em cinejornais, rádios e na imprensa em geral só se falava daquilo. Por toda a Europa continental, assim como na Grã-Bretanha e na América, parentes de vítimas dos nazistas enviaram pedidos desesperados de informações. De tempos em tempos, o caminhão do capitão Sington passava pelo Campo 2 anunciando nos alto-falantes os nomes das pessoas cujas famílias haviam feito contato.[16]

Gustav pensou em Edith e Kurt. Não via sua filha desde sua partida para a Inglaterra no início de 1939 e não tivera mais notícias dela desde que a guerra começara. De Kurt, não soubera desde dezembro de 1941. Ele escreveu um bilhete para Edith, detalhando seu paradeiro e o número do bloco, e o confiou — junto com milhares de mensagens dos outros internos — à administração britânica.[17] No campo principal, a equipe médica trabalhava para salvar a maior quantidade de vidas possível. O lugar fazia a pessoa duvidar dos próprios olhos. Cadáveres aos milhares, amontoados por toda parte, com mortos-vivos movendo-se entre eles como se fossem pilhas de toras, passando por cima dos caídos no caminho, recostando contra corpos para fazer a parca refeição.[18] Guardas da SS carregavam os mortos, sob os apupos e insultos dos sobreviventes, e os jogavam em buracos profundos com dezenas de metros de comprimento. Alguns guardas tentaram fugir pela floresta, mas foram mortos e seus companheiros tiveram de buscar os corpos, que foram jogados na vala junto com suas vítimas.[19] No fim a tarefa se revelou inexequível: havia cadáveres demais e as escavadeiras tiveram de terminar o serviço, empurrando os corpos em decomposição para dentro das valas. Quase duas semanas se passaram até que a última delas fosse tapada.[20] Os sobreviventes do Campo 1 foram transferidos para as instalações limpas e sólidas do Campo 2, agora um hospital. Quanto aos insalubres e dilapidados barracões de madeira no campo principal, vieram abaixo com lança-chamas.

Uma enfermeira inglesa sentiu vergonha e remorso por saber da existência dos campos desde 1934 sem nunca enxergar – ou querer enxergar – como eram de verdade. Ela e seus colegas "ferviam de raiva indiferente contra os principais responsáveis, os alemães, e aquela raiva crescia dia a dia em Belsen".[21] Outros ficaram chocados com os maus-tratos e a degradação, que haviam reduzido muitos sobreviventes a um estado animalesco, brigando por comida, comendo em tigelas que também usavam como penico, sem nada além de um trapo para limpá-las entre uma coisa e outra.[22] O influxo do campo principal criou um problema para Gustav e os sobreviventes de Mittelbau: levou o tifo consigo. Os blocos com contaminados foram isolados, mas a presença deles ainda assim aumentava o risco de que a doença se espalhasse pelos demais prédios.

Gustav estava cada vez mais desesperado por deixar aquele lugar terrível, assombrado.

Dez dias após a libertação, os primeiros comboios de repatriados receberam autorização para partir, carregando um grupo de sobreviventes franceses, belgas e holandeses. A volta para casa passava por países liberados. Os provenientes de Alemanha, Áustria e outros lugares que eram zonas de guerra ou continuavam nas mãos dos alemães teriam de esperar. Gustav suspirava ao ver as levas partindo. Sua irritação só fazia aumentar. Não importava que ele estivesse sendo irracional, que a Áustria ainda não fosse livre: tinha certeza de que conseguiria encontrar o caminho de casa, independentemente dos acontecimentos futuros. Achava que Fritz já estava em Viena àquela altura, esperando por ele. Gustav precisava reencontrá-lo de algum modo. Ou, pelo menos, livrar-se de seu confinamento.

Acreditando que o momento era propício, na manhã de 30 de abril, um domingo, ele partiu. Pegando seus poucos pertences e uma pequena provisão, saiu do barracão e tomou o caminho asfaltado em direção à estrada.

Um soldado húngaro parou na sua frente, com o fuzil apontado.

"Aonde pensa que vai?"

"Para casa", disse Gustav. "Vou embora." Vira aquela mesma expressão em centenas de guardas da SS — o olhar de um antissemita diante de um prisioneiro judeu. Até duas semanas antes, o soldado combatia lado a lado com os nazistas. Gustav tentou passar por ele. O homem deu uma coronhada em seu peito. Gustav cambaleou, sem ar.

"Se fizer isso outra vez, atiro", disse o soldado.

Gustav vira o suficiente para saber que ele falava sério. Por ora, seu anseio de liberdade precisava ser refreado. Não podia sair dali.

Passando a mão nas costelas doloridas, voltou ao bloco. Deixar Belsen seria mais complicado do que imaginara. Ele conversou com outro vienense, um homem chamado Josef Berger, que também estava desesperado para ir para casa.

Naquela tarde, os dois saíram do prédio em silêncio e ficaram do lado de fora, observando as sentinelas. Chegou enfim o momento que esperavam: a troca de turno. Quando os soldados estavam distraídos, Gustav e Josef correram — não na direção da estrada, mas da mata na margem noroeste do campo.

Eles passavam entre dois postos de sentinela quando escutaram uma exclamação em húngaro e um disparo de fuzil. A bala voou acima da cabeça deles. Com um segundo tiro, os dois se jogaram no chão. A relva em torno começou a pipocar com tiros. Gustav e Josef rastejaram, apoiados nos cotovelos. Quando os tiros cessaram por um instante, os dois se levantaram e saíram correndo a toda a velocidade em zigue-zague, penetrando entre as árvores além do perímetro. Atravessaram a seção russa do campo e correram para a floresta do outro lado.

בן

Os minutos passavam lentamente na caverna fria e úmida de Kellerbau, mas nada do som de aviões, tampouco do baque surdo das explosões: à volta de Fritz, escutava-se apenas o burburinho reverberante de dezenas de milhares de prisioneiros respirando e sussurrando.

Fora do túnel, os atiradores da SS continuavam a postos, aguardando a explosão a qualquer momento.

Os minutos viraram horas. Os prisioneiros, acostumados às chamadas que se arrastavam de forma também interminável, não ficaram apreensivos. Parecia que fora um alarme falso. Pelo menos não precisavam trabalhar. A maioria nunca ficaria sabendo do verdadeiro motivo para a ida aos túneis nem das complicações que os tinham mantido ali por tanto tempo. Os eventos se desenrolaram acima deles, cercados por um véu de obscuridade que nunca seria de todo revelado.

As cargas instaladas na entrada falharam. Paul Wolfram, o encarregado da tarefa, mais tarde afirmaria ter sabotado deliberadamente o plano assassino, instruindo seus homens a instalar as bombas e minas sem os detonadores. Mas isso não explica a falha dos demais explosivos. O comandante Ziereis — que permaneceu alcoolizado a maior parte daquele período — alegou ter tido suas reservas contra a ideia. Entre os sobreviventes, circulou depois uma história de que um prisioneiro polonês chamado Władvsława Palonka, um eletricista, descobrira a fiação dos detonadores e a cortara.[23]

Às quatro da tarde, os alemães anunciaram que o perigo passara e os prisioneiros — ainda sem fazer ideia de que quase tinham sido enterrados vivos — deixaram a caverna e voltaram para os campos. Se o plano tivesse sido levado a cabo, mais de 20 mil pessoas teriam morrido — em um dos maiores assassinatos em massa da história da Europa.[24]

A rotina das chamadas e dos trabalhos forçados recomeçou, mas então, na terça, 1º de maio, os prisioneiros não foram mandados para o trabalho. Fritz percebeu na SS um ambiente que lembrava Monowitz em meados de janeiro. Mas o pânico era ainda maior. A SS não tinha mais o Reich para bater em retirada. Não haveria evacuação de Mauthausen.

Dois dias depois, todos os guardas desapareceram do campo. Os nazistas fanáticos entre eles pretendiam estabelecer uma última defesa desesperada nas montanhas, enquanto o resto se livrara dos uniformes e se misturara à população civil na cidade. O comando de Mauthausen-Gusen foi oficialmente passado à polícia civil de Viena, enquanto a administração do campo ficava ao encargo da Luftwaffe. Os homens do corpo de bombeiros de Viena, que tinham chegado como prisioneiros políticos em 1944, foram recrutados para ajudar.[25]

No sul, exércitos compostos de norte-americanos, britânicos, poloneses, indianos e neozelandeses e uma brigada judia avançavam pela fronteira montanhosa entre a Itália e a Áustria.

A leste, o Exército Vermelho cruzara a fronteira austríaca e em 6 de abril cercara Viena. As forças alemãs remanescentes na cidade eram insuficientes para defendê-la, e o cerco durou pouco. Em 7 de abril, tropas soviéticas entraram na cidade pelo sul e três dias depois os alemães evacuaram Leopoldstadt. As pontes do Danúbio foram recuperadas e em 13 de abril a última unidade blindada da SS deixou a cidade.[26] Viena foi libertada quase exatos sete anos após Hitler ter conseguido seu plebiscito e decretado a Anschluss. Agora, ele estava preso em seu bunker em Berlim e seu grande Reich ficara reduzido a um minúsculo toco amputado. A terceira ponta de lança aliada veio do noroeste. As forças norte-americanas cruzaram o trecho bávaro do Danúbio em 27 de abril. Patton enviou seu XII Corps para a Áustria, a norte do rio. Eles travaram batalha feroz com forças alemãs fanáticas, que enforcavam desertores em árvores à beira de estradas.[27] À medida que os norte-americanos avançavam pelo vale do Danúbio, a ponta de lança propriamente dita consistia em uma patrulha do 41º Esquadrão de Reconhecimento da Cavalaria e um pelotão do 55º Batalhão de Infantaria Blindado. Avançando pelo leste de Linz, chegaram às aldeias de Sankt Georgen e Gusen, onde viram os campos pela primeira vez.

Em termos de puro horror, Mauthausen e Gusen não ficavam atrás de Bergen-Belsen. Ambos funcionavam como um ralo para onde escoavam todos os demais campos. A taxa de mortalidade em Mauthausen saltara para mais de 9 mil por mês. Os mortos-vivos que tinham recebido os libertadores norte-americanos perambulavam entre dezenas de milhares de cadáveres espalhados pelo terreno, enterrados ou parcialmente carbonizados. O odor ficou gravado a ferro e fogo na mente dos soldados norte-americanos. "O fedor dos mortos e moribundos, o cheiro dos esfaimados. Sim, são os aromas, é o odor do campo de extermínio que fica nas narinas e na memória. Nunca vou esquecer o cheiro de Mauthausen."[28] Tanques verde-oliva com a estrela branca americana, com a blindagem riscada pelas batalhas e intempéries, adentraram o complexo do campo. Em Gusen I, um sargento subiu em seu Sherman e anunciou em inglês para a multidão de desvalidos: "Irmãos, vocês estão livres!".[29] A cantoria efusiva de diversos hinos nacionais explodiu no meio da multidão e o oficial do Volkssturm no comando dos guardas alemães entregou a espada ao sargento.

Fritz, na vizinha Gusen II, viu os americanos chegando com alívio e satisfação, mas não ficou exultante. Estava fraco e desanimado demais para comemorar. Com relativa saúde ao chegar, suportara três meses naquele mundo infernal onde a expectativa de vida, até para os que chegavam nas melhores condições, era de apenas quatro. Mal podia se considerar com vida, pois agora não passava de um saco de ossos coberto de hematomas e feridas. Não tinha amigos de verdade em Mauthausen-Gusen, apenas outros colegas de infortúnio como ele. "Fiquei completamente prostrado ali", escreveu mais tarde.[30] Estava fraco e doente demais para voltar para casa – supondo que tivesse mesmo casa para onde ir. Mais do que tudo, sentia falta do pai, mas não fazia a menor ideia do que lhe sucedera.

אבא

Após cerca de um quilômetro, Gustav e Josef pararam para tomar fôlego. Ficaram atentos e não escutaram ninguém perseguindo-os, apenas o canto dos pássaros e o silêncio abafado da mata. Então sentaram e descansaram. Gustav olhou em volta, ergueu o rosto e inspirou o aroma dos pinheiros. Era o cheiro da liberdade. "Livre, finalmente!", escreveu no diário. "O ar aqui é indescritível." Pela primeira vez em anos, estava em um lugar onde não havia cadáveres nem corpos permanentemente suados e sujos.

Mas ainda não estavam a salvo. O front ficava a leste, então por ora Gustav e Josef deram as costas à terra natal e seguiram para o norte pela floresta.

Caminharam durante toda a tarde e toda a noite, passando por diversos vilarejos isolados no meio da mata – povoações alemãs onde não ousaram pedir ajuda. Então, depois de vinte quilômetros, ao emergir da floresta toparam com a pequena aldeia de Osterheide. Nos arredores havia um grande campo de prisioneiros de guerra – o Stalag XI –, liberado pelos britânicos um dia após Belsen.[31] O lugar fora evacuado vários dias antes, mas a população de prisioneiros russos continuava por lá, e cama e comida foram providenciadas para o pernoite dos dois vienenses.

Na manhã seguinte, Gustav e Josef chegaram a Bad Fallingbostel, um agradável balneário lotado de refugiados e soldados. Os dois se apresentaram às autoridades britânicas, mas foram informados de que nada poderia ser feito por eles no momento – teriam de ficar num dos campos de refugiados. Conseguiram melhor resultado com o prefeito alemão, que lhes obteve acomodações em um hotel e comida.

Gustav conseguiu trabalho por uma semana como seleiro para um tapeceiro local chamado Brokman. O pagamento era decente e pela primeira vez em sete anos ele foi tratado como cidadão. Começava a se recuperar. Em seu quarto de hotel ficava o pequeno caderninho verde que o acompanhara desde o início. A primeira página dizia: "Chegada a Buchenwald em 2 de outubro de 1939, após uma viagem de trem de dois dias. Da estação em Weimar corremos para o campo".

Assim começava o registro de seu cativeiro. As anotações novas eram de um homem livre.

"Liberdade, finalmente, para fazer o que bem entender", escreveu. "Só uma coisa ainda me incomoda: a incerteza quanto à minha família."

Aquilo continuaria a ser motivo de preocupação enquanto houvesse vestígios do regime nazista, como os soldados que continuavam combatendo no território que ficava entre a região onde estavam e sua terra natal.

21. A longa jornada para casa

משפחה

Da janela da frente, Edith observou o carteiro subir a ladeira em sua bicicleta. A elegante Spring Mansions — uma casa vitoriana de três andares convertida em prédio residencial — ficava na esquina de Gondar Gardens, em Cricklewood, de onde metade de Londres podia ser vista, incluindo a estrada de ferro e além dela a Kilburn High Road, fazendo uma linha reta até Westminster.

O pequeno Peter estava sentado a seu lado, também vendo o movimento. Acabara de regressar, após ter sido evacuado para uma fazenda perto de Gloucester. Em sua ausência, os pais e Joan, que ainda era bebê, haviam deixado Leeds e se mudado para aquele pequeno apartamento em Londres. Peter era quase um estranho para a mãe — um britânico genuíno, de berço, e com sotaque. Edith e Richard, conscientes do sentimento de hostilidade contra alemães reinante no país, falavam apenas inglês em casa.

O carteiro apoiou a bicicleta na sebe e enfiou a correspondência pela fenda na porta. Edith desceu e recolheu as cartas espalhadas sobre o capacho. Separando os envelopes dos outros inquilinos, parou em um endereçado a "Frau Edith Kleinmann". Havia diversos endereços riscados, começando pelo da sra. Brostoff, em Leeds. Ela abriu o envelope.

Peter escutou a mãe subir a escada correndo e chamar o pai, ofegante. Não conseguia entender o motivo de tanta agitação. Ela não parava de repetir que o avô estava vivo. *Vivo*.

Era quase impossível de acreditar. Aquele tempo todo, Edith não tivera ideia do que acontecera com sua família. Sabia por Kurt que o pai e Fritz haviam sido mandados para Buchenwald, mas só. Todo mundo assistira aos horríveis cinejornais de Belsen e escutara as transmissões da BBC. O pai passara por tudo aquilo e continuava vivo!

Edith escreveu imediatamente para Kurt. O juiz Sam Barnet intercedeu e usou todos os seus contatos na política para tentar abrir um canal de comunicação entre eles.[1] As semanas se passaram e mais nenhuma notícia de Gustav chegou. Era como se, após revelar sua presença, ele tivesse evaporado.

בן

Após a libertação, o Exército norte-americano providenciou socorro médico aos sobreviventes de Mauthausen e Gusen. Milhares estavam além da ajuda e morreram naqueles primeiros dias.

Fritz Kleinmann era dos que continuavam se agarrando à vida, a despeito de sua condição desesperadora. Quando os exames médicos começaram, foi entrevistado por um oficial norte-americano, que comentou gratamente surpreso que também nascera em Leopoldstadt. O acaso feliz garantiu a Fritz um lugar prioritário na evacuação de emergência.

Ele foi levado para Regensburg, no sul da Bavária, uma linda cidade antiga onde fora estabelecido um hospital militar americano. Sua chegada coincidiu com a notícia de que a Alemanha se rendera. Hitler e Himmler estavam mortos e a guerra na Europa terminara.

O 107º Hospital de Evacuação fora montado em barracas de lona e prédios à margem do Regen, no ponto onde o rio desaguava no Danúbio.[2] Quando Fritz chegou, sua vida estava por um fio. Ele pesava 36 quilos. Depois da terrível, milagrosa e acidentada cadeia de eventos que lhe permitira escapar da morte durante cinco anos e meio, ele quase perecera bem no final. Repousando em sua maca na barraca do hospital, Fritz sabia que o sofrimento que começara no dia de março de 1938 chegara ao fim quando a Luftwaffe lançou uma neve de panfletos sobre Viena.

Sua jornada, porém, continuava. Só estaria completa no dia em que regressasse a Viena e descobrisse se podia continuar a chamá-la de lar — e, o mais importante, se o pai sobrevivera. Quanto ao pesadelo — bem, nunca terminaria enquanto estivesse vivo e com memória. Os mortos continuavam mortos, os vivos carregavam cicatrizes, e seus números e suas histórias permaneceriam para sempre na lembrança.

Deixando a preocupação com o futuro para depois, Fritz se concentrou em recobrar as forças. Os médicos prescreveram uma dieta que incluía biscoitos, pudim de leite e uma bebida tonificante cujos ingredientes ele nunca descobriu. Em duas semanas, ganhou dez quilos. Continuava muito abaixo do peso, mas se sentia forte para viajar, e a saudade de casa falou mais forte. No hospital, faziam preparativos para transferi-lo. Quando Fritz pediu para ser liberado, não fizeram objeção. Ele procurou a prefeitura em Regensburg, onde lhe deram roupas e o puseram numa lista de transporte para a Áustria.

Era fim de maio quando Fritz passou por Linz e atingiu a linha demarcatória entre as zonas norte-americana e soviética na margem sul do Danúbio, oposta a Gusen e Mauthausen. Em Sankt Valentin, ele tomou um trem. Mais uma vez empreendeu a viagem por Amstetten, Blindenmarkt e Sankt Pölten. Daquela vez, sem contratempos.

Finalmente, no dia 28 de maio de 1945, uma segunda-feira, sete meses e 28 dias desde que fora transportado para Buchenwald, seu trem parou na Westbahnhof, a mesma estação de onde partira. Fritz descobriu mais tarde que dos 1035 homens judeus levados naquele *Transport* apenas 26 continuavam com vida.

Viena não sofrera tanto quanto Berlim no fim da guerra. O sítio fora breve e não houvera destruição total. Partes da cidade permaneciam quase incólumes. Mas o trajeto que Fritz fez a partir da estação tinha sido o mais gravemente atingido, deixando-o com a impressão perturbadora de que Viena fora praticamente arrasada.

O dia terminava e a noite de verão começava a envolver as ruas quando ele chegou ao canal do Danúbio. As construções do lado de Leopoldstadt haviam ficado em ruínas com os bombardeios e a outrora bela ponte Salztor era apenas um toco protuberante partindo da margem. Fritz atravessou em outro ponto e enfim chegou ao Karmelitermarkt. As barracas haviam sido desmontadas. Fritz viu apenas a rua de paralelepípedos, e foi como num daqueles entardeceres de outrora, quando ele e seus amigos brincavam por ali, jogando futebol com uma bola de pano, atentos a policiais, ou eram repreendidos pelos funcionários que acendiam a iluminação de rua por tentar subir nos postes. Ele se lembrou dos bolos cremosos, dos biscoitos *Mannerschnitte* em sua embalagem cor-de-rosa, das sobras de pão e dos pedaços de linguiça, dos lojistas e feirantes, judeus e não judeus tocando seu comércio lado a lado, prosperando sem ódio nem hostilidade, seus filhos brincando e rindo numa sociedade única e feliz. Agora, metade dos que davam vida ao lugar se fora: eram as cinzas saídas dos fornos de Auschwitz que agora flutuavam sobre o Vístula, ou os ossos no solo sob as folhas de pinheiro em Maly Trostinets, ou os que se foram e estavam espalhados pelo mundo — Palestina, Inglaterra, na América, no Extremo Oriente. À parte um punhado como Fritz, nunca mais voltariam ao Karmelitermarkt.[3]

Quando chegou ao antigo prédio da Im Werd, a porta estava trancada. As autoridades soviéticas haviam imposto um toque de recolher que começava às oito da noite. Ele bateu na porta e foi atendido pela figura familiar de Frau Ziegler, a zeladora. A mulher o cumprimentou, espantada. Todos achavam que ele e o pai estavam mortos.

Frau Ziegler permitiu que entrasse no prédio, mas avisou que em seu antigo apartamento vivia uma família que perdera a casa no bombardeio. Não havia mais nenhum parente dele morando ali.

Na primeira noite de volta a Viena, Fritz dormiu no chão da casa dela. Quando saiu pela manhã, descobriu que a vizinhança já sabia de sua presença. "O menino dos Kleinmann voltou", diziam uns aos outros, atônitos.

Ele não viu Olga Steyskal nem qualquer um dos amigos de seu pai, mas encontrou Josefa Hirschler, a zeladora do prédio de Olly. Ela o recebeu calorosamente e o convidou a tomar seu primeiro café da manhã vienense em muito tempo, na companhia dela e dos filhos, que eram velhos amigos seus. Fritz estava imundo da viagem pela Áustria, então Josefa lhe mostrou onde se lavar. Havia uma tigela com água quente para ele no quintal.

Quando aspergia o rosto e esfregava o pescoço, sentiu que uma nova vida começava para ele. Mas era uma nova vida solitária, sem família. O irmão mais novo estava nos Estados Unidos, a irmã na Inglaterra, tinha quase certeza de que a mãe e Herta haviam morrido no leste... Em relação ao pai, não nutria muita esperança. Gustav estava nas últimas quando os dois tinham se separado. *Precisa esquecer seu pai...* As palavras de Robert Siewert tinham se tornado verdade, perto do fim da jornada? Se por algum milagre Gustav tivesse sobrevivido, onde estaria?

אבא

Gustav estava vivendo em Bad Fallingbostel, trabalhando e se alimentando bem. Fizera amizade com uma alemã de Aache que lhe dava comida extra e fabricava mochilas para oficiais do Exército sérvio que haviam sido prisioneiros de guerra; eles pareciam bem supridos e lhe davam muitos cigarros.[4]

"Sinto-me bem mais forte", escreveu. "Mas quem dera estivesse em Viena com meu filho." Nunca duvidara de que Fritz voltara para casa depois de pular do trem.

Vários outros vienenses foram parar em Fallingbostel e formaram uma minúscula comunidade. Com o fim da guerra, Gustav e seus novos amigos enfim iniciaram a longa jornada para casa.

Eles avançavam devagar, procurando abrigo e comida onde conseguissem, atravessando a região de florestas montanhosas ao sul de Hildesheim. Gustav apreciou a lentidão da viagem, a liberdade e a belíssima paisagem. Na cidade de Alfeld, encontrou um velho amigo que fora prisioneiro político em Buchenwald e agora era nada menos que o chefe de polícia. Ao saber da jornada que Gustav tinha pela frente, deu-lhe uma bicicleta.

Eles viajaram mais rápido e no dia 20 de maio chegaram à cidade de Halle, na Saxônia, onde Gustav reencontrou outros velhos camaradas de Monowitz e Buchenwald. Entre o último grupo estava seu bom amigo, Robert Siewert, que fora mentor de Fritz. Ele sobrevivera e voltara à cidade natal para começar a reconstruir o Partido Comunista local.

Halle virou uma espécie de ponto de encontro para sobreviventes dos campos de concentração e Gustav decidiu ficar ali por um tempo. Eles foram bem cuidados e bem alimentados ali, onde havia um comitê austríaco. Robert Siewert deu uma palestra sobre as condições em Buchenwald — iniciando sua missão de uma vida inteira de manter viva a memória da tragédia.

Após um mês em Halle, a viagem foi retomada. Pedalando pela Bavária, Gustav se admirou com a beleza natural. "Este lugar é glorioso", escreveu durante uma das pausas frequentes. "Há apenas montanhas por todos os lados. Sinto como se tivesse nascido outra vez."

No fim de junho, eles chegaram a Regensburg, e em 2 de julho atravessaram a ponte do Danúbio em Passau e chegaram à Áustria, sendo recebidos pelo repicar de sinos que anunciavam o meio-dia.

Os exilados austríacos chegaram a Linz depois de escurecer, sob chuva torrencial. Era muito tarde para encontrar acomodações, assim passaram a noite em um abrigo antiaéreo. Com seus cartões de ração, passaram vários dias na cidade.

Embora estivesse em solo natal e a única coisa que o separasse de Viena fosse uma viagem de trem, Gustav retardou o passo outra vez. Após viajar de tão longe, de repente não sentiu a menor urgência de chegar em casa. Estava desfrutando o momento e, embora nunca chegasse a registrar em seu diário, no fundo devia sentir uma angústia de que notícias ruins pudessem estar à sua espera: descobrir o que acontecera com Tini e Herta e constatar que Fritz não estava lá, a despeito de sua convicção.

Nada lhe dava maior prazer do que a liberdade. Pela primeira vez — não só desde os campos, mas na vida inteira — Gustav não tinha responsabilidades, preocupações nem medo, estava livre para ir aonde quisesse, apreciar as belas paisagens, beber relaxadamente, cheirar as flores.

Um dia, aproveitando o céu azul, ele saiu para uma caminhada pelas montanhas com um colega.[5] Em uma decisão impulsiva, foram para a aldeia de Mauthausen, onde outro velho camarada do campo, Walter Petzold, de Auschwitz, era agora chefe de polícia. Subiram a colina e deram uma olhada no campo de concentração, com seus formidáveis muros de pedra, agora deserto. Gustav estava curioso para ver o lugar onde o *Transport* de Auschwitz fora recusado. Se soubesse que Fritz passara três meses ali, e que o lugar quase o matara, talvez o tivesse olhado sob uma luz diferente.

Em 11 de julho, atravessou a "fronteira verde" pela primeira vez, passando da zona norte-americana para a soviética. Ele descobriu que os russos estavam sendo "muito gentis conosco, os sobreviventes dos campos de concentração". Durante o resto de julho e agosto, continuou no centro da Áustria e só quando o verão se encerrava finalmente pedalou o último trecho para casa.

Em um dia de setembro, Gustav Kleinmann entrou em Viena. Ele viu a devastação, as formas das enormes torres de fogo antiaéreo se projetando nos parques, e visitou os lugares familiares da cidade. O Karmelitermarkt continuava ali, assim como o prédio da Im Werd e sua velha oficina no térreo do número 11, agora ocupada por outros. Foi ao apartamento de número 9, no segundo andar, e bateu na porta de Olly. Lá estava ela, sua amiga mais querida e leal. Olly o encarou absolutamente perplexa, e quando se recuperou da surpresa deu-lhe as boas-vindas de volta ao lar.

Apenas uma coisa faltava, e foi logo resolvida. Gustav encontrou quem mais ansiava em ver morando sozinho num apartamento do mesmo prédio. Seu orgulho e sua alegria, o adorado filho. Gustav abraçou Fritz e os dois choraram de alegria.

Estavam em casa, juntos outra vez.

Epílogo

Sangue judeu

VIENA, JUNHO DE 1954

O soldado norte-americano observava Leopoldstadt da margem oposta do canal do Danúbio. Trajava uniforme de gala, com as divisas de um soldado raso de primeira classe na manga. No emblema de sua unidade lia-se 1ª Divisão de Infantaria, a qual tinha estado entre as primeiras tropas a desembarcar na praia de Omaha no Dia D. O soldado era jovem demais para ter estado lá naquele dia: não passava de um menino em 1944. Agora era um homem alto e forte, o estereótipo do soldado norte-americano. Estava estacionado na Bavária e aproveitara a licença de uma semana para passear em Viena, cidade onde nascera.

O lugar lhe parecia familiar, mas diferente — como que voltando à vida, lambendo suas feridas. O soldado se aproximou do posto de controle soviético e mostrou sua identificação. Foi liberado e atravessou a ampla ponte Augarte, à sombra da Rossauer Kserne, o imponente quartel imperial onde seus pais haviam se casado em 1917.

Ele viu muitos prédios conhecidos em obras, com as marcas da guerra, alguns cercados de andaimes. Mas Leopoldstadt continuava reconhecível, tão viva em sua lembrança quanto no dia em que partira. Como sua vida mudara desde então e como o mudara também. Após terminar o Ensino Médio, ele cursara farmácia na faculdade e em 1953 fora recrutado pelo Exército. O soldado raso Kurt Kleinmann estava de volta agora.

Kurt se tornara tão americano quanto vienense. Sua família vivia nos Estados Unidos — não só os Barnet, que tinham sido verdadeiros pais para ele, mas também Edith, que morava em Connecticut. Ela e Richard haviam permanecido em Londres por três anos após a guerra, então finalmente deixaram o país sombrio e empobrecido. Os Paltenhoffer haviam se adaptado rapidamente à vida norte-americana. Quando chegaram, Peter e Joan — com oito e seis anos — eram crianças inglesas, com "sotaque de Oxford" (segundo o jornal de New Bedford), mas aquilo não durou muito. Determinados a se ajustar ao novo ambiente, Richard e Edith abreviaram seu sobrenome para Patten e no mesmo ano, quando Kurt servia o Exército no exterior, tornaram-se cidadãos americanos.[1]

Caminhando pela Obere Doanustrasse e subindo a Grosse Schiffgasse, Kurt ficou surpreso ao ver que se lembrava de tudo: virando à direita, depois à esquerda, o Karmelitermarkt surgiu diante dele, com as bancas enfileiradas, o relógio na comprida torre ao centro, o comércio e os prédios na Leopoldsgasse e na Im Werd, cada uma de um lado. Tudo como sempre fora.

Por mais que o cenário lhe fosse familiar, ele não pertencia mais ao lugar. A sensação de ser um estrangeiro era quase palpável — Kurt nem falava mais a língua.

Ele subiu a escada e bateu na porta do apartamento de Olga. Seu pai atendeu. Gustav estava mais velho, com mais rugas, tinha mais cabelos grisalhos, mas exibia o mesmo sorriso de sempre no rosto magro atrás do bigode aparado. A seu lado estava Olga, a leal e maravilhosa Olly. Ela era a sra. Kleinmann agora, madrasta de Kurt.

Kurt os visitou inúmeras vezes naquele verão. Sentados à mesa da cozinha, os quatro — Gustav, Olly, Kurt, em seu incongruente uniforme do Exército, e Fritz — conversaram da melhor forma que conseguiram. À medida que o tempo passou, Kurt recuperou parte do alemão que esquecera — apenas o suficiente para se fazer entender, mas não para uma conversa apropriada.

Foi difícil recuperar os anos perdidos. Gustav não queria falar sobre o tempo passado nos campos e a relação de Kurt com Fritz mudara por completo. Criado como norte-americano, Kurt ficou consternado com as simpatias comunistas do irmão. Fritz herdara suas posições políticas do socialismo do pai e de heróis dos campos, como Robert Siewert e Stefan Heymann. A vida como trabalhador na Áustria sob a administração soviética do pós-guerra confirmara sua convicção. E havia as diferenças religiosas também. Ninguém da família, com exceção de Kurt, fora muito devoto, e Fritz abandonara sua fé de vez em algum momento na estrada para Auschwitz.[2]

"Sem falar de política ou religião", decretou Gustav, e eles se ativeram a assuntos mais seguros.

משפחה

Quando voltaram a Viena, em 1945, Gustav e Fritz haviam enfrentado problemas em sua tentativa de se reajustar. Até mesmo encontrar um lugar para viver era um desafio na cidade bombardeada e sob controle soviético. Gustav ficou no apartamento de Olly Steyskal e se casou com ela em 1948, mesmo ano em que conseguiu retomar seu trabalho com tapeçaria.

O antissemitismo continuava vivo, mas era dissimulado, restrito a murmúrios e insinuações. Dos 183 mil judeus que moravam em Viena em março de 1938, mais de dois terços emigraram: quase 31 mil para a Inglaterra, 29 mil para os Estados Unidos, 33 mil para América do Sul, Ásia e Austrália e apenas 9 mil para a Palestina. Mais de 21 mil que haviam emigrado para nações europeias depois caíram sob o domínio dos nazistas e quase todos foram para os campos, junto com 43 421 judeus deportados diretamente de Viena a Auschwitz, Łodz, Theresienstadt e Minsk, e os milhares mandados, como Fritz e Gustav, para Dachau e Buchenwald.[3] Viena ainda tinha uma comunidade judaica após o Holocausto, a qual gradualmente recuperou sua identidade e preservou sua herança, mas ela era um fragmento do que um dia fora. As sinagogas haviam sido destruídas ou estavam em ruínas. Só algumas foram reconstruídas. A Stadttempel, onde Kurt cantara quando menino e que ficava no antigo bairro judaico, foi uma delas.

No começo, Fritz não conseguiu trabalhar, devido à sua saúde debilitada, e morou por um tempo numa pensão para incapacitados. Ele e Gustav discutiram o que fazer quanto a Kurt. Deveriam trazê-lo para casa? Ele ainda era uma criança, e os dois sentiam saudades. Mas o que havia para o menino ali? A mãe morrera e o pai era velho e pobre. Os dois concluíram que Kurt estava melhor nos Estados Unidos. Assim, continuaram apenas os dois, servindo de apoio um ao outro, como em tantas outras provações.

Uma das alegrias naqueles anos do pós-guerra foi reencontrar Alfred Wocher, o alemão destemido que sobrevivera ao inferno da última defesa do

Reich e descobrira o paradeiro de seus velhos amigos de Auschwitz em Viena. Ele os visitou muitas vezes. "Para nós, prisioneiros dos campos de concentração, Wocher foi além de seu dever", recordou Fritz. "Sua conduta nos deu coragem e fé e desse modo contribuiu decisivamente para nossa sobrevivência em Auschwitz. Ninguém o recompensou por isso. Nós, os sobreviventes, temos uma dívida para com ele."

Enquanto Gustav tentava esquecer o que presenciara e sofrera nos campos, Fritz fazia o oposto. Recordava tudo vivamente, com intenção e raiva. Era consumido por um ódio profundo dos ex-nazistas que continuavam a morar em Viena. Escutava os mais velhos murmurarem — "Ei, o velho judeu Kleinmann voltou". Enquanto o pai procurava conviver em paz com os colaboracionistas, Fritz se recusava a lhes dirigir a palavra. Aquilo os deixava indignados, e um vizinho que os entregara para a SS chegou a se queixar com Gustav: "Seu filho não nos cumprimenta!". A ignorância deliberada do Holocausto era tão entranhada que o homem nem conseguia se dar conta do que fizera.

Fritz esteve envolvido em represálias ocasionais contra colaboracionistas praticadas por jovens judeus. Um vizinho ariano, Sepp Leitner, fora membro da 89ª SS-Standarte, baseada em Viena, que participara da destruição das sinagogas na Noite dos Cristais. Fritz confrontou Leitner e bateu no homem sem dó. Foi preso por agressão, mas as autoridades soviéticas, que aprovavam a justiça sumária para fascistas, ordenaram que fosse libertado.

Fritz não conseguia aceitar no que seu país se tornara. Em Buchenwald, escutara os *Prominenten* austríacos discutirem o futuro da nação após o nazismo, imaginando uma utopia socialista democrática. Ele sonhava com isso. As coisas melhoraram em 1955, quando a Áustria recuperou sua independência, mas o paraíso dos trabalhadores nunca se materializou. Fritz frequentou a escola noturna e foi ativo no sindicato. Sua vida familiar foi acidentada. Casou duas vezes, tendo um filho com uma esposa, Peter, e um enteado de outra, Ernst.

Enquanto isso, Gustav estava feliz de voltar ao antigo ofício e em seu casamento com Olly. Ele se aposentou aos 73 anos, em 1964. Ele e a esposa visitaram os Estados Unidos. Embora mal compreendesse uma palavra de inglês, Gustav agora tinha cinco netos norte-americanos e três bisnetos. Posou para retratos com os pequeninos no colo, sorrindo alegremente, cercado mais uma vez pela família amorosa.

Gustav Kleinmann morreu em 1º de maio de 1976, um dia antes de seu aniversário de 85 anos. Estava gravemente doente havia algum tempo, mas sua força interior prodigiosa o manteve de pé nos dias finais.

Dois anos depois, Fritz, aos cinquenta e poucos anos apenas, precisou se aposentar precocemente. A tortura a que fora submetido nos porões da Gestapo em Auschwitz o deixara com problemas permanentes nas costas, que, a despeito de cirurgias na coluna, acabaram causando uma paralisia parcial. Não obstante, era feito da mesma fibra do pai e viveu uma vida longa, falecendo em 20 de janeiro de 2009, com 85 anos.

✡

Fritz Kleinmann lutou pelo resto da vida para que o mundo jamais se esquecesse do Holocausto. Ao final da guerra, nazistas de alta patente foram julgados pelos Aliados em Nuremberg de 1945 a 1946 e em Dachau de 1945 a 1947. Muitos foram presos ou executados, e os conceitos de "genocídio" e "crimes contra a humanidade" entraram para os estatutos do direito internacional.

Quando os julgamentos terminaram, um véu desceu sobre as atrocidades nazistas — em particular, dentro da própria Alemanha. Os que viveram sob o nazismo e compactuaram com ele queriam enterrar o passado. No fim da década de 1950, uma geração de alemães fora mantida na ignorância por meio de mentiras — afirmações de que a maioria dos judeus simplesmente emigrara, que durante a guerra os dois lados tinham praticado crimes e que as atrocidades cometidas pela Alemanha não tinham sido piores do que as dos Aliados. Esses jovens alemães não sabiam quase nada sobre o Holocausto, e os nomes de Auschwitz e Sobibor, Buchenwald e Belsen lhes eram obscuros ou desconhecidos. A maioria dos assassinos da SS continuava em liberdade, muitos ainda vivendo na Alemanha.

Isso mudou em 1963, quando Fritz Bauer, um promotor judeu de Frankfurt que ajudara a encontrar Adolf Eichmann na Argentina, abriu processos contra 22 antigos membros da SS pelas atrocidades em Auschwitz. As testemunhas nos julgamentos de Frankfurt incluíam mais de duzentos antigos prisioneiros, noventa deles judeus.[4] Gustav e Fritz Kleinmann estavam entre eles, e apresentaram seus depoimentos por escrito à promotoria em abril e maio de 1963.[5] Outras testemunhas incluíam Stefan Heymann, Felix Rausch e Gustav

Herzog. Entre os réus havia membros da Gestapo do campo, *Blockführers* e funcionários administrativos. Alguns foram absolvidos; outros receberam sentenças que iam de três anos a prisão perpétua.

Mais importante do que os veredictos em si, os julgamentos de Frankfurt — assim como o julgamento de Eichmann em Jerusalém em 1961 — abriram os olhos da Alemanha e serviram para impedir que aquela nação, assim como o mundo, esquecesse o Holocausto.

Fritz Kleinmann continuou fazendo seu papel. Em 1987, foi convidado por um amigo, o cientista político austríaco Reinhold Gärtner, a dar uma palestra sobre suas experiências para um grupo prestes a realizar uma viagem de estudos a Auschwitz-Birkenau. Fritz seria um dos quatro sobreviventes a falar. "Fiquei várias noites sem dormir antes da palestra. As imagens do meu tempo preso nos campos de concentração vieram à tona mais intensamente do que nunca." O evento — que incluía excertos do diário de seu pai lidos por um ator vienense — comoveu Fritz profundamente e deixou o público muito emocionado. Durante uma década voltou diversas vezes para falar com outros grupos.

Convencido a explorar mais suas lembranças, Fritz escreveu um breve relato que foi mais tarde publicado em livro.[6] Mesmo com o passar das décadas, ainda se inflamava de indignação e raiva por causa das atrocidades cometidas contra ele e seu povo, mas sua ira era contrabalançada pelo amor que ainda sentia pelos que o tinham ajudado a sobreviver: Robert Siewert, Stefan Heymann, Leo Moses e todo o resto. Fritz se debruçou sobre o punhado de documentos velhos que conservara. Ainda tinha sua foto de 1939, tirada para a *J-Karte*, bem como a que fora feita em Buchenwald em 1940, que sua mãe dera a um parente antes de embarcar no *Transport* para Maly Trostinets.

E havia o diário. O pai lhe revelara a existência do diário pouco depois de se reencontrarem em Viena. Virando a capa carcomida, ele leu a primeira página amarelada, coberta pela letra angulosa do pai, o lápis esmaecido após todos aqueles anos: "Chegada a Buchenwald em 2 de outubro de 1939". A vivacidade do relato provocou uma invasão de imagens em sua mente. A pedreira, o vagonete carregado de pedras sendo levado morro acima, os cadáveres na lama, um homem correndo pela linha das sentinelas e levando um tiro nas costas, ficar pendurado pelos pulsos na viga do bunker da Gestapo, o peso da Luger em sua mão, o frio agonizante do vagão aberto de Gleiwitz a

Amstetten... e o poema do pai, "O caleidoscópio da pedreira", com sua imagem central memorável:

Entra dia, sai dia, o triturador chacoalha,
Chacoalha, chacoalha e quebra a rocha,
E masca o calhau, hora após hora,
De pazada em pazada em sua bocarra.
E os que o alimentam com seu labor,
Sabem que come, mas nunca fica saciado.
Primeiro devora a pedra, depois são eles os devorados.

Mas não triturou todo mundo. Alguns, como o colosso, haviam conseguido superar a máquina, continuaram de pé até o triturador de pedras emperrar, sufocado pela própria voracidade.

No fim, além de sobreviver, a família Kleinmann vicejara. Por meio da coragem, do amor, da solidariedade e do puro acaso, viveu mais do que as pessoas que tentaram destruí-la. Gustav, Fritz e seus descendentes prosperaram e se multiplicaram, perpetuando pelas gerações o amor e a união que os ajudaram a suportar o período mais sombrio de todos. E carregaram seu passado consigo, compreendendo que os vivos devem conservar a memória dos mortos e conduzi-la em segurança à certeza de um futuro.

Agradecimentos

Este livro não poderia ter sido escrito sem suas fontes primárias – o diário do campo de concentração de Gustav Kleinmann e o livro de memórias de Fritz Kleinmann, que chegou em minhas mãos por meio do professor Reinhold Gärtner, da Universidade de Innsbruck (Áustria). Reinhold ajudou Fritz a publicar ambos em *Doch der Hund will nicht krepieren* [Mas o cão se recusa a morrer] (Innsbruck University Press, 2012) e sua cooperação foi indispensável na minha pesquisa inicial para este livro, pelo que lhe agradeço muito.

Também sou profundamente grato a Kurt Kleinmann, que sobreviveu à Anschluss e à ocupação nazista de Viena, por inúmeras horas de entrevistas e meses de correspondência. Sem sua ajuda generosa e incansável, esta história teria sido muito menos rica em profundidade e detalhes. Peter Patten, neto de Gustav, muito gentilmente contribuiu também com entrevistas e correspondência. Sou grato ainda a Rachel Schine, que me ajudou a entrar em contato com o ramo americano da família. O lado austríaco também me ajudou. O encorajamento de Peter Kleinmann, Victor Zehetbauer e seu pai, Ernst, bem como de Richard Wilczek, foi indispensável.

Uma tradução inglesa de *Doch der Hund* preparada por John Rie foi meu primeiro contato com a história e foi fundamental para minha tradução do diário de Gustav e das memórias de Fritz. Pelos títulos de seção em hebraico, sou grato a Keren Joseph-Browning por suas orientações. A meticulosa edição de texto de Richenda Todd poupou-me várias bobagens pequenas mas constrangedoras.

Muitos arquivos e seus arquivistas me ajudaram com fontes, documentos e imagens. Muitos funcionários também tiveram a maior paciência com minhas dúvidas. Sou grato a todos, incluindo o Arquivo Nacional Austríaco, em Viena, no caso de documentos sobre o serviço militar de Gustav Kleinmann na Primeira Guerra Mundial; Douglas Ballman e Georgiana Gomez, supervisores de acesso do Instituto e Fundação Shoah da Universidade do Sul da Califórnia para a História Visual e a Educação, por fornecer uma transcrição da entrevista de 1997 de Fritz Kleinmann e ajudar com as fotos; Ewa Bazan, diretora da Agência do Museu Memorial para Ex-Prisioneiros de Auschwitz-Birkenau; Johannes Beermann, arquivista do Instituto Fritz Bauer da Goethe-Universität, em Frankfurt am Main, pelos depoimentos de Fritz e Gustav nos julgamentos de Frankfurt-Auschwitz; a Biblioteca da Universidade de Cambridge; Judy Farrar, bibliotecária dos arquivos e das coleções especiais da Claire T. Carney Library, da Universidade de Massachusetts, em Dartmouth, por informações sobre Samuel Barnet; Harriet Harmer, assistente de arquivo do Serviço de Arquivos de West Yorkshire, em Leeds, no Reino Unido, pelos documentos sobre Edith Kleinmann e Richard Paltenhoffer; Elisa Ho, arquivista e coordenadora de projetos especiais do Centro Jacob Rader Marcus de Arquivos Judaico-Americanos, em Cincinnati, pelos documentos sobre Maly Trostinets; Katharina Kniefacz, do Centro de Pesquisa KZ-Gedenkstätte Mauthausen, em Viena, pelos registros do prisioneiro Fritz Kleinmann; Albert Knoll, arquivista do KZ-Gedenkstätte Dachau, pela informação sobre Richard Paltenhoffer; Kimberly Kwan, voluntária do Gedenkstätte Buchenwald, pela informação sobre os Kleinmann e sobre Richard Paltenhoffer; Heike Müller, do Serviço Internacional de Rastreamento, em Bad Arolsen, Alemanha, por documentos relativos à prisão dos Kleinmann em vários campos de concentração; Susanne Uslu-Pauer, chefe de departamento do Archive of the Israelitischen Kultusgemeinde, Viena; e a Wiener Library, em Londres.

Finalmente, quero agradecer a meu agente literário, Andrew Lownie, por trazer a história dos Kleinmann ao meu conhecimento, e a Dan Bunyard e Zennor Compton, da Penguin Books, por acreditar no livro e contribuir com o entusiasmo pelo projeto. Como sempre, minha companheira, Kate, ofereceu seu apoio moral constante e paciente, que me sustentou durante todos os livros que escrevi.

Jeremy Dronfield
Junho de 2018

Notas

PRÓLOGO [pp. 17-8]

1. Dados sobre a fase da lua. Disponível em: ‹www.timeanddate.com/moon/austria/amstetten?month=1&year=1945›. [Todos os acessos foram feitos em: 6 maio 2019.]

1. "QUANDO SANGUE JUDEU PINGA DA FACA..." [pp. 21-39]

1. Publicado em *Die Stimme*, 11 mar. 1938, p. 1; ver também George E. R. Gedye, *Fallen Bastions: The Central European Tragedy*, pp. 287-9, 1939, para o relato de uma testemunha ocular sobre os eventos em Viena nesse dia.

2. A Frente Patriótica de Schuschnigg era fascista, suprimindo o Partido Nazista e os sociais-democratas. Entretanto, não era particularmente antissemita. Sobre a quantidade de judeus na Áustria, ver Martin Gilbert, *The Routledge Atlas of the Holocaust*, 2002, p. 22; e Norman Bentwich, "The Destruction of the Jewish Community in Austria 1938-1942", em Josef Fraenkel (Org.), *The Jews of Austria*. Londres: Vallentine, Mitchell, 1967, p. 467.

3. *Die Stimme*, 11 mar. 1938, p. 1.

4. Alguns de descendência judaica consideravam-se inteiramente alemães; Peter Wallner, um vienense, afirmou: "Nunca fui judeu, mas meus quatro avós eram judeus". Quando os nazistas vieram, ele foi perseguido como os demais, "Pois segundo as Leis de Nuremberg eu sou judeu". Peter Wallner, *By Order of the Gestapo: A Record of Life in Dachau and Buchenwald Concentration Camps*. Londres: John Murray, 1941, pp. 17-8. Sob as Leis de Nuremberg de 1935, uma pessoa era definida como judeu, independentemente da religião, se tivesse mais que dois avós judeus.

5. *Die Stimme*, 11 mar. 1938, p. 1.

6. *Jüdische Presse*, 11 mar. 1938, p. 1.

7. As cenas desse dia são descritas por George Gedye (op. cit., pp. 287-96), jornalista britânico do *Daily Telegraph* e do *New York Times* que morou em Viena.

8. Por esse motivo, Schuschnigg determinou cinicamente uma idade mínima de 24 anos para votar no plebiscito; a maioria dos nazistas tinha menos que isso.

9. *The Times*, 11 de mar. 1938, p. 14; ver também *Neues Wiener Tagblatt* (*Tages-Ausgabe*), 11 mar. 1938, p. 1.

10. George Gedye (op. cit., pp. 290-3) descreve as cenas à medida que a noite avançou.

11. Ibid., p. 290; *The Times*, 12 de mar. 1938, p. 12.

12. Apud George Gedye, op. cit., pp. 10, 293, e *The Times*, 12 mar. 1938, p. 12. Segundo o *Times*, os jornais em Berlim naquele noite alegaram que a Alemanha debelara a "traição" dos "ratos marxistas" no governo austríaco que vinham perpetrando "crueldades horríveis" contra as pessoas, que fugiam em bandos para a fronteira alemã. Com essas mentiras, os nazistas justificaram a anexação da Áustria.

13. A sinagoga nessa noite foi descrita como *überfüllt*, "superlotada" (Hugo Gold, *Geschichte der Juden in Wien: Ein Gedenkbuch*, 1966, p. 77; Erika Weinzierl, "Christen und Juden nach der NS-Machtergreifung in Österreich", em *Anschluß 1938*, 1981, pp. 197-8).

14. George Gedye, op. cit., p. 295. A hostilidade aos católicos derivava do antagonismo em relação a coisas como as tentativas nazistas de suprimir o Velho Testamento e "desjudaizar" o cristianismo, além do reconhecimento das igrejas de convertidos cristãos não arianos e a condenação do racismo pelo Vaticano. David Cesarani, *Final Solution: The Fate of the Jews 1933-49*, 2016, pp. 114-6, 136.

15. Apud David Cesarani, *Final Solution*. Londres: Routledge, 1996, p. 148.

16. George Gedye, op. cit., p. 295.

17. Oswald Dutch, *Thus Died Austria*, 1938 pp. 231-2; ver também *Neues Wiener Tagblatt*, 12 mar. 1938, p. 3; *Banater Deutsche Zeitung*, 13 mar. 1938, p. 5; *The Times*, 14 mar. 1938, p. 14.

18. *Neues Wiener Tagblatt*, 12 mar. 1938, p. 3.

19. George Gedye, op. cit., p. 282.

20. *Arbeitersturm*, 13 mar. 1938, p. 5; *The Times*, 17 abr. 1938, p. 14.

21. Não há certeza sobre qual foi o distrito policial. Mais provavelmente o Leopoldsgasse, uma delegacia da Schutzpolizei Gruppenkommando Ost, a polícia uniformizada do Reich (*Reichsamter und Reichsbehörden in der Ostmark*, p. 207, AFB).

22. Baseado nas memórias de Fritz Kleinmann: Reinhold Gärtner e Fritz Kleinmann, *Doch der Hund will nicht krepieren: Tagebuchnotizen aus Auschwitz*, 2012; e depoimentos de Kurt Kleinmann e do filho de Edith, Peter Patten; outros detalhes de várias fontes contemporâneas.

23. Testemunho de Moritz Fleischmann, v. 1, sessão 17, TAE; George E. Berkley, *Vienna and Its Jews: The Tragedy of Success, 1880s-1980s*, 1988, p. 259; Marvin Lowenthal, *The Jews of Germany*, 1939, p. 430. Ver também *The Times*, 31 mar. 1938, p. 13; 7 abr. 1938, p. 13.

24. George Gedye, op. cit., p. 354.

25. *The Times*, 8 abr. 1938, p. 12; 11 abr. 1938, p. 11; ver também George Gedye, op. cit., p. 9.

26. *The Times*, 11 abr. 1938, p. 12. Até a cédula de votação do plebiscito era uma peça de propaganda, com um grande círculo no centro para "sim" (o Anschluss) e um pequeno na lateral, para o "não".

27. *The Times*, 12 abr. 1938, p. 14.

28. *The Times*, 9 abr. 1938, p. 11.

29. *The Times*, 23 mar. 1938, p. 13; 26 mar. 1938, p. 11; 30 abr. 1938, p. 11.

30. Norman Bentwich, op. cit., p. 470.

31. Ibid.; Herbert Rosenkranz, "The Anschluss and the Tragedy of Austrian Jewry 1938-1945", em Josef Fraenkel, *The Jews of Austria*, 1970, p. 484.

32. Dachau, estabelecido em 1933 numa fábrica abandonada, foi o primeiro campo de concentração. No verão de 1938, havia quatro grandes campos operacionais na Alemanha (além de alguns menores): Dachau, Buchenwald, Sachsenhausen e Flossenbürg, com diversos outros abrindo pouco após a inclusão de Mauthausen na Áustria, inaugurado em agosto de 1938 (ver Nikolaus Wachsmann, *KL: A History of the Nazi Concentration Camps*, Londres: Little, Brown, 2015; David Cesarani, *Final Solution*. Londres: Macmillan, 2016; Laurence Rees, *The Holocaust: A New History*, Nova York: PublicAffairs, 2017).

33. Regulamentos do Ministério do Interior do Reich, 17 ago. 1938, em Yitzhak Arad, Israel Gutman e Abraham Margaliot, *Documents on the Holocaust*. Lincoln, NE: University of Nebraska Press, 1999, pp. 98-9.

34. Testemunho B.306, AWK.

35. Testemunho B.95, AWK.

36. Essa foi a história segundo o correspondente do *Times* em Bruxelas (27 out. 1938, p. 13). A Associated Press, via *Chicago Tribune* (27 out. 1938, p. 15), adicionou o detalhe sobre a câmara, aumentou a quantidade de nazistas envolvidos para quatro e acrescentou a alegação anônima de que os nazistas haviam sido derrubados e chutados.

37. *Neues Wiener Tagblatt*, 26 out. 1938, p. 1.

38. *Völkischer Beobachter*, 26 out. 1938, p. 1, apud Peter Loewenberg, "The Kristallnacht as a Public Degradation Ritual", em Michael Marrus (Org.), *The Origins of the Holocaust*, 1989, p. 585.

39. *Neues Wiener Tagblatt*, 8 nov. 1938, p. 1.

40. Às vezes também chamada, menos apropriadamente, de "Noite dos Vidros Quebrados".

41. Telegrama de Reinhard Heydrich a todos os quartéis de polícia, 10 nov. 1938, em Yitzhak Arad, op. cit., pp. 102-4.

42. Cônsul-geral britânico em Viena, carta, 11 nov. 1938. In: Ministério do Interior (Reino Unido), *Papers Concerning the Treatment of German Nationals in Germany 1938-1939*, 1939, p. 16.

2. TRAIDORES DO POVO [pp. 40-52]

1. A Polizeiamt Leopoldstadt, quartel-general da polícia uniformizada local, ficava na Austellungstrasse 171 (*Reichsamter und Reichsbehörden in der Ostmark*, p. 204, AFB).

2. Narrativa baseada nas memórias de Fritz Kleinmann, em Reinhold Gärtner e Fritz Kleinmann, *Doch der Hund* (Innsbruck: Innsbruck University Press, 2012, p. 188); detalhes adicionais: depoimentos de testemunhas B.24 (anôn.), B.62 (Alfred Schechter), B.143 (Carl Löwenstein), AWK; testemunhos também de Siegfried Merecki (Manuscript 166 [156]), Margarete Neff (Manuscript 93 [205]) em Uta Gerhardt e Thomas Karlauf (Orgs.), *The Night of Broken Glass: Eyewitness Accounts of Kristallnacht* (Trad. de Robert Simmons e Nick Somers. Cambridge: Polity Press, 2012); Peter Wallner, *By Order of the Gestapo*, op. cit.

3. Cônsul-geral britânico em Viena, carta, 11 nov. 1938, em Ministério do Interior (Reino Unido), *Documentos relativos ao tratamento de nacionalistas alemães na Alemanha, 1938-9*, 1939, p. 16.

4. O número exato de prisões documentadas é 6547 (Melissa Jane Taylor, "Experts in Misery?", *American Consuls in Austria, Jewish Refugees and Restrictionist Immigration Policy, 1938-1941*, p. 48, 2006).

5. B.62 (Alfred Schechter), AWK. Nessa época, o campo de Mauthausen era para condenados. Os judeus não eram presos ali antes da guerra, mas acreditava-se que fossem (por exemplo, *The Scotsman*, 14 nov. 1938; cf. Kim Wünschmann, *Before Auschwitz: Jewish Prisoners in the Prewar Concentration Camps*. Cambridge, MA: Harvard University Press, 2015, p. 183).

6. B.143 (Carl Löwenstein), AWK.

7. *The New York Times*, 15, 26 nov. 1938, p. 1.

8. Apud *Swiss National Zeitung*, 16 nov. 1938.

9. *The Spectator*, 18 nov. 1938, p. 836.

10. *Westdeutscher Beobachter* (Colônia), 11 nov. 1938.

11. Ibid.

12. Jornal alemão sem título, citado pelo cônsul-geral britânico em Viena, 11 nov. 1938, Ministério do Interior, *Documentos*, p. 15.

13. David Cesarani, *Final Solution*. Londres: Macmillan, 2016, p. 199.

14. *The Spectator*, 18 nov. 1938, p. 836.

15. David Cesarani, *Eichmann: His Life and Crimes*. Londres: Vintage, 2005, p. 60 em diante.

16. Heydrich, apud David Cesarani, *Final Solution*. Londres: Macmillan, 2016, p. 207.

17. Doron Rabinovici, *Eichmann's Jews: The Jewish Administration of Holocaust Vienna, 1938-1945*, trad. de Nick Somers. Cambridge: Polity Press, 2011, p. 50 em diante; David Cesarani, *Final Solution*. Londres: Macmillan, 2016, p. 147 em diante.

18. *The Spectator*, 29 jul. 1938, p. 189.

19. Ibid., 19 ago. 1938, p. 294.

20. Adolf Hitler, discurso perante o Reichstag, 30 jan. 1939, apud *The Times*, 31 jan. 1939, p. 14; também em Yitzhak Arad, op. cit., p. 132.

21. *Daily Telegraph*, 22 nov. 1938; também Câmara dos Comuns, *Hansard*, 21 nov. 1938, v. 341, cc1428-83.

22. Ibid.

23. Testemunho B.226, AWK.

24. *The Times*, 3-12 dez. 1938.

25. Fritz Kleinmann, entrevista de 1997.

26. *Manchester Guardian*, 15 dez. 1938, p. 11; 18 mar. 1939, p. 18.

27. Carta de Leeds JRC para Departamento de Assentamento no Estrangeiro, JRC, Londres, 7 jun. 1940, LJL.

28. *The Times*, classificados, 1938-9 pass.

29. Louise London, *Whitehall and the Jews, 1933-1948: British Immigration Policy, Jewish Refugees and the Holocaust*. Cambridge: Cambridge University Press, 2000, p. 79.

30. *The Times*, 8 nov. 1938, p. 4.

31. O sistema não conseguia investigar mais que uma quantidade limitada de pedidos; era mais fácil avaliar mulheres oferecendo-se para serviços domésticos do que os homens, por isso mais da metade dos judeus entrando no Reino Unido em 1938-9 era de mulheres (David Cesarani, *Final Solution*. Londres: Macmillan, 2016, p. 158). O Ministério do Interior agilizou o processo mandando

as agências de refugiados judeus processarem os pedidos, aumentando o ritmo para quatrocentos por semana (ibid., p. 214).

32. Carta do cônsul-geral britânico em Viena, 11 nov. 1938, em Ministério do Interior, *Documentos*, p. 15.

33. O prédio, na Wallnerstrasse, 8, hoje abriga a Bolsa de Valores de Viena.

34. M. Mitzmann, "A Visit to Germany, Austria and Poland in 1939", documento 0.2/151, YVP.

35. Harry Stein (Org.), *Buchenwald Concentration Camp 1937-1945*, Gedenkstätte Buchenwald, 2004, pp. 115-6; Reinhold Gärtner e Fritz Kleinmann, *Doch der Hund*. Innsbruck: Innsbruck University Press, 2012, pp. 80-1.

36. Fritz recordou (numa entrevista de 1997) que o terceiro homem se chamava Schwarz, embora nenhum registro tenha sido encontrado de uma pessoa com esse nome morando na Im Werd, 11. Fritz era incapaz de lembrar o nome do quarto membro do grupo (o líder nazista do prédio).

37. O diálogo é de uma entrevista dada por Fritz e Kurt Kleinmann. Ambos lembravam a cena vivamente.

38. Ficha de prisioneiro de Buchenwald 1.1.5.3/6283389, ITS.

3. SANGUE E PEDRA: KONZENTRATIONSLAGER BUCHENWALD [pp. 55-69]

1. Esse relato é baseado principalmente no diário de Gustav e nas reminiscências de Fritz, com detalhes circunstanciais de outras fontes (por exemplo, Jack Werber e William B. Helmreich, *Saving Children*, 1996, pp. 1-3, 32-6; Harry Stein, *Buchenwald*, pp. 115-6; testemunhos B.82, B.192, B.203, AWK).

2. Fritz Kleinmann (em Gärtner e Kleinmann, *Doch der Hund*, p. 12) fornece o número de 1048 judeus vienenses nesse transporte, mas outras fontes (Stein, *Buchenwald*, p. 116) fornecem 1035.

3. Harry Stein, op. cit., pp. 27-8.

4. Ver, por exemplo, testemunho B.203, AWK.

5. Reinhold Gärtner e Fritz Kleinmann, op. cit., p. 15n.

6. Harry Stein, op. cit., p. 35.

7. Fichas de prisioneiros de Buchenwald 1.1.5.3/6283376, 1.1.5.3/6283389, ITS. Não havia tatuagens; essa prática começou em Auschwitz, em novembro de 1941, e não foi empregada em nenhum outro campo (Nikolaus Wachsmann, op. cit. p. 284).

8. Jack Werber e William B. Helmreich, op. cit., p. 36.

9. Testemunho B.192, AWK.

10. O distintivo básico do campo de concentração era um triângulo invertido, cuja cor denotava uma categoria: vermelho para prisioneiros políticos, verde para criminosos, rosa para homossexuais e assim por diante. Para os prisioneiros judeus, o distintivo da categoria era combinado a um segundo triângulo amarelo, compondo a estrela de davi; se o prisioneiro judeu não se enquadrasse em nenhuma das demais categorias, ambos os triângulos eram amarelos.

11. Emil Carlebach, em David A. Hackett (Org.), *The Buchenwald Report*. Boulder, CO: Westview Press, 1995, pp. 162-3.

12. Esse não é o mesmo "campinho" estabelecido em 1943, a norte dos barracões (Harry Stein, op. cit., pp. 149-51). Há uma descrição detalhada do campinho original em 1939-40 feita pelo

prisioneiro Felix Rausch, em David Hackett, *Buchenwald Report* (Boulder, CO: Westview Press, 1995, pp. 271-6).

13. David Hackett, op. cit., pp. 113-4. Após a Noite dos Cristais, as novas chegadas totalizaram 10 098. Houve mais de 9 mil partidas devido a soltura, transferência ou óbito (cerca de 2 mil mortes no total em 1938-9, sem incluir os que morreram entre Weimar e o campo; ibid., p. 109). A população prisional de Buchenwald declinou acentuadamente entre 1938 e 1939, voltando a explodir com as novas levas no outono de 1939 (8707 durante setembro-outubro).

14. Fritz escreveu mais tarde: "Sei que meu pai arriscou a vida por esse diário. Nenhum outro prisioneiro o encorajara a fazer isso, já que ele punha em risco não só a própria vida, como a de todos os demais. E mesmo hoje algumas perguntas permanecem sem resposta: Onde meu pai escondia o diário? Como ele passava pelas inspeções?" (Reinhold Gärtner e Fritz Kleinmann, op. cit., pp. 12-3). Gustav não revelou que a certa altura, quando era o ajudante de seu barracão, ele o escondia nos beliches, e quando saía o carregava consigo o tempo todo (Fritz Kleinmann, entrevista de 1997).

15. Esse relato é baseado principalmente no diário de Gustav Kleinmann e nas reminiscências de Fritz, com detalhes circunstanciais de outras fontes (por exemplo, David Hackett, op. cit.; Harry Stein, op. cit.; testemunho B.192, AWK).

16. Nas palavras de Himmler, a tarefa do *kapo* era "garantir a realização do trabalho [...]. No momento em que não estivermos satisfeitos com ele, ele não é mais *kapo* e volta ao grupo de presos. Ele sabe que será espancado até a morte na primeira noite em que voltar" (apud Laurence Rees, op. cit., p. 79).

17. Com base no tamanho do vagão e na densidade do calcário quebrado, 1554 kg/m³. Fontes diferentes dão a quantidade de homens selecionados para empurrar os vagonetes como dezesseis e 26.

18. Gustav se refere a esse lugar como *Todes-Holzbaracke* [barracão da morte], provavelmente o apelido de uma construção usada para judeus doentes depois de serem impedidos de usar a enfermaria dos prisioneiros (o bloco 2, na parte sudoeste do campo, de frente para a praça de chamada) em setembro de 1939 (ver Emil Carlebach, em David Hackett, op. cit., p. 162).

19. Harry Stein, op. cit., p. 96.

20. Stefan Heymann, em David Hackett, op. cit., p. 253.

21. Nigel Jones, *Countdown to Valkyrie: The July Plot to Assassinate Hitler*. Londres: Frontline, 2008, pp. 103-5.

22. Nikolaus Wachsmann, op. cit., p. 220.

23. David Hackett, op. cit., p. 51; Harry Stein, op. cit., p. 119.

24. David Hackett, op. cit., pp. 231, 252-3; Nikolaus Wachsmann, op. cit.

25. Fritz Kleinmann, apud Monika Horsky, *Man muß darüber reden. Schüler fragen KZ-Häftlinge*. Viena: Ephelant Verlag, 1988, pp. 48-9, reproduzido em Reinhold Gärtner e Fritz Kleinmann, op. cit., p. 16n.

26. Harry Stein, pp. 52, 108-9; testemunho B.192, AWK.

27. Heller mais tarde trabalhou como médico em Auschwitz. Ele sobreviveu ao Holocausto e emigrou para os Estados Unidos. "Era um homem muito decente. Se pudesse ajudar alguém, ele o fazia", recordou um colega prisioneiro (obituário, *Chicago Tribune*, 29 set. 2001).

28. David Hackett, op. cit., pp. 60-4.

29. O prisioneiro Walter Poller, apud Marco Pukrop, "Die SS-Karrieren von Dr. Wilhelm Berndt und Dr. Walter Döhrn. Ein Beitrag zu den unbekannten KZ-Ärzten der Vorkriegszeit", *Werkstatt Geschichte*, v. 62, p. 79, 2012.

30. Em seu relato do episódio (Reinhold Gärtner e Fritz Kleinmann, op. cit., p. 48), Fritz parece dar a entender que seu "choro e desespero" ("*weinender und verzweifelter*") eram fingimento.

31. O diário de Gustav é difícil de ser interpretado aqui: "[*Am*] *nächsten Tag kriege* [*ich*] *einen Posten als Reiniger im Klosett, habe 4 Öfen zu heizen*". *Klosett* podia ser a latrina no campinho ou talvez os barracões no campo principal, que haviam ficado fechados por falta d'água (Harry Stein, op. cit., p. 86). Os *Öfen* (fornos ou fornalhas) são mais difíceis de localizar; a maioria provavelmente era parte das cozinhas ou do bloco das duchas. Não eram fornos de crematório, que Buchenwald só adquiriu no verão de 1942 (ibid., p. 141).

4. O TRITURADOR DE PEDRA [pp. 70-8]

1. Anotação de emprego, sem data, LJL; censo da Inglaterra e do País de Gales, 1911; descrição e detalhes na lista de passageiros, SS *Carinthia*, 2 out. 1936, PNY; Escritório de Registro Geral, registro de 1939, Arquivo Nacional, Kew. Morris e Rebecca Brostoff nasceram em Białystok (hoje Polônia) por volta de 1878 e emigraram para a Inglaterra antes de 1911. Em 1939 seu endereço era Street Lane, 373.

2. Ficha 46/01063-04, HOI. Não foi encontrada a ficha prisional de Richard Paltenhoffer dessa época, mas ele provavelmente foi classificado na categoria C.

3. Nikolaus Wachsmann, op. cit., pp. 147-51; David Cesarani, *Final Solution*. Londres: Macmillan, 2016, pp. 164-5; Kim Wünschmann, op. cit., p. 186.

4. Chegando a Dachau em 24 de junho de 1938, Richard Paltenhoffer foi registrado como prisioneiro número 16 865 (ficha do prisioneiro, PGD). Ele foi transferido para Buchenwald em 23 de setembro de 1938, onde recebeu o número 9520 e foi mandado inicialmente para o bloco 16, depois para o bloco 14 (ficha do prisioneiro, PGB).

5. Nikolaus Wachsmann, op. cit., pp. 181-4.

6. Ibid., p. 186.

7. A. R. Samuel, carta a David Makovski, 25 maio 1939, LJW; certidão de casamento, GRO; Montague Burton, carta a David Makovski, 26 fev. 1940, LJL; Nicholas Mark Burkitt, *British Society and the Jews*, p. 108, 2011. A empresa era a Rakusen Ltd., que existe até hoje. O primeiro endereço de Richard foi Brunswick Terrace, 9.

8. História biográfica, LJW; Anthony Grenville, "Anglo-Jewry and the Jewish Refugees from Nazism", *Association of Jewish Refugees Journal* (dez. 2012). O Comitê de Refugiados Judeus de Leeds era liderado por David Makovski, que tinha uma alfaiataria na cidade. Ele era famoso por seu temperamento muitas vezes irascível e por sua convicção de que cada um devia saber seu lugar na sociedade e se ater a ele.

9. B. Neuwirth, carta a Richard Paltenhoffer, 16 fev. 1940; Comitê de Controle, carta ao Cartório de Matrimônios, 20 fev. 1940, LJL.

10. Gustav registrou todas as imprecações em seu poema "O caleidoscópio da pedreira" (ver mais à frente neste capítulo).

11. Ao todo, 1235 prisioneiros morreram em Buchenwald em 1939, a maior parte no último trimestre do ano (David Hackett, op. cit., p. 114).

12. Há certa divergência entre o diário de Gustav e as memórias de Fritz sobre a sequência de eventos nesse período (incluindo as tarefas precisas nos barracões). Este livro concilia os dois.

13. Uma bomba aliada caiu perto do Carvalho de Goethe em 1944, derrubando a árvore. Ela caiu, mas um toco continua lá.

14. Fritz Kleinmann, entrevista de 1997. A condição de judeu em si não foi suficiente para ele ser enviado aos campos até bem mais tarde. O regime nazista se concentrava em forçar judeus a emigrar, incluindo os que eram mantidos nos campos, os quais eram liberados se obtivessem os documentos necessários para viajar.

15. De "O caleidoscópio da pedreira", de Gustav Kleinmann. Traduzi os versos em alemão de Gustav com a maior fidelidade possível: "*Klick-klack Hammerschlag,/ klick-klack Jammertag./ Sklavenseelen, Elendsknochen,/ dalli und den Stein gebrochen*".

16. "*Klick-klack Hammerschlag,/ klick-klack Jammertag./ Sieh nur diesen Jammerlappen/ winselnd um die Steine tappen.*"

17. Gustav e Fritz registraram o primeiro nome de Herzog como "Hans", mas segundo Stein (Buchenwald, p. 299) era Johann. Para outros relatos em primeira mão da personalidade e do comportamento de Herzog, ver declarações em Hackett, *Buchenwald Report*, pp. 159, 174-5, 234. Apesar dos rumores de que teria sido assassinado posteriormente por outro prisioneiro, Herzog desfrutou de uma longa carreira criminosa.

18. "*Klatsch — er liegt auf allen Vieren,/ doch der Hund will nicht krepieren!*"

19. O original de Gustav tem uma estrutura melhor do que minha tradução: "*Es rattert der Brecher tagaus und tagein,/ er rattert und rattert und bricht das Gestein,/ zermalt es zu Schotter und Stunde auf Stund'/ frißt Schaufel um Schaufel sein gieriger Mund./ Und die, die ihn füttern mit Müh und mit Fleiß,/ sie wissen er frißt nur — doch satt wird er nie./ Erst frißt er die Steine und dann frißt er sie*".

5. POEMA PEDAGÓGICO [pp. 79-91]

1. Edith Kurzweil, *Nazi Laws and Jewish Lives*. Londres: Transaction, 2004, p. 153.

2. Ver Yitzhak Arad, op. cit., pp. 143-4.

3. Doron Rabinovici, op. cit., p. 87 em diante.

4. Lista de passageiros do SS *Veendam*, 24 jan. 1940, PNY; Censo dos Estados Unidos, 1940, Nara; Alfred Bienenwald, pedido de passaporte americano, 1919, Nara. Os primos de Tini eram Bettina Prifer e seu irmão Alfred Bienenwald. A mãe deles, Netti, húngara de nascimento, parece ter sido irmã da mãe de Tini, Eva Schwarz (Bettina Bienenwald, registro de nascimento, 20 out. 1899, Geburtsbuch e Geburtsanzeigen, IKA).

5. Censo dos Estados Unidos, 1940, Nara.

6. Memorando do Departamento de Estado dos Estados Unidos, 26 jun. 1940, em David S. Wyman, *America and the Holocaust*, v. 4. Londres: Garland, 1990, p. 1; ibid., p. v.

7. Fritz e Gustav nunca descobriram onde Tini conseguiu o dinheiro, já que não tinha permissão de trabalhar. Na verdade, ela fazia serviços ocasionais (cartas a Kurt Kleinmann, 1941, DKK), e provavelmente dependia de parentes mais bem de vida.

8. Reinhold Gärtner e Fritz Kleinmann, op. cit., p. 69; ficha de prisioneiro de Buchenwald 1.1.5.3/6283376, ITS; registro de nascimento de Jeanette Rottenstein, 13 jul. 1890, Geburtsbuch, IKA.

9. Fritz foi transferido para a equipe da horta em 5 de abril de 1940 (ficha de prisioneiro 1.1.5.3/6283377, ITS).

10. Harry Stein, op. cit., pp. 44-5, 307; David Hackett, op. cit., p. 34. O primeiro nome de Hackmann ora é dado como Hermann, ora como Heinrich. Mais tarde ele foi acusado de desvio pela SS.

11. Reinhold Gärtner e Fritz Kleinmann, op. cit., pp. 47, 49. Fritz afirma que media na época 1,45 metro. Mas no retrato de família de 1938, quando ele estava com catorze anos, é possível perceber que era apenas ligeiramente mais baixo do que Edith, uma adulta (que tinha cerca de 1,58 metro de altura, segundo seu passaporte, DDP). Ele deve ter crescido um pouco nos dezoito meses seguintes, assim teria mais de 1,52 metro no fim de 1939.

12. Gustav Herzog nasceu em Viena, 12 jan. 1908 (anotação sobre Gustav Herzog, 68 485, AMP).

13. Stefan Heymann nasceu em Mannheim, Alemanha, em 14 mar. 1896 (anotação sobre Stefan Heymann, 68 488, AMP).

14. Anton Makarenko, *Road to Life: An Epic of Education (A Pedagogical Poem)*, v. 2, cap. 1.

15. Fritz Kleinmann, em Reinhold Gärtner e Fritz Kleinmann, op. cit; p. 54.

16. David Hackett, *Buchenwald Report*, pp. 42, 336; Reinhold Gärtner e Fritz Kleinmann, op. cit., p. 55.

17. Harry Stein, *Buchenwald*, p. 78.

18. Ibid. pp. 78-9.

19. Ibid., p. 90.

20. Reinhold Gärtner e Fritz Kleinmann, op. cit., p. 57. O temperamento e os hábitos de Schmidt estão documentados por muitas testemunhas citadas em David Hackett, op. cit.

6. UMA DECISÃO FAVORÁVEL [pp. 92-104]

1. Embora afirmassem falar em nome do "povo", na verdade a maioria dos ingleses só teve ideia do que seria uma quinta-coluna quando o *Daily Mail* iniciou sua campanha (Peter Gillman e Leni Gillman, *"Collar the Lot!" How Britain Interned and Expelled Its Wartime Refugees*. Londres: Quartet, 1980, pp. 78-9). O termo "quinta-coluna" se originou durante a Guerra Civil Espanhola (1936-9), quando um general disse à imprensa que tinha quatro colunas de soldados, além de uma "quinta-coluna" em território inimigo.

2. Roger Kershaw, "Collar the Lot! Britain's Policy of Internment During the Second World War", *UK National Archives Blog*, 2 jul. 2015. Disponível em: <blog.nationalarchives.gov.uk/blog/collar-lot-britains-policy-internment-second-world-war>. Acesso em: 18 jul. 2017. A maioria dos refugiados judeus foi colocada na categoria C (isentos de detenção), embora 6700 tenham sido classificados como B (sujeitos a algumas restrições) e 569 tenham sido considerados uma ameaça e detidos. Havia de fato espiões e sabotadores operando na Inglaterra. Dezenas acabaram sendo presos e condenados, mas a maioria era de cidadãos britânicos nascidos no país, não imigrantes.

3. Peter Gillman e Leni Gillman, op. cit., p. 153; Roger Kershaw, op. cit.

4. Winston Churchill, Câmara dos Comuns, 4 jun. 1940, *Hansard*, v. 364, p. 794.

5. Peter Gillman e Leni Gillman, op. cit., p. 167 em diante, 173 em diante; Roger Kershaw, op. cit.

6. Bernard Wasserstein, *Britain and the Jews of Europe, 1939-1945*. Londres: Leicester University Press, 1999, p. 108.

7. Ibid., p. 83.

8. O endereço era Reginald Terrace, 15 (várias cartas, LJL). Na época de seu casamento, Richard morava no número 4 (certidão de casamento, GRO). As casas vitorianas em Reginald Terrace foram demolidas na década de 1980.

9. Leeds JRC, carta ao Ministério do Interior, 18 mar. 1940, LJL. A srta. Green morou no St Martin's Garden, 57.

10. Leeds e Londres JRC, cartas, 7 e 13 jun. 1940, LJL.

11. Peter Gillman e Leni Gillman, op. cit., pp. 113, 133. Edith se munira de um atestado médico com o dr. Rummelsberg (24 abr. 1940, LJL), obtido presumivelmente para algum propósito ligado a seu trabalho ou pedido de emigração.

12. Louise Londres, op. cit., p. 171.

13. Não há registro de onde Richard Paltenhoffer ficou preso. Sua ficha parece ter sido destruída, junto com a da maioria, em um procedimento rotineiro do Ministério do Interior. Disponível em: ‹discovery.nationalarchives.gov.uk/details/r/C9246›. Acesso em: 30 set. 2017.

14. Secretário adjunto, carta a Edith Paltenhoffer, 30 ago. 1940, LJL.

15. Ibid., 4 set. 1940, LJL.

16. Ministério do Interior, carta a Leeds, JRC, 16 set. 1940, LJL.

17. Victor Cazalet, Câmara dos Comuns, 22 ago. 1940, *Hansard*, v. 364, c. 1534.

18. Rhys Davies, Câmara dos Comuns, 22 ago. 1940, *Hansard*, v. 364, c. 1529.

19. Ministério do Interior, carta a Leeds, JRC, 23 set. 1940, LJL. A soltura de Richard fora autorizada em 16 de setembro (ficha 270/00271, HOI).

20. Apud Jerry Silverman, *The Undying Flame: Ballads and Songs of the Holocaust*, 2002, p. 15.

21. Ibid., p. 15.

22. Manfred Langer, em Hackett, *Buchenwald Report*, pp. 169-70.

23. Apud Silverman, *Undying Flame*, p. 15. Leopoldi sobreviveu ao Holocausto, mas Löhner-Beda foi morto em Auschwitz em 1942.

24. Hackett, *Buchenwald Report*, p. 42.

25. Fritz parece ter sido transferido para a turma de construção em 20 de agosto de 1940, depois de quatro meses na horta (ficha prisional 1.1.5.3/6283377, ITS).

26. Em Gärtner e Kleinmann, *Doch der Hund*, p. 72.

27. O bloco 17 dos *Prominenten* tinha status mediano. Os nazistas mantinham seus prisioneiros políticos de status mais elevado — antigos primeiros-ministros, presidentes e monarcas de países conquistados — em isolamento, muitas vezes em complexos secretos especiais dentro de campos de concentração.

28. Gedenkstätte Buchenwald. Disponível em: ‹www.buchenwald.de/en/1218›. Acesso em: 10 maio 2019. Ulrich Weinzierl, *Die Welt*, 1 abr. 2005. Transferido para Dachau em outubro de 1940, Fritz Grünbaum morreu ali em 14 de janeiro de 1941.

29. Tomas Plänkers, *Ernst Federn: Vertreibung und Rückkehr. Interviews zur Geschichte Ernst Federns und der Psychoanalyse*, 1994, p. 158. Ernst Federn sobreviveu em Buchenwald até a libertação, em 1945. Ele continuou a trabalhar com psicanálise e morreu em 2007.

30. Em Gärtner e Kleinmann, *Doch der Hund*, p. 59.

31. Wachsmann, *KL*, pp. 224-5.

32. Ibid., p. 225. A cremação é proibida pela lei judaica e as cinzas não podem ser depositadas nos cemitérios. Entretanto, abre-se uma exceção para os cremados contra a vontade, de modo que as cinzas enviadas dos campos de concentração puderam ser enterradas em cemitérios judaicos.

33. Tini Kleinmann, carta ao Comitê de Auxílio para Judeus Alemães em Nova York, mar. 1941, DKK.

34. Margaret E. Jones, carta a AFSC, nov. 1940, em Wyman, *America*, v. 4, p. 3.

35. Os cônsules, que não precisavam se encontrar pessoalmente com os autores dos pedidos, costumavam ser insensíveis e até mesmo apoiaram restrições de imigração antissemitas, a despeito de condenar publicamente o nazismo e o antissemitismo (Bat-Ami Zucker, *In Search of Refuge: Jews and US Consuls in Nazi Germany, 1933-1941*, 2012, pp. 172-4). O consulado de Viena foi mais solidário do que a maioria e se mostrou disposto a driblar um pouco as regras (ibid., p. 167).

36. Tini Kleinmann, carta ao Comitê de Auxílio para Judeus Alemães em Nova York, mar. 1941, DKK.

7. O NOVO MUNDO [pp. 105-15]

1. O episódio se baseia em parte em entrevistas com Kurt Kleinmann, relatos escritos por ele e cartas de Tini Kleinmann, jul. 1941, DKK; notas de Fritz Kleinmann, DRG; dados do manifesto do SS *Siboney*, 27 mar. 1941, PNY.

2. Há um relato de uma partida assim de Viena em Ruth Maier, *Ruth Maier's Diary: A Young Girl's Life under Nazism* (trad. de Jamie Bulloch, 2009, pp. 112-3). Se o trem de Kurt partiu à noitinha, Tini e Herta não teriam tido permissão de acompanhá-lo à estação de forma alguma, devido ao toque de recolher; um amigo não judeu ou parente deve tê-lo acompanhado.

3. Manifesto, SS *Siboney*, 27 mar. 1941, PNY.

4. Foram empreendidos esforços por parte do autor, do próprio Kurt e da organização One Thousand Children de encontrar Karl Kohn e Irmgard Salomon, mas nenhuma informação pôde ser obtida sobre a vida deles.

5. Descrição: registros do Selective Service System, Record Group Number 147, Nara.

8. INDIGNO DE VIVER [pp. 116-29]

1. Em todos os relatos desse assassinato (diário de Gustav Kleinmann; Emil Carlebach, Herbert Mindus em Hackett, *Buchenwald Report*, pp. 164, 171-2; Erich Fein e Karl Flanner, *Rot-Weiss-Rot in Buchenwald*, 1987, p. 74) não se faz menção ao que motivou as ações de Abraham.

2. David Cesarani, *Final Solution*, p. 317; Stein, *Buchenwald*, pp. 81-3; Fritz Kleinmann em Gärtner e Kleinmann, *Doch der Hund*, pp. 77-9.

3. Herbert Mindus (em Hackett, *Buchenwald Report*, pp. 171-2) afirma que Hamber estava na turma de construção e sugere que o incidente ocorreu na garagem da SS. Entretanto, o relato foi escrito quatro anos depois, enquanto o diário de Gustav Kleinmann é contemporâneo e provavelmente mais preciso, embora menos detalhado; Gustav afirma que Hamber era da equipe do vagonete (ver também Fein e Flanner, *Rot-Weiss-Rot*, p. 74) e que o incidente teve lugar numa parte

escavada do Departamento de Assuntos Econômicos. Alguns relatos (Stein, *Buchenwald*, p. 288) datam o incidente do fim de 1940; na verdade ocorreu na primavera de 1941.

4. Pelo registro parece que seu verdadeiro nome era Edmund (Stein, *Buchenwald*, p. 298), mas todo mundo o conhecia por Eduard (por exemplo, Fritz Kleinmann em Gärtner e Kleinmann, *Doch der Hund*, p. 81; Herbert Mindus, em Hackett, *Buchenwald Report*, p. 171).

5. Relatado por Emil Carlebach, em Hackett, *Buchenwald Report*, p. 164.

6. Ibid.

7. Stein, *Buchenwald*, p. 298.

8. Gustav é enigmático aqui; ele usa a palavra *Aktion*, querendo dizer uma "campanha" ou "operação especial", dando a entender que tinha em mente algum tipo de resistência combinada entre os membros da equipe do vagonete, chefiada por Eduard Hamber. Porém, o que ele escreve é extremamente elíptico — provavelmente porque, embora manter um diário sem dúvida seria fatal se fosse descoberto, as consequências seriam ainda piores se em suas páginas houvesse evidência de atividades contra a SS.

9. Tini Kleinmann, carta a Kurt Kleinmann, 15 jul. 1941, DKK.

10. Ordem de 14 maio 1941, apud Gold, *Geschichte der Juden*, pp. 106-7.

11. David Cesarani, *Final Solution*, p. 443.

12. Rabinovici, *Eichmann's Jews*, p. 136.

13. David Cesarani, *Final Solution*, p. 418.

14. Tini Kleinmann, carta a Kurt Kleinmann, 5 ago. 1941, DKK.

15. Ibid., 15 jul. 1941, DKK.

16. Tini Kleinmann, cartas a Kurt Kleinmann, jul.-ago. 1941, DKK.

17. Fichas de prisioneiros 1.1.5.3/6283389, 1.1.5.3/6283376, ITS. Os registros indicam quatro pacotes recebidos ao longo de 1941 — um para Gustav e outro para Fritz no dia 3 de maio, um para Fritz em 22 de outubro e um para Gustav em 16 de novembro. Todos continham peças de roupa.

18. Gustav escreve: "*Wir sind die Unzertrennlichen*" [Somos inseparáveis]. A palavra *Unzertrennlichen* também dá nome ao periquito-namorado e é o título em alemão do filme *Gêmeos*, de David Cronenberg.

19. William L. Shirer, apud Cesarani, *Final Solution*, p. 285.

20. Harry Stein, *Buchenwald*, pp. 124-6; Wachsmann, *KL*, pp. 248-58; David Cesarani, *Final Solution*, pp. 284-6.

21. Waldemar Hoven, médico da SS, apud Harry Stein, *Buchenwald*, p. 124.

22. Gustav dá a data de agosto de 1941; em geral ele é totalmente confiável nas datas, mas, em retrospecto, parece descrever os eventos da primavera e do verão de 1941 — talvez no fim do ano — e sua cronologia e seus números para o período às vezes não são fidedignos.

23. Harry Stein, *Buchenwald*, p. 59.

24. Otto Kipp, em Hackett, *Buchenwald Report*, p. 212.

25. Ferdinand Römhild, enfermeiro da SS, apud Harry Stein, *Buchenwald*, p. 126.

26. Era verdade que muitos revolucionários bolcheviques da liderança em 1917 eram judeus. Também era verdade que o regime soviético liberara judeus russos da repressão antissemita dos tsares. Mas a alegada ligação entre o judaísmo e o comunismo não passou de uma fantasia na mente dos ideólogos nazistas, um equivalente moderno banal do libelo de sangue.

27. Wachsmann, *KL*, p. 260.

28. O diário de Gustav Kleinmann afirma que isso ocorreu em 15 de junho, o que é impossível, já que a guerra entre a Alemanha e a União Soviética só começou em 22 de junho. É mais um caso de atribuição de data errada a um evento de 1941 devido ao fato de ter sido escrito de memória (ver nota 22). À parte a data, os outros detalhes de seu relato são corroborados por múltiplas fontes.

29. Harru Stein, *Buchenwald*, pp. 121-4; Hackett, *Buchenwald Report*, p. 236 em diante; Wachsmann, *KL*, p. 258 em diante. "Commando 99" era uma referência ao número de telefone dos estábulos.

30. Harry Stein, *Buchenwald*, p. 85; Wachsmann, *KL*, p. 277 em diante.

31. Ibid., pp. 121-3.

32. Gustav usa a palavra *Justifizierungen*, eufemismo utilizado às vezes no contexto judicial, para o qual não há equivalente em outras línguas.

33. Fritz Kleinmann, em Gärtner e Kleinmann, *Doch der Hund*, p. 21n.

34. Wachsmann, *KL*, pp. 270-1. Efeito similar fora observado entre os esquadrões da morte dos Einsatzgruppen no Front Oriental; fuzilar grande número de vítimas à queima-roupa por um longo período traumatizou até homens calejados e dedicados da SS (Cesarani, *Final Solution*, p. 390). Esse foi um dos motivos para a introdução das câmaras de gás nos campos de concentração, forçando equipes de prisioneiros — os Sonderkommandos — a enterrar as vítimas.

35. Harry Stein, *Buchenwald*, pp. 58-9; depoimento das testemunhas em Hackett, *Buchenwald Report*, pp. 71, 210, 230; Wachsmann, *KL*, p. 435.

36. Harry Stein, *Buchenwald*, p. 58.

37. Ibid., pp. 200-3; Wachsmann, *KL*, p. 435. O soro de tifo com que eram inoculados estava sendo desenvolvido em conjunto pela SS, pela companhia química IG Farben e pela Wehrmacht, com o objetivo de produzir uma vacina para as tropas alemãs no Leste Europeu, onde o tifo era endêmico.

38. Fritz Kleinmann, em Gärtner e Kleinmann, *Doch der Hund*, pp. 79-80.

39. *Völkischer Beobachter*, apud David Cesarani, *Final Solution*, p. 421.

40. Rees, *Holocaust*, p. 231; David Cesarani, *Final Solution*, p. 421 em diante; *notes on accession* n. 2005.506.3, United States Holocaust Memorial Museum. Disponível em: <collections.ushmm.org/search/catalog/irn523540>. Acesso em: 10 maio 2019.

41. Rabinovici, *Eichmann's Jews*, pp. 110-1.

42. Tini Kleinmann, carta a Samuel Barnet, 19 jul. 1941, DKK.

43. Fritz Kleinmann, em Gärtner e Kleinmann, *Doch der Hund*, p. 83.

44. Rees, *Holocaust*, p. 231; David Cesarani, *Final Solution*, p. 422 em diante.

45. Ordem de Heinrich Müller, RSHA, 23 out. 1941, em Arad et al., *Documents*, pp. 153-4.

9. MIL BEIJOS [pp. 130-46]

1. Michael Dror, "News from the Archives", *Yad Vashem Jerusalem*, n. 81, 2016, p. 22. Arnold Frankfurter morreu em Buchenwald em 14 de fevereiro (Felix Czeike, *Historisches Lexikon Wien*, 1992-7, v. 2, p. 357) ou entre 10 e 19 de março de 1942 (Felicitas Heimann-Jelinek, Lothar Höbling e Ingo Zechner, *Ordnung muss sein: Das Archiv der Israelitischen Kultusgemeinde Wien*, 2007, p. 152). Ele casou Gustav Kleinmann e Tini Rottenstein em Viena em 8 de maio de 1917 (Dieter J.

Hecht, "'Der König rief, und alle, alle kamen': Jewish military chaplains on duty in the Austro--Hungarian army during World War I", *Jewish Culture and History*, v. 17. n. 3, 2016, pp. 209-10).

2. Fritz Kleinmann, em Gärtner e Kleinmann, *Doch der Hund*, p. 82.

3. David Cesarani, *Final Solution*, pp. 445-9.

4. Harry Stein, *Buchenwald*, p. 128.

5. Hermann Einziger, em Hackett, *Buchenwald Report*, p. 189.

6. Gustav menciona especificamente que Greuel era o sargento da SS envolvido. De modo um pouco confuso, ele parece dizer que esse incidente ocorreu "transportando cascalho do britador". Porém, ele aparece no contexto do transporte de troncos na floresta. Presumimos que sua equipe se alternava nos dois trabalhos. O fato de alguns homens de Gustav estarem desocupados na ocasião sugere que isso aconteceu durante o transporte de toras, não de brita (que teria sido no vagonete).

7. Robert Siewert e Josef Schappe, em Hackett, *Buchenwald Report*, pp. 153, 160.

8. Fritz diz que Leopold Moses foi a Natzweiler em 1941 (Gärtner e Kleinmann, *Doch der Hund*, p. 50). Entretanto, nessa época Natzweiler tinha um número muito pequeno de prisioneiros (transferidos de Sachsenhausen); o campo começou a receber grandes levas na primavera de 1942 (Jean-Marc Dreyfus, em Geoffrey P. Megargee (Org.), *The United States Holocaust Memorial Museum Encyclopedia of Camps and Ghettos, 1933-1945*, 2009, v. 1B, p. 1007).

9. Fritz Kleinmann, em Gärtner e Kleinmann, *Doch der Hund*, p. 82. (A carta original de Tini, que Fritz nunca viu, não foi preservada.)

10. O antigo território soviético sob domínio alemão foi dividido no Reichskommissariat Ostland e no Reichskommissariat Ukraine. Além dessas regiões havia uma zona de guerra ainda maior atrás do front alemão.

11. As instruções para os deportados de Altreich e Ostmark em Ostland estão em David Cesarani, *Final Solution*, p. 428; Christopher Browning, *The Origins of the Final Solution*, 2005, p. 381; e um memorando em Arad et al., *Documents*, pp. 159-61. O folheto de instrução entregue para os supervisores de transporte em Viena é citado na íntegra em Gold, *Geschichte*, pp. 108-9. A história de um deportado é contada no depoimento do sobrevivente vienense Wolf Seiler (deportado em 6 de maio de 1942), documento 854, DOW.

12. Os transportes de judeus para Ostland começaram em novembro de 1941; houve sete nesse mês, saídos de várias cidades alemãs, incluindo um de Viena (Alfred Gottwaldt, "Logik und Logistik von 1300 Eisenbahnkilometern", em Waltraud Barton (Org.), *Ermordet in Maly Trostinec: die österreichischen Opfer der Shoa in Weißrussland*, 2012, p. 54). O programa foi interrompido devido às demandas logísticas da Wehrmacht e retomado em maio de 1942; entre esse período e outubro houve nove transportes de Viena, partindo semanalmente no fim de maio e de junho (ibid.; ver também Alfred Gottwaldt e Diana Schulle, *Die "Judendeportationen" aus dem Deutschen Reich 1941-1945*, 2005, p. 230 em diante; Irene Sagel-Grande, H. H. Fuchs e C. F. Rüter, *Justiz und NS-Verbrechen: Sammlung Deutscher Strafurteile wegen Nationalsozialistischer Tötungsverbrechen 1945-1966: Band XIX*, 1978, pp. 192-6).

13. Gärtner e Kleinmann, *Doch der Hund*, p. 69; ficha de prisioneiro de Buchenwald 1.1.5.3/6283376, ITS.

14. O marido de Bertha morreu na Primeira Guerra Mundial e ela não voltou a se casar (certidão de nascimento de Bertha Rottenstein, 29 abr. 1887, Geburtsbuch, IKA; *Adressbuch* de Lehman

para Viena em 1938, WLO; relatórios de baixas, *Illustrierte Kronen Zeitung*, 4 jul. 1915, p. 6; KUK Kriegsministerium, *Verlustliste Nr 209 ausgegeben am 13.7.1915*, 1915, p. 54).

15. Por quanto tempo Tini e Herta Kleinmann foram mantidas no *Sammellager* (campo de detenção) não se sabe; alguns deportados esperavam uma semana ou mais, mas como os números de deportação das duas eram bem altos (ver nota abaixo), supõe-se que elas foram notificadas bem depois e não teriam sido mantidas por muito tempo.

16. O embarque podia levar mais de cinco horas (por exemplo, relatório policial sobre transporte Da 230, outubro de 1942, DOW).

17. Os deportados estão identificados na lista de partida da Gestapo para o Transport 26 (Da 206), 9 jun. 1942, 1.2.1.1/11203406, ITS; dados limitados disponíveis também em Erfassung der Österreichischen Holocaustopfer, DOW e YVS.

18. Tini Rottenstein nasceu em 2 de janeiro de 1893 na Kleine Stadtgutgasse, 6, perto do Praterstern (Geburtsbuch 1893, IKA).

19. O Aspangbahnhof foi demolido em 1976. Uma pequena praça – Platz der Opfer der Deportation – hoje ocupa o local, junto com um memorial aos milhares de deportados que partiram de Viena na estação.

20. O trajeto está em Alfred Gottwaldt, "Logik und Logistik von 1300 Eisenbahnkilometern", em Barton, *Ermordet*, pp. 48-51. A cronologia foi estimada com base no relatório da polícia de Viena sobre o transporte Da 230, out. 1942, DOW.

21. Quando a guerra começou, a divisão SS-Totenkopfverbande ficou sob o comando geral da Waffen-SS. Os guardas veteranos eram enviados para combater no Front Oriental. Eles eram substituídos nos campos pelos novos voluntários e conscritos. A insígnia da Caveira era vista no quepe de todos os homens da SS, mas apenas a SS-TV a usava também no colarinho.

22. Sipo-SD foi o nome informal das unidades combinadas da SS Sicherheitspolizei (Sipo, polícia de segurança) e Sicherheitsdienst (SD, inteligência). A Sipo, que combinava a Gestapo e a polícia criminal, fora extinta nessa época, sendo absorvida pelo Escritório de Segurança Geral do Reich (RSHA), mas o termo continuou em uso para as unidades de polícia-SD combinadas nos territórios a leste.

23. Depoimento do sobrevivente Wolf Seiler (deportado em 6 de maio de 1942), documento 854, DOW; depoimento de Isaak Grünberg (deportado em 5 de outubro de 1942), apud Alfred Gottwaldt, "Logik und Logistik von 1300 Eisenbahnkilometern", em Barton, *Ermordet*, p. 49.

24. Alfred Gottwaldt, "Logik und Logistik von 1300 Eisenbahnkilometern", em Barton, *Ermordet*, p. 51.

25. Ficou registrado que o transporte que partiu de Viena na terça-feira, 9 de junho, chegou a Minsk no sábado, dia 13, ou no dia 15 de junho, segunda; os registros da ferrovia indicam a primeira data, enquanto um relatório do tenente Arlt da SS (16 jun. 1942, pasta 136 M.38, YVP) indica a segunda. Pessoas que negam o Holocausto usaram essa discrepância para lançar dúvida sobre os massacres em Maly Trostinets. Na verdade, deveu-se a relações industriais; quanto a maio de 1942, os trabalhadores da ferrovia em Minsk não precisavam trabalhar nos fins de semana e os trens chegando no sábado ficavam estacionados na estação de Kojdanów nos arredores da cidade até a manhã de segunda (Alfred Gottwaldt, "Logik und Logistik von 1300 Eisenbahnkilometern", em Barton, *Ermordet*, p. 51).

26. Tini Kleinmann, carta a Kurt Kleinmann, 5 ago. 1941, DKK.

27. Fontes usadas aqui incluem relatos em segunda mão (Sybille Steinbacher, "Deportiert von Wien nach Minsk", em Barton, *Ermordet*, pp. 31-8; Sagel-Grande et al., *Justiz*, pp. 192-6; Christian Gerlach, *Kalkulierte Morde: Die deutsche Wirtschafts-und Vernichtungspolitik in Weißrußland 1941 bis 1944*, 1999, pp. 747-60; Petra Rentrop, "Maly Trostinez als Tatort der 'Endlösung'", em Barton, *Ermordet*, pp. 57-71; Mark Aarons, *War Criminals Welcome: Australia, a Sanctuary for Fugitive War Criminals Since 1945*, 2001, pp. 71-6), relatórios oficiais (tenente da SS Arlt, 16 de junho de 1942: pasta 136 M.38, YVP), e depoimentos pessoais de sobreviventes (Wolf Seiler, documento 854, DOW; Isaak Grünberg, citado acima).

28. Petra Rentrop, "Maly Trostinez als Tatort der 'Endlösung'", em Barton, *Ermordet*, p. 64.

29. David Cesarani, *Final Solution*, p. 356 em diante.

30. Sybille Steinbacher, "Deportiert von Wien nach Minsk", em Barton, *Ermordet*, pp. 31-8; Sagel-Grande et al., *Justiz*, pp. 192-6; Gerlach, *Kalkulierte Morde*, pp. 747-60; Petra Rentrop, "Maly Trostinez als Tatort der 'Endlösung'", em Barton, *Ermordet*, pp. 57-71. O campo de concentração de Maly Trostinets raramente é mencionado nas histórias do Holocausto em geral; nem mesmo os quatro catataus da *United States Holocaust Memorial Museum Encyclopedia of Camps and Ghettos* apresentam um verbete para ele, apenas algumas referências no verbete sobre o gueto de Minsk (v. 2B, pp. 1234, 1236). Há muitas grafias diferentes para o nome na literatura — na moderna Bielorrússia é Mały Trościeniec; outras variantes incluem Trostenets; Trostinets; Trostinec; Trostenez; Trastsianiets; Trascianec. Em alemão o lugar às vezes é chamado de Klein Trostenez.

31. Depoimento de Wolf Seiler, documento 854, DOW.

32. Sagel-Grande et al., *Justiz*, p. 194.

33. Aarons, *War Criminals*, pp. 72-4.

34. Sagel-Grande et al., *Justiz*, p. 194.

35. Aarons, *War Criminals*, pp. 72-4.

36. Petra Rentrop, "Maly Trostinez als Tatort der 'Endlösung'", em Barton, *Ermordet*, p. 65. Talvez tenha havido até oito caminhões de gás na Bielorrússia, mas apenas três ou quatro parecem ter sido usados em Maly Trostinets (Gerlach, *Kalkulierte Morde*, pp. 765-6).

37. Sagel-Grande et al., *Justiz*, pp. 194-5.

38. Tenente da SS Arlt, 16 jun. 1942: pasta 136 M.38, YVP.

39. Tini refere-se a esse passeio no canal e à sua infância em sua última carta a Kurt, 15 jul. 1941, DKK.

40. No todo, segundo o Centro de Documentação da Resistência Austríaca, cerca de 9 mil judeus foram deportados de Viena para Maly Trostinets. Sabe-se de apenas dezessete sobreviventes. A quantidade total morta em Maly Trostinets não é sabida ao certo, mas se estima que mais de 200 mil judeus alemães, austríacos e bielorrussos e prisioneiros de guerra soviéticos foram mortos entre 1941 e 1943, quando o campo foi fechado (Martin Gilbert, *The Holocaust: The Jewish Tragedy*, 1986, p. 886, n. 38).

10. JORNADA PARA A MORTE [pp. 147-54]

1. Um relato desse incidente feito após a guerra pelo prisioneiro Hermann Einziger (em Hackett, *Buchenwald Report*, p. 189) afirma que ocorreu em abril e que a turma de trabalho estava carregando

os troncos para o campo com as mãos. Entretanto, o diário de Gustav (que volta à sua confiabilidade cronológica em 1942) sugere que isso foi mais tarde naquele ano (de meados a fins do verão) e que os troncos estavam sendo colocados em um vagão. Einziger diz que Friedmann era de Mannheim; Gustav diz que era de Kassel. Nenhum dos dois oferece mais detalhes.

2. A proibição de judeus na enfermaria fora cancelada em algum ponto; a data precisa não é sabida.

3. Stein, *Buchenwald*, pp. 138-9; Ludwig Scheinbrunn em Hackett, *Buchenwald Report*, pp. 215-6.

4. Stein, *Buchenwald*, pp. 36-7; Hackett, *Buchenwald Report*, p. 313.

5. Ordem de 5 de outubro de 1942, apud Stein, *Buchenwald*, p. 128.

6. Stein, *Buchenwald*, pp. 128-9.

7. Isso foi uma semana após a convocação da lista, em 8 de outubro (Stefan Heymann em Hackett, *Buchenwald Report*, p. 342).

8. Fritz não explica isso em suas memórias. A SS não exigiria tal documento, então talvez isso fosse do interesse de Siewert, caso fosse acusado de ser cúmplice ou de forçar Fritz a ir.

9. Fritz (em Gärtner e Kleinmann, *Doch der Hund*, p. 86) diz que eram oitenta homens por vagão; porém, o comandante Pister mandara vir um trem da companhia ferroviária consistindo em dez vagões de gado e um vagão de passageiros para o pessoal da SS (Stein, *Buchenwald Report*, pp. 128-9). Fritz fornece a data de partida como 18 de outubro e a de chegada a Auschwitz como 20 de outubro, errando por um dia.

10. Gustav usa a expressão de uso corrente "*Himmelfahrtskommando*", que pode ser traduzida literalmente como "missão suicida" ou "ordem camicase".

11. UMA CIDADE CHAMADA OŚWIĘCIM [pp. 157-72]

1. Austro-húngaros eram convocados para o Exército na primavera do ano em que completavam 21 anos, servindo três anos, seguidos de dez anos nas reservas (James Lucas, *Fighting Troops of the Austro-Hungarian Army, 1868-1914*, 1987, p. 22). Gustav Kleinmann fez 21 em 2 de maio de 1912. O *kaiserlich und königlich* (KUK) *Armee* (Exército Imperial e Real) era composto de soldados de todo o império.

2. Lucas, *Fighting Troops*, pp. 25-6.

3. A 12ª Divisão de Infantaria foi parte da força de apoio do Primeiro Exército e foi designada ao X Corps para o avanço.

4. John R. Schindler, *Fall of the Double Eagle: The Battle for Galicia and the Demise of Austria--Hungary*, 2015, p. 171. Em 1914, o norte e o oeste do que é hoje a Polônia eram parte do Império Alemão e o sul (compreendendo a Galícia) pertencia à Áustria-Hungria. O centro da Polônia moderna (incluindo Varsóvia) era parte do Império Romano. Assim a fronteira austríaca com a Rússia era a norte e a leste.

5. Ibid., p. 172 em diante.

6. Ibid., pp. 200-39.

7. Alexander Watson, *Ring of Steel: Germany and Austria-Hungary at War, 1914-1918*, 2014, pp. 193-5.

8. Ibid., pp. 200-1; Andrew Zalewski, *Galician Portraits: In Search of Jewish Roots*, 2012, pp. 205-6.

9. John Keegan, *The First World War*, 1998, p. 192.

10. Gemeinesames Zentralnachweisbureau, *Nachrichten über Verwundete und Kranke Nr 190 ausgegeben am 6.1.1915*, 1915, p. 24; *Nr 203 ausgegeben am 11.1.1915*, 1915, p. 25. As exatas circunstâncias do ferimento de Gustav são ignoradas, excetuando que levou um tiro. Os dois relatórios citados indicam respectivamente que foi baleado na parte inferior da perna esquerda ("*linken Unterschenkel*", 6 jan., Biala) e no antebraço esquerdo ("*linken Unterarm*", 11 jan. Oświęcim). Ferimentos simultâneos no braço e na perna esquerdos às vezes aconteciam quando o soldado se ajoelhava para apontar o fuzil. Ferimentos assim provavelmente teriam ocorrido durante um ataque ou incursão, não nas trincheiras.

11. Robert Jan van Pelt e Debórah Dwork, *Auschwitz: 1270 to the Present*, 1996, p. 59.

12. Ibid.

13. O relatório descrevendo as ações de Gustav (pedido de medalha, 3 Feldkompanie, Infanterieregiment 56, 27 fev. 1915, BWM) indica que isso foi iniciativa inteiramente de Gustav e Aleksiak, sugerindo que seu sargento e/ou oficial do pelotão não estavam presentes, muito provavelmente mortos no ataque.

14. Relatório do Exército austro-húngaro, 26 fev. 1915, *Amtliche Kriegs-Depeschen*, v. 2 (Berlim: Nationaler, 1915), reproduzido em: <stahlgewitter.com/15_02_26.htm>.

15. Pedido de medalha, 3 Feldkompanie, Infanterieregiment 56, 27 fev. 1915, BWM.

16. *Wiener Zeitung*, 7 abr. 1915, pp. 5-6. Ao todo, dezenove homens do 56º receberam a Medalha de Prata por Bravura de 1ª Classe (Silberne Tapferkeitsmedaille erster Klasse) enquanto 97 receberam a de 2ª Classe.

17. KUK Kriegsministerium, *Verlustliste Nr 244 ausgegeben am 21.8.1915*, 1915, p. 21. A lista oficial não especifica como Gustav foi ferido ou onde ficava o ferimento (tampouco em que hospital o puseram); foi meramente listado como "*verwundeten*" [ferido]. Na família conta-se que foi no pulmão.

18. Essa é a essência dos discursos feitos pelo rabino Arnold Frankfurter nessa época, incluindo em casamentos, conforme citado por Hecht em "Der König rief", pp. 212-3, que menciona em específico o casamento de Gustav e Tini.

19. Watson, *Ring of Steel*, pp. 503-6.

20. Grünberg foi registrado como aprendiz de pedreiro na entrada em Auschwitz (lista de chegadas, 19 out. 1942, ABM).

21. Antes de 1944, quando um ramal de estrada de ferro e uma rampa de descarga foram construídos no campo de Birkenau, os prisioneiros chegando a Auschwitz desembarcavam em um ramal perto de Auschwitz I e, antes disso, na estação da cidade, e marchavam para os campos.

22. Danuta Czech, *Auschwitz Chronicle: 1939-1945*, 1990, p. 255.

23. Havia 405 homens na lista de transporte, mas apenas 404 foram registrados ao entrar em Auschwitz (ibid., p. 255). Presume-se que um tenha morrido no caminho.

24. Auschwitz I adquiriu um prédio especialmente construído para receber os prisioneiros diante da entrada do campo (Van Pelt e Dwork, *Auschwitz*, pp. 222-5; Czech, *Auschwitz Chronicle*, p. 601). Antes disso, havia apenas as instalações regulares dentro do acampamento.

25. As primeiras execuções a gás na Alemanha, usando caminhões e câmaras, ocorreram em 1939, como parte do programa de eutanásia T4 (David Cesarani, *Final Solution*, pp. 283-5). Os primeiros experimentos com gás Zyklon B em Auschwitz foram feitos em agosto de 1941 em Auschwitz I; câmaras de gás e crematórios grandes e especializados entraram em uso em Auschwitz-Birkenau no

começo de 1942 (Wachsmann, *KL*, pp. 267-8, 301-2; Franciszek Piper em Megargee, *USHMM Encyclopedia*, v. 1A, pp. 206, 210). No fim de 1942, rumores sobre execuções a gás haviam se espalhado pelo sistema dos campos de concentração e entre as populações locais.

26. "*Eine Laus; dein Tod*" — essa mensagem estava espalhada por todos os muros de Auschwitz.

27. A desinfecção dos uniformes era feita por fumigação com Zyklon B. Esse era o propósito original pretendido do gás venenoso, que a SS adaptou para usar nas câmaras de extermínio. Para isso, pediram ao fabricante (uma subsidiária da IG Farben) para remover o cheiro de advertência desagradável que costumava ser adicionado (Peter Hayes, *Industry and Ideology: IG Farben in the Nazi Era*, 2001, p. 363).

28. Os primeiros a receber números tatuados foram os prisioneiros de guerra soviéticos, no outono de 1941. A SS fez experimentos no começo com um dispositivo para marcar a pele, mas não funcionou muito bem (Wachsmann, *KL*, p. 284). Nenhum outro campo de concentração usou tatuagens.

29. Lista de chegadas, 19 de outubro de 1942, ABM.

30. A numeração Auschwitz I, II e III só foi introduzida em novembro de 1943 (Florian Schmaltz em Megargee, *USHMM Encyclopedia*, v. 1A, p. 216), mas é usada aqui por questão de clareza e coerência.

31. Franciszek Piper em Megargee, *USHMM Encyclopedia*, v. 1A, p. 210. Auschwitz-Birkenau (Auschwitz II) começou a ser construído em outubro de 1941 e estava em operação no começo de 1942.

32. Gustav usa a expressão "*schwarze Mauer*", não a expressão de uso mais comum, "*schwarze Wand*". Ambas significam a mesma coisa. O nome veio da tela pintada de preto que protegia o muro de tijolos das balas.

33. Czech, *Auschwitz Chronicle*, p. 259.

34. Höss, apud Hermann Langbein, *People in Auschwitz*, trad. de Harry Zohn, 2004, pp. 391-2.

35. Apud Langbein, *People*, p. 392. Por volta dessa época, o sargento da SS Gerhard Palitzsch ficou cada vez mais perturbado, devido à morte de sua esposa. Eles moravam em uma casa perto do campo e Palitzsch, que estava envolvido em corrupção, obteve roupas roubadas dos prisioneiros em Birkenau. Em outubro de 1942, sua esposa contraiu tifo — provavelmente, de piolhos presentes nas roupas — e morreu. Palitzsch começou a beber mais e seu comportamento se tornou errático (ibid., pp. 408-10).

36. Czech, *Auschwitz Chronicle*, pp. 255-60.

37. Ibid., p. 261. As 186 mulheres de Ravensbrück foram declaradas aptas e receberam trabalho separado dos homens (ibid., pp. 261-2).

38. Em Gärtner e Kleinmann, *Doch der Hund*, p. 90. Fritz diz que ficaram apenas uma semana em Auschwitz I e ao testemunhar nos julgamentos de Frankfurt tanto ele como Gustav calcularam o tempo como oito dias (Abt 461 Nr 37638/84/ 15904-6; Abt 461 Nr 37638/83/ 15661-3, FTD); na verdade, foram onze dias (Czech, *Auschwitz Chronicle*, pp. 255, 260-1).

39. Isso é duvidoso. Havia uma pesada demanda por trabalhadores para a construção do novo campo de Monowitz e os registros sugerem que a intenção sempre fora enviar os prisioneiros transferidos para trabalhar lá (Czech, *Auschwitz Chronicle*, p. 255). Porém, o registro não é claro e Fritz e Gustav ficaram com a impressão de que estavam todos listados para execução. Com certeza esse foi o propósito de sua seleção em Buchenwald — daí reter os trabalhadores de construção.

12. AUSCHWITZ-MONOWITZ [pp. 173-9]

1. Nessa época, o campo era chamado oficialmente de campo de trabalho de Buna (ou "Campo IV", pela administração da IG Farben – ver Bernd C. Wagner, *IG Auschwitz: Zwangsarbeit und Vernichtung von Häftlingen des Lagers Monowitz 1941-1945*, 2000, p. 96). Mais tarde, ficou conhecido como campo de concentração de Monowitz ou Auschwitz III. Os nomes posteriores são usados aqui por questão de clareza e consistência.

2. No início de setembro de 1942, as obras do campo de Monowitz estavam prontas para começar, mas a construção não foi além de um pequeno número de barracões (entre dois e oito, segundo diferentes fontes). O restante das obras no campo foi adiado para acelerar a construção do complexo industrial de Buna Werke. O campo abriu oficialmente para a recepção de prisioneiros em 28 de outubro (ibid., pp. 95-7).

3. "Buna" era a marca registrada da borracha sintética que seria produzida ali. Entre outras aplicações, a borracha era vital para a fabricação de aeronaves e veículos – por exemplo, pneus e os vários componentes de absorção de choque.

4. Florian Schmaltz, em Megargee, *USHMM Encyclopedia*, v. 1A, pp. 216-7; Gärtner e Kleinmann, *Doch der Hund*, p. 92. No fim os prisioneiros constituiriam um terço da força de trabalho total de Buna Werke, o resto sendo composto de trabalhadores remunerados da Alemanha ou dos países ocupados (Hayes, *Industry*, p. 358), muitos deles mão de obra involuntária recrutada em programas como o Service du Travail Obligatoire, da França.

13. O FIM DE GUSTAV KLEINMANN, JUDEU [pp. 180-9]

1. Wachsmann, *KL*, pp. 49-52; Joseph Robert White em Megargee, *USHMM Encyclopedia*, v. 1A, pp. 64-6. Esterwegen e os demais campos de Emsland foram fechados em 1936.

2. *Adressbuch* de Lehman, 1891, WLO; Alice Teichova, "Banking in Austria", em Manfred Pohl (Org.), *Handbook on the History of European Banks*, 1994, p. 4.

3. Wagner, *IG Auschwitz*, p. 107.

4. O termo foi usado em outros campos de concentração também. Não se sabe sua origem. Ver Yisrael Gutman, em Yisrael Gutman e Michael Berenbaum (Orgs.), *Anatomy of the Auschwitz Death Camp*, 1994, p. 20; Wachsmann, *KL*, pp. 209-10, 685 n. 117; Wladyslaw Fejkiel, apud Langbein, *People*, p. 91. Quando os campos de concentração foram liberados, em 1944-5, a maioria dos prisioneiros muito antigos havia se transformado em *Muselmänner* e virara um emblema das vítimas do Holocausto. Mas eles já podiam ser vistos nos campos em 1939.

5. Hayes, *Industry*, p. 358.

6. Herzog foi funcionário a partir de meados de 1943 e chefe de janeiro a outubro de 1944 (Herzog, depoimento nos julgamentos de Frankfurt, Abt 461 Nr 37638/84/15891-2, FTD).

7. Planos e projetos detalhados dos edifícios em Irena Strzelecka e Piotr Setkiewicz, "Bau, Ausbau und Entwicklung des KL Auschwitz", em Wacław Długoborski e Franciszek Piper (Orgs.), *Auschwitz 1940-1945: Studien der Geschichte des Konzentrations-und Vernichtungslagers Auschwitz*, 1999, v. 1, pp. 128-30.

8. Wachsmann, *KL*, p. 210.

9. Primo Levi, que foi prisioneiro em Monowitz a partir de fevereiro de 1944, falou sobre o bloco 7 que "nenhum *Häftling* [prisioneiro] comum jamais entrou ali" (Primo Levi, *Survival in Auschwitz and The Reawakening: Two Memoirs*, 1986, p. 32).

10. Wagner, *IG Auschwitz*, pp. 117, 121-2; Langbein, *People*, pp. 150-1.

11. Apud Wachsmann, *KL*, p. 515.

12. Wagner, *IG Auschwitz*, pp. 121-2.

13. Ibid., p. 117.

14. Freddi Diamant, apud Langbein, *People*, p. 151.

15. Irena Strzelecka e Piotr Setkiewicz, "Bau, Ausbau und Entwicklung des KL Auschwitz", em Długoborski e Piper, *Auschwitz 1940-1945*, v. 1, p. 135.

16. No fim de 1943, Auschwitz tinha três campos satélites dedicados à mineração de carvão: Fürstengrube, Janinagrube e Jawischowitz. Ficavam de quinze a cem quilômetros de distância do campo principal de Auschwitz (verbetes em Megargee, *USHMM Encyclopedia*, v. 1A, pp. 221, 239, 253, 255).

17. Wagner, *IG Auschwitz*, p. 118. Um agente sempre astuto e muito apreciado pela SS, em poucas semanas Windeck obteve uma colocação como *Lagerältester* no campo masculino de Birkenau.

14. RESISTÊNCIA E COLABORACIONISMO: A MORTE DE FRITZ KLEINMANN [pp. 190-207]

1. Wachsmann, *KL*, pp. 206-7.

2. Fritz Kleinmann, em Gärtner e Kleinmann, *Doch der Hund*, p. 108.

3. Os seguintes detalhes são descritos em detalhes por Fritz Kleinmann, em ibid., pp. 108-12.

4. Langbein, *People*, p. 142; Irena Strzelecka e Piotr Setkiewicz, "Bau, Ausbau und Entwicklung des KL Auschwitz", em Długoborski e Piper, *Auschwitz 1940-1945*, v. 1, p. 128.

5. Hayes, *Industry*, pp. 361-2.

6. Fritz Kleinmann, em Gärtner e Kleinmann, *Doch der Hund*, p. 112.

7. Florian Schmaltz, em Megargee, *USHMM Encyclopedia*, v. 1A, p. 217.

8. Henryk Świebocki, "Die Entstehung und die Entwicklung der Konspiration im Lager", em Długoborski e Piper, *Auschwitz 1940-1945*, v. 4, pp. 150-3.

9. Pierre Goltman, *Six mois en enfer*, 2011, pp. 89-90.

10. Fritz afirma que trabalhou como *Transportarbeiter*, "transportador" (Gärtner e Kleinmann, *Doch der Hund*, p. 113), mas sem fornecer maiores esclarecimentos; esse era um rótulo muito amplo e provavelmente se refere à função de buscar e carregar coisas para os serralheiros na fábrica.

11. Hermann Langbein, em Gutman e Berenbaum, *Anatomy*, pp. 490-1; Henryk Świebocki, "Die Entstehung und die Entwicklung der Konspiration im Lager", em Długoborski e Piper, *Auschwitz 1940-1945*, v. 4, pp. 153-4.

12. Florian Schmaltz, em Megargee, *USHMM Encyclopedia*, v. 1A, p. 217.

13. Langbein, *People*, p. 329.

14. Ibid., pp. 31, 185, 322, 329-35.

15. Em seu livro de memórias e em sua entrevista, Fritz diz apenas que foi levado para o Departamento Político, sem especificar se era o principal departamento de Auschwitz I ou o

subdepartamento em Monowitz. O envolvimento de Grabner e a gravidade da acusação sugerem que era provavelmente o departamento principal. Ao mesmo tempo, no fim do interrogatório, ele diz que Grabner "voltou para Auschwitz com o civil" (Gärtner e Kleinmann, *Doch der Hund*, p. 114); mas ele também escreve que Taute e Hofer o levaram "de volta para o campo" (ibid.), o que mais uma vez sugere que Auschwitz I foi o palco da tortura. No geral, o balanço das evidências favorece este último. Em seu depoimento de 1963 para os julgamentos de Frankfurt (Abt 461 Nr 37638/83/15663, FTD), Fritz afirmou que esse incidente ocorreu em junho de 1944; como Grabner deixou Auschwitz no fim de 1943, isso deve ser um erro de transcrição de junho de 1943.

16. Wagner, *IG Auschwitz*, pp. 163-92; Irena Strzelecka e Piotr Setkiewicz, "Bau, Ausbau und Entwicklung des KL Auschwitz", em Długoborski e Piper, *Auschwitz 1940-1945*, v. 1, p. 128.

17. O registro da morte de Fritz Kleinmann nunca foi encontrado; supõe-se que estava entre a maioria dos papéis de Auschwitz destruída antes da libertação do campo. Alguns arquivos do hospital sobreviveram (e têm o formato descrito), mas esse aparentemente se perdeu.

18. Em suas memórias, Fritz não menciona seus pensamentos suicidas na época, mas em sua entrevista de 1997 fala sobre isso com mais detalhes e muito emocionado.

19. Fritz não é muito claro sobre quanto tempo passou até seu pai descobrir que estava vivo. Em suas memórias, dá a entender que foi pouco depois de sua transferência do hospital para o bloco 48, ao passo que em sua entrevista de 1997 ele é vago, sugerindo que, por necessidade, o segredo foi mantido por um longo tempo.

20. Czech, *Auschwitz Chronicle*, pp. 537, 542.

21. Langbein, *People*, p. 40; Wachsmann, *KL*, pp. 388-9; Czech, *Auschwitz Chronicle*, pp. 537, 812.

22. Relatório de resistência dos prisioneiros, 9 dez. 1943, apud Czech, *Auschwitz Chronicle*, p. 542.

15. A BONDADE DE DESCONHECIDOS [pp. 208-20]

1. A versão desse incidente dada por Fritz Kleinmann difere em alguns detalhes da versão no diário de Gustav e ambas diferem dos arquivos da Gestapo (apud Czech, *Auschwitz Chronicle*, pp. 481-2). O relato fornecido aqui é uma síntese dos três.

2. Gustav escreveu em seu diário que Eisler e Windmüller levaram um tiro (cf. Czech, *Auschwitz Chronicle*, p. 482); supõe-se que essa tenha sido a história que chegou a Monowitz na época.

3. Não confundir com a Rote Hilfe eV, organização de ajuda socialista fundada em 1975. A Rote Hilfe original foi fundada em 1921 como uma afiliada da International Red Aid. Ela foi banida pelos nazistas e mais tarde se dispersou. Muitos ativistas terminaram nos campos de concentração.

4. Não se sabe exatamente quais eram os deveres de Alfred Wocher no Front Oriental ou em que unidade ele estava, mas é difícil acreditar que não soubesse dos assassinatos em massa de judeus perpetrados ali. De modo algum a Waffen-SS e os Einsatzgruppen eram as únicas organizações envolvidas. Unidades da Wehrmacht também tomavam parte e mesmo que Wocher não estivesse por perto de tais acontecimentos deve ter ouvido histórias.

5. Langbein, *People*, pp. 321-2.

6. Nunca houve rampa em Monowitz e a estrada de ferro não entrava no campo; a partir de 1942, o procedimento era que os transportes fossem para a "velha rampa de judeus" na estação de

Oświęcim ou para um ramal perto de Auschwitz I e a partir de 1944 para a rampa em Birkenau; entretanto, Fritz Kleinmann (Gärtner e Kleinmann, *Doch der Hund*, pp. 129-30) sugere que alguns transportes eram descarregados dentro de Monowitz ou nas proximidades do campo, numa área descampada, supõe-se, e que os homens selecionados para Monowitz chegavam com sua bagagem.

7. Em Birkenau, duas seções inteiras do campo, conhecidas na gíria do campo como Canadá I e II, compreendendo 36 blocos de barracões, foram usadas para armazenagem. Oficialmente, as equipes que separavam os objetos pilhados eram chamadas de *Aufräumungskommando* (comando de limpeza), mas o nome informal, *Kanada Kommando*, pegou de tal forma que a SS o usava também (Andrzej Strezelecki em Gutman e Berenbaum, *Anatomy*, pp. 250-2).

8. Embora não mencione em suas memórias, Fritz diz em sua entrevista de 1997 que esperava que Wocher conseguisse encontrar sua mãe e lhe entregasse uma carta sua.

9. Havia 23 apartamentos na Im Werd número 11; em 1941 e 1942, apenas doze continuavam ocupados (*Adressbuch* de Lehmann, Im Werd, 1938, 1941-2, WLO).

10. Ibid., 1942 WLO. Não se sabe se Karl Novacek era parente de Friedrich Novacek, que morava no mesmo prédio e foi um dos amigos que traiu Gustav e Fritz em 1938 e 1939.

11. Lista de transporte, Da 227, 14 set. 1942, DOW. O Transport Da 227 chegou a Minsk dois dias depois, e era comum que os deportados fossem levados direto para Maly Trostinets e assassinados (Alfred Gottwaldt, "Logik und Logistik von 1300 Eisenbahnkilometern", em Barton, *Ermordet*, p. 54). A filha de Bertha, Hilda, era casada com Viktor Wilczek; o primo meio-judeu de Kurt Kleinmann e amigo de Richard era filho deles.

16. LONGE DE CASA [pp. 221-32]

1. Gustav Kleinmann, carta a Olga Steyskal, 3 jan. 1944, DFK.

2. Essa restrição só se aplicava a Monowitz; no resto de Auschwitz, todas as categorias de prisioneiros tinham direito aos cupons.

3. Langbein, *People*, p. 25; Fritz Kleinmann, em Gärtner e Kleinmann, *Doch der Hund*, p. 129-30.

4. Fritz Kleinmann, em Gärtner e Kleinmann, *Doch der Hund*, pp. 129-30; Wagner, *IG Auschwitz*, pp. 101, 103; Levi, *Survival*, p. 32.

5. Fritz Kleinmann, em Gärtner e Kleinmann, *Doch der Hund*, p. 132; Wagner, *IG Auschwitz*, p. 101.

6. David Cesarani, *Final Solution*, p. 702. Cerca de 320 mil judeus húngaros foram cidadãos de países vizinhos até a Alemanha abocanhar parte de seus territórios e entregá-los aos aliados húngaros.

7. Ibid., p. 707.

8. Danuta Czech, "Kalendarium der wichtigsten Ereignisse aus der Geschichte des KL Auschwitz", em Długoborski e Piper, *Auschwitz*, v. 5, p. 201; Czech, *Auschwitz Chronicle*, p. 618.

9. Rees, *Holocaust*, pp. 381-2.

10. Danuta Czech, "Kalendarium der wichtigsten Ereignisse aus der Geschichte des KL Auschwitz", em Długoborski e Piper, *Auschwitz*, v. 5, p. 203; Wachsmann, *KL*, pp. 457-61; David Cesarani, *Final Solution*, pp. 707-11; Rees, *Holocaust*, pp. 381-5; Czech, *Auschwitz Chronicle*, p. 627.

11. Danuta Czech, "Kalendarium der wichtigsten Ereignisse aus der Geschichte des KL Auschwitz", em Długoborski e Piper, *Auschwitz*, v. 5, p. 203.

12. David Cesarani, *Final Solution*, p. 710.

13. Wachsmann, *KL*, pp. 460-1.

14. Isso parece ter acontecido por volta de maio de 1944, já que Gustav se refere imediatamente a isso após sua descrição dos judeus húngaros. Nas memórias de Fritz, ele dá a entender que ocorreu antes do Natal de 1943, mas o diário parece descartar essa hipótese.

15. Lista de admissões no hospital, fev.-mar. 1944, pp. 288, 346, ABM. A doença de Gustav não é especificada no arquivo (que registrava apenas nome, número, datas e status do prisioneiro: liberado, morto ou "*nach Birkenau*"). Ele não se refere ao episódio em seu diário, que pula direto de outubro de 1943 para maio de 1944.

16. Konstantin Simonov, apud Rees, *Holocaust*, p. 405. Outros campos de extermínio na região, como Sobibor e Treblinka, foram fechados em outubro de 1943, na mesma época de Maly Trostinets.

17. Os outros argumentos práticos eram que o bombardeio aéreo não era preciso o bastante para ser eficaz. Para atingir as câmaras de gás de Auschwitz, por exemplo, teria sido necessário um arsenal de tal magnitude jogado sobre uma área tão ampla que milhares de prisioneiros de Birkenau provavelmente teriam morrido, sem nenhuma certeza de que as câmaras de gás seriam destruídas. Bombardear a estrada de ferro que levava aos campos era igualmente problemático. Estradas de ferro eram difíceis de acertar de altitude elevada e sempre que eram atingidas como parte de uma campanha estratégica, os alemães simplesmente desviavam o tráfego e em geral os trilhos estavam consertados e operando outra vez em 24 horas. Para um resumo dos argumentos de cada parte, ver Martin Gilbert, *Auschwitz and the Allies*, 1981; David S. Wyman, "Why Auschwitz Wasn't Bombed", em Gutman e Berenbaum, *Anatomy*, pp. 569-87; Wachsmann, *KL*, pp. 494-6. Quanto à questão de por que os Aliados não fizeram algo para deter o Holocausto, a resposta do autor é de que fizeram: eles combateram — e no fim venceram, ao custo de milhões de vidas das nações aliadas — uma guerra total para destruir o Estado que o perpetrou.

18. Precauções antiaéreas em Auschwitz foram debatidas em uma reunião no comando do campo em 9 de novembro de 1943, incluindo a imposição de um blecaute, mas uma defesa eficaz só foi implantada quando 1944 já ia bastante avançado (Robert Jan van Pelt, *The Case for Auschwitz: Evidence from the Irving Trial*, 2016, p. 328).

19. Alguns judeus mais rígidos trocavam alimentos não kasher por pão, se conseguiam, e havia rabinos hassídicos em Monowitz que só comiam se fosse kasher; eles morreram rapidamente de fome. Wollheim Memorial, histórias orais. Disponível em: <www.wollheim-memorial.de/en/juedische_religion_und_zionistische_aktivitaet_en>. Acesso em: 9 maio 2019.

20. "Mesmo hoje o pensamento me atormenta", disse Fritz muitos anos mais tarde, quando se lembrou de suas ações.

21. Fritz menciona esse encontro em Gärtner e Kleinmann, *Doch der Hund* (p. 142), sem identificar o jovem mais especificamente. Ele parece ter sido o prisioneiro número 106 468, que pode ser encontrado no arquivo do hospital de Auschwitz III-Monowitz (ABM), mas em nenhum outro arquivo de Auschwitz. Esse número de série foi um de um lote emitido em 6 de março de 1943 para judeus deportados da Alemanha (Czech, *Auschwitz Chronicle*, p. 347).

22. Wagner, *IG Auschwitz*, p. 108.

23. Fritz os identifica pelos nomes de Jenö e Laczi. Os arquivos de Auschwitz que sobreviveram mostram que dois irmãos judeus chegaram juntos em um transporte da Hungria mais ou menos

nessa época: Jenö e Alexander Berkovits (números de prisioneiro A-4005 e A-4004; registros de trabalho e arquivo hospitalar de Monowitz, ABM).

17. RESISTÊNCIA E TRAIÇÃO [pp. 233-48]

1. Sem explicação, Fritz indica que "Pawel" também era conhecido como "Tadek". Aparentemente, os dois nomes eram falsos. Os nomes verdadeiros dos poloneses eram Zenon Milaczewski (número 10 433) e Jan Tomczyk (número 126 261), embora não fique claro qual era o de Szenek e qual era o de Pawel; o "berlinense" aparentemente era o polonês de nascimento Riwen Zurkowski (número ignorado), que parece ter vivido em Berlim (Czech, *Auschwitz Chronicle*, p. 619).

2. Fritz não explica por que Goslawski não pôde dar o pacote diretamente para Peller na chamada. É possível que os trabalhadores de construção estivessem sujeitos a uma inspeção mais rigorosa quando entravam na área da fábrica. A data é fornecida ora como 4 de maio de 1944 (ibid.) ou 3 de maio (ficha de prisioneiro de Jan Tomczyk, ABM).

3. Notificação na sala do comandante de Monowitz, em Czech, *Auschwitz Chronicle*, p. 634.

4. Data ignorada. Treze poloneses foram transferidos para Buchenwald em 1º de junho de 1944 (Czech, *Auschwitz Chronicle*, p. 638), e vários transportes de poloneses ocorreram entre agosto e dezembro de 1944 (Stein, *Buchenwald*, pp. 156, 166; Danuta Czech, "Kalendarium der wichtigsten Ereignisse aus der Geschichte des KL Auschwitz", em Długoborski e Piper, *Auschwitz*, v. 5, p. 231).

5. A data da execução não fica clara. Pode ter sido só em dezembro. A data da morte de Zenon Milaczewski (nome verdadeiro de um deles, ver nota 1 deste capítulo) é fornecida pelo registro de óbitos do hospital de Monowitz (ABM) como sendo 16 de dezembro de 1944.

6. Fritz afirma que dois homens foram enforcados, mas, segundo Gustav Herzog, eram três (depoimento dos julgamentos de Frankfurt, Abt 461 Nr 37638/84/15893, FTD).

7. Gilbert, *Auschwitz and the Allies*, p. 307. Gilbert afirma que o raide começou às 22h32, mas parece muito pouco provável, uma vez que os bombardeios americanos costumavam ser realizados à luz do dia. Czech (*Auschwitz Chronicle*, p. 692) fornece o horário de "fim da tarde".

8. Arie Hassenberg, apud Gilbert, *Auschwitz and the Allies*, p. 308.

9. Gilbert, *Auschwitz and the Allies*, p. 308; depoimento de Siegfried Pinkus, Tribunal Militar de Nuremberg: NI-10820, documentos de Nuremberg, apud Wollheim Memorial. Disponível em: <www.wollheim-memorial.de/en/luftangriffe_en>. Acesso em: 10 jun. 2019.

10. Levi, *Survival*, pp. 137-8.

11. Czech, *Auschwitz Chronicle*, p. 722.

12. Gilbert, *Auschwitz and the Allies*, p. 315 em diante.

13. Ibid., p. 326.

14. Número de prisioneiro 68 705, lista de chegadas, 19 out. 1942, ABM; arquivo do hospital de Monowitz, ABM.

15. Número de prisioneiro 68 615, lista de chegadas, 19 out. 1942, ABM.

16. Fritz não identifica a arma como uma Luger, mas quase certamente era. Em Gärtner e Kleinmann, *Doch der Hund* (p. 158), descreve-a como uma "pistola 0.8 mm", o que é claramente um erro. O número do modelo da Luger de uso militar era P.08, o que talvez explique o erro de memória de Fritz. As unidades da Luftwaffe receberam a Luger um pouco mais tarde na Segunda

Guerra Mundial, quando os oficiais de alta patente do Exército e da SS mudaram para a Walther P.38 (John Walter, *Luger: The Story of the World's Most Famous Handgun*, 2016, cap. 12).

17. Em suas memórias, Fritz fornece a data desse ataque como 18 de novembro, equivocadamente. Não houve raide aéreo nessa data. Ao todo, foram quatro durante 1944: 20 de agosto, 13 de setembro, 18 e 26 de dezembro (Gilbert, *Auschwitz and the Allies*, pp. 307-33).

18. Embora muitas bombas tenham caído em terreno aberto e algumas nos campos dos arredores, o ataque de 18 de dezembro de fato danificou seriamente diversas fábricas (Gilbert, *Auschwitz and the Allies*, pp. 331-2).

19. Czech, *Auschwitz Chronicle*, p. 780.

20. Ibid., pp. 778-9.

21. Ibid., pp. 782-3.

22. Jósef Cyrankiewicz, 17 jan. 1945, apud Czech, *Auschwitz Chronicle*, p. 783.

23. Czech, *Auschwitz Chronicle*, pp. 785-7.

24. O diário de Gustav Kleinmann indica unidades de cem, ao passo que outros registros mencionam mil como o tamanho das unidades (Czech, *Auschwitz Chronicle*, p. 786) e as memórias de Fritz Kleinmann mencionam três grupos de cerca de 3 mil homens; infere-se que as unidades eram organizadas hierarquicamente, ao estilo militar.

25. Gustav identifica especificamente Moll. Sua base ficava em Birkenau e nenhum registro foi encontrado de sua presença em Monowitz nessa época. Talvez fosse uma visita breve para inspecionar a evacuação.

26. Em 15 de janeiro de 1945, a quantidade total de prisioneiros em Auschwitz III-Monowitz e seus subcampos era de 33 037 homens e 2044 mulheres (Czech, *Auschwitz Chronicle*, p. 779).

18. TREM DA MORTE [pp. 251-62]

1. No total, cinquenta prisioneiros foram mortos durante o mês de março (Czech, *Auschwitz Chronicle*, p. 786n).

2. Irena Strzelecka em Megargee, *USHMM Encyclopedia*, v. 1A, pp. 243-4.

3. Quatro trens partiram de Gleiwitz nesse dia, transportando prisioneiros de diversos subcampos de Auschwitz além de Monowitz. Os prisioneiros de Monowitz foram divididos em diferentes trens, destinados aos campos de concentração de Sachsenhausen, Gross-Rosen, Mauthausen e Buchenwald (Czech, *Auschwitz Chronicle*, p. 797).

4. Ibid., p. 791.

5. Dados da fase da lua disponíveis em: <www.timeanddate.com/moon/austria/amstetten?month=1&year=1945>. Acesso em: 10 maio 2019.

6. Em sua entrevista de 1997, Fritz diz que jogou o uniforme de prisioneiro fora depois que saltou, mas em suas memórias afirma que foi antes. Parece mais provável, uma vez que seu uniforme teria sido valioso contra o frio para outros prisioneiros.

7. Comer sabão normal provavelmente não teria tido tanto efeito (embora o sabão carbólico, usado na época, sim). Sabão usado para fazer barba, no entanto, costuma ter hidróxido de potássio, que é altamente tóxico e produz sintomas gastrointestinais graves, se ingerido.

19. MAUTHAUSEN [pp. 263-74]

1. Lista de chegadas de Mauthausen, 15 fev. 1945, 1.1.26.1/1307365, ITS. Fritz desembarcou do trem em 26 de janeiro de 1945 (pelo diário de Gustav, que coincide (um dia a mais ou a menos) com o registro de chegada do trem a Mauthausen: AMM-Y-Karteikarten, PGM) e foi registrado nos arquivos de Mauthausen em 15 de fevereiro (lista de transporte de Mauthausen, AMM-Y-50-03-16, PGM) — onze dias depois, por seus próprios cálculos, do tempo detido em Sankt Pölten.

2. Ficha de prisioneiro AMM-Y-Karteikarten, PGM; lista de chegadas de Mauthausen, 15 fev. 1945, 1.1.26.1/1307365, ITS. Mauthausen não recebeu nenhuma documentação de Auschwitz sobre o transporte de prisioneiros (por motivos revelados mais adiante no capítulo); foi por isso que Fritz conseguiu se passar por ariano. A polícia anotou a tatuagem por ser um sinal de identificação, mas o número, que não fazia sentido ali, não foi copiado.

3. A libertação de Auschwitz atraiu pouca atenção na imprensa, a despeito das tentativas soviéticas de alardear o fato. O público considerou uma reprise das revelações sobre Majdanek no verão anterior e a notícia foi eclipsada pela cobertura da conferência de Yalta, de 4 a 11 de fevereiro. Em 16 de fevereiro (um dia depois de Fritz Kleinmann entrar em Mauthausen), o primeiro militar aliado (do Ocidente) a ver o interior de Auschwitz após a libertação, o capitão Robert M. Trimble, do Comando Leste da Força Aérea dos Estados Unidos, conheceu Birkenau em um tour guiado pelos oficiais soviéticos (Lee Trimble e Jeremy Dronfield, *Beyond the Call*, 2015, p. 63 em diante).

4. Ficha de prisioneiro AMM-Y-Karteikarten, PGM; lista de chegadas de Mauthausen, 15 fev. 1945, 1.1.26.1/1307365, ITS.

5. Depoimento do padre local Josef Radgeb, citado no guia do museu em: <mauthausen-memorial.org/en/Visit/Virtual-Tour#map||23>.

6. Czech, *Auschwitz Chronicle*, p. 797.

7. Segundo um relato citado em Czech, *Auschwitz Chronicle*, p. 797n, o transporte chegou a Nordhausen em 28 de janeiro. Isso parece bem improvável, uma vez que chegara a Mauthausen em 26 de janeiro e ficara retido ali por um dia inteiro. Gustav Kleinmann indica a data de 4 de fevereiro, bem mais provável.

8. A quantidade de 766 vem do diário de Gustav, os demais números são de Czech, *Auschwitz Chronicle*, p. 797n.

9. Lista de prisioneiros de Mittelbau-Dora, p. 434, 1.1.27.1/2536866, ITS.

10. Michael J. Neufeld em Megargee, *USHMM Encyclopedia*, v. 1B, pp. 979-81.

11. Segundo Neufeld (ibid., p. 980), o despertar extremamente cedo foi praticado durante os meses de verão, mas o diário de Gustav Kleinmann afirma que aconteceu de fevereiro a março de 1945.

12. Um pequeno campo fora estabelecido nessa época em Woffleben (campo B-12) para economizar o tempo de viagem para os trabalhadores de Ellrich (ibid., p. 981); porém, Gustav e a maioria dos outros prisioneiros não estavam entre os transferidos e continuaram tendo de fazer a jornada de ida e volta para o trabalho todo dia.

13. Langbein, *Against All Hope: Resistance in the Nazi Concentration Camps, 1938-1946*, trad. de Harry Zohn, 1994, pp. 374-5.

14. Uma teoria é de que a SS pretendia usar os voluntários como isca, para atrair o fogo inimigo enquanto a SS de verdade fugia (Evelyn Le Chêne, *Mauthausen: The History of a Death Camp*, 1971, p. 155).

15. Fritz não faz menção a esse episódio em suas memórias nem em sua entrevista de 1997, e ao que parece não contou para sua família a respeito. Entretanto, ele falou sobre isso em uma entrevista de 1976 para um colega austríaco sobrevivente de Auschwitz e membro da resistência, Hermann Langbein (Hermann Langbein, *Against All Hope*, p. 374).

16. Ficha de prisioneiro AMM-Y-Karteikarten, PGM; lista de transferências de Gusen II, 15 mar. 1945, 1.1.26.1/1310718; lista de transferências de Mauthausen, 15 mar. 1945, 1.1.26.1/1280723; registro dos prisioneiros de Gusen II, p. 82, 1.1.26.1/1307473, ITS. As fontes de Langbein (*Against All Hope*, p. 384) indicam que o plano de se infiltrar nas unidades da SS aconteceu em "meados de março" de 1945, mas o episódio deve ter ocorrido no início de março, antes da transferência de Fritz para Gusen, em 15 de março.

17. Robert G. Waite em Megargee, *USHMM Encyclopedia*, v. 1B, pp. 919-21.

18. Lista de transferências de Gusen II, 15 de março de 1945, 1.1.26.1/1310718, ITS; Rudolf A. Haunschmied, Jan-Ruth Mills e Siegi Witzany-Durda, *St Georgen-Gusen-Mauthausen: Concentration Camp Mauthausen Reconsidered*, 2007, pp. 144, 172. Em suas memórias (Gärtner e Kleinmann, *Doch der Hund*, p. 170), que são muito vagas nesse ponto, Fritz erroneamente identifica o avião como o Me 109.

19. Haunschmied et al., *St Georgen-Gusen-Mauthausen*, pp. 198, 210-1.

20. Citado em Stanisław Dobosiewicz, *Mauthausen-Gusen: obóz zagłady*, 1977, p. 384.

21. Dobosiewicz, *Mauthausen-Gusen*, p. 386. Os únicos prisioneiros deixados para trás foram os setecentos inválidos do hospital, doentes demais para se mover.

22. Haunschmied et al., *St Georgen-Gusen-Mauthausen*, p. 134 em diante.

23. Ibid., p. 219 em diante.

20. O FIM DOS TEMPOS [pp. 275-88]

1. Gustav não dá mais detalhes sobre Erich ou suas fontes de alimento; mais provavelmente, vinham de civis empregados na produção de armamentos no complexo do túnel.

2. Michael J. Neufeld em Megargee, *USHMM Encyclopedia*, v. 1B, p. 980.

3. Ibid., p. 970.

4. Ibid., p. 980.

5. Gustav menciona o lugar como Schneverdingen, a norte de Munster. Parece pouco provável, uma vez que os obrigaria a fazer meia-volta imediatamente e seguir na direção sul para chegar ao seu destino final. Entretanto, haja vista a natureza caótica das evacuações dos campos de concentração nessa época, não se pode descartar que tenha sido isso mesmo que aconteceu.

6. David Cesarani, "A Brief History of Bergen-Belsen", em Suzanne Bardgett e David Cesarani (Orgs.), *Belsen 1945: New Historical Perspectives*, 2006, pp. 19-20.

7. Derrick Sington, *Belsen Uncovered*, 1946, pp. 14, 18, 28; Raymond Phillips, *Trial of Josef Kramer and Forty-Four Others: The Belsen Trial*, 1949, p. 195.

8. Langbein, *People*, p. 406.

9. Josef Rosenhaft, apud Sington, *Belsen Uncovered*, pp. 180-1; depoimento de Harold le Druillenec em Phillips, *Trial*, p. 62.

10. Apud Sington, *Belsen Uncovered*, p. 182.

11. Celle foi liberado pelas forças britânicas em 12 de abril de 1945.

12. Depoimento do capitão Derrick A. Sington, em Phillips, *Trial*, pp. 47-53; Sington, *Belsen Uncovered*, pp. 11-3.

13. Depoimento do capitão Derrick A. Sington, em Phillips, *Trial*, pp. 47, 51; Sington, *Belsen Uncovered*, pp. 14-5.

14. Sington, *Belsen Uncovered*, p. 16.

15. Ibid., p. 18.

16. Ibid., p. 187.

17. A mensagem original não sobreviveu, mas Edith a recebeu. Dizia pouca coisa além de que seu pai estava vivo e no bloco 83 de Bergen-Belsen (Samuel Barnet, carta ao senador Leverett Saltonstall, 1º de junho de 1945, Conselho de Refugiados de Guerra 0558, pasta 7, Pedidos para Auxílio Específico, FDR).

18. Molly Silva Jones em "Eyewitness Accounts", em Suzanne Bardgett e David Cesarani, *Belsen 1945*, p. 57.

19. Major Dick Williams, "The First Day in the Camp", em Suzanne Bardgett e David Cesarani, op. cit., p. 30.

20. Ben Shepard, "The Medical Relief Effort at Belsen", em Suzanne Bardgett e David Cesarani, op. cit., p. 39.

21. Molly Silva Jones, op. cit.

22. Gerald Raperport em "Eyewitness Accounts", em Suzanne Bardgett e Cesarani, op. cit., pp. 58-9.

23. Haunschmied et al., *St Georgen-Gusen-Mauthausen*, p. 219 em diante; Dobosiewicz, *Mauthausen-Gusen*, p. 387.

24. Não está claro quantos prisioneiros foram levados para os túneis de Kellerbau, em parte devido à enorme variação na quantidade deles no complexo de Mauthausen na época. A população prisional total de Mauthausen e Gusen aparece ora como de 21 mil (Robert G. Waite, em Megargee, *USHMM Encyclopedia*, v. 1B, p. 902), ora 40 mil (Haunschmied et al., *St Georgen-Gusen-Mauthausen*, p. 203), ora 63 798 (Le Chêne, *Mauthausen*, pp. 169-70).

25. Fritz Kleinmann, em Gärtner e Kleinmann, *Doch der Hund*, p. 171; Langbein, *Against All Hope*, p. 374; Le Chêne, *Mauthausen*, p. 165.

26. Krisztián Ungváry, "The Hungarian Theatre of War", em Karl-Heinz Frieser, *The Eastern Front, 1943-1944*, trad. de Barry Smerin e Barbara Wilson, 2017, pp. 950-4.

27. Le Chêne, *Mauthausen*, pp. 163-4.

28. George Dyer, apud Le Chêne, *Mauthausen*, p. 165.

29. Haunschmied et al., *St Georgen-Gusen-Mauthausen*, p. 226.

30. Apud Langbein, *Against All Hope*, p. 82.

31. Gustav erroneamente identifica esse lugar como Ostenholz, uma aldeia a sudoeste de Bergen-Belsen, muito longe da rota que ele e Josef Berger empreenderam.

21. A LONGA JORNADA PARA CASA [pp. 289-95]

1. Samuel Barnet, carta ao senador Leverett Saltonstall, 1 jun. 1945; William O'Dwyer, carta a Samuel Barnet, 9 jun. 1945, Conselho de Refugiados de Guerra 0558, pasta 7, Pedidos de Ajuda Específica, FDR.

2. Fritz não identifica o hospital, mas deve ter sido o 107º EH, que operava em Regensburg em 30 de abril de 1945 e permaneceu ali até 20 de maio (disponível em: <med-dept.com/unit-histories/107th-evacuation-hospital>). Acesso em: 10 maio 2109. Nenhuma outra unidade de hospital militar americano foi identificada em Regensburg na época.

3. Fritz mais tarde pesquisou o destino de 55 crianças judias e não judias que costumavam brincar em torno do Karmelitermarkt antes de 1938 (Gärtner e Kleinmann, *Doch der Hund*, p. 179). Dos 25 judeus, cinco, incluindo o próprio Fritz, sobreviveram aos campos, e oito, incluindo Kurt e Edith Kleinmann, emigraram ou se esconderam. Doze foram mortos nos campos de concentração. Das trinta crianças não judias, dezenove ficaram em Viena e arredores durante a guerra e onze serviram na Wehrmacht; apenas três sobreviveram.

4. Gustav aparentemente começara a fumar depois de Auschwitz.

5. Gustav identifica esse homem apenas como "G".

EPÍLOGO: SANGUE JUDEU [pp. 297-303]

1. Registros de naturalização de Richard e Edith Patten, 14 maio 1954: Connecticut District Court Naturalization Indexes, 1851-1992, publicação de microfilme, Nara M2081.

2. Sobre seu depoimento nos julgamentos de Frankfurt em 1963, Gustav declarou sua religião como "judaica", e Fritz afirmou não ter nenhuma "afiliação religiosa" (Abt 461 Nr 37638/84/15904-6; Abt 461 Nr 37638/83/15661-3, FTD).

3. Estatísticas fornecidas em Gold, *Geschichte der Juden*, pp. 133-4.

4. Devin O. Pendas, *The Frankfurt Auschwitz Trial, 1963-1965*, 2006, pp. 101-2.

5. Julgamentos de Burger et al. e Mulka et al., Frankfurt, 1963; depoimento de Gustav Kleinmann (Abt 461 Nr 37638/84/15904-6, FTD) e Fritz Kleinmann (Abt 461 Nr 37638/83/15661-3, FTD). Gustav foi questionado principalmente sobre a marcha da morte e o chefe de campo Jupp Windeck; o depoimento de Fritz diz respeito sobretudo a Windeck e ao sargento da SS Bernhard Rakers.

6. Junto com o diário de seu pai e os comentários de Reinhold Gärtner, as memórias de Fritz foram incluídas no livro *Doch der Hund will nicht krepieren* (Innsbruck University Press, 1995, 2012).

Referências bibliográficas

ENTREVISTAS

Conduzidas pelo autor

Kurt Kleinmann: março-abril de 2016, julho de 2017

Peter Patten: abril de 2016, julho de 2017

Arquivada

Fritz Kleinmann: fevereiro de 1977, entrevista 28129, Arquivo de História Visual, Instituto e Fundação Shoah da Universidade do Sul da Califórnia.

ARQUIVOS E FONTES NÃO PUBLICADAS

ABM: Arquivos do Museu de Auschwitz-Birkenau, Oświęcim, Polônia.

AFB: Findbuch para as Vítimas do Nacional-Socialismo, Áustria. Disponível em: <findbuch.at/en>.

AJJ: Arquivos do Comitê de Distribuição Conjunta Judaico-Americano, Nova York.

AWK: Depoimentos da Noite dos Cristais: Wiener Library, Londres. Disponível em: <wienerlibrarycollections.co.uk/novemberpogrom/testimonies-and-reports/overview>.

BWM: Belohnungsakten des Weltkrieges 1914-1918: Mannschaftsbelohnungsanträge, n. 45348, caixa 21, Arquivo Nacional Austríaco, Viena.

DFK: Cartas, fotos e documentos do arquivo de Fritz Kleinmann.

DKK: Cartas e documentos em posse de Kurt Kleinmann.

DOW: Dokumentationsarchiv des Österreichischen Widerstandes, Viena. Alguns documentos estão disponíveis em: <www.doew.at/personensuche>.

DPP: Documentos e fotos em posse de Peter Patten.

DRG: Documentos e fotos em posse de Reinhold Gärtner.

FDR: Biblioteca Presidencial FDR, Hyde Park, Nova York.

FTD: Transcrição dos julgamentos de Frankfurt e Auschwitz. Instituto Fritz Bauer, Frankfurt am Main, Alemanha.

GRO: Registros de nascimentos, casamentos e mortes na Inglaterra e no País de Gales. Escritório de Registro Geral, Southport, Reino Unido.

HOI: Ministério do Interior, Departamento de Estrangeiros, Índice de Internos, 1939-47, HO 396, National Archives, Kew, Londres.

IKA: Archiv der Israelitischen Kultusgemeinde, Viena.

ITS: Documentos sobre vítimas da perseguição nazista, Arquivo Digital ITS, Serviço Internacional de Rastreamento, Bad Arolsen, Alemanha.

LJL: Comitê de Judeus Refugiados de Leeds, arquivo WYL 5044/12, West Yorkshire Archive Service, Leeds, Reino Unido.

LJW: Comitê de Judeus Refugiados de Leeds, correspondência e documentos, coleção 599: Wiener Library, Londres.

MTW: Maly Trostinec, correspondência das testemunhas, 1962-7, World Jewish Congress Collection, caixa C213-05, American Jewish Archives, Cincinnati.

Nara: National Archives and Records Administration, Washington, DC.

PGB: Arquivo de prisioneiros: KZ-Gedenkstatte Buchenwald, Weimar.

PGD: Arquivo de prisioneiros: KZ-Gedenkstatte Dachau, Dachau.

PGM: Arquivo de prisioneiros: KZ-Gedenkstatte Mauthausen Research Centre, Viena.

PNY: Listas de passageiros chegando de navio a Nova York, Microfilm Publication, M237, 675, Nara.

TAE: Julgamento de Adolf Eichmann, sessões do Tribunal Distrital, Ministério da Justiça do Estado de Israel. Disponível em: <nizkor.org>.

WLO: *Adressbuch* (caderno de endereços) de Adolph Lehmann, Wienbibliothek Digital. Disponível em: <www.digital.wienbibliothek.at/wbrobv/periodical/titleinfo/5311>.

YVP: Jornais e documentos, Yad Vashem, Jerusalém. Alguns disponíveis em: <www.yadvashem.org>.

YVS: Banco de Dados Central de Nomes de Vítimas do Holocausto: Yad Vashem, Jerusalém. Disponível em: <yvng.yadvashem.org>.

LIVROS E ARTIGOS

AARONS, Mark. *War Criminals Welcome: Australia, a Sanctuary for Fugitive War Criminals Since 1945.* Melbourne: Black, 2001.

ARAD, Yitzhak; GUTMAN, Israel; MARGALIOT, Abraham. *Documents on the Holocaust*. 8. ed. Trad. de Lea Ben Dor. Lincoln, NE: University of Nebraska Press; Jerusalém: Yad Vashem, 1999.

BARDGETT, Suzanne; CESARANI, David (Orgs.). *Belsen 1945: New Historical Perspectives*. Londres: Vallentine Mitchell, 2006.

BARTON, Waltraud (Org.). *Ermordet in Maly Trostinec: Die österreichischen Opfer der Shoa in Weißrussland.* Viena: New Academic Press, 2012.

BENTWICH, Norman. "The Destruction of the Jewish Community in Austria 1938-1942". In: FRAENKEL, Josef (Org.). *The Jews of Austria*. Londres: Vallentine Mitchell, 1970, pp. 467-78.

BERKLEY, George E. *Vienna and Its Jews: The Tragedy of Success, 1880s-1980s*. Cambridge, MA: Abt, 1988.

BROWNING, Christopher. *The Origins of the Final Solution*. Londres: Arrow, 2005.

BURKITT, Nicholas Mark. *British Society and the Jews*, Universidade de Exeter, dissertação de doutorado, 2011.

CESARANI, David. *Eichmann: His Life and Crimes*. Londres: Vintage, 2005.

______. *Final Solution: The Fate of the Jews 1933-49*. Londres: Macmillan, 2016.

CZECH, Danuta. *Auschwitz Chronicle: 1939-1945*. Londres: I. B. Tauris, 1990.

CZEIKE, Felix, *Historisches Lexikon Wien*. 6 v. Viena: Kremayr & Scheriau, 1992-7.

DŁUGOBORSKI, Wacław; PIPER, Franciszek (Orgs.). *Auschwitz 1940-1945: Studien der Geschichte des Konzentrations-und Vernichtungslagers Auschwitz*. 5 v. Oświęcim: Verlag des Staatlichen Museums Auschwitz-Birkenau, 1999.

DOBOSIEWICZ, Stanisław. *Mauthausen-Gusen: obóz zagłady*. Varsóvia: Wydawn, 1977.

DROR, Michael. "News from the Archives", *Yad Vashem Jerusalem*, v. 81, out. 2016, p. 22.

DUTCH, Oswald. *Thus Died Austria*. Londres: E. Arnold, 1938.

FEIN, Erich; FLANNER, Karl. *Rot-Weiss-Rot in Buchenwald*. Viena: Europaverlag, 1987.

FRIEDLÄNDER, Saul. *Nazi Germany and the Jews, v. 1: The Years of Persecution, 1933-1939*. Londres: Weidenfeld and Nicolson, 1997.

FRIEDMAN, Saul S. *No Haven for the Oppressed: United States Policy Toward Jewish Refugees, 1938--1945*. Detroit: Wayne State University Press, 1973.

FRIESER, Karl-Heinz. *The Eastern Front, 1943-1944*. Trad. de Barry Smerin e Barbara Wilson. Oxford: Clarendon, 2017.

GÄRTNER, Reinhold; KLEINMANN, Fritz. *Doch der Hund will nicht krepieren: Tagebuchnotizen aus Auschwitz*. Innsbruck: Innsbruck University Press, 1995, 2012.

GEDYE, G. E. R. *Fallen Bastions: The Central European Tragedy*. Londres: Gollancz, 1939.

GEMEINESAMES ZENTRALNACHWEISBUREAU. *Nachrichten über Verwundete und Kranke Nr 190 ausgegeben am 6.1.1915; Nr 203 ausgegeben am 11.1.1915*. Viena: k. k. Hof und Staatsdockerei, 1915.

GERHARDT, Uta; KARLAUF, Thomas (Orgs.). *The Night of Broken Glass: Eyewitness Accounts of Kristallnacht*. Trad. de Robert Simmons e Nick Somers. Cambridge: Polity, 2012.

GERLACH, Christian. *Kalkulierte Morde: Die deutsche Wirtschafts-und Vernichtungspolitik in Weißrußland 1941 bis 1944*. Hamburgo: Hamburger, 1999.

GILBERT, Martin. *Auschwitz and the Allies*. Londres: Michael Joseph, 1981.

______. *The Holocaust: The Jewish Tragedy*. Londres: Collins, 1986.

______. *The Routledge Atlas of the Holocaust*. 3. ed. Londres: Routledge, 2002.

GILLMAN, Peter; GILLMAN, Leni. *"Collar the Lot!" How Britain Interned and Expelled Its Wartime Refugees*. Londres: Quartet, 1980.

GOLD, Hugo. *Geschichte der Juden in Wien: Ein Gedenkbuch*. Tel Aviv: Olamenu, 1966.

GOLTMAN, Pierre. *Six Mois en enfer*. Paris: Le Manuscrit, 2011.

GOTTWALDT, Alfred; SCHULLE, Diana. *Die "Judendeportationen" aus dem Deutschen Reich 1941--1945*. Wiesbaden: Marix, 2005.

GRENVILLE, Anthony. "Anglo-Jewry and the Jewish Refugees from Nazism", *Association of Jewish Refugees Journal*, dez. 2012. Disponível em: <ajr.org.uk/wp-content/uploads/2018/02/2012_December.pdf>.

GUTMAN, Yisrael; BERENBAUM, Michael (Orgs.). *Anatomy of the Auschwitz Death Camp*. Bloomington, IN: Indiana University Press, 1994.

HACKETT, David A. (Org.). *The Buchenwald Report*. Boulder, CO: Westview Press, 1995.

HAUNSCHMIED, Rudolf A.; MILLS, Jan-Ruth; WITZANY-DURDA, Siegi. *St Georgen-Gusen-Mauthausen: Concentration Camp Mauthausen Reconsidered*. Norderstedt: Books on Demand, 2007.

HAYES, Peter. *Industry and Ideology: IG Farben in the Nazi Era*. Cambridge: Cambridge University Press, 2001.

HECHT, Dieter J. "'Der König rief, und alle, alle kamen': Jewish Military Chaplains on Duty in the Austro-Hungarian Army During World War I", *Jewish Culture and History*, 17 mar. 2016, pp. 203-16.

HEIMANN-JELINEK, Felicitas; HÖBLING, Lothar; ZECHNER, Ingo. *Ordnung muss sein: Das Archiv der Israelitischen Kultusgemeinde Wien*. Viena: Jüdisches Museum Wien, 2007.

HELLER, Peter. "Preface to a Diary on the Internment of Refugees in England in the Year of 1940". In: ENZIE, Lauren Levine (Org.). *Exile and Displacement*. Nova York: Peter Lang, 2001, pp. 163-79.

HORSKY, Monika. *Man muß darüber reden. Schüler fragen KZ-Häftlinge*. Viena: Ephelant, 1988.

JONES, Nigel. *Countdown to Valkyrie: The July Plot to Assassinate Hitler*. Londres: Frontline, 2008.

KEEGAN, John. *The First World War*. Londres: Hutchinson, 1998.

KERSHAW, Roger. "Collar the Lot! Britain's Policy of Internment During the Second World War", *UK National Archives Blog*, 2 jul. 2015. Disponível em: <blog.nationalarchives.gov.uk/blog/collar-lot-britains-policy-internment-second-world-war>.

KUK KRIEGSMINISTERIUM, *Verlustliste Nr 209 ausgegeben am 13.7.1915*. Viena: k. k. Hof und Staatsdockerei, 1915.

______. *Verlustliste Nr 244 ausgegeben am 21.8.1915*. Viena: k. k. Hof und Staatsdockerei, 1915.

KURZWEIL, Edith. *Nazi Laws and Jewish Lives*. Londres: Transaction, 2004.

LANGBEIN, Hermann. *Against All Hope: Resistance in the Nazi Concentration Camps, 1938-1945*. Trad. de Harry Zohn. Londres: Constable, 1994.

______. *People in Auschwitz*. Trad. de Harry Zohn. Chapel Hill, NC: University of North Carolina Press, 2004.

LE CHÊNE, Evelyn. *Mauthausen: The History of a Death Camp*. Bath: Chivers, 1971.

LEVI, Primo. *Survival in Auschwitz and The Reawakening: Two Memoirs*. Nova York: Summit, 1986 (1960).

LOEWENBERG, Peter. "The *Kristallnacht* as a Public Degradation Ritual". In: MARRUS, Michael (Org.). *The Origins of the Holocaust*. Londres: Meckler, 1989, pp. 582-96.

LONDON, Louise. *Whitehall and the Jews, 1933-1948: British Immigration Policy, Jewish Refugees and the Holocaust*. Cambridge: Cambridge University Press, 2000.

LOWENTHAL, Marvin. *The Jews of Germany*. Londres: L. Drummond, 1939.

LUCAS, James. *Fighting Troops of the Austro-Hungarian Army, 1868-1914*. Tunbridge Wells: Spellmount, 1987.

MAIER, Ruth. *Ruth Maier's Diary: A Young Girl's Life under Nazism*. Trad. de Jamie Bulloch. Londres: Harvill Secker, 2009.

MAZZENGA, Maria (Org.). *American Religious Responses to Kristallnacht*. Nova York: Palgrave Macmillan, 2009.

MEGARGEE, Geoffrey P. (Org.). *The United States Holocaust Memorial Museum Encyclopedia of Camps and Ghettos, 1933-1945*. 4 v. Bloomington, IN: Indiana University Press, 2009.

MINISTÉRIO DO INTERIOR (REINO UNIDO). *Papers Concerning the Treatment of German Nationals in Germany, 1938-1939*. Londres: HMSO, 1939.

PENDAS, Devin O. *The Frankfurt Auschwitz Trial, 1963-1965*. Cambridge: Cambridge University Press, 2006.

PHILLIPS, Raymond. *Trial of Josef Kramer and Forty-Four Others: The Belsen Trial*. Londres: W. Hodge, 1949.

PLÄNKERS, Tomas. *Ernst Federn: Vertreibung und Rückkehr. Interviews zur Geschichte Ernst Federns und der Psychoanalyse*. Tübingen: Diskord, 1994.

PUKROP, Marco. "Die SS-Karrieren von Dr. Wilhelm Berndt und Dr. Walter Döhrn. Ein Beitrag zu den unbekannten KZ-Ärzten der Vorkriegszeit", *Werkstatt Geschichte*, v. 62, 2012, pp. 76-93.

RABINOVICI, Doron. *Eichmann's Jews: The Jewish Administration of Holocaust Vienna, 1938-1945*. Trad. de Nick Somers. Cambridge: Polity, 2011.

REES, Laurence. *The Holocaust: A New History*. Londres: Viking, 2017.

ROSENKRANZ, Herbert. "The Anschluss and the Tragedy of Austrian Jewry 1938-1945". In: FRAENKEL, Josef (Org.). *The Jews of Austria*. Londres: Valentine, Mitchell, 1970, pp. 479-545.

SAGEL-GRANDE, Irene; FUCHS, H. H.; RÜTER, C. F. *Justiz und NS-Verbrechen: Sammlung Deutscher Strafurteile wegen Nationalsozialistischer Tötungsverbrechen 1945-1966: Band XIX*. Amsterdam: University Press Amsterdam, 1978.

SCHINDLER, John R. *Fall of the Double Eagle: The Battle for Galicia and the Demise of Austria-Hungary*. Lincoln, NE: University of Nebraska Press, 2015.

SILVERMAN, Jerry. *The Undying Flame: Ballads and Songs of the Holocaust*. Syracuse, NY: Syracuse University Press, 2002.

SINGTON, Derrick. *Belsen Uncovered*. Londres: Duckworth, 1946.

STEIN, Harry (Org.). *Buchenwald Concentration Camp 1937-1945*. Göttingen: Wallstein, 2004.

TAYLOR, Melissa Jane. *"Experts in Misery"? American Consuls in Austria, Jewish Refugees and Restrictionist Immigration Policy, 1938-1941*. Universidade da Carolina do Sul, dissertação de doutorado, 2006.

TEICHOVA, Alice. "Banking in Austria". In: POHL, Manfred (Org.). *Handbook on the History of European Banks*. Aldershot: Edward Elgar, 1994, pp. 3-10.

TRIMBLE, Lee; DRONFIELD, Jeremy. *Beyond the Call*. Nova York: Berkley, 2015.

VAN PELT, Robert Jan. *The Case for Auschwitz: Evidence from the Irving Trial*. Bloomington, IN: Indiana University Press, 2016.

_______. DWORK, Debórah. *Auschwitz: 1270 to the Present*. New Haven, CT: Yale University Press, 1996.

WACHSMANN, Nikolaus. *KL: A History of the Nazi Concentration Camps*. Londres: Little, Brown, 2015.

WAGNER, Bernd C. *IG Auschwitz: Zwangsarbeit und Vernichtung von Häftlingen des Lagers Monowitz 1941-1945*. Munique: K. G. Saur, 2000.

WALLNER, Peter. *By Order of the Gestapo: A Record of Life in Dachau and Buchenwald Concentration Camps*. Londres: John Murray, 1941.

WALTER, John. *Luger: The Story of the World's Most Famous Handgun*. Stroud: History Press, 2016.

WASSERSTEIN, Bernard. *Britain and the Jews of Europe, 1939-1945*. Londres: Leicester University Press, 1999.

WATSON, Alexander. *Ring of Steel: Germany and Austria-Hungary at War, 1914-1918*. Londres: Penguin, 2014.

WEINZIERL, Erika. "Christen und Juden nach der NS-Machtergreifung in Österreich". In: *Anschluß 1938*. Viena: Verlag für Geschichte und Politik, 1981, pp. 175-205.

WERBER, Jack; HELMREICH, William B. *Saving Children*. Londres: Transaction, 1996.

WÜNSCHMANN, Kim. *Before Auschwitz: Jewish Prisoners in the Prewar Concentration Camps*. Cambridge, MA: Harvard University Press, 2015.

WYMAN, David S. *America and the Holocaust*. 13 v. Londres: Garland, 1990.

ZALEWSKI, Andrew. *Galician Portraits: In Search of Jewish Roots*. Jenkintown, PA: Thelzo, 2012.

ZUCKER, Bat-Ami. *In Search of Refuge: Jews and US Consuls in Nazi Germany, 1933-1941*. Londres: Vallentine Mitchell, 2001.

Índice remissivo

ESTA OBRA FOI COMPOSTA PELA ABREU'S SYSTEM EM INES LIGHT
E IMPRESSA EM OFSETE PELA LIS GRÁFICA SOBRE PAPEL PÓLEN SOFT DA
SUZANO S.A. PARA A EDITORA SCHWARCZ EM AGOSTO DE 2019

FSC
www.fsc.org
MISTO
Papel produzido
a partir de
fontes responsáveis
FSC® C112738

A marca FSC® é a garantia de que a madeira utilizada na fabricação do papel deste livro provém de florestas que foram gerenciadas de maneira ambientalmente correta, socialmente justa e economicamente viável, além de outras fontes de origem controlada.